U0937311

社区心理学译丛

黄希庭◎顾问　　陈红◎主任

社区心理学实践基础

【美】维多利亚·C. 斯科特（Victoria C. Scott）◎编
【美】苏珊·M. 沃尔夫（Susan M. Wolfe）

张　锋　王红波　邢小莉◎译

Community Psychology
Foundations for Practice

西南师范大学出版社
国家一级出版社　全国百佳图书出版单位

图书在版编目(CIP)数据

社区心理学实践基础 / (美) 维多利亚・C.斯科特（Victoria C.Scott），(美) 苏珊・M.沃尔夫（Susan M.Wolfe）编；张锋，王红波，邢小莉译. -- 重庆：西南师范大学出版社，2017.4
ISBN 978-7-5621-8702-8

Ⅰ. ①社… Ⅱ. ①维… ②苏… ③张… ④王… ⑤邢… Ⅲ. ①社区服务一心理学 Ⅳ. ①C916-05

中国版本图书馆 CIP 数据核字(2017)第 074784 号

社区心理学实践基础

[美] 维多利亚・C.斯科特(Victoria C.Scott)
[美] 苏珊・M.沃尔夫(Susan M.Wolfe) 编
张　锋　王红波　邢小莉　译

责任编辑：杨光明
封面设计：[image]设计
排　　版：重庆大雅数码印刷有限公司・夏　洁
出版发行：西南师范大学出版社
地址：重庆市北碚区天生路 2 号
邮编：400715　网址：www.xscbs.com
市场营销部电话：023-68868624
经　　销：新华书店
印　　刷：重庆荟文印务有限公司
开　　本：720mm×1030mm　1/16
印　　张：26.75
字　　数：540 千字
版　　次：2017 年 10 月　第 1 版
印　　次：2017 年 10 月　第 1 次印刷
著作权合同登记号：版贸核渝字(2017)第 033 号
书　　号：ISBN 978-7-5621-8702-8

定　　价：78.00 元

《社区心理学译丛》
编选委员会

总序

黄希庭

社区心理学的研究对象是社区中人的心理与行为，它是一门探究个体、社区与社会交互作用的性质、机制和功能的心理学分支学科。我们倡建中国心理学会社区心理学专业委员会的目的，是为了建设中国特色社区心理学，使我国的社区更加和谐、健康和幸福。社区心理学诞生于20世纪60年代的美国。经过半个多世纪的探究和实践，西方社区心理学已涉及很多方面，有理论研究（如对社区心理学的核心价值的探讨），也有应用研究（如对社区心理咨询和社区行为矫正等的实践）；有量化研究，也有质性研究；有对现实社区心理和行为的研究，也有对社区心理学教材建设的研究。为了借鉴西方社区心理学的研究成果以利于我国社区心理学的建设，我们确定了以下四项原则来选择西方社区心理学的研究成果：

——对我国社区心理健康服务有借鉴意义的研究著作；

——对我国社区心理学理论建设有借鉴意义的研究著作；

——对中国特色社区心理学教材建设有借鉴意义的教材；

——对国际社区心理学的新发展和走向有所把握的研究著作。

根据上述四项原则我们先在几十种著作中选出了近二十种，然后征求陈红、毕重增和 Todd Jackson 等教授的意见，经过反复斟酌，最后确定翻译由 Taylor & Francis 出版公司、Sage 出版公司和牛津大学出版社等出版的十本著作。这些作品可分为下列四种类型。

属于社区心理健康服务的著作有 Elaine Miller-Karas 著，李彦章译的《重建应对创伤的心理弹性：创伤与社区弹性模型》；Mary Lee Hummert, Jon F. Nussbaum 著，李媛等译的《老化、沟通与健康：成功老化的研究与实践》；Areej Hassan

主编，邹枝玲译的《青少年心理健康与社区》；Ximena B. Arriaga，Stuart Oskamp 编著，陈传锋等译的《社区问题的心理学研究与干预》。

属于对西方社区心理学理论探讨的有 S. Mark Pancer 著，何嘉梅译的《公民权与公民参与心理学》；Helena Águeda Marujo，Luis Miguel Neto 编著，吴继霞等译的《积极的国家和社区：积极心理学中的跨文化视角及质性研究取向》；Manohar Pawar 著，李丹、尹华站译的《社会与社区发展实践》。

属于西方社区心理学教材的有 John Moritsugu，Elizabeth Vera，Frank Y. Wong，Karen Grover Duffy 编著，尹可丽等译的《社区心理学（第 5 版）》；Victoria C.Scott，Susan M.Wolfe 编著，张锋等译的《社区心理学实践基础》。

Stephanie M.Reich，Manuel Riemer，Isaac Prilleltensky，Maritza Montero 编著，陈燕译的《国际社区心理学：历史与理论》一书分析了社区心理学与各意识形态流派、其他心理学分支学科、社会科学、文化历史传统以及不同时期经济发展状况之间的关系，以全球视野阐述了社区心理学的缘起、现状与发展趋势。

我国的社区心理学研究刚刚起步，我们翻译出版《社区心理学译丛》，了解西方社区心理学的研究和实践，借鉴和模仿前人的经验，这很有必要。但是我们必须清醒地认识到，借鉴和模仿前人的研究和实践不能代替我们从中国的实际出发进行创造性的研究和实践。这是因为社区是人们在一定地域里经营集体生活的共同体，而无论从社区的自然地理环境和人文地理环境以及社区内部的各种社会组织、社会群体之间的构成方式及其相互关系来看，还是从社区中人们的风俗习惯、历史传统、民间规约及现代化进程中的行为来看，我们的社区都不同于西方的社区。我们了解西方社区心理学的研究和实践，借鉴西方社区心理学，不是要照搬西方的理论、概念和实践模式，也不是重复和跟踪西方的社区心理学研究，而是从我国的实际出发，为解决我们自己社区中的问题进行创造性的研究和实践，这样，我们才有可能发展出中国特色社区心理学的理论、概念和实践模式。

那么，怎样从我国社区的实际出发进行创造性的研究和实践呢？我想就科学研究过程的主要环节提三点建议。

1.选题要有创见性

选题是科研成功的关键，要引起我们的高度重视。选题过程就是寻找一个重要的、自己感兴趣的研究问题的过程，即对本学科的研究现状和发展趋势做深入分析，从未解决的问题中选择一个对学科发展有重要价值和应用前景、自己感兴趣的问题进行研究。科研贵在创新。要创新就必须了解自己感兴趣的问题前人做过哪些工作，对前人的研究结果进行认真分析，找出尚未解决的问题进行研究。因此选题前我们应广泛查阅国内外文献，以免重复研究。在阅读前人文献时我们应随时想到前人的这些研究结果是否符合我国社区的情况，他们的社区心理咨询、社区行为矫正等实践经验是否适用于我国的社区。因此，我们自然会想到我国的社区深受中华传统文化儒释道的影响，特别是儒家提倡的仁、义、礼、智、信，忠、孝、廉、耻、勇以及正心、诚意、格物、致知，修身、齐家、治国、平天下等美德对社区中人们的心理和行为有着深远的影响；同时我们还会想到当代中国的现代化进程，特别是党的十八大所提出的经济建设、政治建设、文化建设、社会建设、生态文明建设五位一体的中国特色社会主义建设总布局以及创新、协调、绿色、开放、共享的发展理念对社区中人们心理和行为的影响正日益彰显。因此，我们要问，西方社区心理学的研究成果也符合我国的社区实际吗？我们只能照搬他人的研究结果吗？答案当然是否定的。我们必须走自己的路，选题要有创见性。在我国学术界有不少科研论文是跟着前人脚步的，他们的选题就只是对前人做一点“修正”或“补充”的研究。这种跟着前人脚步，不敢想不敢做前人没有想过没有做过的东西，是当前我国社区心理学选题的大忌，因为这种研究的所谓“创新”只是对前人的研究进行“修修补补”，不可能对我们的学科建设和社区建设有新的建树。

2.确定方法要合理

发现问题只是科学研究的第一步，接下来要规划解决问题的研究方案，即进行研究设计。研究方案包括研究内容（细化所要研究的概念和变量的含义）、研究方法、时间安排和预期成果等，其中最主要的是确定选择什么研究方法来解决什么问题。

社区心理学的研究目的大致可以分为四类：探索、应用、描述和解释。当我们走进社区的时候会看到某种新鲜事儿，想对它进行研究，却不知道这是个什么心理学问题，也不知道前人是否研究过，更不知道是否可以提出假设来进行检验，于是想对这种新鲜事儿的心理和行为做探索性研究。通常我们采用文献调查和实地研究进行探索性研究。文献调查就是通过对相关的科研报告、学术刊物和学位论文以及民间谚语、典故等的查阅，从中启发我们对它进行研究的思考。实地研究大致包括参与观察、直接观察和个案研究，特别适合于我们在自然情境下对社区心理与行为的探究。应用性研究就是以某种经验或理论为指导，帮助社区居民排忧解难的研究。应用性研究大多采用个案法，即指对单一个体的行为进行详尽的描述和分析。例如，社区的某一个案研究的临床报告可能包含对某种症状的描述、诊断和治疗及证明该治疗有效性的证据。社区心理学的第三类研究叫描述性研究。描述性研究涵盖的范围很广，包括问卷调查、相关研究和发展研究，不仅可以从事实方面加以描述，还可以从相关性和发展趋势方面加以描述。例如，我们可以从社区的地缘与经济特点、文化与历史特点、法制与管理水平、人口特征、家庭特征以及现代化特征等方面来描述当前社区中人们的心理和行为特征。除此之外，还可以从相关性和发生发展的角度来描述社区心理和行为。描述性研究主要回答是什么，在哪里，什么时间，如何进行的问题。社区心理学的第四类研究叫解释性研究，通常采用实验法来回答为什么的问题，具体地说，是对假设和预测的检验。一个实验是一项严格控制的研究。研究者系统地操纵一个或多个自变量，观察并记录一个或多个因变量的变化。真实验有三个重要特征：随机分配被试到自变量的指定水平；操纵自变量的水平；控制无关变量。由于社区心理学所探讨的心理和行为极其复杂，因此研究者必须对几种变量的交互作用所产生的影响加以考虑。如果实验的结果与假设所预期的一致，那么这个假设就获得了支持；如果结果与所预期的不同，那么这种解释可能就需要进行修订，然后可能会提出一个新的假设，并用另一个实验来检验。这种根据实验结果检验假设，形成正确解释的过程，有时是一个相当漫长和痛苦的过程。

社区心理学的研究还可以分为量化研究和质性研究。量化研究(quantitative research)强调精确的变量测量，它应用演绎推理方法，十分注重设计、测量、数据处理和取样的问题。量化研究方法是一个从干预(实验)到非干预(相关和差异研究)的连续体，所探讨的是一个或多个变量的数量特征、数量关系和数量变化。社区心理学研究中的实验法、相关法和问卷调查等都属于量化研究。质性研究(qualitative research)是不采用数字，而是用语言文字来描述和解释心理现象的研究。质性研究方法有很多，如参与观察法、深度访谈法、质性个案法等，是通过归纳逻辑对所收集到的资料所进行的解释和建构。与量化研究注重研究对象的代表性、问题的普遍性、测量的客观性和结论的精确性不同，质性研究注重个案的独特性、个案与情境的关联性和互动性，把自然情境作为资料的直接来源，对个人进行细致的、动态的描述和分析。在心理学研究中，每一种研究方法都有其适用的范围，每一个心理学问题都可以用不同的方法来加以解决。一项好的开创性的社区心理学研究通常是采用多种研究方法的。因此，怎样找到合适的研究方法并加以组合是做好研究设计的关键。在这方面，《社区心理学译丛》或许会给我们以启示。

3. 坚守职业道德不动摇

社区心理学既是一门学问，也是一种职业。说社区心理学是一门学问，是因为它是要探究个体与社区、社区亚群体及社会交互作用的性质、机制和功能等学术问题的；说社区心理学是一种职业，是因为它的社区心理咨询、心理健康服务是满足社区居民不同的需要，改善社区生活，进而促进社区发展的。无论从事社区心理学的哪一种工作，都必须坚守心理学家的职业伦理道德。Jennifer Evans 通过对世界心理学家伦理原则宣言草案(2005)、欧洲心理学家联盟伦理元章程(1995)、加拿大心理学家伦理准则(2002)、美国心理学家伦理原则和实施准则(APA，2002)等的研究，认为各国心理学家公认的职业伦理道德规范的核心准则是：

——尊重人的尊严；

——关怀人的福祉；

——为人正直；

——对社会、对科学负责任。*

这四条核心伦理道德准则是各国心理学家都应当具备的美德，也是各国心理学家的灵魂，它指引着心理学家的科学研究和服务，为心理学家的研究和服务保驾护航。它也是社区心理学家的研究和服务取得成功的基本保证。举例来说，在选题和制订研究计划的时候，应选择一个什么问题进行研究呢？应当认真谨慎地考虑这个选题对社会、对科学的价值如何。我们应当选择一个对社会、对

*Jennifer Evans 著，苏彦捷等译(2010).心理学研究要义.重庆：重庆大学出版社，7—15.

科学很有意义的问题进行研究，而不是马马虎虎、草率地选择一个毫无意义或仅有很少意义的问题便开始招募被试参加研究。浪费他人的时间，这是很不道德的。对于招募来的被试，应当用他们能够理解的言语告知其研究的目的和可能的风险；应确保他们是知情同意后参加的，而不是被胁迫的；对于未成年人被试，除了得到他本人的同意外，还应得到其父母或监护人的同意。尊重人的尊严，确保被试的隐私不被泄露，即使是质性研究，在公开发表结果时被试也必须是匿名的；无论被试在研究过程中说了什么或做了什么，除了研究者之外，没有人会知道他们的答案。关怀人的福祉与尊重人的尊严是相辅相成的。在心理咨询时如果发现来访者有伤害自己或伤害他人的严重倾向、有致命的传染病可能危及他人、未成年人受到性侵或虐待等情况，就应当以适当的方式告知有关方面。在获得结果和解释结果时，研究者的为人正直尤为重要。社区心理学研究报告中的数据必须真实可靠。任何形式的篡改数据和抄袭行为都是违背为人正直的道德原则。有些研究在开始时隐瞒了研究的真实意图，在研究完成后应当把这种隐瞒了的真实意图告诉被试，以取得他们的理解和谅解；参加研究的被试都有了解研究结果的权利，如果他们提出要求，研究者应向其提供一份研究总结报告。总之，心理学家的职业伦理道德标准是心理学家灵魂力量之所在，我们在从事社区心理学研究和服务的任何时候都要坚守职业道德毫不动摇。

心理学是一门探寻心迹，理解人生，点燃人类心灵真善美的学问。我相信，中国社区心理学的研究和服务工作的开展必将为心理学事业增添光彩！

是为序。

2017 年 10 月 17 日

CONTENTS

目录

前言
FOREWORD

自从社区心理学作为一个独立的领域出现以来，其愿望以及前进动力之一是研究与实践之间的历史性对立能够减少，甚至可能消失。

社区心理学工作的本质是每一项调查都包括根据居民的独特生活经历、需求和制约因素所采取或将采取的实践措施的前提条件。目前逐渐兴起的一种观点是：对于知情者的当地情况以及他们在社区心理学探究中成为充分合作者的需求，必须给予重视和关注。在过去的50年里，为研究和实践而创建共同观念的过程一直处于发展之中。

本书阐明了社区心理学正处于一个新的科学工作框架之中，以说明研究和实践如何真正地共同适应于知情者和参与者的需求和制约因素。长期以来想要改变研究方法的观念是，增强理论的预测性或增强研究过程的准确性。相比之下，对实践活动的调整是以社区对改善生活的需求、希望和愿望为基础的。目前，研究和实践的相互依赖关系暗示，重建社区心理学家和居民之间工作关系的新机会出现了，居民不再是被试，而是共同参与者。

本书编者是书中所提到的我们当中做出积极贡献的代表和召集人。

本书努力将实践和研究相融合的方法进行了总结，这有助于梳理当前这个领域关于在方法学上的焦点和新的实践形式之间保持平衡的一些潜在观点。此外，所有这些贡献和本书最后两章都是社区心理学研究和实践整合的持续发展的路标。

在第1章，汤姆·沃尔夫(Tom Wolff)、卡洛琳·斯威夫特(Carolyn Swift)和莎伦·约翰逊-哈基姆(Sharon Johnson-Hakim)描述了在过去实现研究和实践相互依存的挑战目标的困难。实践被当作是与研究平等，并与研究互相依存的，这种转变对于一些人而言是乏味的，有争议的，也是艰难的。

社区研究和行动协会(SCRA)委员会在数年以前提出了社区心理学家被认可的胜任力，并且致力于提高对研究和实践之间相互依存性的认识(SCRA，2012)。在笔者看来，如果这些先前不同的传统之间不是相互依存的，那么我们现在正越来越多地看到有更多的人在努力。例如，特贝斯(Tebes)、泰(Thai)和马特林(Matlin)

(2014)最近在关于21世纪科学的文章中提到,我们正在取得真正的进步!研究团队而不是单独研究者,才可能有机会来分享目标,并有更多机会来检查工作的进程和启动下一步整合的合作阶段。

在第2章,莫里斯·J.埃利阿斯(Maurice J. Elias)、威廉·D.奈格尔(William D. Neigher)和莎伦·约翰逊-哈基姆(Sharon Johnson-Hakim)讨论了发展社区心理学实践胜任力的形成过程。这一章明确地聚焦于实践和研究所共有的技能和胜任力,例如,同时涵盖研究技能(调查研究方法)和实践技能(社区组织)的专业角色。这一章参考了埃利阿斯(Elias)、达尔顿(Dalton)、佛朗哥(Franco)和豪(Howe)在1984年出版的著作,这些人提出了专业角色有利于实践与研究之间相互依存的建议。本书第2章表2.1中呈现了SCRA于2012年在《社区心理学家》中介绍的18种胜任力。

在第3章,斯蒂芬·P.施特尔茨纳(Stephen P. Stelzner)和理查德·M.维尔克维兹(Richard M. Wielkiewicz)呈现了一个生态学的观点。这个观点希望对社区心理学的研究和实践进行整合。通过一所小学搬迁的例子,他们对如何从生态学上进行思考从而能够为解决社区问题提供见解提出了具体的方法,也提出了未来研究的主题。他们评价了生态学思维的各种支持者,并阐明了这些想法如何有助于考虑怎样对居民和研究调查者之间各种潜在的合作方式进行评定。诸如社区领导力的多样性以及社区对于受外部影响而发生变化的适应性这样的话题,是阐述这个过程的有价值的议题。在这一章里,作者对巴克(Barker)、布朗芬布伦纳(Bronfenbrenner)、特里克特(Trickett)、笔者自己以及其他人的生态学取向提供了一个有用的指南。本书中的这些想法和概念为当地社区的实践与研究能够相互依存提供了有益指导。

在第4章,凯因·S.李(Kien S. Lee)指出了社区心理学家可能与其他社区成员在人口统计学属性上是不同的。李提出了减轻个体专业人员焦虑的对策,即不要费力地在社区业主和专业人员之间寻找差异。与差异之处相比,这可以通过阐明文化群体之间的相似之处而完成。对研究社区心理学家这个过程的关注,有助于在早期探索社区心理学家和居民的过程中激活一个倾听和学习的角色。整章在展现研究和实践的角色中充满着智慧。真是神来之笔!

在第5章,迈克尔·莫里斯(Michael Morris)对社区心理学家在专业工作日常活动中的伦理挑战进行了丰富而详尽的回顾。他从在三所小学所实施的当地学校项目中的课后家庭作业辅导项目评估的例子开始写起。这个项目对家庭作业的完成有积极的作用,但是并没有使学生取得较高的分数。负责人想要研究者忽略后者。在这个情形下，莫里斯就道德困境进行了实质探讨。话题包括伦理胜任力的发展、社区心理学文献中伦理主题的审查以及发展伦理胜任力的定义和策略。这里有一些切实可行的建议，如写“伦理日志”和使用 SCRA 的邮件讨论组提出问题和疑问。这一章的总结包括问题讨论、关键术语、阅读资料、网站和一个自我探索的工作表。对于读者和这一领域而言，这是一个尖锐的和具有建设性的挑战。

在第 6 章，杰梅拉·沃森-汤普森(Jomella Watson-Thompson)、薇琪·科利-埃克斯(Vicki Collie-Akers)、妮基·金恩·伍兹(Nikki Keene Woods)、卡斯顿·D.安德森-卡朋特(Kaston D. Anderson-Carpenter)、玛维亚·D.琼斯(Marvia D. Jones)和艾瑞卡·L.泰勒(Erica L. Taylor)为我们介绍了实施社区需求和资源评估的参与式取向。已获得更多知识的报告为持续的社区发展提供了共识。伦理维度(比如，保密性、同意和利益冲突的重要主题)得到了优先考虑。这些维度指向于谁的利益将被满足以及谁有能力影响变革。这一章聚焦于社区实践的具体细节。这一章也呈现了一个有用的恰当胜任力清单。作者发展伦理胜任力的策略是很有特色的。读者也可能由于完成自我探索的工作表而感到兴奋。

在第 7 章，斯科特尼·埃文斯(Scotney Evans)、凯瑟琳·雷蒙德(Catherine Raymond)和道格拉斯·D.帕金斯(Douglas D. Perkins)为我们介绍了组织和社区能力建设的话题。他们特别关注对社区心理学家工作尤为重要的非营利组织。这个过程包括扩展他们获得社区资源的合作技能，以促进其对其他人的影响。这是一个提升社区心理学家影响力的项目。社区组织旨在努力提高组织的影响和地位。网络、共同体和联盟是创建网络和组织间结构的恰当途径。重点是在社区能力建设上进行投入。

在第 8 章，保罗·W.斯佩尔(Paul W. Speer)和布莱恩·D.克里森(Brian D. Christens)向我们介绍了社区组织。开篇练习表明，一位中年房主为他房子的修理第三次提出索赔，这是由于他的房子遭到了三种不同的环境破坏。很多社区心理学家在社区组织方面进行实践，但是有关成功和奋斗的故事并不总是被专业杂志的读者所知晓。索尔·阿林斯基(Saul Alinsky)和保罗·弗莱雷(Paulo Freire)被认为是先锋倡导者，他们和罗杰·巴克(Roger Barker)及其同事们在社会环境方面长达几十年的研究有重大的影响。此外，倾听并且明确自身利益，以及组织内和跨组织的充权被认为是基本的技能。

在第 9 章，犹大·J.维奥拉(Judah J. Viola)、布拉德利·D.奥尔森(Bradley D. Olson)、苏泽特·弗洛姆·里德(Suzette Fromm Reed)、蒂芬尼·R.希梅内斯

(Tiffeny R. Jimenez)和克丽丝蒂娜·M.史密斯(Christina M. Smith)提供了一个非常重要的关于建立和增强合作伙伴关系的讨论。他们的开篇练习聚焦于一个当地的博物馆。通过简单的描述,他们运用了一个实例来阐述在决策中的权力共享和合作。他们描述中的细节不仅增强了他们自身的描述,而且加强了本书中许多其他章节里的描述。这一章不仅是为进行社区合作,而且也是为成为一名社区心理学家提供一个卓越导向和基本原理。作者举出了具体的例子,给读者描绘了他们自身工作的演变过程。作为模范的指导者,他们提出了建议并且列出了其他资源,以便在社区心理学探索的道路上提供支持。

在第10章,雷纳德·A.杰森(Leonard A. Jason)、克里斯托弗·R.比斯利(Christopher R. Beasley)和布朗温·A.亨特(Bronwyn A. Hunter)就倡议和社会公平的话题进行了评论。这一章提出了构成先前包括在第4章、第6章、第7章和第8章中所提到的假设基础的主要原理。这一章为行动主义者和公共职位提出了一个简洁的基本原理来帮助居民弥补过错,并使公正有可能实现并得以维持。作者笃信玛格丽特·米德的格言"绝不要怀疑一小群深思熟虑的尽心尽力的公民能够改变世界,事实也是一直如此"仍然是有生命力的,是至关重要的,并且确实有益于人们。倡议包括对那些与希望保留权力的掌权群体结成的联盟的游说,而这种游说往往带有负面形象。当根据公正、尊严和正直的价值观而进行游说的时候,作者引用穆尼和范-戴科·布朗的戒条作为资料来源——这是对于游说的消极内涵的一种新看法。这一章通过两个在现实世界里运用倡议的例子——慢性疲劳综合征和成瘾康复而得出结论。

在第11章,理查德·A.詹金斯(Richard A. Jenkins)介绍了联邦政府资助的循证干预(EBI)项目。利益相关者的实践知识和他们的需求在制订拨款计划中被优先考虑。计划过程的各方面,尤其是居民顾问团体的角色以及拨款计划综合考虑他们需求的程度是作为另一个重要成分而出现的。社区团体在整个资助期内对计划的继续开展有关键的作用吗?社区团体在资助期间不再粉饰门面,而是起到重要和实质性的作用。消除没有满足的需求的差距变成了优先考虑的事情。随着以上目标的实现,战略性计划具有了更多可靠性和影响力。研究过程的积极效果之一是当地数据档案得到扩充,这也反过来增强了当地社区创建自己的监督组织的能力。这是拥有联邦拨款项目的一个主要的积极附带作用。

在第12章,大卫·M.费特曼(David M. Fetterman)介绍了一种出现了20多年的方法。他的十项原则明确确认了在充权评估方法使用中的实践成分。在他的十项原则中，与实践利益密不可分的其他主题是社区所有权、包容性、民主参与和社区知识等。充权评估的三个特征被看作是类似于投身于实践的人的价值观：包容性、能力建设，当然还有充权。这一章包括许多能提供更多信息的资源。这一章还列举了一个简短的阿肯色州烟草干预的例子。

第 13 章由苏珊·M.沃尔夫(Susan M. Wolfe)、路易斯·G.托纳茨基(Louis G. Tornatzky)和本杰明·C.格拉汉姆(Benjamin C. Graham)共同撰写。这一章关注两个基本问题：知识是如何得以传播以及是如何获得持久力的。作者扩展了罗杰斯、哈维诺和菲尔维瑟过去多年的研究成果。像实施和传播这样的概念成了焦点。类似看门人这样的概念是突出的。埃布·万德斯曼及其同事的当前工作是独具特色的，并呼吁重视支持那些实现创新和其他重要成分的人的系统。珍·桑德拉对降低实施的结构性限制非常重视。这一章引用了更多学者的观点，从而使制度化创新更加清晰。这一章也包括关于实施创新作用的教育的话题，而且还借鉴了经典的工作，比如费尔韦瑟社区旅馆和健康启动。这一章引用了多种资源，包括文字和网站。这一章是一个智慧的专题报道。

第 14 章是对 21 世纪的教育和实践生涯的评价，由苏珊·D.麦克马洪(Susan D. McMahon)、蒂芬尼·R.希梅内斯(Tiffeny R. Jimenez)、梅格·A.邦德(Meg A. Bond)、苏珊·M.沃尔夫(Susan M.Wolfe)和艾伦·W.拉特克列夫(Allen W. Ratcliffe)共同撰写。这一章的焦点是本科、硕士、博士水平的社区心理学实践生涯所面临的挑战。本章描述的教育选择项范围是国际性的。社区心理学领域的两个团体——SCRA 教育项目委员会和 SCRA 实践委员会——正在发起更多的讨论，并且使这个领域在当地、州、联邦的项目中更多关注到实践导向的社区心理学生涯。社区心理学家的实践技能和作用在诸多地方正得到越来越多的认可，如卫生保健、非营利机构、教育、各级政府、社区规划、司法公正、基金会、研究与发展公司、商业与科技、学术场所。本章的结尾是生涯定位的策略。读者在未来可能会看到，社区心理学家在诸如全国和国际性的救济组织、跨国运动以及创新中心等地方是知名的。

在第 15 章，比尔·伯克威茨(Bill Berkowitz)和维多利亚·C.斯科特(Victoria C. Scott)描述了社区心理学实践的愿景。这一章呈现了一个社区心理学家在 10 年后回到家乡，发现和重新发现使他从事这项工作的地方、人和活动的特征的个人故事。作者以友善的、支持的方式模拟了他们的实践技能，并把读者作为他们旅途中的同伴。作者随后评论了他们自己的道路。它是称心的、实用的、可行的并可以实现的吗？这个旅途是建设性的、个性化的并且是可以实现的。这本书的结尾是令人耳目一新、爱不释手和深受激励的。

我个人希望这些评论能够激励你开始阅读本书。书中内容是最新的，包括超前的思维。编者和作者认真地对待读者的要求，对读者满怀敬意，并期望读者反过来能以书中所呈现的精神、热情和责任致力于社区心理学的持续探索。在阅读本书时，我对自己获得了新的理解而感到高兴。

詹姆斯·G.凯利(James G. Kelly)

华盛顿州西雅图(Seattle，WA)

参考文献

Elias，M. J.，Dalton，J. H.，Franco，R.，& Howe，G. W. (1984). Academic and nonacademic community psychologists：An analysis of divergence in settings，roles and values. *American Journal of Community Psychology*，12，281—302.

Society for Community Research and Action，Practice Council and Council on Education Programs. (2012). Draft：Competences for community psychology practice. *The Community Psychologist*，45(4)，8—14.

Tebes，J. K.，Thai，N. D.，& Matlin，S. L. (2014). Twenty-first century science as a relational process：From eureka! To team science and a place for community psychology. *American Journal of Community Psychology*，53，475—490.

序言
PREFACE

大家好！我们很高兴能与你们分享这本社区心理学书籍。本书的想法产生于社区研究和行动协会（SCRA）社区心理学实践委员会（CPPC）。由于SCRA CPPC与SCRA教育项目委员会（CEP）合作定义了一系列的胜任力，CPPC的成员意识到需要对这些胜任力进行阐述并且给社区心理学（CP）的从业者提供促进他们发展的资源。我们非常荣幸接受这项任务，并且非常感谢SCRA CPPC在我们谋划本书方案中所提供的支持和建议。

本书旨在通过提高社区从业者的能力来增强全世界的社区。通过本书，我们希望加深社区从业者对他们社区的影响。我们寻求通过提高个体的知识、技能和能力来做到这一点。本书有三个目标。第一个目标是让读者更好地理解CP实践的原则和胜任力。第二个目标是介绍如何运用胜任力来预防或缓解社区和社会问题。第三个目标是让读者了解如何发展与每一种胜任力领域相关的知识、技能和能力。当你读本书的时候，你将发现它是从社区心理学的视角来写的。我们相信，CP的价值观和指导原则能给从业者带来巨大的价值。

CP的价值观和指导原则

SCRA是美国心理学会的第27分会，这是一个专门致力于CP教育、研究和实践的专业协会。SCRA为CP工作提出了一系列的指导原则。这些原则在目前的许多CP教材上（如Kloos, Hill, Thomas, Wandersman & Elias, 2011；Moritsugu, Wong & Duffy, 2009）也有所补充和阐述。这些价值观和指导原则是无处不在的，并且构成了本书所描述的每一种胜任力的基础。它们包括：

· 社区心理学从业者明确关注和尊重人以及环境的多样性。

· 他们的工作采用系统的视角作为充分理解胜任力和问题的方法，即通过人们的社会、文化、经济、地理和历史背景来观察人们。

· 改变策略目标的多重水平，并采取生态取向来发展和支持促进胜任力和幸福感的环境。

• CP 实践的焦点常常是健康和幸福感的预防及促进。重点是预防疾病和贫苦生活状况,同时要促进健康而非治疗。

• 社区心理学从业者不要采取典型的自上而下的和“专业人员最懂”的方式,而要积极地与社区成员进行合作,并且让社区的偏好和需求来引导工作(充权)。

• 鼓励社区成员的积极参与,并和他们以伙伴关系进行合作,摒弃了典型的层级帮助关系(公民参与)。CP 从业者认识到,个人和社区对自身的需求有独到的见解并且有能力积极地谋求自身的幸福感。

• 这个领域利用多部门、跨学科的伙伴关系以及包括多种视角的途径。CP 从业者经常和来自其他学科的专业人员(如公共卫生、教育、社会工作)以及各种各样的社区利益相关者进行合作。

• CP 从业者致力于形成社区感,社区成员由此而感受到归属感。

• CP 实践根植于经验,研究由此而融入实践,并强调根据数据信息而做决策的重要性。

• 最常用的方法往往是基于优势的,并聚焦于资产和资源,而不是缺陷。

• CP 实践根植于社会公正的价值观,从业者的工作可能包括对个体健康以及基于 CP 的平等和社会公正的价值观的倡导。进行研究并采取行动,从而促进公平的资源分配以及机会平等,并预防剥削。

• 最后,CP 实践在本质上是全球性的。这一原则不局限于美国,很多 CP 从业者开展了国际化工作。说到这一点,我们必须强调,虽然这些胜任力可能适用于全世界,但根基在美国。在《全球社区心理学实践杂志》(*GJCPP*)的一篇文章里,哲迪奇(Dzidic)、布林(Breen)和毕夏普(Bishop)(2013)警告不要采用源于美国的 CP 胜任力并移植到其他地方。同卷 *GJCPP* 里的其他文章描述了他们国家特有的胜任力,或者强调根据其他国家的特定需求和文化对胜任力进行有区别的选择(Carillo & Forden, 2013; Francescato & Zani, 2013)。虽然很多胜任力总体来说是通用的,但是一系列的胜任力可能并不完全适用于别的国家,或者一些胜任力可能需要调整以适应特定的文化。

本书的受众

正如我们之前提到的,本书的一个目的就是作为教科书。本科生可以利用本书来更多地了解成为一名 CP 从业者意味着什么,以及他们在这个领域中可获得的各种选择。理解可获得的胜任力,可以帮助他们选择一个聚焦于其感兴趣的工作进行训练的研究生项目。对于研究生的学习,本书可以作为 CP 实践课程的基础,让学生了解胜任力的范畴，一个胜任的人是怎样的，以及胜任力在实践中的应用。个别的章节可以根据班级基础来补充其他材料。对于毕业生而言，另一个好处是本书提供了职业选择以及如何为之准备的信息。

另一受众是社区心理学从业者。每一章定义和描述了一种胜任力，包括相关的知识、技能和能力。这本书可以作为参考书使用，或者用来更新特定的胜任力的知识。CP 从业者也可能发现本书每章提供的资源在扩展他们的知识、技能和能力上是有帮助的。努力解决某个特定情况的 CP 从业者可能会在每章提供的例子中找到想法或灵感。

尽管本书是以 CP 实践胜任力为基础的，但我们的经验表明，这些胜任力与其他许多实践领域也是相关的。因此其他领域的教师、学生和从业者也可能对本书感兴趣——包括临床、咨询、应用社会、学校和组织心理学；应用社会学；应用人类学；社会工作；刑事司法；政治科学；医院和公共行政管理；公共卫生；保健和社区医学。个别章节甚至可能对其他学科也是有用的，如商业、建筑、艺术或人文科学。

本书的结构

本书主要分为三部分。第一部分包括介绍性的章节。目的是做好铺垫，让读者了解构成其余章节基础的背景。这一部分包括：由詹姆斯 · G. 凯利（James G. Kelly）撰写的前言；由汤姆 · 沃尔夫（Tom Wolff）、卡洛琳 · 斯威夫特（Carolyn Swift）和莎伦 · 约翰逊-哈基姆（Sharon Johnson-Hakim）撰写的第 1 章：美国社区心理学实践的历史；由莫里斯 · J. 埃利阿斯（Maurice J. Elias）、威廉 · D. 奈格尔（William D. Neigher）和莎伦 · 约翰逊-哈基姆（Sharon Johnson-Hakim）撰写的第 2 章：社区心理学实践的指导原则和胜任力。

第二部分描述了包含在本书里的每一种 CP 实践的胜任力。[1] 这一部分的每一章都包含这些胜任力的定义以及相关的关键术语，对胜任力的描述以及相关的知识、技能和能力，关于如何发展胜任力的信息，行动中的胜任力的实例，还有辅助的材料和资源。

第三部分叙述了 CP 实践的教育和培训的选择、就业选择和 CP 实践的未来展望。

第一部分：实践的基础

我们很高兴和大家分享由詹姆斯 · G. 凯利，一个才华横溢的社区心理学之“父”，撰写的前言。他的开创性的生态学理论和后续的著作为 CP 实践奠定了坚实基础。他的著作《生态：对社区心理学的探索》（Kelly, 2006）对于每一个从业者而言都是必读之书。这本书涵盖了他从1968—2002年的13篇文章，包括对每一篇文章如何受到各种因素，尤其是个人经验和历史背景的影响的评论。新增的四篇文章提出了与实践以及培养CP从业者直接相关的更多见解。总之，凯利通过他的职业生涯展示了将学术视角和CP实践工作进行结合的价值，以及两者如何在帮助发展CP领域的理论、研究和实践中发挥重要作用。

在第1章，沃尔夫(Wolff)、斯威夫特(Swift)和约翰逊-哈基姆(Johnson-Hakim)介绍了美国社区心理学实践的历史。在这一章里读者进入了一个时间旅程，可以了解影响这一领域发展的历史事件，将发展中的理论和方法加以应用的实践的发展，学术和实践随时间而变化的关系，以及实践与实践场所之间的关系。这一章包括用第一人称来叙述的这一领域的一些先驱者的"焦点报道"，这使得材料更加生动。

在第2章，埃利阿斯(Elias)、奈格尔(Neigher)和约翰逊-哈基姆(Johnson-Hakim)介绍了更多的背景。他们描述了CP从业者所做的事情和他们进行实践的一些环境，胜任力的定义与其应用的历史，以及将CP与类似的研究和实践领域区别开来的CP实践的"价值主张"。这一章最终让读者认识到这些为什么重要以及CP培训给组织和社区带来的增值。

第二部分:行动中的社区心理学实践胜任力

在这一部分，每一章作者都描述了一种胜任力，包括概念性定义，对实践中的胜任力的描述，相关的知识、技能和能力，促进胜任力发展的培训、教育和经验，胜任力的未来方向和胜任力的应用实例。这一部分包括两个子部分。这一部分的前三章描述了构成所有CP实践基础的基本能力：斯蒂芬·P.施特尔茨纳(Stephen P. Stelzner)和理查德·M.维尔克维兹(Richard M. Wielkiewicz)撰写的"理解生态系统"，凯因·S.李(Kien S. Lee)撰写的"在不同背景中影响社会变革：跨文化胜任力的作用"，迈克尔·莫里斯(Michael Morris)撰写的"专业判断和伦理"。所有的CP从业者都应该具备这些胜任力所必需的知识、技能和能力。

在第3章，施特尔茨纳(Stelzner)和维尔克维兹(Wielkiewicz)为我们介绍了全面的概念性定义，包括康芒纳(Commoner)、布朗芬布伦纳(Bronfenbrenner)、巴克(Barker)和凯利(Kelly)的经典理论和更多生态学视角的新近应用。本章还包括利用生态取向来发展胜任力与技能和能力的内容，包括人格、正念、系统性思维和倾听技能，这有助于组织解决自身的问题，并促进交流以及跨文化胜任力。在第4章，与对这个话题的更常见的简单论述相比，李(Lee)深入探讨了包括社会认同、特权和权力的相关因素。她举出了一些真实例子，论证了她在整章中所提出的观点，并强烈建议读者在更深的层面去思考这个话题。在第 5 章，莫里斯(Morris)探讨了 CP 实践的伦理维度。他借鉴其他专业的伦理标准来讨论在不同应用领域存在的伦理问题，比如评估和公共卫生，然后他描述了这些问题在 CP 实践中是如何有所不同的。

这一部分剩下的八章描述了体现 CP 实践的技术技能的胜任力。大多数的 CP 从业者将接受培训并联合运用这些胜任力，但未必是所有的胜任力。这一部分的前两章聚焦于社区组织和能力建设。这两章分别是杰梅拉 · 沃森-汤普森(Jomella Watson-Thompson)、薇琪 · 科利-埃克斯(Vicki Collie-Akers)、妮基 · 金恩 · 伍兹(Nikki Keene Woods)、卡斯顿 · D · 安德森-卡朋特(Kaston D. Anderson-Carpenter)、玛维亚 · D.琼斯(Marvia D. Jones)和艾瑞卡 · L.泰勒(Erica L. Taylor)撰写的"实施社区需求和资源评估的参与式取向"；斯科特尼 · 埃文斯(Scotney Evans)、凯瑟琳 · 雷蒙德(Catherine Raymond)和道格拉斯 · D.帕金斯(Douglas D. Perkins)撰写的"组织和社区能力建设"。

在第 6 章，沃森-汤普森(Watson-Thompson)和她的同事将实施需求和资源评估的任务和技能进行分解，并详细描述了每一个步骤——从确定评估目的到运用结果进行改善。她们对这种胜任力深入而特定的论述，为实施需求和资源评估任务的每个人都提供了绝佳的指导。在第 7 章，埃文斯(Evans)和同事们讨论了在组织和社区背景中的能力建设。

接下来的三章探讨了社区和社会变革的胜任力。这三章分别是保罗 · W.斯佩尔(Paul W. Speer)和布莱恩 · D.克里森(Brian D. Christens)撰写的"社区组织"；犹大 · J.维奥拉(Judah J. Viola)、布拉德利 · D.奥尔森(Bradley D. Olson)、苏泽特 · 弗洛姆 · 里德(Suzette Fromm Reed)、蒂芬尼 · R.希梅内斯(Tiffeny R. Jimenez)和克丽丝蒂娜 · M.史密斯(Christina M. Smith)撰写的"建设和增强合作的社区伙伴关系"；雷纳德 · A.杰森(Leonard A. Jason)、克里斯托弗 · R.比斯利(Christopher R. Beasley)和布朗温 · A.亨特(Bronwyn A. Hunter)撰写的"倡议和社会公平"。这三章都清晰描述了参与到社区中推动社会变革的内在复杂性。

在第 8 章，斯佩尔(Speer)和克里森(Christens)借鉴了早期社区组织者和社区心理学家，如罗杰 · 巴克尔、索尔 · 阿林斯基、艾拉 · 依斯卡和肯 · 海勒的著作，以及马克 · 齐莫曼、肯 · 麦顿和他们自己的更多当前著作，并且陈述了多层次分析所需要的胜任力。在第 9 章，维奥拉(Viola)和同事介绍了建构社区合作的多个阶段，并详细描述了与每个阶段相关的知识、技能和能力。在第 10 章，杰森(Jason)和同事扩展了前面两章，并补充了倡议和促进社会公平所需的胜任力。

这一部分最后三章讨论了社区项目发展的胜任力。这三章分别是理查德·A.詹金斯(Richard A. Jenkins)撰写的"在联邦政府资助项目中规划、实施和发展循证干预";大卫·M.费特曼(David M. Fetterman)撰写的"充权评估和社区心理学:改善人类境况的一致的价值观和原则";苏珊·M.沃尔夫(Susan M. Wolfe)、路易斯·G.托纳茨基(Louis G. Tornatzky)和本杰明·C.格拉汉姆(Benjamin C. Graham)撰写的"传播和可持续性:改变世界并坚持下去"。

詹金斯(Jenkins)在第11章详细揭示了在联邦层面规划、实施和发展循证干预的过程。这一章深入剖析了联邦政府的内部结构,让读者能更好地理解资金流向、规划过程和实施情况,并描述了操控它们所必需的胜任力。由于几乎所有的CP从业者在研究生阶段都接受了评估方法的培训,费特曼(Fetterman)在第12章描述了充权评估模型和相关的胜任力,这和CP实践的价值观和目标是一致的。他的描述还包括对充权评估和社区心理学之间相似之处的讨论,以及它们的角色是如何互补的。在第13章,沃尔夫、托纳茨基和格拉汉姆描述了关于传播的三种不同视角以及与每种视角有关的知识、技能和能力,然后描述了与传播、实施项目和政策时促进项目和政策的可持续性有关的胜任力。

第三部分:社区心理学实践的未来

本书最后两章着重展望了培训CP从业者的未来,应用胜任力的各种场所,以及如何运用胜任力来创造更好的世界。这两章分别是苏珊·D.麦克马洪(Susan D. McMahon)、蒂芬尼·R.希梅内斯(Tiffeny R. Jimenez)、梅格·A.邦德(Meg A. Bond)、苏珊·M.沃尔夫(Susan M. Wolfe)和艾伦·W.拉特克列夫(Allen W. Ratcliffe)撰写的"21世纪社区心理学的教育和实践生涯";以及比尔·伯克威茨(Bill Berkowitz)和维多利亚·C.斯科特(Victoria C. Scott)撰写的"社区心理学实践的愿景"。

在第14章的前半部分,麦克马洪(McMahon)和同事们向我们描述了CP教育的状况。这包括本科、硕士、博士层次的教育,并描述了CP从业者从早期到晚期生涯的潜在的专业发展资源和机会。在后半部分,作者全面列出了潜在的就业场所的清单,并描述了与之相关的胜任力。总体而言,这一章为有抱负的CP从业者在他们可能寻求的培训以及有经验的CP从业者在生涯转变上提供了指导。在第15章,伯克威茨(Berkowitz)和斯科特(Scott)展望了一个社区按照CP实践原则进行设计时的未来模样。这让我们领略到应用本书描述的胜任力将如何营造一个更有活力的、更多成员参与的强大社区。

根植于我们对社区寄于厚望的爱心工作

本书没有涵盖与CP实践相关的每一种胜任力，而是描述了这个领域最常使用的胜任力。胜任力的范围包括从构成所有CP实践基础的最基本的胜任力，到在项目层面上使用的胜任力，再到与形成宏观而长期的变化并维持这种变化相关的胜任力。总体来说，共同编辑本书是一项爱心工作。这给我们提供了一个和一群很棒的模范CP从业者进行合作的机会。我们非常感谢他们为本书撰稿。作为编者，我们有机会相互促进并共同成长。我们希望本书能够对读者自己的专业发展起到重要的作用。最主要的是，我们希望这本书能够使CP从业者和其他在社区工作的专业人员更高效地参与到他们实践的场所，从而创建更加健康、更有活力的社区——因为我们感到，对于所有的CP从业者而言，他们所做的工作是爱心工作。

苏珊·M.沃尔夫和维多利亚·C.斯科特

注释

[1]我们努力列出实践中最常使用的核心的胜任力。但是，增加的胜任力已经并将持续被添加到清单中。本书中包含的胜任力不应该被认为是代表了全部的胜任力。

参考文献

Carillo, A. M. & Forden, C. L. (2013). Community psychology practice competencies in Egypt: Challenges and opportunities. *Global Journal of Community Psychology Practice*, 4(4). Retrieved from http://gjcpp.org/

Dzidic, P., Breen, L. J. & Bishop, B. J. (2013). Are our competencies revealing our weaknesses? A critique of community psychology practice competencies. *Global Journal of Community Psychology Practice*, 4(4). Retrieved from http://www.gjcpp.org/

Francescato, D. & Zani, B. (2013). Community psychology practice competencies in undergraduate and graduate programs in Italy. *Global Journal of Community Psychology Practice*, 4(4). Retrieved from http://www.gjcpp.org/

Kelly, J. G. (2006). *Becoming ecological: An expedition into community psychology*. New York, NY: Oxford University Press.

Kloos, B., Hill, J., Thomas, E., Wandersman, A. & Elias, M. (2011). *Community psychology: Linking individuals and communities*. Belmont, CA: Wadsworth.

Moritsugu, J. G., Wong, F. Y. & Duffy, K. G. (2009). *Community psychology* (4th ed.). New York, NY: Pearson Higher Education.

关于编者

About the Editors

维多利亚·C.斯科特（Victoria C. Scott），博士，工商管理硕士，社区心理学家。她的职业生涯致力于与非营利组织合作，通过咨询、培训、研究和评估来优化其绩效。她积极参与社区研究和行动协会工作，该协会是美国心理学会第27分会，也是一个致力于通过理论、研究和行动来增强世界各地社区的全国性组织。斯科特博士特别热衷于改进卫生保健的质量和效果。她在南卡罗莱纳大学获得学术任职，是神经精神病学和行为科学系的助理教授、专业持续发展和战略事务办公室的研究评估主任。斯科特博士和她最好的朋友C.贾斯汀·斯科特喜结良缘，并有一个漂亮的女儿维也纳。

苏珊·M.沃尔夫（Susan M. Wolfe），博士，是一名拥有超过28年专业经验的社区和发展心理学家。她曾在多个不同的地方工作过，包括公立医院、社区学院区、公立学校系统、大学、研究机构和联邦政府。她工作的主题领域包括家庭暴力、无家可归、教育、青少年发展、妇幼健康、技术革新、儿童心理健康、养老院和政策。她目前是苏珊·沃尔夫联合有限责任公司（Susan Wolfe and Associates，LLC）的首席执行官，向非营利组织、政府、基金会、学区和公共卫生组织提供研究、评估、能力建设和联盟发展服务。她拥有密歇根美容学院（Michigan College of Beauty Culture）的文凭，获得密歇根大学弗林特分校临床/社区心理学的理学学士学位、密歇根州立大学的生态心理学和组织心理学的文学硕士学位和准博士资格，是德克萨斯大学达拉斯分校的人类发展与通信科学的博士。她和她的丈夫查尔斯·希普金住在德克萨斯州的雪松山。她的家庭成员还包括两个儿子、两个继子、两个儿媳妇、一个孙女、三个孙子。

关于撰稿人

About the Contributors

卡斯顿 · D.安德森-卡朋特（Kaston D. Anderson-Carpenter），公共卫生硕士，文科硕士，是堪萨斯大学应用行为科学系的委员会认证行为分析师（BCBA）和博士生。他也是堪萨斯大学社区健康与发展工作组的研究生研究助理。他在堪萨斯大学和麦克尼斯州立大学分别拥有公共卫生和心理学的硕士学位。他的研究兴趣基本集中于预防和健康促进，他对成瘾行为和疾病预防特别感兴趣。除了研究之外，安德森-卡朋特先生还与非营利组织磋商，从而为以社区为基础的倡议提供评价、规划和评估。

克里斯托弗 · R.比斯利（Christopher R. Beasley），在2010年获得罗斯福大学的临床心理学的文科硕士，2013年获得德保罗大学的社区心理学的博士学位。他现在是德保罗大学社区研究中心的一名研究助理。他研究与社区参与有关的社会生态过程。特别是，他已经研究了互助的成瘾康复团体的形成以及成员支持这些团体和组织的方式。比斯利博士从国家药物成瘾研究所获得了NIH NRSA准博士奖学金，从而研究与该问题有关的因素。他同样对在押人员及先前被关押人员的高等教育的障碍感兴趣。比斯利博士是回归学生支持团体的联合创始人和主席，这个团体是一个对从监狱到大学进行转换的人进行援助的互助组织。

比尔 · 伯克威茨（Bill Berkowitz），博士，他在40多年的时间里开创、指导、讲授、撰写有关社区和邻里行动的工作。他的四本书和其他的学术著作探讨了有效社区行动所需的技能、观念和个人品质。比尔目前是马萨诸塞州洛厄尔大学的心理学荣誉教授，曾经是社区社会心理学研究生项目的协调员。他也是社区工具箱(http://ctb.ku.edu)创始团队的成员、撰稿人和编辑，社区工具箱是现存最大的社区发展信息的唯一来源。他获得了美国心理学会分会的社区从业者奖以及社区实践杰出贡献奖。在他居住的社区里，比尔合作编辑社区通讯长达15年，并从20世纪80年代就作为镇会议成员担任民选公职。他的职业兴趣和个人兴趣一直聚焦于邻里和社区发展以及加强居民对当地社区生活的参与。

梅格·A.邦德(Meg A. Bond)，博士，是马萨诸塞州洛厄尔大学的心理学教授和妇女与工作中心的主任。她也是美国布兰迪斯大学妇女研究中心的常驻学者。她的著作探讨了性骚扰、不同选区之间的合作、社区和组织环境中未被充分代表的人群的充权问题。她的著作《职场化学：通过组织变革来促进多样性》(2007)以编年史的方式记述了关注性别和种族/族群问题的长期组织变革项目。她的当前研究关注在社区卫生中心中与多样性有关的职场动态。她目前是APA即将出版的综合性的两卷《社区心理学手册》的责任编辑。梅格曾经是社区研究和行动协会(SCRA)的主席，并且从SCRA获得两项生涯奖——特别贡献奖(2011)和少数族裔指导奖(2009)。她还担任了APA妇女委员会的主席，并就职于社会问题心理学研究协会执行委员会和APA公共利益心理学促进委员会。

布莱恩·D.克里森(Brian D. Christens)，博士，是威斯康星大学麦迪逊分校的人类生态学副教授，他在这里教书并与研究生合作开展公民社会和社区研究项目，还给社区和非营利组织领导力专业的本科生讲课。布莱恩凭借行动研究的伙伴关系与社区组织团体合作。例如，近年来，他是一名致力于在社区组织和寻求改善威斯康星州公共卫生的其他行动者之间建立战略联合的学术伙伴。他和组织者、学生与当地公共卫生护士合作发动了若干青年组织倡议。他的研究探讨了组织对参与者的影响，以及社区组织工作在实现社区和系统层面的变革中的有效性。

薇琪·科利-埃克斯（Vicki Collie-Akers），拥有堪萨斯大学的行为心理学博士学位、圣路易斯大学的关注行为科学和健康教育的公共卫生硕士学位。她的研究主要关注运用与社区合作的、以社区为基础的参与式研究导向，来理解合作伙伴关系和联盟如何改善健康和公平的社会决定因素，并减少健康差距。在她的整个生涯中，科利-埃克斯博士致力于通过研究和实践来促进健康，包括协助探讨小型市场媒体中的预防研究报道的研究项目，儿童可步行性的环境评估，非洲裔美国妇女的乳房X光照相术的使用，以及促进邻里和基于信仰的组织参与密苏里州堪萨斯市的一个CDC资助的REACH 2010项目。在堪萨斯大学工作组的职位上，她指导支持伙伴关系的一些评估项目，比如密苏里州西部的医疗法律合作伙伴项目，该项目一直致力于通过全面倡议来促进健康。此外，她还在一些促进堪萨斯市城区健康公平和减少健康差距的项目中担任首席研究员和合作研究者。科利-埃克斯博士为许多与诸如评估、逻辑模型发展和可持续性主题有关的社区倡议提供咨询。她还积极参与通过包括公共卫生从业者和基层社区代表个体在内的培训和网络研讨会而进行的能力建设。

莫里斯·J.埃利阿斯（Maurice J. Elias），罗格斯大学心理学系的教授，曾是美国心理学会社区心理学分会/社区研究和行动协会的主席，并获得实践杰出贡献奖与少数族裔指导奖，是罗格斯社会一情感学习实验室和基于社区的研究和服务的罗格斯合作中心的主任，还是学术、社会和情感学习合作（www.CASEL.org）领导团队的创始成员，最近还获得斯坦福麦克唐纳品格教育终身成就奖。埃利阿斯的大量著作包括：ASCD的《促进社会和情感学习：教育者的指导方针、社会决策/社会问题解决》（K－8年级的课程），《校园的欺凌、同伴骚扰和受害：下一代预防》（2003），《情绪智力和学术成就的教育者指南：教室里的社会-情感学习》（Corwin，2006），《都市梦想：希望、品格和韧性的故事》（2008），一本新电子书《情商教育》，一本为幼儿写的书《讨论财富：帮助幼儿发展情商和韧性的故事》（2012）。他也在网站www.edutopia.org上以乔治·卢卡斯教育基金会的名义为教育者和父母撰写博客。

他和圣·伊丽莎白学院的同事一起正在发展一个在线资格认证项目，对在课堂、小组和课后环境中的社会-情感和品格发展项目进行直接指导，以及对社会-情感、品格发展和学校文化与氛围进行学校集中协调。

斯科特尼·埃文斯(Scotney Evans),博士,是教育与人力发展学院教育与心理研究系的副教授和伊顿寄宿学院的学院硕士。他指导人类与社会发展的本科专业,担任社区与社会变革的硕士课程教学任务。埃文斯博士是一名社区参与的学者,他研究并促进以社区为基础的公众服务组织在提升社区幸福感、社会变革和社会公正中的作用。

大卫·M.费特曼(David M. Fetterman),博士,是费特曼联合公司的总裁兼首席执行官,这是一家国际评估咨询公司。他有25年在斯坦福大学担任高级行政管理者、教育学院的教员以及医学院的评估主任的经历。大卫是阿肯色评估中心的主任,同时也是圣荷西州立大学、查尔斯顿大学、阿肯色大学的教授。他曾是加利福尼亚综合研究院的教授和研究主任,美国研究院的首席研究员,RMC研究公司的高级助理。大卫曾是美国评估学会的主席。他曾获得评估理论保罗·拉扎斯菲尔德杰出贡献奖和评估实践米尔达累积贡献奖。他也获得了美国教育研究学会评估研究杰出学者奖。大卫是充权评估的创始人。他出版过16本书,包括:《数字村庄的充权评估:惠利特-帕卡德奔向社会公正的1500万美元比赛》、《实践中的充权评估原则》(与万德斯曼合著)、《充权评估的基础》、《自我评价和责任制的知识与工具》(与卡夫塔利安和万德斯曼合著)。

莎伦·约翰逊-哈基姆(Sharon Johnson-Hakim),于2013年在威奇托州立大学获得社区心理学的博士学位。她目前是新泽西州莫里斯敦的大西洋健康系统的应用社区心理学的博士后研究员。约翰逊-哈基姆博士对环境建构与个体的健康行为之间的关系感兴趣。作为一名从业者,她致力于旨在建设更加健康环境的合作的、以社区为基础的过程;她过去的项目尤其关注社区范围的饮食系统和全国校园午餐方案的实施,并在促进获取健康、实惠、适应当地文化的食物方面取得了成功。约翰逊-哈基姆博士从2008年就积极参与了SCRA,现在担任SCRA实践委员会的联合主席。

布朗温 · A.亨特(Bronwyn A. Hunter),博士,是耶鲁大学医学院咨询中心的 NIH/NIDA T32 博士后研究员。她是德保罗大学临床社区心理学项目的研究生。亨特博士的研究项目包括刑事司法系统中有关人员的健康与幸福感。她的研究聚焦于国家政策之间的关系,曾被关押人员知觉到的污名和应对策略。她尤其对支持刑事司法系统中女性的政策和项目感兴趣。亨特博士也扎根于社区,致力于以社区为基础的组织的项目评估和干预发展的能力建设。

雷纳德 · A.杰森(Leonard A. Jason),于 1975 年在罗彻斯特大学获得临床心理学的博士学位。他目前是德保罗大学的心理学教授和社区研究中心的主任。他在德保罗大学作为教师已经长达 40 多年。他曾经是临床心理学博士项目的临床培训主任,Psi Chi 的教师发起人,也是心理学本科项目中负责创建公众服务焦点和社区焦点的教师成员。杰森曾是美国心理学会社区心理学分会的主席,以及《社区心理学家》的编辑。他是 CFS/ME 美国国际协会的副主席。他也是美国慢性疲劳综合征咨询委员会研究分委员会主席,该委员会向健康和公众服务部部长提供建议。他编辑或撰写了 23 本书,发表了 600 多篇论文和 75 个图书章节,内容包括慢性疲劳综合征、牛津豪斯康复家园、酒精、烟草和其他药物滥用的预防、媒体干预和项目评估。他在 10 种心理学杂志的编辑部任职。他获得的联邦研究拨款超过 3400 万美元。

理查德 · A.詹金斯(Richard A. Jenkins),博士,是美国国家卫生研究所国家药物滥用研究所(NIDA)预防研究部门的健康科学家管理者。理查德是一名临床-社区心理学家,他当前的著作包括与 HIV 预防有关的研究以及发展预防干预研究的新方法。来到 NIDA 之前,他参与了一系列与 HIV 预防有关的国内和国际项目,包括 HIV 疫苗试验的准备,对 HIV 暴露的社会与行为流行病学的调查,以及 HIV 预防干预的设计和评估。他还进行了与各类人群的早期 HIV 疫苗试验和社区 HIV 风险评估相关的操作性研究。在 HIV 工作之前,他参与了与癌症应对有关的研究,以及与癌症治疗有关的行为医学干预评估的研究。他还参与了社区咨询,以及在各种社区环境下的心理健康关切的相关研究。

蒂芬尼·R.希梅内斯(Tiffeny R. Jimenez),博士,是美国路易斯大学的助理教授和社区心理学博士项目的联合主任。她的工作和论著大部分涉及涵盖社会公正问题的基于社区的各种研究项目,包括对合作性的全州范围的不同残障者领导力的培训倡议进行协调,对在STEM领域将大学文化变得更支持女教师的倡议进行磋商,以及对跨三县区的社区范围的系统变革倡议进行协作网络系统分析,从而有助于增加社区成员重构当地公众服务系统的知识的数据驱动能力建设。她最热衷于通过组织和社区层面的系统变革、联盟发展而创建更有包容性的社区和社会公正的实践,探讨跨文化动态,以及关注资源交换可持续性。她目前在一个提升企业社会责任感的全国性的非营利组织中工作。她目前任职于SCRA执行委员会,是SCRA教育项目委员会和实践委员会的联合主席,这些委员会旨在加强社区心理学研究和行动的研究生项目,为社区心理学实践生涯提供更好的教育。蒂芬尼努力使她的学生获得包括教学、研究和社区服务的良好教育经历,这挑战了现状并满足了不同人群的需求。

玛维亚·D.琼斯(Marvia D. Jones),公共卫生硕士,是堪萨斯大学应用行为科学系的博士生。她已经获得公共卫生的硕士学位,正在攻读行为心理学博士学位。她担任堪萨斯大学的社区健康与发展工作组的研究生研究助理,她的兴趣包括应用行为方法来减少健康差距,并探讨健康的社会决定因素。

詹姆斯·G.凯利(James G. Kelly),博士,是位于芝加哥的伊利诺伊大学的荣誉教授。他从1982—1999年是心理学系的职员。在那之前,他是俄亥俄州立大学、密歇根大学、俄勒冈大学的教师。他从1954—1958年作为德克萨斯大学的博士生时就活跃在社区心理学这一领域。他在1965年参加了万普斯科特会议的创办,被选为1968—1969年APA社区心理学分会的第一任主席。由于这些年来在社区心理学方面的工作,他获得了一些荣誉:社区心理学和社区心理健康杰出贡献奖(1978—1979)、美国心理学会公共利益心理学杰出贡献资深生涯奖(1997)、社区研究和行动西摩·萨拉森奖(2001)。《生态》(牛津大学出版社,2006)这本书描述了他的一些贡献。

凯因·S.李（Kien S. Lee），博士，是社区科学的副主席和首席助理，专门研究民族、种族或文化多样性对社区的影响问题。她把超过15年的研究和评估经验写入本书中，尤其是移民融合，种族平等的策略和规划，减少健康差距，以及跨文化胜任的组织的发展。她对于跨文化胜任力的认识源于很多科学研究、评估以及实施研究，包括：科罗拉多信托基金在健康倡议中的公平性评估，目的是增强非营利组织对所服务的不同社区健康需求的响应能力；多样性倡议评价的实施，这可以帮助社区在种族和民族关系中搭建桥梁，也得到了美国心理学会和W.K.凯洛格基金的资助；以及蒙哥马利和霍华德县（马里兰州）低收入和移民家庭的需求评估。她是《文化在评估中的重要性》和《旅途在继续：确保跨文化胜任的评估》的作者，这些出版物由科罗拉多信托基金资助，而且她在2013年获得SCRA的社区心理学实践杰出贡献奖。

苏珊·D.麦克马洪（Susan D. McMahon），博士，是德保罗大学心理学系的教授、系主任。她在暴力和攻击、教师受侵害、课堂和校园环境、压力与精神病理学，以及影响城市青少年发展的个人和背景因素方面进行的基于理论的研究和评估中做出了卓越贡献。她有超过55篇论著，并与犹大·维奥拉合著了一本书，名为《非营利和基于社区的组织的咨询和评估》；她还做了145次以上的报告。她在德保罗大学和社区心理学领域还担任多个领导职务。例如，她在德保罗大学担任了6年的大学IRB主席和社区心理学博士项目主任。她被SCRA选为两项全国性的领导职务，包括教育项目委员会的主席和区域网络协调员。她也是SCRA的会员，并于2012年获得了SCRA杰出教育者奖。

迈克尔·莫里斯（Michael Morris），博士，是纽黑文大学的心理学教授，并指导社区心理学的硕士项目。他的研究关注项目评估者在工作中遇到的伦理挑战，并给美国和国外的评估者提供评估伦理的培训。1993年，他发表了专业评估者伦理挑战的首次全国性研究，这项研究的结果在该领域中经常被引用。莫里斯博士是《美国评估杂志》伦理挑战专栏的创刊编辑，也是2010—2013年间该期刊的副编辑。他的文章发表在《美国社区心理学杂志》《社区心理学杂志》《社区心理学家》《评估评论》《评估和项目规划》以及《美国评估杂志》上。他在2008年出版了第三本书《最佳实践的评估伦理：案例和评论》。前两本书是《贫困和公共政策》

(与约翰·威廉姆森合著)和《无权者的神话》(与林顿·莱克斯、阿里·巴努阿茨茨和拉姆齐·列姆合著)。

威廉·D.奈格尔(William D. Neigher),博士,是专门研究战略规划、项目发展和评估研究的社区心理学家。他和联合国、美国参议院、哈佛大学、美国国家心理卫生研究所、世界卫生组织、霍夫曼-拉罗什公司和斯隆-凯特琳癌症中心在上述这些领域进行合作。奈格尔博士是大西洋健康系统(Atlantic Health System)的副总裁、系统发展和战略主管。大西洋健康系统被《美国新闻》和《世界报道》评为"美国最佳医院"50强,被《财富杂志》评为"美国100家适合工作的最佳公司"。他是美国心理学会的会员,曾是东部评估研究协会和新泽西州心理卫生机构协会的主席。他的论著包括将近50种(篇)图书、书籍章节和期刊论文,他还是纽约城市大学和罗格斯大学的心理学教师。他在2010年获得SCRA的社区心理学实践杰出贡献奖。然而,他最引以为自豪的是在《芝麻街》(*Sesame Street*)的一段情节里给班尼兔伴唱。

布拉德利·D.奥尔森(Bradley D. Olson),博士,是国立路易斯大学的助理教授,并合作指导社区心理学博士项目。他的研究和倡议工作聚焦于人权和公民权、倡议和行动主义、参与式行动研究、综合的定量与定性方法、伦理,以及科学哲学的问题。他曾经是心理学家社会责任协会(www.psysr.org)的主席,伦理心理学联盟(www.ethicalpsychology.org)的联合创始人,和平、冲突和暴力研究协会(APA第48分会,www.peacepsych.org)的主席,也曾是社会公正分会的主席,并与12个APA分会进行合作。

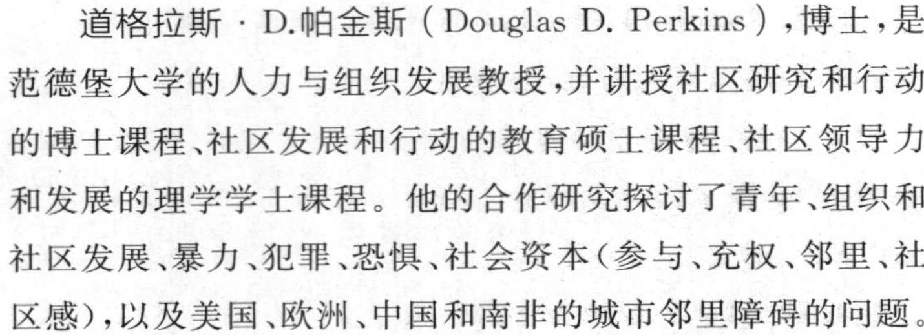

道格拉斯 · D.帕金斯（Douglas D. Perkins），博士，是范德堡大学的人力与组织发展教授，并讲授社区研究和行动的博士课程、社区发展和行动的教育硕士课程、社区领导力和发展的理学学士课程。他的合作研究探讨了青年、组织和社区发展、暴力、犯罪、恐惧、社会资本（参与、充权、邻里、社区感），以及美国、欧洲、中国和南非的城市邻里障碍的问题。

艾伦 · W.拉特克列夫（Allen W. Ratcliffe），博士，从1975年开始就在华盛顿州塔科马—皮尔斯县从事社区心理学的实践工作。作为一名志愿者顾问和倡导者，他的工作主要是关于无家可归和心理健康的问题。他不隶属于学术机构，目前他是塔科马公众服务委员会、社区心理卫生咨询委员会以及HUD批准的无家可归者持续护理工作组的志愿者。他与社区领导者和服务提供者进行广泛合作，共同努力实现相似的目标与结果。

凯瑟琳 · 雷蒙德（Catherine Raymond），博士，在超过25年的时间里帮助艺术与文化、教育、环境以及公共服务方面的众多组织对其组织的未来进行了有效规划，并对这些项目进行计划、实施和评估。除了与非营利客户进行合作之外，凯瑟琳还在迈阿密大学讲授项目规划和评估，以及在佛罗里达国际大学讲授非营利组织的管理。她拥有公共事务（关注非营利组织的能力建设）博士学位，也是成人教育/人力资源发展的理科硕士。

苏泽特 · 弗洛姆 · 里德（Suzette Fromm Reed），是国立路易斯大学的副教授和社区心理学博士项目的创始主任，她也和硕士生与文学学士学生在包括但不限于实验心理学、研究方法、心理健康问题上进行合作。她在一系列包括肥胖预防、女性充权、暴力预防、非传统学生的学业成就，以及青年和妇女的其他积极成果问题上与社区机构进行协商。苏泽特在这些主题领域进行写作，并在学术界外出版了有关社区心理学家角色的论著。她的研究兴趣很广泛，包括对集体效能和社会资本在缓解儿童虐待中的作用，以及社会营销如何应用到这个问题和类似问题的研究。目前，她的研究主要关注通过参与社区锻炼和营养活动而促进健康，女性充权和老化的问题。她最近的工作包括担任健康和医学政策研究组主持的“前进：重塑芝加哥地区的行为健康服务”专家小组成员。来到国立路易斯大学之前，她和非营利机构在全国和地方层面就有关儿童和家庭的问题进行合作。她有来自学术视角和非营利组织方面的合作经验。更多信息见 http://works.bepress.com/suzette_fromm_reed。

克丽丝蒂娜 · M.史密斯（Christina M. Smith），执业临床社工（LCSW），目前是国立路易斯大学（NLU）的博士生，在私人及公共人力服务领域有超过 20 年的专业经验。近年来，她从事组织咨询工作，并给以社区为基础的组织以及州与当地政府机构提供行政和管理辅导、项目发展，以及评估与培训服务。史密斯女士还在当地的社区委员会和咨询委员会任职，致力于和种族、性别、阶层与男同性恋、女同性恋、双性恋和变性者（LGBT）充权有关的社会变革和倡议。她感兴趣的主要研究领域之一就是探讨一系列能解释以社区为基础的组织如何思考科学，以及对是否和如何正确利用科学来解释和促进工作进行决策的因素。

保罗 · W.斯佩尔（Paul W. Speer），博士，是范德堡大学皮博迪学院人力与组织发展系的教授。他研究的领域是社区组织、参与、社会权力和社区变革。目前，他致力于研究支持公民持续参与的组织特征、发展参与性强的组织的网络属性，以及实惠住房和教育结果之间的关系。他在多个期刊上发表了 50 多篇论文和章节，包括《美国社区心理学杂志》《健康教育和行为》和《美国公共卫生杂志》。目前，他讲授行动研究、社区发展理论和社区组织的课程。

斯蒂芬 · P.施特尔茨纳（Stephen P. Stelzner），博士，是明尼苏达中部两个联合运作的学术机构，即圣班奈狄克学院和圣约翰大学的心理学教授。他于 1989 年在伊利诺伊大学芝加哥分校获得博士学位。他所教的课程是心理学导论、发展心理学、社区心理学和工业/组织（I/O）心理学。他的学术研究聚焦于利用生态原则来改变社会系统，以及强调社区和组织的伦理和可持续性取向的领导力过程的发展。

卡洛琳·斯威夫特（Carolyn Swift），博士，是早期的应用社区心理学家。她从堪萨斯大学心理学博士毕业后，加入了SCRA。她是第一个任职于该分会执行委员会的应用社区心理学家。在她的职业生涯中，卡洛琳开创了非常规环境下的新专业角色。她的第一份工作是担任堪萨斯州堪萨斯市社区心理卫生中心的心理学家，被聘请来和市长与警察局长进行合作，从而开发：(1)酗酒者、轻罪犯和被监禁罪犯的矫治项目；(2)警官与民众互动的培训项目；(3)违法男性青年的改造项目。在和警察局长以及职业官员的合作中，她创建了关注这些群体需求的项目以及其他项目（如，强奸预防），并用她从各种途径获得的奖励来资助这些项目。她为触犯法律的年轻小伙子成功地建立了群体之家，他们可以在那里上学，努力工作以抵消刑罚，并删除他们的逮捕记录。她后来搬到了俄亥俄州哥伦布市，和一个新的实验性与前沿的互动电视网(QUBE)进行合作，目的是为那些被父母留在家里的孩子开发电视节目。她最后任职于卫斯理学院，担任发展服务与研究斯通中心主任，该中心包括一家妇女研究和咨询中心以及珍·贝克·米勒研究所。她被选任为2006—2007年SCRA的主席。

艾瑞卡·L.泰勒（Erica L. Taylor），通知学士(BGS)，是堪萨斯大学应用行为科学系的研究生，专业领域是社区健康和发展。泰勒女士任职于堪萨斯大学社区健康和发展工作组的社区青年发展与预防团队。她获得了堪萨斯大学的应用行为科学的学士学位，并主攻心理学。她目前的研究生研究项目包括暴力预防分析，并关注密苏里州堪萨斯市的暴力预防工作。她发展并评估了中西部低收入社区的青年参与积极性的干预项目，而且对低收入城市社区的社区动员策略和最佳实践的实施研究感兴趣。

路易斯·G.托纳茨基（Louis G. Tornatzky），博士，出生并成长于俄亥俄州克利夫兰市，曾在美国海军陆战队服役，拥有俄亥俄州立大学最优等的学士学位和斯坦福大学的博士学位。他的研究聚焦于社会和科技创新的组织因素。他是密歇根州立大学的教授，全国科学基金会创新过程研究的团队负责人，安阿伯市工业技术研究所的实验室主任，南方技术委员会的主任，巴特尔纪念研究所的资深助理，托马斯·里维拉政策研究所的高级学者和副所长，斯莱特大学技术公司的副总裁，最近成为圣路易斯奥比斯波的加州州立理工大学的系主任、教授以及创新与创业中心的联合主任。托纳茨基博士撰写了150多种（篇）关于创新的书籍、期刊文章、专著和论文。他是美国与国外的50多家大学和区域技术组织的顾问。

犹大·J.维奥拉（Judah J. Viola），博士，是伊利诺伊州芝加哥市国立路易斯大学的社区心理学博士项目的助理教授和联合主任。他也管理着一个独立的咨询公司，专门从事需求评估、项目评估、社区建设和合作社区研究。最近的客户包括公立学校系统、博物馆和艺术机构、社会服务机构以及社区发展组织。犹大的研究和倡议兴趣包括促进健康社区以及提高公民参与和个体的亲社会行为。他研究了广泛的课题，包括残疾学生的城市教育、滥用药物后护理、实惠房建设、医疗服务获得、健康食品获取以及青少年肥胖预防。他活跃于社区研究和行动协会以及芝加哥评估协会（美国评估协会的当地附属机构），并任职于芝加哥儿童减肥联盟执行委员会，这是一个基础深厚的参与者和组织的网络，并通过促进支持芝加哥都市区儿童的健康和积极生活方式的政策和环境的变革来应对儿童肥胖症的流行。他已经撰写了大量关于以社区为基础的组织的咨询与评估方面的著作，包括《非营利的和以社区为基础的组织的咨询和评估》（与S.D.麦克马洪合著）。他最近的写作项目是一本即将出版的关于社区心理学不同生涯道路的书。

杰梅拉·沃森-汤普森（Jomella Watson-Thompson），博士，是堪萨斯大学应用行为科学系的助理教授、社区卫生和发展工作组的副主任。通过合作研究、教学和服务，她运用行为社区心理学方法和干预来提升社区如何解决与社区卫生和发展有关问题的能力。沃森-汤普森博士的研究聚焦于社区发展、青少年积极发展，以及药物滥用和暴力预防。她支持社区能力建设，从而通过在城市邻里的不同社区和群体中进行以社区为基础的参与式研究来探讨健康的社会决定因素。她的研究聚焦于对基于社区过程的成效和干预进行实验性的分析，从而促进所关切的社区状况与结果的变化与改善。她有丰富的经验为社区和基于信念的行动提供培训、技术支持和评估。她合作撰写了社区能力建设、青年发展和预防方面的论文。沃森-汤普森博士在密西西比州杰克逊的杰克逊州立大学获得了都市研究的文科学士学位；在堪萨斯大学获得了城市规划的硕士学位、应用行为科学的文科硕士以及行为心理学的博士学位。

理查德·M. 维尔克维兹（Richard M. Wielkiewicz），博士，是明尼苏达中部两个联合运作的学术机构，即圣班奈狄克学院和圣约翰大学的心理学教授。他于1971年在夏威夷大学获得博士学位。他讲授的课程包括统计学、研究方法、学习原理，以及环境或保护心理学。他的研究兴趣是兼收并蓄的，因为他的兴趣经常是由学生所感兴趣的话题所引导的。不过，从20世纪90年代早期开始，他就持续在领导力理论和测量领域出版论著。他热衷于环境问题，最近已经出版了电子书《可持续性与心理学》。

汤姆·沃尔夫（Tom Wolff），博士，是一名社区心理学家，致力于研究社会公正问题和通过合作的解决方案创建健康的社区。他是一名国家认证的联盟建设和社区发展方面的顾问，并拥有对北美和全球的个体、组织和社区进行培训和协商的丰富经验。汤姆发布了大量的资源来帮助社区解决自身的问题。他最近的一本书《合作的解决方案的力量——健康社区建设的六项原则和有效工具》出版于2010年。他早期关于联盟建设的著作包括1997年与吉琳·凯伊合著的《万丈高楼平地起：联盟建设和社区发展的工作手册》以及2000年与比尔·伯克威茨合著的《联盟精神》。他目前在管理着马萨诸塞州阿默斯特市的汤姆·沃尔夫联合公司（www.tomwolff.com）。咨询客户包括联邦、州和地方政府机构、基金会、医院、非营利机构、行业协会和基层团体。

妮基·金恩·伍兹（Nikki Keene Woods），博士，是威奇托州立大学公共卫生科学系的助理教授。她在堪萨斯大学获得了行为科学和公共卫生专业的硕士学位和行为心理学的博士学位。她是母亲、婴儿、儿童健康方面的研究者和教育者，并重视解决健康差距问题。她的工作是以社区为基础的，具有合作性质，并利用综合方法来回答特定的社区健康问题。早期的研究项目是以社区为导向的，并聚焦于群体层面的行为改变以及临床环境下的转化研究，包括病人和照料者的行为和沟通。她目前活跃在当地和州的团体，致力于改善堪萨斯州婴儿和母亲生育结果的工作。多年以来，金恩·伍兹博士作为志愿者在当地和全州范围内致力于改善生育结果。通过本科生与研究生的课程和服务学习机会，她与学生分享了经验和知识。

第1章　美国社区心理学实践的历史

汤姆·沃尔夫，卡洛琳·斯威夫特和莎伦·约翰逊-哈基姆
(Tom Wolff, Carolyn Swift and Sharon Johnson-Hakim)

导论

社区心理学实践包括该领域中实现更好世界愿景的各种活动。因此，我们以该领域的定义和愿景开始社区心理学实践的历史。

社区心理学是心理学的分支学科，关注在社区背景下理解人、预防生活问题、颂扬人类多样性，以及通过社会行动追求社会公正。(Nelson & Prilleltensky, 2010)

社区研究和行动协会(SCRA)——美国专业协会——采纳的社区心理学领域的愿景是"哪里有压迫，哪里就有分裂和充权。通过在那里促进合作，从而在提升所有人的幸福感和社会公正上产生强大的全球性的影响"。社区心理学精彩的、变革性的定义和愿景不仅需要研究问题的能力，还需要让社会变得更美好的行动。从马萨诸塞州万普斯科特诞生社区心理学领域的最早会议开始，创建者们就意识到，社区心理学将是一个包含学术理论、研究和实地实践的领域。社区心理学是这样"言行一致"的。在该领域，实践的角色就是把研究、价值观和原则转化为有意义的行动，正是通过这些途径，社区心理学影响了全世界的社区和组织。

什么是社区心理学实践?

尽管社区心理学创建于20世纪60年代，而且社区心理学家从一开始就参与到实践中，可是直到2006年才出现"实践"社区心理学的第一个官方定义，这是SCRA社区心理学实践委员会推动和支持从业者工作的结果。这个定义表明，社区心理学实践旨在"增强社区满足社区成员需求的能力，帮助他们实现梦想，从而通过系统、组织和/或个人改变来提升幸福感、社会公正、经济公平与自我决定"(Julian, 2006)。因此，社区心理学从业者是指从事以上定义所说的社区工作的人，以及接受培训而成为社区心理学家的人。

在这一章，我们将要阐述并了解社区心理学实践发展的历史。我们将通过讨论社区心理学实践两个发展时期里的四个问题来达到这个目的。

我们讨论的第一个问题涉及世界事件和我们这个领域发展的交集，被称为“时代的里程碑”。社区心理学立足于生态学取向，根据行为的发生背景来理解个体的行为，因此，在任何特定的时代来研究社区心理学实践历史并发现它被周围世界所发生的大事所影响并不令人感到意外。在某种程度上，出现这种情况是因为从业者关注到了当前的问题，并使他们的实践适应于所出现的“社区范围内”和全国性的问题。还有部分原因是，世界和全国性的事件影响全国、州和当地经费的拨款，然后从业者就参与解决了那些问题。当我们探讨每个时间段的时候，我们会总结世界上的时代里程碑：世界上发生了什么，比如公民人权运动、战争、有影响力的总统和政策或大事，以及这些外部的事件和运动对这个领域发展的影响。

第二，我们将社区心理学实践看作是社区心理学发展领域的一部分并进行了讨论，这不仅是一个研究领域，也是一个应用领域。首要问题是如何发展社区心理学实践，该实践被清晰进行了定义，以熟练的并被认可的胜任力为基础，是有效的，被承认为合法的实践，对于公众和该领域人员而言是知名的，以及得到同行和机构的支持。我们讨论了诸如社区心理学从业者的工作内容以及以专业水平做这些工作所需能力的问题。这部分内容在社区心理学领域中发展了自身的生命，所以最好把它当作社区心理学实践的里程碑。

我们讨论的第三个问题聚焦于社区心理学从业者和他们的学术同事之间的关系动态。在社区心理学发展的历史上有两个平行的社区心理学家的世界：一个是由在大学工作的社区心理学家组成的世界，一个是由在应用领域工作的社区心理学家组成的世界。在历史上，学术的和应用的心理学家之间的关系是紧张的。在早期，学术的社区心理学家重要的生存目标是在他们的心理学系中获得对他们研究议程合理性的认可。因此，学术的社区心理学家并不总是致力于发展实践。在过去的30年里，通过双方的努力，这个裂痕减少了。尽管这种分离依然存在，但是对发展实践胜任力的关注已经促进了这两个群体进行合作并且欣赏彼此的角色。无论是在大学还是在社区环境里，社区心理学实践的价值是，其实践考虑到了社区心理学愿景的实现。这使得社区心理学能够影响世界，扩展到社区，并且证明了社区心理学家改变世界的能力。

我们讨论的第四个也是最后一个问题，是社区心理学实践和普通人实践的工作场所之间的关系。如果社区心理学家能够真正地将社区心理学付诸实践，那么将创造什么机会呢？在20世纪60年代这一领域刚出现的时候，当人们被作为社区心理学家来培养并去寻找第一份工作的时候，如果想做学术，那么他们必须进入大学的心理学系并创建社区心理学的研究焦点；相似的，从业者必须进入社区并且创设社区心理学的职位。在《社区心理学手册》(*Handbook of Community Psychology*)关于“从业者的视角”章节中(Wolff,1999)，几乎所有从业者的文章都表明，必须创设他们自己的职位，而且他们所在组织的确不把他们看作社区心理学家。随着时间的推移,这种情况已经发生了变化,而且我们追踪了其中的一些变化。在探索这一时代的主要环境和实践形式时我们要问:确认为社区心理学从业者的人是哪些人?在那个时期他们做了些什么?他们受雇于哪里以及他们把哪些种类的技能带到了工作中?

这些关键问题将由一些来自杰出的社区心理学从业者的第一人称故事作为补充,这说明了主要的实践形式。我们希望通过强调社区心理学从业者在广泛的应用情境中的工作,能够生动再现社区心理学实践的历史,并且让读者从第一人称的视角,了解社区心理学从业者在该领域发展的不同阶段所从事的是怎样的工作。

在本章,社区心理学实践将以两个独立的时期来呈现,按时间顺序分别是20世纪60～90年代以及20世纪90年代到现在。尽管社区心理学是一个国际性的领域,但是本章所述的历史主要关注美国社区心理学实践的发展。

早期(1960—1990年)

时代的里程碑:我们从哪里开始?

20世纪60年代

社区心理学实践产生于动荡的20世纪60年代的重大事件中。回顾20世纪60年代发生的这些事件,我们看到了一幅在重要群体中出现的对社会、政治和经济不满的画面。而且,很明显可以看到,美国社会各个领域中的不满与怨言情绪在几十年里渐渐高涨。我们在这里提到了一些导致20世纪60年代局势动荡的重大事件,并报告了随之发生的变化。这些变化之一就是社区心理学领域的创立,全国的大学心理学系和社区心理卫生中心(CMHC)开始有了社区心理学。

社区心理学实践的诞生和发展深受世界发生事件的影响。美国对越南战争的参与引起了数以百万计的美国青年和家庭的义愤,并直接影响了他们的生活。1963年,约翰·F.肯尼迪(John F. Kennedy)总统被暗杀事件向全世界传达了一个信息,即我们的理想和行动并不一致。自从内战爆发并蔓延到全国,南方处于酝酿状态的民权斗争已经开始了。从客厅的电视机上可以看到警察殴打和平的黑人和白人游行示威者,并把水管对准他们喷射。数以百计来自北方各州的大学生坐车到南方加入这些运动,支持非洲裔美国人争取选举权。马丁·路德·金(Martin Luther King Jr)于1968年在华盛顿游行并被暗杀,这使民权运动处于全国关注的风口浪尖。

20世纪60年代还出现了许多其他重要的社会问题。比如,毒品文化在青少年中泛滥。妇女抗议性别不平等的声音日益高涨。纽约市的同性恋社区长期以来受到执法机关的迫害,在警察突袭石墙酒馆——纽约市格林尼治村一个存在已久的同性恋酒吧时暴发了冲突,结果很多顾客被强制押进警车并被逮捕起来。

社区心理学正是在这种冲突文化中"应运而生"的，这种文化渴望更多的社会公正，力求获取权力，重视思想和生活方式的多样性。作为一个领域，社区心理学在很多方面有别于临床心理学（当时心理学实践的主要形式）。第一，无论是否和心理学有关，该领域总是把问题看作具有多层的因果关系。生态模型（Bronfenbrenner，1979）的框架促使社区心理学家在个体行为的发生背景中研究个体行为。第二，由于注意到了心理卫生专业人员的严重匮乏（Albee，1959）以及心理卫生患者基于种族和收入而受到的差异化护理与护理可得性（Hollingshead & Redlich，1958），社区心理学家比较注重预防，以及如何通过增强社区、社会网络、家庭、组织来帮助个体以健康的方式来适应和处理压力。第三，社区心理学家与他们设法帮助的个体进行合作，并努力使这些人能够获得他们渴望的个人结果，而不是视个体为被动的治疗接受者。仅仅从这些价值观、视角和取向来看，我们可以很清楚地看到这个领域是如何借助周围发生的社会运动而得以发展的。

20 世纪 70 年代和 80 年代

社区心理学原则最早是体现在社区心理卫生的思想中的，它诞生于约翰·F.肯尼迪总统所处的时代，但它是在 20 世纪 70 年代随着 CMHC 在每个州的迅速兴起才出现的。在某种程度上，创建社区心理卫生中心是为了提供全面的服务，并开始注重让心理疾病患者出院。社区心理卫生中心还关注早期干预、预防、咨询和社区参与，这些都是重要的社区心理学原则。所必需的一项社区心理卫生中心的服务是"咨询教育与预防"（CEP）。因此，社区心理卫生中心聘请了主任和职员来开展咨询教育与预防活动，众多的社区心理学家也都进入了这些角色。一个例子就是社区心理卫生中心的一位社区心理学家约翰·摩根（John Morgan），下面的焦点报道（Spotlight）将讨论他的职业生涯。这些服务包括向诸如学校和社会服务机构等社区机构提供咨询服务，培训这些系统里的员工，为诸如儿童、老人、性虐待受害者及其他人等目标群体提供系统的规划。

约翰·摩根

约翰·摩根经过培训成为一个临床和儿童心理学家，他对采用基于预防的方法进行工作感到自豪。他主要的职业活动分为两类：确保个体拥有处理"正常"压力（如育儿或离婚）所必需的应对技巧和社会支持，以及仔细检查环境，确保以促进健康和幸福感的方式对环境进行设置。

1976 年，他刚研究生毕业就被弗吉尼亚州切斯特菲尔德县（Chesterfield County）的社区心理卫生中心聘为心理学员工。在那个时候，社区心理卫生中心已经创建七八年了，切斯特菲尔德县的社区心理卫生中心是弗吉尼亚州 40 个社区心理卫生中心之一。约翰对切斯特菲尔德社区心理卫生中心的定位很感兴趣，它根植于社区，不仅意在为弱势群体提供心理卫生服务，还允许工作人员积极地与社区组织及居民合作，从而发展可以增强整个社区的项目。

正如约翰所认为的那样，对于很多社区心理学家而言，社区心理卫生中心提供了一个舒适的实践场所，他们能够在这里“播撒心理学”并重视预防和社区建议与意见。约翰在社区心理卫生中心最终转型为一个咨询与评估的角色，他在那里主要为社区规划和评估基于预防的项目。他依靠在项目管理和执行中的胜任力，成功地将预防导向的干预引入社区，对生态模型与个人环境匹配的理解使他和各种以社区为基础的机构进行合作。他对于这样做的建议是，找到在环境中支持你项目的人。

在约翰看来，社区心理卫生中心不仅体现了一种社区资源，而且还是一种“运动”，这是在如何获取和提供心理卫生服务上的一个重要的范式转换。不幸的是，该项目在显示它真正潜力之前就在国家层面上被撤销了资助。对于约翰而言，他的持久贡献之一就在于他对工作环境的贡献。他在切斯特菲尔德心理卫生中心工作30 年，他能够影响该中心，以至于对预防项目的重视一直持续到他在那里的任期结束以后。

约翰于 1990 年获得 SCRA 社区心理学实践杰出贡献奖。他工作的持久影响体现在具有持续性并基于社区的预防项目中，而现在这个项目是弗吉尼亚州系统的一部分。他目前在“弗吉尼亚儿童之声”(Voices for Virginia’s Children)工作，处理与儿童和家庭幸福感有关的问题，但这次是通过政策视角而进行的。

20 世纪 70 年代和 80 年代也是心理卫生领域的一个整合时期。社区心理卫生中心加入了一个相对年轻的组织，即全国社区心理卫生中心委员会(National Council of Community Mental Health Centers，NCCMHC)。这家组织向所有的心理卫生专业人员开放，并建立了许多内部委员会来解决众多心理学家和社会工作者遇到的各种问题。

预防委员会是 NCCMHC 的一个内部委员会。由于咨询和教育服务是国家心理卫生研究所(National Institute of Mental Health，NIMH)规定的服务，所以预防委员会的工作重心是发展这些服务，努力解决健康和预防问题。这个委员会为咨询教育与预防服务设置标准，传播有用资源并规划各种培训和会议。当重要的立法(比如关注心理卫生预防的法案)等待审核时，这些联系为美国国会议员提供了重要的容易联络的渠道。这是其中一个将社区心理学从业者聚集到一起的首要场所。本章作者斯威夫特(Swift)和沃尔夫(Wolff)是预防委员会的主席。

随着吉米·卡特(Jimmy Carter)总统的当选，第一夫人罗莎琳·卡特(Rosalyn Carter)大力倡导该领域的心理卫生预防工作。不久以后，众多州开始任命全州范围内的心理卫生预防主任，比如密歇根州的贝蒂·塔伯曼(Betty Tableman)。作为密歇根州预防服务的主任，贝蒂·塔伯曼认为早期抚育和关系发展对婴儿的社会、情感和认知健康至关重要。她成功地为密歇根州的儿童建立了全面的心理卫生服务系统并得到全国的认可。在 NIMH，史提夫·格尔斯顿（Steve Goldston）是心理卫生预防的拥护者，支持学者和从业者的工作。这给社区心理学的从业者和学者提供了发展并实施预防的循证模型（evidence-based models）的大好机遇。

1981 年，罗纳德·里根（Ronald Reagan）当选为美国总统，他开始在包括 CMHC 在内的逐步发展的社会项目上开倒车。心理卫生服务的这些资助被转变成各州的分类补助款，这给予了各州设置各自的资助议题的权力，并消除了 NIMH 的影响力。各州心理卫生部门大多数不是从社区心理卫生的角度来运转的，而是与本州的医院系统和去机构化议题紧密相连的。在里根的资助转变进行的一年期间，咨询教育和预防服务大部分都在全国范围内的 CMHC 中消失了。

1988 年，一群与美国心理学会（APA）合作的社区心理学家（Richard Price, Emory Cowen, Raymond Lorion & Julia Ramos-McKay）编辑了一卷书《14 盎司预防：从业者的案例教科书》（*14 Ounces of Prevention: A Casebook for Practitioners*）。这本书列举了 14 个高质量的循证预防项目，比如大卫·奥尔茨（David Olds）的产前/早期婴儿项目，大卫·怀克特（David Weikart）的高宽课程佩里学前项目，蜜尔娜·舒尔（Myrna Shure）和乔治·斯皮瓦克（George Spivak）的人际认知问题解决项目，吉尔伯特·伯特温（Gilbert Botvin）的通过生活技巧培训来预防药物滥用项目，以及伯纳德·布路姆（Bernard Bloom）的分居和离婚项目。该书出版后又出现了皮尤慈善信托基金资助的技术援助项目，该项目资助全国范围内举办的会议并把这些模式传播到从业者、学者和资助者（基金会和各州）。这就成功地把编辑书籍的学者和致力于传播的从业者联系起来，这个过程说明了调查和干预的互相依存性。通过这次合作，这些高水准的项目得以在全国的社区里进行，并有望被复制。

社区心理学领域的里程碑

1965 年召开的关于社区心理卫生心理学家教育的波士顿会议标志着社区心理学的诞生（Anderson et al., 1966）。这个会议在马萨诸塞州的万普斯科特（Swampscott）召开，被称为万普斯科特会议。参会的一半人是在实地/应用环境中工作的心理学家。6 位筹划这次会议并且撰写会议报告的委员会成员中就有 4 位是应用领域的成员，另外 2 位是学术研究的成员（Anderson et al., 1966）。

万普斯科特会议设立的目标和议题，直至今日仍影响着社区心理学领域。我们在大约 40 年以后阅读当年的会议报告，不禁对与会者预言般的建议感到惊讶。这份报告对该领域的展望，尤其是应用的和学术的工作的整合，是有先见之明的。

> 随着社会变革环境的发展，需要强调的是要解决大学和实地场所之间的对立。通过这次会议，我们觉得，一旦社会变革研究的目标被接受，这些

> 机构之间的利益会出现潜在而深刻的融合，因为这两个场所都需要理论、研究技能、社区行动技能与约束力。在两个系统之间建立多种跨接职位(bridging positions)以至于最终使人员在其中能够完全灵活地流动，是迫切需要的。(Anderson et al., 1966)

应用心理学家对1967年美国心理学会的社区心理学分会(第27分会)的创建功不可没，因此在最初8年里他们一直被选为该分会执行委员会的官员。他们还在APA第27分会通讯(现为《社区心理学家》)发行的最初6年里担任编辑。

在社区心理学诞生的时候，应用/实践的社区心理学家和学术的社区心理学家在会议领导地位和参与方面都是非常平等的。这种平衡在万普斯科特会议以后就发生了变化。应用的社区心理学家从业者在其官方协会，即社区心理学分会的中间几年里是相对沉默的群体。现在，尽管他们积极地多方面参与SCRA，但这仅使他们逐步恢复到以前的知名度和影响力(Wolff & Swift,2008)。

在万普斯科特会议召开了近10年后，社区心理学全国培训邀请会议在奥斯汀的德克萨斯大学召开了。这个会议主要由NIMH资助，由APA的社区心理学分会主办。奥斯汀会议的主要目标是“系统地研究与社区心理学博士生培训的合适模式相关的许多问题和议题”(Iscoe, Bloom & Spielberger, 1977)。奥斯汀会议早该举行了，因为在万普斯科特会议召开后的10年里，很多大学的社区心理学项目如雨后春笋般涌现了出来。而且，很显然，对这些项目内容“活跃而嘈杂”的困惑、它们的学术合法性、与实地场所的联系，以及在社区实习的学生所需的监管，这一切都决定了社区心理学教师必须优先参会。在须受邀才能参加的奥斯汀会议里，应用的心理学家是相对较少的。对145位与会者的官方花名册的回顾表明，111位(77%)是学术的社区心理学家，20位(14%)是应用的社区心理学家，剩下的14位(10%)在德克萨斯大学奥斯汀分校的社区心理学培训项目中工作。

在万普斯科特会议上的应用社区心理学家的数量和影响力上所体现的公平性，在奥斯汀会议上已经荡然无存，几个会议报告也指出了这一点。会议记录中的“以社区为基础的社区心理学家”一章指出了出席会议的相对极少的应用心理学家所提出的问题。一些人担心他们在应用领域的同事未被充分代表。“其他人则强调，试图根据在社区环境中全职工作的这些心理学家的相对极少的意见与建议或陈述来规划这个领域的未来，这是一种讽刺”(Slaikeu, 1977)。

在这段时间还召开了其他与社区心理学发展有关的会议。佛蒙特初级预防会议是由SCRA和APA的主席、佛蒙特大学的乔治·艾尔比发起的，该会议连续7个夏天在佛蒙特州伯灵顿(Burlington)召开。在会议里，艾尔比将从事心理卫生预防工作的前沿思想家、学者、从业者和政治家汇聚在一起。艾尔比在每次会议后都会出版一本书。这些书被认为是该领域的经典之作(Joffe, Albee, & Kelly,1984)。

社区心理卫生中心全国委员会每年都会召开全国性的会议，从而对在 CMHC 从事咨询和教育工作的心理学家进行培训。全国性的会议不仅使 CMHC 员工不断获得心理卫生和预防领域最新发展的培训，而且在保持与这个领域的行动者和影响者的联系等方面起着重要的作用。

SCRA 两年一次的会议是于 1987 年在南卡罗莱纳州(South Carolina)开始的。这是 SCRA 召开的无须被邀请就能参加的首个社区心理学会议，因而给了每一位从业者参与和出席的机会。

学术的社区心理学家和实践的社区心理学家之间的关系

在社区心理学发展为一个领域的时候，其焦点几乎只是为研究和学术创建一个在学术界和心理学这个更大学科中受到重视的合法的学术领域。因此，该领域不关注定义、发展，甚至不参与处于成长中的社区心理学的实践。这时的社区心理学实践产生于选择在学术界之外进行工作的新的社区心理学毕业生，以及被社区心理学价值观和原则所吸引，并在以社区为基础的实践中采用社区心理学身份的那些现有的实践心理学家。然而，在学术环境中有着实践的拥护者，这些教授不仅参与社区实践，而且还重视对学生进行实践方面的培训。其中的一个例子就是格雷格·梅森(Greg Meissen)，在下面的焦点报道中我们将分享他的故事。

格雷格·梅森

格雷格·梅森是堪萨斯州威奇托市威奇托州立大学的教授。在过去的 25 年里，他除了教学、做研究和指导研究生之外，还经营一家以大学为基础的非营利机构，即自助网络。这是自助团体的交流中心，把整个州的个人和团体都连接在了一起。此外，这个自助网络也从事以系统为基础的研究，它并不关注这些团体内部发生的事情，而是关注它们如何起步，一些团体蓬勃发展的原因，以及其领导力的本质。

这个自助网络在开始的几年里飞速发展，1985—1990 年，每年的转诊患者在 10 000～15 000 人之间，并且发行了供公众使用的自助团体的名录。作为主任，格雷格在从事更多的政策层面和宣传的工作时，意识到自己的角色发生了转变。比如，通过他在自助网络的工作，他和全国精神病联盟堪萨斯分会以及消费者运营组织建立了良好的关系。他参与的其中一个项目是将家庭成员和心理卫生消费者纳入州心理卫生咨询系统，这并非易事。

那个时候的美国卫生局局长，即 C.埃弗雷特·库普医学博士，让全国关注到了自助团体，并承认它们是重要的公共卫生资源。这种关注加上管理型保健运动，改变了个人获取卫生保健的方式，这给了格雷格和自助网络协调堪萨斯州正规卫生系统(医生和保险公司)和自助团体关系的空间。他能够促进各方之间的互换，这最终导致了转诊系统，医生和保险公司在该系统中能利用自助网络的资源把患者和当地团体联系起来。这是一种双赢，因为管理型保健机构一直在寻找削减卫生保健成本的方法，而个人在医生的鼓励下能够更容易找到自助团体。

对于格雷格而言，那个时候他凭借最多的胜任力是合作。与州政府、保健系统以及其他社区组织的成功合作，使得他们的工作规模得以扩大。此外，他们大部分的研究是参与式的，这种协作伙伴关系的观念也推动了他们的研究。格雷格描述他和自助网络所做的工作是"向水里添加维生素"，他们一直在增强已存在的东西并且创建一个能把自助团体和更大范围的社区连接起来的组织。如同格雷格认为的那样，"那些个体团体并非没有能力那样做，只是他们太关注内部而没有意识到那也是他们的角色"。

格雷格是社区心理学实践委员会的创始会员，2005—2012 年担任联合主席，并看到了这个团体变成 SCRA 这个官方委员会的过程。2011 年，他获得了 SCRA 杰出服务贡献奖。作为一名从业者，他帮助自助网络提升为康复的合法途径，这使自助团体变得更常见、更能被接受，也比以前更能整合到我们正规的卫生保健系统中，时至今日我们仍能看到这些影响。

在学术的社区心理学家为大学的认可和合法地位而斗争的时候，社区心理学从业者继续走着一条更艰难的道路。从业者必须使其工作被学术的社区心理学家以及在他们工作环境中的同事所认可。从该领域发展的角度来讲，学者把这件事当成社区心理学的研究基础，而从业者并不总是明确地从这个研究基础来工作的；相反，他们需要努力应对当地社区的需求和偏好。这被认为是削弱了学术领域的基础。与此同时，社区心理学从业者在其工作环境中发现，将自己确认为在社区和组织中进行实践的社区心理学家几乎没有价值，和他们共事的人对社区心理学家这个称谓是不清楚的。对他们当中的大多数人而言，将自己确认为社区心理学家对他们交流技能和能力的影响甚微。因此，在他们工作环境中的大多数同事并不把他们看作是社区心理学家。很明显，他们是因为社区心理学的技能而被雇用并获得成功的，但那不是他们工作的身份。相反，从业者经常使用"社区心理卫生""公共卫生""社区发展"或"咨询/评估"作为他们的工作身份。因此，随着社区心理学实践领域的发展，这种身份认同问题也就大部分消失了。

任何一个领域如果想要对个体或社区/系统层面产生影响，那就需要一个实践或应用的方面，对于像将自己定位为致力于改变的社区心理学这样的领域尤其如此。对其他领域的考察证实了对学术追求和发展实践的需要：社会工作、公共卫生、组织心理学、人类学、城市规划和临床心理学。大部分推动社区心理学实践议程的工作出现在社区心理学历史的后半部分，本章随后将对之进行叙述。

这个时期的主要场所、实践形式和范例

在该领域形成的岁月里，社区心理学从业者在一些特定的实践场所(比如CMHC和政府)围绕关键的社区心理学原则(预防、授权/自助和组织变革)开始创建他们的角色。

社区心理卫生中心

如上所述，CMHC是社区心理学实践的主要场所。在耶鲁大学，社区心理学家大卫·斯诺建立和经营一家咨询中心很多年，这是当地CMHC的一个咨询和教育单位。这家咨询中心不仅提供服务模型，而且还为重视实践的社区心理学研究生提供实习机会和博士后培训。

很多社区心理学从业者在CMHC工作：密歇根州沃什特瑙CMHC的索尔·库柏和露丝·斯柯尔坤，新泽西州蒙特克莱尔CMHC的约翰·卡拉法特和比尔·奈格尔，佛罗里达州坦帕北部CMHC的安东尼·布鲁斯科斯基，马萨诸塞州罗厄尔的比尔·伯克威茨，以及切斯特菲尔德CMHC的约翰·摩根，等等。

自助

由于自助关注的是充权和传播心理学，因此该领域从早期就引起了社区心理学家的兴趣。随着自助途径变得合法起来，全国范围内建立了很多的自助中心和网络。弗兰克·雷斯曼是一个全国性的领导者，并因其工作受到SCRA的表彰。艾德·马德拉是新泽西州自助团体信息交流所的创办人。他先是记录一系列团体和想要创建团体的人，然后把他们和经历压力生活事件并在寻找支持团体的人联系在一起。1980年，他们得到了新泽西州心理卫生部门的资助，并让一个人专门维护团体的这个数据库。霍夫曼-拉罗什资助的第一份自助清单发布的时间甚至早于第一个自助交流中心的目录(www.njgroups.org)的发布，这是一份当地团体和全国最佳实践模型的清单。迄今为止，有4 500多个新泽西州当地的团体被列入名单，还包括1 100个全国性的和在线的团体。这些团体是由经历过有重大影响力的生活事件后需要支持的人所创办的。他们汇聚一般知识和经验来提供相互支持。

格雷格·梅森在堪萨斯州威奇托创办互助网络的工作在他先前的重点报道中已经介绍过。

政府

社区心理学家可以在各级政府中找到一个天然归宿。随着该领域着手建设最重要的以政府为基础的社区，心理学家们就在NIMH工作，该机构管理着研究工作以及对该领域的起步十分重要的社区心理卫生基金。

例如，社区心理学从业者格洛丽亚·莱文参与行政管理和科研审查、培训，以及服务示范项目，还在 NIMH 参与政策发展。她是一名社区和劳工组织者并在和平队工作多年，因此，她一直对社区的"局外人"干预的伦理问题感兴趣。

乔伊斯·巴哈姆在 1985 年成为了 NIMH 预防分部的主任。在她领导下，该分部所资助的主要领域是品行障碍的预防和对抑郁与心理健康进行预防性干预为导向的重大项目。巴哈姆成功地发展了抑郁认知与治疗项目(D/ART)，这改变了对抑郁早期患者进行治疗的方式。

在此期间，史蒂夫·戈德斯顿是 NIMH 一级预防项目的协调员。他走遍全国以促进政府对预防项目给予支持，并鼓励 NIMH 的心理学家申请联邦基金来开展心理卫生问题的预防工作。

组织发展和系统变革

一些社区心理学家自然而然地就喜欢组织发展和变革的领域。

唐·克莱恩(Don Klein)是社区心理学领域的创始人，他曾参加过万普斯科特会议，并在早期工作中关注个人心理健康和社区心理健康的预防。他不断地向商业、政府、宗教、健康和公众服务组织的领导者请教，并且向涉及当地社区发展项目的市民提供咨询。他是联合学院和大学的核心教师成员。到了晚年，他强调把欣赏式探寻(appreciative inquiry)作为系统变革工作的途径(Klein，2001)。

20 世纪 80 年代，在密歇根州安阿伯市的工业技术研究所有一群社区心理学家，他们研究与技术进步有关的社会问题，包括与工业界进行磋商。路易斯·托纳茨基是经济和社会问题中心的领导者，员工由社区心理学家、经济学家和其他社会科学家组成，他们与来自其他部门的工程师及计算机科学家合作。社区心理学家如米歇尔·福莱斯彻和大卫·罗伊特曼在整个职业生涯中对工作孜孜以求，运用社区心理学原则来促进组织变革。

预防

在这个时期，预防是社区心理学从业者的工作重心。《14 盎司预防：从业者的案例教科书》这本书是由 APA 资助的，它重点叙述了 14 个尤其有效并体现国家优先进行预防的项目。发展这些项目的很多人将自己看作是社区心理学家，如研究分居和离婚的伯纳德·布鲁姆和研究青少年犯罪预防的比尔·大卫森。这本书的许多编者也因其成功的预防工作而得到全国认可，包括在学校进行研究的埃默里·科文和研究失业影响的瑞克·普莱斯。莫里斯·埃利阿斯(Maurice Elias)为儿童开拓积极而具建设性的生活道路方面的预防工作是这个时期系统预防工作的一个很好例子，该工作特别强调了学校环境中的社会-情感学习。

莫里斯·埃利阿斯

莫里斯·埃利阿斯是罗格斯大学的心理学系教授。他专注于为儿童开拓积极而具建设性的人生道路，特别强调在学校环境中的社会-情感学习。作为一个应用方面的研究者，他的工作是通过与学校管理者、老师及员工的紧密合作来进行的。他引用与新泽西州普兰菲尔德(Plainfield)学校系统的伙伴关系作为合作过程的例子，这个过程对于把在学校环境中的研究成功转化为行动是必要的。

在莫里斯开始在普兰菲尔德工作之前，他已经创建了一个以学校为基础的循证项目，以增强学生的决策技能(Elias & Bruene, 2005)。普兰菲尔德的学生主体主要是非洲裔美国人，该学校计划测试这个项目的文化适应性。然而，在这个过程中却发展起来了由普兰菲尔德学校的负责人所支持的系统层面的干预，旨在将社会-情感学习纳入课堂并进行员工的能力建设。

尽管负责人欢迎莫里斯和他的研究团队，但由于该地区长久以来和外界关系紧张，所以他们进入这个地方是具有挑战性的。通过花费时间在校舍里倾听并与老师和管理人员进行交谈，以及尽最大可能提供帮助，莫里斯和他的来自罗格斯大学的研究生及本科生组成的团队成功地构建了合作文化。

从行动研究的角度来看，莫里斯认为他团队的作用是强调社会-情感学习模式的理论和目的，如何讲授材料的技术问题则由老师们自己解决。在大区域的许多学校里，领导团体的结构是采用充权模型而建立的，从而促进干预并确保负责跟进。通过8年的努力工作，他们收集了大量的量化和定性的评估数据。

回首往事，莫里斯承认，普兰菲尔德是他第一次抛开“项目”视角，关注于明确利用生态原则和系统层面的理解，帮助在极具挑战性背景下的学校和区域层面进行机构的文化与风气的变革。这个经历证实了莫里斯所坚持的社区心理学的基本原则：“如果不能和所涉及场所里的人们进行充分合作，社区心理学家有个人方面的大量技能也不能使工作进行下去。”

莫里斯·埃利阿斯曾是SCRA的主席，他获得了1993年SCRA实践杰出贡献奖和1998年SCRA少数族裔指导奖。莫里斯的工作让全国都关注社会-情感学习和校风问题，在学校持续面临资金削减、暴力事件和不良成绩时，他的工作就显得更加重要了。

后期（1990—2013年）：社区心理学实践的深入发展及形成

新时期的里程碑

在1990—2013年这段时间，我们可以看到这20多年由于世界上发生的对社区心理学实践有重大影响的巨大变化而显得尤为突出。

• 全球化带来了日益增长的相互依存性，这部分来自于日益紧密联结的经济系统。

• 急剧的气候变化危机威胁到全球的生存，这个问题获得日益增长的关注，并要求全球的回应。

• 互联网通过创设一个由新建的互联网访问而紧密联结的世界促进了全球化。社区心理学家现在可以和全世界的同事进行交流。因此，社区心理学的全球合作增加了。

• 2001 年 9 月 11 日，也就是在这 20 年期间的中途，纽约的世贸中心和五角大楼遭到了袭击，这是现代历史上美国本土遭受的第一次来自国外的袭击。这个事件震惊了美国和世界。它成了美国在伊拉克和阿富汗发动一系列战争的理由。由于很多的钱用在了战争和国土安全上，社区建设和社区健康的资源就变得稀缺了。

• 有大量的全球冲突。大部分全球冲突是争夺能源资源的战争，这与气候变化危机直接相关。在这 20 年间的末尾，阿拉伯之春运动引起了全世界争取民主的暴动。

社区心理学中出现的一些主题聚焦于解放心理学、冲突解决、社区建设，以及暴力预防。同时也聚焦于由解放主题所引发的全球妇女困境，这在社区心理学中有较大反响。所有这些全球事件以及更多事件影响着社区心理学所引领的世界。

从美国国内来看，人口组成变化是显著的，全国有色人种社区的数量在增加。不断变化的美国人口使得种族平等、公民权利、移民政策和代表权问题引发了全国的关注。诸如毒品战争（War on Drugs）等方面的政策和法律更能影响有色人种的社区，这些政策和法律成为全国性的话题。这让人想起了社区心理学早期的公民权根源。歧视、偏见、白种人特权和系统性的种族歧视如今出现在健康和教育差距的讨论之中。尽管美国很多人断言种族问题已经解决了（尤其是巴拉克·奥巴马被选举为一个黑人总统），但种族和教育差距方面的数据表明，全国仍存在不公平现象，这也使许多社区心理学家在工作中团结起来（Wolff，2013）。

在接下来的焦点报道中会重点提到凯因·李（Kien Lee）关于社区文化胜任力的工作，这阐明了一个社区心理学家是如何解决这些问题的。

凯因·李

凯因·李通过一条迂回之路才在社区心理学中找到归宿。她在早期职业生涯中工作于一个总部位于华盛顿哥伦比亚特区的评估和咨询公司；正是在那里，导师、同事兼朋友的大卫·查维斯第一次向她介绍了社区心理学这个领域。现在，凯因已经回到学校进行社区心理学的正规培训，而且和大卫一起管理着为数不多的建立在社区心理学原则之上的一个商业机构，即社区科学（community science）。

社区科学是一个研究和发展咨询的组织,它的总部在华盛顿哥伦比亚特区。这家企业的不同之处在于,它把社区作为视角来看待社会问题和解决方案。如凯因所言,“社区科学倡导科研、评估和其他咨询服务,这是旨在增强社区的重要内容。我们给这个工作所带来的独特视角就是,在我们和组织合作的时候,我们不断要想到这些组织一直在试图影响的社区以及包含这些组织的社区。”

这个组织关注高级员工拥有丰富的知识和经验方面的问题。对于凯因而言,这些问题包括移民融合、跨文化胜任力和健康公平。对健康公平和日益增加的种族与族裔多样性的持续关注,使她在这些领域找到了有意义的项目。

作为一个组织,社区科学仔细选择关注社区和系统变革的项目。因此,生态视角是她工作的动力。成功管理多个项目的能力,包括分配时间和资源以及记住客户和大众的兴趣,在咨询领域的工作中也是重要的。此外,她建议学生寻找获得促进大小团体过程的培训和经验的方法,这是社区心理学在校生和毕业生需要但却没有充分机会在他们的研究生项目中学习和实践的内容。她觉得这些技能在社区参与以及将研究转化为实际行动中至关重要。

虽然凯因和大卫为社区心理学家成功创建了实践场地(公司员工大约一半是社区心理学家),但是凯因仍然担心该领域的知名度。尽管社区心理学的胜任力、理论和取向与今天的变革时代的关系越来越紧密,但该领域的知名度和价值却没有增加。这种差距产生了“失去”潜在从业者的风险,这也是与凯因相关的事情,因为她几乎就错过了这个领域。

2013 年,凯因获得了 SCAR 社区心理学实践杰出贡献奖。她在地方层面的移民,特别是在促进社区和新移民团体融合过程方面所做的工作,已经成为增强融合与建设文化胜任组织方面的全国性的榜样。

与此同时,公民权利的斗争在 LGBT(女同性恋、男同性恋、双性恋和变性者)人群中一直进行着。社区心理学家参与了所有这些问题。美国也看到了我们在如何解决健康和公众服务问题上的变化。在大范围的健康问题上,与治疗相比,预防重新开始受到重视,这给长期在医疗和心理卫生领域占优势的重视治疗提出了挑战。这类现象尤其出现在公共健康领域,并首次解决了一些特定的问题,比如药物滥用与戒烟。为全面应对社区的药物滥用、酒精及毒品问题,全国发起了数百个综合社区药物滥用联盟。在诸如烟草预防等其他的公共健康领域也是如此。这种对综合社区干预的重视,为社区心理学家在社区/人群层面参与项目而不是个体独自开展项目开辟了道路。社区心理学家开始参与包括规划、培训、咨询和评估等多方面的社区项目。

公共健康以人群为基础的取向一直在引导着基金会和政府发起的综合社区倡议的发展。世界卫生组织公布了《渥太华宪章》,描述了健康的先决条件(消除贫穷、环境的可持续发展等)，这为健康社区运动的出现开辟了道路，同时也是社区心理学原则和实践的基础(Wolff，2003)。

在这个时期，社区心理学和公共健康的融合与交叠随着学术界与该领域的大量合作而得到发展。社区心理学家编辑了重要的公共健康杂志[如，马克・齐默曼编辑的《健康教育与行为》(*Health Education and Behavior*)]。社区心理学家(如，北卡罗来纳大学格林斯保罗分校的文斯・弗朗西斯科)帮助创建了联合的社区心理学/公共健康的项目。公共健康成为社区心理学实践的重要领域。不仅社区心理学毕业生在该领域工作，而且社区心理学思想和著作也在公共健康课程中被讲授并影响着这个领域。佐治亚州立大学的社区心理学项目利用地处亚特兰大的位置优势，和疾病控制与预防中心展开了密切的合作。在公共健康的学术环境中工作的克雷格・布莱克利(Craig Blakely，2011)认为它"将我们的技能传播到了其他学科"。这两个领域都由衷地接受了以社区为基础的参与式研究的思想。

公共健康领域头 20 年由社区心理学家开创的预防工作，开始成为预防研究中心和已被证实为有效的循证预防项目的新焦点。这成为众多联邦资助来源的主题。很多社区心理学家已经发展了符合这些新标准的预防项目，而且开始为他们的工作申请资助，并在全国广泛传播。这些循证项目都是从创办人的主题中挑选的，这些人已经出版了《14 盎司预防：从业者的案例教科书》，这说明我们可以记载预防项目的结果。

社区心理学的心理健康根基这一遗产在许多社区心理学家不断参与到心理健康顾客运动和顾客管理组织的过程中是显而易见的。这使社区心理学的基层充权主题被带入了心理健康领域。

社区心理学领域的里程碑

事件

SCRA 两年一次的会议为学者和从业者创设了交流思想和平等合作的场所，该会议是社区心理学家的首批开放型(不是只凭邀请才能参加)的会议。这为社区心理学从业者提供了收集、展示、组织和交流思想的场所，也成为该领域不可或缺的组成部分。

2005 年在香槟-厄巴纳的双年会上，一小群从业者和学者在 SCRA 的执行委员会(EC)和主席克里夫・奥唐奈的支持下，召开了一系列展望性的会议，最终修改了 SCRA 的愿景，这被 EC 所采纳并由会员投票表决通过。SCRA 的最初愿景很多年都没有得到彻底的重新审查。这个新愿景(Wolff & Snell-Johns，2005)产生于这个民主的参与式过程，更多强调了"SCRA"名称中的"A"即行动。SCRA 的新使命是："未来的社区心理学将以四项关键原则为指导：本质上是全球性的；多部门的、跨学科的合作关系和取向的运用;重视制订来源于社区心理学和社会公正价值观的政策;促进社会公正的研究和行动。”

这个过程同样导致SCRA愿景的修改:“哪里有压迫,哪里就有分裂和充权。SCRA通过在那里促进合作,从而在提升所有人的幸福感和社会公正上产生强大的全球性的影响。”

在愿景规划过程之外,一个小团体(它发展很快)在2005年9月开始举行每月一次的社区心理学实践问题的会议。一个团体在一段时间内只聚焦于实践并持续开会,这在社区心理学的历史上是第一次。这些每月一次的会议演变成了实践委员会并且一直持续到很多年后的今天,而且大约40位参会人员中一般有15~20位会员(三分之一会员是研究生和本科生)。

这个团体提出一些基本问题,然后用行动做出回答。其中一些问题是:我们如何定义社区心理学实践?需要哪些技能和胜任力来进行社区心理学实践?谁认为他们自己是社区心理学从业者以及他们是如何获得他们的技能的?研究生项目中的社区心理学实践教育的地位是什么?

这个团体从基础要素开始对社区心理学实践进行定义,并在波多黎各召开的第一届国际社区心理学会议上提出了该定义的草案。在会议上,与会者帮助改进了定义,然后大卫·朱利安(David Julian,2006)将它发表在《社区心理学家》上。

他们越进行社区心理学实践,就越意识到他们几乎不了解在我们领域中的实践状况和实践培训。由于SCRA与从业者是分离的,因此没有人努力去调查他们的工作场所,他们所做的工作,或他们持续的专业需求。所以,有人就开展了实践的调查并加以分析(Gaitlin, Rushenberg, & Hazel,2005)。

这个以实践为导向的小团体判定,将SCRA围绕“实践”团结起来的时间到了,所以在SCRA主席卡罗琳·斯威夫特的帮助下,他们所自称的实践团体在2007年的帕萨迪纳双年会上规划并召开了社区心理学实践的第一次峰会。这次峰会是一次巨大的成功,超过100人提前一天就来参会。这些与会者精力充沛;他们将精力集中在三个方向——出版物、培训和实践。多年以后,这三个方向仍然是目前的焦点。在接下来的时间里,这三个领域中的每个领域都取得了重大进展。

1.出版物:最近20年可以看到社区心理学从业者的明确聚焦于社区心理学实践的出版物。最显著的成果是《全球社区心理学实践杂志》(*Global Journal of Community Psychology Practice*)(www.gjcpp.org,文斯·弗朗西斯科是编辑)的创刊,这是一本基于网络的国际性的杂志,从2010年开始发行,一年大概4期。发行量增长迅速,每出一期就会在世界各地100多个国家里有1 200~1 600名读者,这使得该杂志在发行的头几年里其读者量足以与其他社区心理学杂志相媲美。

《社区心理学家》(TCP)是SCRA的内部喉舌,也见证了在朝向认可社区心理学实践方面的变化。在《社区心理学家》开设“社区从业者”栏目是第一步——最初由大卫·朱利安负责编辑，之后由苏珊·沃尔夫接替。在最近的几年里，该刊物关注对社区心理学如何在各种不同的部门(基金会、卫生保健、非营利机构等)进行实践的研究。

2.培训/教育：实践团体后来和SCRA教育项目委员会就社区心理学实践所需的胜任力方面进行了合作。这两个团体首先合作调查了实践中的胜任力和社区心理学专业的学生如何培训这些能力。在新泽西州蒙特克莱尔(Montclair)召开的2009双年会上发布了这项调查的结果(Dziadkowiec & Jimenez,2009)。这次合作最终形成了正式的18种胜任力，而且被SCRA执行委员会所采纳并发表于《社区心理学家》(Dalton & Wolfe,2012)。这是官方第一次列出的社区心理学胜任力的清单，这使得这些能力被积极努力地系统性纳入全国社区心理学研究生培训项目中。

3.专业实践/实践生涯：实践团体在SCRA的网站上创建了一个社区实践的网页，上面有招聘职位、图文简介和资源。在《社区心理学家》上，他们开设专栏介绍各种类型的实践生涯，如在基金会、卫生保健、评估实践中的社区心理学家。

最后，在2008年，EC(在莫里斯·埃利阿斯的领导下)采纳了实践团体的提议，这使其成了社区心理学实践委员会并在执行委员会中拥有投票席位，这个职位相当于代表研究生项目需求的教育项目委员会。纵观实践团体的所有活动，研究生扮演着极其重要的角色——主导着许多倡议。

2010年，实践委员会为社区心理学家提出了一个价值主张。这项工作由阿尔·拉特克列夫和比尔·奈格尔领导。在他们的一篇名为《社区心理学家是什么？我为什么要聘用社区心理学家？》的文章里(Ratcliffe & Neigher,2010)，他们指出价值主张是社区心理学家对潜在雇主或整个经济部门所具有的独特价值的一种陈述。如同莫·埃利阿斯(Mo Elias,2009)所指出的那样，“这种陈述应该使潜在顾客相信这个特定的产品或服务将比其他同类产品或服务带来更多价值或能更好解决一个问题”。这是一个将社区心理学从业者推销给雇主市场的积极主动的姿态。

这个时期，对社区心理学实践发展具有重要影响的最后一个主要事件是国际社区心理学会议的出现。这些在美国之外进行的项目比美国的项目更加重视和尊重社区心理学的实践和系统变革，因此给社区心理学从业者提供了良好支持。通过充分利用网络，基于全球的从业者能够交流信息并且开展合作。在波多黎各召开的第一届国际社区心理学会议上，实践团体举办了一系列工作坊，讨论并形成了社区心理学实践的定义。这种全球性的影响在《全球社区心理学实践杂志》的文章中一直持续不断。

学术的和实践的社区心理学家之间的关系

在过去的几十年里，从业者和学者的关注集中在发展一个成熟的社区心理学实践领域有六个关键变量。

1.社区心理学实践定义。几十年以来都没有社区心理学实践的定义。因此,社区心理学实践是声称自己是社区心理学家的一些人在该领域所做的任何事情。这种遗漏给从业者造成了障碍,因为我们如何能够发展一个没有明确定义的领域呢?

实践团体提出了一个定义,并通过网络和2004年在波多黎各召开的国际社区心理学会议征求来自该领域的意见和建议。这个定义引发了讨论并在胜任力的讨论中一直持续下去。

2.胜任力。成为一名实践的社区心理学家所必需的胜任力也没有被定义。即使是在对从业者进行培训的硕士研究生项目和博士研究生项目中也是如此。他们也许定义了他们的项目所做的事情,但是没有定义该领域对进入实践的那些人的要求。一些教育者将他们的目标描述为教学生像社区心理学家一样去"思考",显而易见,这对准备在现实世界中实践社区心理学的学生来说是不够的。SCRA实践团体解决了这个问题,在帕萨迪纳峰会上该团体致力于创建胜任力的一个最初清单,许多胜任力都来自于平行领域(Scott, 2007)。

接下来,在吉姆·道尔顿有力领导下的教育项目委员会和最近得到认可的社区心理学实践委员之间进行了重要的合作,以发展社区心理学实践胜任力的官方定义。随后,这18种胜任力定义被SCRA执行委员会所采纳(Dalton & Wolfe,2012)。尽管在胜任力方面迈出了重要步伐,但是很多问题依然存在:我们教什么?我们什么时候开始实际讲授这些胜任力?哪些技能是需要的?社区心理学从业者何时获得这些技能——在研究生院还是在他们毕业以后?从业者和学者之间在胜任力方面的完美合作说明了这两个群体之间的成熟关系。

来源:卡洛斯·路易斯(Carlos Luis)

图1.1 在佛罗里达州迈阿密的SCRA双年会上召开的2013实践委员会峰会

3.有效性。作为新兴的实践领域,社区心理学需要透过轶事和研究来说明社区干预导致了看得见的、预期的、积极的社区变化，换句话说，就是证明它的有效性。由于缺乏机会书面陈述或展示他们所做的工作和讨论他们的结果，对于社区心理学实践领域而言，要证明其有效性并将其发展为一个实践领域是困难的。因此，有效性除了在以学术为基础的实践之外是无人知道的或看不见的，而有效性在以学术为基础的实践中更可能被仔细评估、研究和发表。提高实践有效性的一种方式是故事分享，但在社区心理学出版物和会议中却没有运用该方式的地方。SCRA 双年会的召开开始改变这种现状。

即使是社区心理学的学者所做的实践，除非该实践被研究和出版过，否则不会在社区心理学界进行分享。很多社区心理学的学者积极参与了实践，但是在社区心理学的早期，除非该实践是研究项目的一部分，否则他们不会论还或谈论它。实践团体(后来发展为社区心理学实践委员会)搭建了出版平台——先后在《社区心理学家》和《全球社区心理学实践杂志》上开设了"社区从业者"专栏。这都为分享和学习提供了机会。

4.公认和合法性。社区心理学从业者的贡献没有得到公认是这个专业组织历史的一部分：几乎没有从业者出席该领域召开的第二届全国会议，即 1976 年有历史意义的奥斯汀会议。当该领域设立了 SCRA 的会员身份之后，很多年都没有从业者达到标准(Wolff & Swift，2008)。SCRA 设立的杰出贡献奖，是为研究而设的。只有当从业者为相互认可而进行游说之后，新的实践奖项才设立。

在早期，研究生经常要向 SCRA 的一些知名的社区心理学从业者进行汇报，一旦他们向他们的导师说他们对实践的生涯道路感兴趣，他们就会觉得自己在他们的学术部门成了二等公民。他们甚至经常找不到愿意成为他们毕业论文导师的教师。该领域经常出现的不可思议的事情是，那些不能得到学术工作的研究生最后进入了实践领域——这说明了他们的确是二等公民的观点。

实践团体是一个从业者的正式群体，并通过促成社区心理学实践方面的第一次全国集会而获得了合法性。很多学者参加了这次峰会，该会议聚焦于社区心理学实践的未来方向，包括该领域的出版物、培训以及实践支持。通过会员身份、活动水平和成就，实践团体争取到了实践的合法角色，并最终在 SCRA 获得了与教育项目委员会等同的委员会地位。

5.知名度。社区心理学从业者几乎对所有的受众而言是不知名的。尽管他们受到雇主的青睐，但是许多人在他们的工作场所并不被看作是社区心理学家。雇主很少以社区心理学家的职位来招聘专业人员。

在 SCRA 领域内，几乎没有正式场所让从业者们进行集会以及出版与分享他们的工作。在 SCRA 双年会的早期，研究生经常接近一些社区心理学家，并非常想了解这些"陌生的"社区心理学家是哪些人，因为他们在研究生院学习期间从来没有见过社区心理学家。

所以，社区心理学家对于雇主、这个领域和公众而言是隐匿的。这似乎是一个“隐形的”职业，学者们也隐藏了他们工作的实践方面，几乎没有在 SCRA 会场进行公布。

6.支持。根据以上所述的内容，社区心理学从业者很难在社区心理学领域找到同伴支持。所以，他们自己去创建支持——他们先是成立实践兴趣团体，后来是在愿景规划之后创建了正式的实践团体，该团体最终进行游说并获得社区心理学实践委员会的地位。这个团体没有抱怨，而是转向做出改变来推动社区心理学实践向前发展。这吸引了大批的学生。他们积极地创建支持性的环境，让社区心理学从业者在这些环境里能够分享他们的工作并且相互学习。值得一提的是，学术的社区心理学家，比如格雷格·迈森，文斯·弗朗西斯科和比尔·伯克威茨，积极地参与到了实践中(他们自己的和他们学生的实践)，他们不仅是实践委员会非常活跃的会员，也是这个团体最多产的一些成员。

这个时期的主要场所、实践形式和范例

1990—2013 年，社区心理学实践开始扩展到越来越多的领域并解决了广泛的一系列问题。在解决这些问题时，社区心理学家的独特技能和胜任力被证明是对工作具有特殊的价值的。直到 1990 年，很多的社区心理学家在这个领域已经工作了很长时间，并在广泛的领域中找到了有价值的工作。在这段时间里，他们在他们所选择的实践领域中迈上了新的台阶，他们的成就引起了注意并且得到认可。这个现象发生在各种领域，包括非营利机构、基金会、卫生保健机构、政府、咨询公司等。

这个时期，实践关注的主要领域涵盖广泛的内容领域，包括心理健康、HIV、物质滥用、暴力预防、戒烟，诸如哮喘这样的健康问题，健康的社会决定因素，健康社区，儿童和家庭，种族主义/健康差距，以及其他问题。

这些年的挑战

社区心理学毕业生的主要生涯道路都在学术界之外(Elias，2009)。可以很准确地说，社区心理学研究生项目的大部分毕业生是在实践岗位而不是学术岗位任职。在某种程度上，这是由于硕士项目的毕业生人数众多，学术职位又相对有限，以及很多完成研究生培训的人偏爱从事应用的工作。

不幸的是，与进入学术环境的毕业生相比，进入实践的毕业生是很难追踪的。对从业者而言，几乎没有被称作社区心理学家的工作，这些从业者要采用他们工作场所的身份。因此，那些从事物质滥用预防工作的人可能附属于美国社区禁毒联盟，那些从事基金会工作的人可能附属于全国基金会组织(比如基金会委员会)。那些研究公共卫生问题的人可能成为美国公共卫生协会的会员，那些关注评估工作的人可能附属于美国评估协会。作为有适应能力的变色龙，他们通过改变肤色来适应

新的领域。他们保留他们的社区心理学技能、价值观和原则，却慢慢地从SCRA、这个领域自身，甚至从他们作为社区心理学家的身份中分离出来。SCRA没有追踪毕业生，而且令人惊讶的是，极少有研究生项目实际记录毕业生及其工作地点。

SCRA采纳了一系列社区心理学胜任力，这的确可以让从业者向潜在雇主表明自己的特长，并且让毕业生在首次求职时强调他们的技能领域。因此，这些胜任力变成了一个表明社区心理学实践技能组合的明确方式(Dalton & Wolfe,2012)。

从1990年到现在，最引人关注的实践方面是社区心理学如今在众多场所都具有影响力，这将在下面做具体描述。这增强了社区心理学思维、原则和实践扩展到许多其他领域的能力。

卫生保健

卫生保健产业在美国和大多数国家都有巨大的市场。社区心理学家在卫生保健系统内找到了很多有价值的职位。比尔·奈格尔(Bill Neigher)(参见下面的焦点报道)是大西洋健康系统(Atlantic Health Systems)发展部门的副总裁，该系统是新泽西州最大的健康服务系统，也是美国最大的健康服务系统之一。在那个职位上，他负责规划和支持系统发展倡议。

其他在卫生保健领域工作的人，包括在休斯敦大学发展出一个躯体活动生态模型的瑞贝卡·李，以及在阿尔伯特·爱因斯坦医学院参与癌症预防与控制的多学科取向研究的大卫·朗兹伯里。

比尔·奈格尔

比尔·奈格尔现在是新泽西州西北部的大西洋健康系统发展部门的副总裁和首席战略官。大西洋健康是一个大型的由多家医院组成的系统，提供全方位的保健服务；比尔在这里负责监管发展与业务开发。该组织的新愿景是“促进我们的社区成为全国最健康的社区”，这直接反映了比尔自己的社区心理学价值观。

作为一名从业者，从开展基于社区的工作，到管理他人，再到如今创建能够使他在职业生涯中致力于促进价值驱动的倡议的系统和环境，比尔都是一个很好的榜样。作为社区心理学家，比尔在早期受到埃默里·科文及其为预防而提出的价值主张的影响。比尔在1973年开始从事卫生保健的工作，那个时候他有机会在新泽西州帕塞伊克(Passaic)的一个社区心理卫生中心工作。在那里，他和NIMH的查尔斯·温德就CMHC运动中的评估研究开展了合作。比尔认为，他早期做的这项工作对于他进入社区心理学领域具有影响；他和查尔斯在他们的评估研究中所采用的思想，包括透明化、公共责任以及研究过程中的社区参与，如今仍然是推动他工作的理念。

1978—1998年，圣·克莱尔医院CMHC的社区系统部门(新泽西州登维尔)一直是应用社区心理学的一个孵化器。在比尔的领导下，医院管理者约瑟夫·特伦菲奥使该部门运转起来，他是一名临床心理学家并在SCRA首任主席罗伯特·赖夫的指导下完成了他的社区心理学博士后培训。研究与评估、咨询与教育以及内部培训是联邦CMHC资助的基本内容，这对人们与项目都产生了全国性的影响。埃德·马达拉创立了新泽西州和美国自助交流中心，这是其中一个最先实现相互援助和自助运动的积极行动（马达拉在2001年获得了SCRA实践杰出贡献奖）。约翰·卡拉法特和莫琳·安德伍德开发了广为传播的危机干预以及死亡和临终的培训项目；比尔和NIMH的查尔斯·温德以及其他人一起为CMHC项目评估提供了全国参考资料，并且出版了NIMH CMHC评估工作的专题论文集。在7年的时间里，约翰·卡拉法特领导的每年一次的博士后项目培训了应用领域的社区心理学家，包括SCRA的一名未来的主席（肯·麦顿，在1998年）。

比尔目前的工作重心是根据患者保护与平价医疗法案为大西洋健康系统制订卫生保健补偿的变化模型。如比尔所言，“我们目前在保健方面有巨大的差异：谁能够获得保健及其后果是什么……卫生保健改革的原则之一就是预防的价值。”比尔发现，健康促进服务可得性的提高是消除保健差距的开始。大西洋健康系统正朝这个方向前进，即使是在授权立法通过之前也是如此；这个系统已经开始认识到，在它们的服务设施中只有一小部分“康复”和“健康”发生，因此，这个系统一直在向外扩展并与社区的不同部门进行合作。

展望未来，比尔期待新的工作场所对社区心理学从业者是开放的，尤其是在诸如健康保险公司这样的场所中对于了解健康促进与预防的从业者而言尤其如此(Neigher & Kirk，2013)。然而，为了促使这种情况发生，我们需要这个领域有一个表述清晰的价值主张。

2010年，比尔获得SCRA社区心理学实践杰出贡献奖。作为领导者，比尔对他的组织具有可持续的影响，将组织的愿景从强调疾病的临床护理与治疗转变为重视与社区合作来促进健康，这包括创建大西洋人口健康科学中心。在平价医疗法案的时代，这种范式转变所产生的影响，是全国的健康系统如何与社区不同部门互动的一个榜样。

非营利机构

非营利领域如果不是大多数社区心理学家实践的范围，那也是许多社区心理学家实践的范围。他们的活动包括项目的评估与设计、组织发展、健康与公众服务组织的管理与领导力发展，或非营利领域的社区规划。他们可以是员工、行政人员、委员会、志愿者或咨询者。社区心理学家创设一个社区心理学实践和培训的真正的非营利中心的例子是社区支持与研究中心，这是由格雷格·梅森发展起来的（参见他的焦点报道）而且是附属于威奇托州的社区心理学项目。该中心由自助网络发展而来，并将实践的社区、组织的发展实践和应用研究与评估方法结合起来(Wituk，2006)。该中心已经参与了像威奇托心理卫生消费者充权项目和堪萨斯爱心工程的展望与规划过程这样广泛的活动。

政府

各级政府都是社区心理学家的实践场所。里奇·詹金斯在国家药物滥用研究所(Levin,2007)工作并致力于联邦层面的HIV问题研究。在州层面上，玛丽亚·春(Maria Chun)撰写的研究发现在州级政府中存在有酬劳的社区心理学实践职位，包括预算分析师、审计员/分析师，以及监管改革主任。当地政府也是实践的场所，但是在这个层面上，社区心理学家是作为民选的官员而工作的：托姆·穆尔任职于香槟/厄巴纳的学校委员会，比尔·伯克威茨长期以来是马萨诸塞州阿灵顿的镇民大会的成员，以及黛比·斯达内作为乔治亚州亚特兰大的民选市议员工作了10多年。黛比(参见她的焦点报道)在她的文章中(Starnes，2004)不仅描述了主要关注无家可归者的地方议会，而且还论述到公民参与和对人类多样性与社会公正的尊重。

黛比·斯达内

在黛比·斯达内(Debi Starnes)的职业生涯中，她在乔治亚州亚特兰大市政府的身份是民选官员和政策顾问。在当地政府的任期内，她主要关注与社区发展有关的问题，尤其是解决无家可归问题的全市性的策略。

黛比曾经受过临床心理学和社区/组织心理学的培训，她认为不是她所受的正规教育，而是她在当地社区担任的各种领导角色，驱使她迈入了在市政府的职业生涯。如她所言，"我没有当选时是一名社区心理学家，但是一旦当选，社区心理学家的身份在我看来作用巨大并有助于接触到不同的社区问题或任务。"在她竞选职位的时候，她的博士学位仅仅是个题外话，选民以她摆到台面上的技能来评价她，包括她作为战略思考者、良好协作者和问题解决者的声誉。

作为一名市议会议员(1994—2005年)，黛比努力发展她所在区域无家可归者的救助者、商业社区以及居民住宅区之间的关系。在朝着这一目标努力的过程中，她创建了无家可归行动团体(Homeless Action Group)，这个团体每个月都会召集社区不同的部门，讨论与无家可归有关的问题。在无家可归者的救助者和商业领袖的共同努力下，该城市建立了一个接纳和评估中心，名为"门户"(The Gateway)。市中心区的这个机构让服务于无家可归者的救助者能更好地为个体提供合适的住房和服务，并且改善救助者与更广泛社区(如法律实施、商业)之间的关系。通过努力，黛比凭借她的能力促进了合作，并且把不同的群体团结起来找到了共同的基础。另一个对她的工作必不可少的胜任力是将科学报告转化成对社区有用的信息。

黛比鼓励其他的社区心理学家竞选职务，并强调当地政府在公共议题和社会问题上还有很大的改进空间。对于如何为在当地政府中的职业生涯做准备，黛比说，“要卷起衣袖并投身基层，让你的知识、技能和能力推着你前进，这是不可替代的。”

2002年，黛比获得SCRA社区心理学实践杰出贡献奖。她目前一直忙于管理她成立25年之久的咨询公司，即EMSTAR研究公司，该公司也不断聘用一些其他的社区心理学家。

基金会

当地、各州及全国的基金会是社区心理学家被聘用并能够发挥巨大影响力的领域。一些社区心理学家管理着基金会：朱迪·梅耶斯是康涅狄格州儿童基金会的主席和首席执行官，雪伦·罗森是缅因州关注儿童口腔健康的萨迪和哈利·戴维斯基金会的执行主任。

其他人则是更大规模的基金会的项目官员，如埃德·塞德曼和维文·曾在致力于青年问题的W.T.格兰特基金会工作，埃德里安娜·佩恩·安德鲁斯在堪萨斯健康基金会工作，并负责包括领导力培训、组织能力建设，以及食品和健康联盟在内的事项。

朱迪·梅耶斯(Judy Meyers，2011)这样描述道：

> 尽管慈善事业的生涯不是一个人在接受社区心理学培训时通常设想的生涯，但事实上并没有其他更适合社区心理学的技能、知识和价值观的生涯。基金会具有不同的形式和规模，但是从本质上讲，它们都是利用资源来造福公众，并且改善社会或人类状况以及社区的生活质量的。

综合社区活动

世界卫生组织提出的健康社区模型以及政府与基金会对综合社区活动资助的兴起，为社区心理学实践创设了社区范围的场所。许多社区心理学家开始参与设计、培训、研究和评估社区联盟的工作。例如，在堪萨斯大学健康和发展工作组的史蒂夫·福西特和杰瑞·舒尔茨，在马萨诸塞州健康社区的汤姆·沃尔夫和比尔·伯克威茨，以及在北卡罗来纳州健康卡罗莱纳人的文斯·弗朗西斯科。

咨询和评估实践

项目评估是社区心理学家研究生项目中的强项之一，所以这些项目的很多毕业生被聘用到项目评估和设计的企业并不奇怪。对于一些人而言，这是独立进行项目评估和项目咨询的个人实践。其他人则从专攻单一领域开始，如Emstar研究，这是一个由吉姆·埃姆和黛比·斯达内(见关于黛比·斯达内的焦点报道)共同经营的咨询公司,该公司最开始是关注物质滥用的预防。他们的服务包括评估、数据分析、评估与研究培训、需求评估、资助计划书写作和持续性支持。尽管他们一开始是关注物质滥用的预防,但是多年以来他们扩大了关注的领域。

另一个突出的例子是大卫·查韦斯和凯因·李(见关于凯因·李的焦点报道)共同管理的社区科学。社区科学的策略是提供整合的方法来进行组织和机构能力的建设,以发展社区的健康、经济公平和社会公正。他们把评估、技术援助、支持网络、信息技术和教育服务结合起来进行社区能力建设。该组织位于华盛顿特区之外,并和政府机构以及基金会有大量业务往来。社区科学是一个独特的以社区心理学为基础的组织,其员工有许多是社区心理学家。

互联网

近年来,互联网已经成为许多形式的人际互动、信息交换、社区建设、社区胜任力建设的主要场所。社区心理学中的一个突出例子是由史蒂夫·福西特和同事(杰瑞·舒尔茨、比尔·伯科威茨、文斯·弗朗西斯科、菲尔·拉比诺维茨、克丽丝汀娜·霍尔特、汤姆·沃尔夫等)开发的社区工具箱。社区工具箱的设计是为了增强社区以及社区行动者的能力。最初这是美国国内首创,但是很快就发展成为拥有英语、西班牙语和阿拉伯语三个语言版本的国际性资源,每年的访问者超过七百万,其中一半来自美国以外。

邻里

比尔·伯克威茨(Bill Berkowitz,1984)作为社区心理学家对在自己所在社区所进行的工作进行了概括和描述。比尔是马萨诸塞州阿灵顿的民选镇民大会的长期成员,《邻里时事通讯》的编辑,以及他所在社区许多社区活动的共同创建者。他广泛论述了分享办事指南的社区和邻里以及社区领导者如何创造巨大变革的范例(Berkowitz,1987)。

全球气候变化、可持续性和行动主义

曼纽尔·雷默(Manuel Riemer)和斯蒂芬妮·莱琪(Stephanie Reich)(2011)是重视社区心理学家在全球气候变化议题上的作用的领袖。雷默(2010)一直致力于全国气候教育工作和发展本地绿色项目倡议的当地项目。

盖里·哈珀(见随后的焦点报道)对肯尼亚的 HIV 预防工作投入了兴趣和心血。他在那里发起了由 Thigio 当地年轻人自己管理的基层社区教育项目。“Thigio 年轻人正在积极认识到他们的个体和集体力量,并且对 HIV/AIDS 以及战胜疾病的更多有效方法不断产生更清晰的认识”(Bangi, Harper, & Callahan, 2006)。

盖里·哈珀

凭借公共卫生和社区心理学的背景，盖里·哈珀(Gary Harper)在他的职业生涯中致力于推动HIV预防，尤其是在青少年和其他边缘化的群体中，包括同性恋/双性恋人群。从2004年开始，这些工作也开始涵盖国际性成分，先是在肯尼亚，现在是在博茨瓦纳和赞比亚。盖里让这项“国际性工作”适合社区心理学领域的方法是，他对这项工作进行了谋划——这事关当地层面的HIV预防和应对能力的建设。

他在肯尼亚的工作是从一次由大学赞助的旅行开始的。在那里，他发展了与各种团体的关系，包括为内罗毕城外HIV感染率高的乡村社区提供服务的女修道院；他至今仍在维持着当初建立的大多数关系。他认为这些关系及其他关系对于他在肯尼亚的工作能够不断取得成功是至关重要的。实际上，他的许多项目都是从社区发起的，很多人是因为了解他过去所做的工作才相当亲切地接近他。

盖里在早期所学到的一个教训是，为了让不同文化的团体能够成功合作，花费时间待在一起是重要的。时间是能起到作用的，而且时间能让彼此相互了解并建立起跨越时间、跨越海洋、跨越许多文化问题的持续伙伴关系。

反思他的工作，盖里没有轻视这类工作的困难，也没有贬低他所得到的回报。“做国际性的工作完全改变了我的人生。当我在肯尼亚首次走下飞机的时候，我已经不是原来的那个我了。这改变了我看待世界的方式，我看待我自己、我的朋友、我的家庭……的方式。我将永远不是与那个首次走下飞机的我相同的人了。”

盖里·哈珀目前是密歇根大学公共卫生学院的健康行为和健康教育教授。他在美国和肯尼亚的研究和社区工作使边缘化的感染HIV的年轻人在社区预防中发挥着积极作用。

社区心理学实践的未来

社区心理学实践的历史涵盖了这个领域40年间的四个问题。首先，我们描述了社区心理学的生态观是如何要求这个领域，尤其是实践，对环境做出响应的。因此，我们可以看到，社区心理学实践在40年时间里的发展在某种程度上是对世界事件以及与该领域有关问题——战争与和平问题、种族主义、性别歧视、同性恋恐惧症和大量不公正现象的响应。

这一章第二个重点是社区心理学实践领域的演变。社区心理学实践兴起于40年以前，我们追踪了从业者努力开创实践新领域的过程，这个新领域是有定义的、有技能的、有效的、合法的、知名的以及受支持的。这种努力的成果包括《全球社区心理学实践杂志》的创建和成就，得到SCRA批准并被采用的一系列社区心理学实践胜任力，以及在EC拥有投票权的社区心理学实践委员会的成立。

第三个重点是第二个重点的子集，并且描述了学术的社区心理学家和实践的社区心理学家之间的紧张关系以及这些紧张关系在过去的 40 年里是如何缓和的，直至如今：实践和学术共同来改进应用的胜任力的培训。

这一章的最后一个重点描述了社区心理学实践随着时间推移而不断扩大的影响广度。随着时间的推移和毕业生的增多，社区心理学从业者开始将社区心理学原则和胜任力带入更大范围的领域和场所中，包括公共卫生、政府、基金会与全球性问题。这个领域中基于社区的影响通过本章所包括的从业者的焦点报道进行了阐述。从卫生保健到教育，从业者解决的问题非常广泛，但是方法是相似的，而且技能也类似。从业者作为合作者着手处理社会共同关注的问题，并且和社区成员与利益相关者一起解决健康与幸福感的环境障碍与系统性障碍。

当我们反思社区心理学实践的历史时，我们回到该领域的起源和定义并问道：这个领域已经能够解决那些促使其得以创建的核心问题了吗？我们已经能够落实朱利安的定义："增强社区能力来满足选区居民的需求，通过系统、组织和/或个人改变帮助他们实现他们的梦想，从而促进幸福感、社会公正、经济公平与自我决定"了吗？

如本章所述，社区心理学实践有发生这些改变的突出例子：

· 支持世界范围的社区发展的社区工具箱。

· 如今成为全国健康和公众服务系统基石的自助运动。

· 社会-情感教育，这是学龄儿童预防的主要范例。

· 黛比 · 斯达内和她在亚特兰大有关无家可归问题的工作所阐明的当地社区的巨大变化。

· 朝向社区心理学原则的重大系统变化，如比尔 · 奈格尔在大西洋健康系统的工作和他们的新的人口健康科学中心。

· 约翰 · 摩根在促使弗吉尼亚州对儿童预防做出很大承诺方面的工作。

我们对未来的希望是这种进展将持续下去，并且：

· 作为从业者的社区心理学家将定期公开承认他们是社区心理学家，从而帮助社区心理学实践获得长期以来应得的知名度。

· 雇主将更加了解我们的"品牌价值"，并因此将寻求聘用被称为社区心理学家的人和拥有社区心理学技能的人。

· 社区心理学从业者将由于他们的技能而得到相关领域的同事的认可。

· 以最新被接受的社区心理学胜任力为基础，研究生项目在如何定义社区心理学实践、他们教哪些胜任力和他们的学生如何获得这些技能上将变得更加清晰。随着研究生项目拥有更多的社区心理学胜任力，社区心理学家将变得更多。

· 更广泛地应用被采纳的社区心理学原则和胜任力来影响全球面临的主要问题，包括社会公正、种族和经济不公平以及气候变化。

资源

推荐阅读

Hazel, K., Meissen, G., Snell-Johns, J., & Wolff, T.(2006). Without community practice, where art thou community psychology. *The Community Psychologist*, 39(2), 42—44.

Jason, L.(2012).*Principles of social change*. New York, NY: Oxford University Press.

Kelly, J., & Song, A.(Eds.).(2008). *Community psychology in practice: An oral history through the stories of five community psychologists*. New York, NY: Haworth Press.

Klein, D., & Goldston, S.(Eds.).(1977).*Prevention: An idea whose time has come*. Rockville, MD: National Institute of Mental Health.

Landsberg, G., Neigher, W. D., Hammer, R. J., Windle, C., & Woy, J. R.(Eds.).(1979).*Evaluation in practice. A sourcebook of program evaluation studies from mental health care systems in the United States*(DHEW Publication No. ADM 78—763). Washington, DC: U.S. Government Printing Office.

Meissen, G., Hazel, K., Berkowitz, B., & Wolff, T.(2008). The story of the first ever summit of community psychology practice. *The Community Psychologist*, 41(1), 40—41.

Neigher, W. D., Ciarlo, J., Hoven, C., Kirkhart, K., Landsberg, G., Light, E., . . . Woy, J. R.(1982). Evaluation in the community mental health center program: A bold new reproach? *Evaluation and Program Planning*, 5(4), 283—311.

Rappaport, J., & Seidman, E.(Eds.).(2000). *Handbook of community psychology*. New York, NY: Kluwer Academic.

Viola, J., & McMahon, S. D.(2009).*Consulting and evaluation* with *nonprofit and community—based organizations*. Boston, MA: Jones & Bartlett.

Wolff, T.(Ed.).(1994). Working in communities [Special issue]. *The Community Psychologist*, 27(3), 28—47.

Wolff, T.(2010).*The power of collaborative solutions: Six principles and effective tools for building healthy communities*. San Francisco, CA: Wiley.

参考文献

Albee, G. (1959). *Mental health manpower trends*. New York, NY: Basic Books.

Anderson, L., Cooper, S., Hassol, L., Klein, D., Rosenblum, G., & Bennett, C. (1966). *Community psychology: A report of the Boston Conference on the Education of Psychologists for Community Mental Health*. Boston, MA: Boston University.

Bangi, A., Harper, G., & Callahan, E. (2006). Community action in Kenya. *The Community Psychologist*, 39(1), 33—36.

Berkowitz, W. (1984). *Community dreams*. San Luis Obispo, CA: Impact.

Berkowitz, W. (1987). *Local heroes. Lexington*, MA: Lexington Books.

Blakely, C. H. (2011). Thoughts on community psychology 30 years later. *The Community Psychologist*, 44(1), 19—20.

Bronfenbrenner, U. (1979). *The ecology of human development: Experiments by nature and design*. Cambridge, MA: Harvard University Press.

Chun, M. (2012). A rewarding community psychology practice in state government. *Global Journal of Community Psychology Practice*, 1(1), 14—20.

Dalton, J., & Wolfe, S. (2012). Joint Column: Education connection and the community practitioner: Competencies for community psychology practice. *The Community Psychologist*, 45(4), 7—14.

Dziadkowiec, O., & Jimenez, T. (2009). Educating community psychologists for community practice: A survey of graduate training programs. *The Community Psychologist*, 42(4), 10—17.

Elias, M. (2009). Employability and community psychology: Why we need a value proposition. *The Community Psychologist*, 42(2)1—3.

Elias, M. J., & Bruene, L. (2005). *Social decision making/social problem solving for middle school students: Skills and activities for academic, social, and emotional success*. Champaign, IL: Research Press.

Gaitlin, E., Rushenberg, J., & Hazel, K. (2005). What's up with graduate training? Results of the 2005 Graduate Program Survey. *The Community Psychologist*, 42(2), 10—17.

Hollingshead, B., & Redlich, F.(1958). *Social class and mental illness: A community study*. New York, NY: Wiley.

Iscoe, I., Bloom, B., & Spielberger, C. (Eds.). (1977). *Community psychology in transition: Proceedings of the National Conference on Training in Community Psychology*. Washington, DC: Hemisphere.

Joffe, J., Albee, G., & Kelly, L.(Eds.).(1984). *Readings in primary prevention of psychopathology: Basic concepts*. Hanover, NH: University Press of New England.

Julian, D.(2006). Defining community psychology practice: Meeting the needs and realizing the dreams of the community. *The Community Psychologist*, 39(4), 66—69.

Klein, D.(with Morrow, K.).(2001). *New vision, new reality—A guide to unleashing energy, joy, and creativity in your life*. Center City, MH: Hazelden.

Levin, G.(2007). Living community psychology: Featuring Richard Jenkins. *The Community Psychologist*, 40(3), 16—19.

Meyers, J. C.(2011). A community psychologist in the world of philanthropy. *The Community Psychologist*, 44(3), 10—11.

Neigher, W. D., & Kirk, C. M.(2013). Community psychology and the future of healthcare. *Global Journal of Community Psychology Practice*, 4(4).

Neigher, W. D., & Ratcliffe, A. W.(2011). Back to the future part III. *The Community Psychologist*, 44(1), 13—15.

Nelson, G., & Prilleltensky, I.(2010). *Community psychology in pursuit of liberation and well-being*. New York, NY: Palgrave Macmillan.

Price, R., Cowen, E., Lorion, R., & Ramos-McKay, J.(1988). *14 ounces of prevention: A casebook for practitioners*. Washington, DC: American Psychological Association.

Ratcliffe, A. W., & Neigher, W. D.(2010). What is a community psychologist? Why should I hire one? *The Community Psychologist*, 43(2), 5.

Riemer, M. (2010). Community psychology, the natural environment and global climate change. In G. Nelson & I. Prilleltensky(Eds.), *Community psychology: In pursuit of liberation, well-being* (2nd ed.). New York, NY: Palgrave Macmillan.

Riemer, M., & Reich, S.(Eds.).(2011). Community psychology and global climate change [Special section]. *American Journal of Community Psychology*, 47(3—4), 349—427.

Scott, R.(2007). Establishing core competencies for students in community psychology training. *The Community Psychologist*, 40(1), 38.

Slaikeu, K.(1977). Community—based community psychologists. In I. Iscoe, B. Bloom, & C. Spielberger(Eds.), *Community psychology in transition: Proceedings of the National Conference on Training in Community Psychology*. Washington, DC: Hemisphere.

Starnes, D. M (2004). Community psychologists—Get in the arena!! *American Journal of Community Psychology*, 133(1/2), 3—6.

Wituk, S.(2006). The self help center for community support and research at Wichita State University. *The Community Psychologist*, 39(3), 6—7.

Wolff, T.(1999). Practitioners' perspectives. In J. Rappaport & E. Seidman (Eds.), *Handbook of community psychology*. New York, NY: Springer.

Wolff, T.(2003). The healthy communities movement: A time for transformation. *National Civic Review*, 92(2), 95—113.

Wolff, T.(2013). A community psychologist's involvement in policy change at the community level: Three stories from a practitioner. *Global Journal of Community Psychology Practice*, 4(2).

Wolff, T., & Snell-Johns, J.(Eds.).(2005). Creating a vision for the future of community psychology. *The Community Psychologist*, 38(4), 36—49.

Wolff, T., & Swift, C.(2008). Reflections on "real world" community psychology. *Journal of Community Psychology*, 36(5), 609—625.

第2章 社区心理学实践的指导原则和胜任力

莫里斯·J.埃利阿斯，威廉·D.奈格尔，莎伦·约翰逊-哈基姆
(Maurice J. Elias, William D. Neigher, and Sharon Johnson-Hakim)

是否有顾客为社区心理学从业者支付报酬？这一基本问题对心理学其他专业领域来说不是独特的，而且影响着对社区心理学实践这一专业领域进行界定的过程。

在这一章中，我们的目的是从长远来看，社区心理学专业实践为持续的可行性与相关性而应该采取的行动方向。我们首先回顾了先前对于心理学适销性(marketability)的思考，也探讨一下这个领域如何定义社区心理学"从业者"的持续讨论。然后，我们将对努力阐明一系列社区心理学胜任力以及社区心理学家在环境中运用胜任力的独特方式的重要工作进行总结。最后，我们描述了为社区心理学实践而合作发展出的"价值主张"(value proposition)并讨论了我们的演化观，该观点认为价值主张的理念作为我们这个领域的模型不是充分情景化的。本章的这个部分还包含了一些应用价值主张的例子，这也被称为不同工作环境中的社区心理学实践的"增值"(value-added)主张，包括学校、临床环境、学术界和卫生保健。在本章的最后，我们邀请读者来创建在自己工作的实践场所中所应用的价值主张。

社区心理学从业者所做的事情

社区心理学是理解和解决社区、组织和社会问题的一个独特取向。其他人也关注社区福祉，但社区心理学家与众不同的是，他们采用公认的在实践中进行测试并得以证实的心理学原则和技术，以提高个人、组织和社区层面的幸福感和效益。而且，我们在实施过程中明显地关注社会公正、包容性与参与性、价值多样性、合作性以及注重优势。

社区心理学家通过与他人合作来增强系统，提供有效益的服务，增强资源可得性，并优化个体、私人和政府组织、企业以及社会团体的质量。社区心理学家以人、组织和社区的现有优势为基础来创造可持续的变化。社区心理学从业者所做的工作可以是在所有包括政府、营利性和非营利性组织的部门中担任咨询顾问、教育者、项目申请书撰写者、教授、公共服务管理者、项目指导者、政策开发者、服务协调员、评估者、规划者、培训者、团队领导者和研究者。

社区心理学：谁会买？

1982 年，一篇文章出现在《美国心理学家》(*American Psychologist*)杂志上(Fishman & Neigher，1982)，它有着这样挑衅性的题目，“八十年代的美国心理学——谁会买？”这对里根政府在应对经济危机时期里美国心理学提高公众福祉(它的根本使命之一)的作用提出了质疑。该文章从以下两个引述开始：

> 通过这个研究可以发现，没有一个酒鬼从巴尔的摩街道被带走。没有一个喝醉酒的丈夫被劝阻不要打妻子，或者一个喝醉酒的妈妈被劝阻不要打孩子。这些研究项目就像是舶来品、昂贵的蝴蝶收藏品，藏在地下室里，并且仅仅时常拿出来展示给其他收藏者，其尊贵地位相互重新确认是罕见的和不寻常的。

这个引述在 1979 年来自于议员巴巴拉·米库尔斯基(D—MD)，她是目前任职时间最长的国会议员之一。她不是唯一一个当时或现在对政府在社会科学研究上的投入价值提出质疑的立法委员。第二个引述来自一个挑战该领域的卓越心理学家莫里斯·帕洛夫(Morris Parloff，1980)的文章：

> 那么，基本问题就是我们作为研究人员为了更有效地回应现在该领域的务实问题必须所做的事情……我们不能以超然的姿态一直嘲弄这些喜欢在世俗世界的嘈杂声音中自由地寻求真理的基础科学家。事实上，在我们必须为我们的研究找到支持的实践领域中，我们只能希望满足于若即若离。

来源：iStockphoto.com/franckreporter.

图 2.1　社区心理学家与他人合作来增强系统，提供有效益的服务，增强资源可得性，并优化个人、私人和政府组织、企业以及社会团体的质量。他们以人、组织和社区的力量为基础来创造可持续的变化

专业的从业者

我们所描述的社区心理学实践看起来好像是对帕洛夫的挑战的回应。实践是应用的、相关的、有效的，以及响应社区需求的，尊重我们的原则、目标与指导思想的。我们在许多案例中都采用了高评价标准评估我们的项目，以提高有效性和改善未来的工作。但是，帕洛夫的评论也暗示了一种忧虑，这在1985年社区心理学创建近20年时也引起了社区心理学的关注。这个暗示就是研究在某种程度上是与实践相分离的，并且研究为获得支持而需要适应“世俗的世界”。莫瑞斯·埃利亚斯(Maurice Elias)、杰姆斯·达尔顿(James Dalton)、罗伯特·佛朗哥(Robert Franco)、乔治·豪(George Howe)(1984,1986)在一系列文章中研究了他们所提到的主要隶属于学术环境的社区心理学家与主要隶属于其他环境的社区心理学家之间的紧张关系。然而，从作者的角度来看，他们不是把学术界看作是与实践相分离的，而是把学术界勾画为一个独特的实践背景。事实上，他们认为，学术界是社区心理学能被相对良好定义的唯一背景，而且是具有清晰界定并有合理高薪工作的主要背景。不仅如此，学术界的社区心理学家在他们的工作受到资助时也容易在无薪或低薪的工作情景中“放弃”社区心理学。在大多数其他环境中从业的社区心理学家必须收费，或在他们为几乎没有资源的人而工作时要找到人付费给他们。对于一个标榜自己不被束缚于专业化和专业人员，而是以当地助人者、志愿者、社区参与和合作的力量为荣的领域而言，我们已经进入了一个“营销”我们在学术界以外的环境里所做工作的艰难时期。

当然，在发展的早期有一段对社区心理学实践具有启发意义的关于专业如何发展的历史。专业(profession)最常见的两个定义是：

一种需要专门的知识和长期而深入的学术准备的职业；一个主要的职业、行业或工作、全身心投入的职业。(“Profession,”2013a)

一种有报酬的职业，特别是指需要长期培训和正式任职资格的职业。(“Profession,” 2013b)

专业不仅被定义为个体而且被定义为集体的概念，这种想法当然非常符合社区心理学的观点。这就提出了专业如何演化和加强的问题。格林伍德(Greenwood,1957)对专业的分析得出了五个共同的特征：(1)系统的理论；(2)授权；(3)正式和非正式的社区约束；(4)道德规范；(5)文化。珀克斯(Perks,1993)确定了职业发展成专业的一系列里程碑，包括培训学校、大学学校、地方和国家协会、职业伦理标准和法律许可。布洛克(Bullock)和特朗布利(Trombley)(1999)也认为，任职资格的规范化包括教育、学习该领域已有知识的时间、具体的入学要求以及谁被和不被看作是该领域成员的规则，这标志着专业的成熟。然而，就这些定义和里程碑而言，社区心理学实践并不具有一个成熟的、专业的领域的所有标志。

事实上，埃利亚斯(Elias)和同事(1986)提出了一些建议，即必须做出改变来解决学者—从业者的紧张关系，同时建立一个综合性的社区心理学，这都是以理论、研究和实践的相互作用和协同作用为特征的。这些建议大多指向于实践的规范化以及改善被看作是社区心理学家的那些人之间沟通与认可的手段。许多建议已经实现，目前这一章讨论了剩下的许多最重要的内容。SCRA 的其他重大进展包括：

· 建立一个社区心理学实践委员会(Community Psychology Practice Council，CPPC)，这是一个有吸引力的团体，其成员能够谈论有关实践的问题。

· 建立和规范社区心理学双年会上的实践峰会。

· 使实践委员会正式成为 SCRA 的官方委员会，并在 SCRA 执行委员中拥有投票代表。

· 在教育项目委员会(Council of Education Programs，CEP)和实践委员会之间建立明确的联系，并与执行委员会联系起来。

· 把出版物《社区心理学家》(*The Community Psychologist*)逐渐发展为分享与实践相关的团体所做的工作，CEP-CPPC 之间的合作，以及发展关于社区心理学胜任力的想法的工具。

· 增加与实践相关的奖项：应用社区心理学的约翰·卡拉法特(John Kalafat)奖和社区心理学实践杰出贡献奖。

· 创建《全球社区心理学实践杂志》(*Global Journal of Community Psychology Practice*)，这是一个服务于社区心理学从业者和改善全球社区的同行评议的电子期刊。

· 协调和参与非常重视实践的国际社区心理学双年会。

· 具体讨论应用的社区心理学家的实践所必需的技能和胜任力。

由于我们所认为的不难识别的原因，已经被很清晰阐明的社区心理学实践方面是学术(academia)。实践本身是应用的、相关的、有效的并响应环境需求的。学术环境中的实践与传统生产力标准的悠久历史相联系：

· 从研究和评估中产生新的理论/知识。

· 在本科生和研究生层次上进行教学。

· 在同行评议的期刊和“新媒体”上出版论著。

· 直接或间接地使个体、家庭、社区和社会发生积极改变。

· 在学院或大学委员会与行政机关任职。

· 获得项目资助与协议。

当我们撰写这一章时(在 2013 年)，联邦和州在对行为、社会和生物医学资金的法定和自由的资助上的削减是令人担忧的。最近，对大学教育的价值与未来的日益增长的共同挑战已经出现了；越来越多的学生如今不喜欢文学艺术，而是偏爱更稳定和赚钱的商业、计算机科学与技术、工程学专业(Bennett & Wilezol, 2013; Selingo, 2013)。这意味着来自于支持心理学系教师职位的学费的“收入来源”可能会相应减少。作为一个受到威胁的领域，社区心理学在学术界之外没有一个清晰的生涯路径，因而其基础是薄弱的。在学术界之内，实践社区心理学的人发现，他们自己要承担偏离传统的评价标准的风险，这当然对那种许多人认为是该领域标志之一的“冒险性的研究”产生了束缚(Tolan, Keys, Chertok, & Jason, 1990)。

也就是说，以学术为基础和以社区为基础的从业者之间的区别并不总是明确的。有许多以学术为基础的社区心理学家也作为咨询师、评估者、研究者和社会行动倡导者在大学之外的环境中进行着实践。这些活动的收入可以返给他们之间的学院或大学，或根据他们之间的协议为个人所得。无论是什么环境，对于那些全职的社区心理学从业者来说，他们的生计依赖于一个稳定的或众多的客户基础。在学术界，实践的客户(consumers of practice)是学生们和一个人实施社区心理学研究或其他形式的公共学术研究的场所；然而，这是专业同行的判断，这通常包括不是社区心理学家的一些人，他们在专业发展中扮演着重要角色。在大多数其他社区心理学实践环境中，诸如领域声誉、转介源、可证实的结果、收费价目表以及可用性等因素都会起到作用。

为以社区为基础的从业者创建品牌形象

转介源是学术界和其他领域之间实践的一个显著区别。潜在的客户如何找到社区心理学家？社区心理学领域是否有一个有助于从业者与潜在客户之间联系的“品牌形象”？我们将把这个问题放在心理学公众形象的大背景之中，在总体上把这个专业，其次是把临床心理学分支作为参考点。

美国心理学会(APA)在 2008 年聘用了一群顾问来帮助创建一个公众教育活动，旨在完善心理学作为一种科学和专业的形象：

> 当谈到美国民众对心理学的认识时，既有好消息也有不太好的消息。好消息是新的研究得出结论，大多数美国人有积极的心理学观点并相信研究人类行为能够解决现实世界的社会问题。不太好的消息是，他们对这门学科理解的深度和广度是有限的，而且他们不把它看作是一门硬科学。(Mills, 2009)
>
> “心理学一般被视为一种治疗‘个体’的职业，类似于精神病学和社会工作，而不是医学”，佩恩、舍恩和伯兰联合有限公司(Penn, Schoen and Berland Associates, LLC)的民调专家罗伯特·格林(Robert Green)说。“这部分是因为医学与对现实世界有益的科学技术使用有更大关系。然而，

公众却经常把心理学与人类行为的研究联系起来。”(Mills, 2009)

这项研究包括1000名成年人的基线民意调查，然后是分散在全国各地的五个焦点群体。

> “我们得知82%的美国人把心理学评价为‘非常有用’或‘有点用’后感到很振奋”，APA的公众与成员通信执行主任瑞亚·K.法伯曼(Rhea K. Farberman)说。“那是发动一场运动的巨大优势。”(Mills, 2009)

但是，法伯曼却看到了一个巨大挑战，这就是让人们超越有点老套的心理学观点，该观点是由于人们在电视和电影中看到心理学家、心理治疗师或咨询师而形成的。(我们在撰写本文时注意到，我们不了解有社区心理学特点的电视电影、有线电视迷你系列或动态图片。)事实上，心理学本身是一个多样化的领域。美国心理学会目前有56个不同的公认的研究分支/领域，社区心理学只是其中之一(APA，2013)。

如果公众对心理学领域的认识是积极的但却有点分散，临床心理学被其他心理学家和公众认为是局限于“心理健康”的，那么我们能够从社区心理学在该领域内和在一般公众中的认可中推测出什么？这似乎很清楚，社区心理学不能轻而易举地充分利用心理学的品牌形象，事实上，后者有时可能构成重大障碍，特别是在心理学与主要的权力结构相联系的国际环境中(Cunningham，2007；Perkins，2009)。

归根结底，社区心理学家作为一个社区专业人员在不同的环境中进行工作。有些人的工作在学术界进行，其他人则工作在临床环境、学校、卫生保健、政府、咨询机构、宣传组织、政府的政策定位以及其他更多领域。在这些环境中并没有等级体系。因为每个人都有自己独特的技能及其应用，这对公众理解社区心理学所做事情的共同点提出了挑战。普莱斯和彻尼斯(Price & Cherniss，1977)定义了对社区心理学家来说是必要的四个培训领域——问题与资源分析、革新(干预)设计、进行现场试验以及革新传播——虽然我们可能不同意细节，但他们的结论在目前是更为恰当的：单一的个体成为一个受到充分培训的、“完全的”社区心理学家是不可能的。正如我们后面要讨论的，这不是社区心理学所独有的现象，但是我们的领域现在才开始系统地对此进行研究。因此，我们现在开始转向社区心理学对实践胜任力的定义这个系统性的工作。

重视胜任力的一个发人深省的刺激因素是在像“www.monster.com”的传统网站上搜索“社区心理学”工作所得到的结果。他们发现在这个标题下的就业机会几乎没有社区心理学。也许我们所做的工作在其他职业中更加广为人知，也许我们没有很好地解决我们的技能和胜任力如何与竞争市场相匹配的问题。为了查明原因，SCRA及其会员通过一系列活动更加仔细地对社区心理学领域进行定义，并运用自我评估去调查我们在这个职业中所做的内容、我们做到卓越所需的技能和胜任力、我们工作的环境、我们共同的价值观和指导原则，以及我们为该领域设立的愿景。其目标是探索将社区心理学家与其他从业者区分开来的因素，我们工作的根本技能和胜任力，以及我们添加到企业与组织中的价值观。

虽然社区心理学领域已经存在了近 50 年，但是直到最近，它并没有明确概括出社区心理学家从事组织的或以社区为基础的实践的一系列胜任力。这并不是说关于胜任力的话题是全新的；相反，自从 1965 年这个领域创建以来，在心理学领域和社会服务行业围绕着开创这个领域“一席之地”的话题一直就没有间断过。在该领域发展的早期，这个话题与另一个争论交织在一起：一个围绕着研究生项目认证和个人许可问题的争议(Newbrough, 1980)。第二个争论无疑是我们这个领域发源于临床心理学和社区心理健康的遗迹，并且对在心理学更广阔的领域内获得合法性和认可的渴望激化了这个争论。

目前，对胜任力进行反复讨论的重点是概述社区心理从业者所做的工作(技能/胜任力)并定义他们如何去做(取向/价值观)。本章介绍了一个包括 18 种社区心理学实践胜任力的清单，第 3～13 章将有更详细的描述，这些胜任力不是打算用作认证或许可的过程；相反，这个清单的目的是创建一个大纲，从而讨论研究生和专业的教育、就业可能性以及社区心理学实践的演化实质(Society for Community Research and Action, 2012)。

胜任力的角色

在描述一系列胜任力之前，了解它们的作用，以及它们既是什么又不是什么是非常重要的。值得思考的问题包括：它们如何整体推进该领域的发展？学生和职业生涯中期从业者等个体以什么方式运用它们？它们在本科生、研究生和继续教育中有哪些潜在应用？它们是否对该领域如何被圈外人所认知具有影响？对直到最近才被这个领域接受的一系列胜任力进行清晰表述会产生哪些潜在问题？

所建立的胜任力清单能够有助于在广泛的“帮助”(helping)专业领域中界定社区心理学家的位置，所有这些人工作在社区、组织和政府环境中以改善健康、幸福感、社会公正、教育以及全球社区所涉及的问题。该领域已经做了充分的工作来使自身在心理学领域中得到认可，特别是通过将自身与临床心理学的方法进行比较，它已经在创建自身身份：一个是不依赖于与临床心理学比较的身份，一个是得到了一般公众认可的身份。没有知名度(invisibility)在某种程度上是由于第一章中所描述的“变色龙”效应，因为从业者工作在一个广阔范围的应用环境中，他们经常采用他们所工作的特定环境中的身份，如公共卫生专业人员、教育咨询师或评估者，而且会放弃“社区心理学家”的头衔(Snowden, 1987)。虽然技能可能是高度相关的(而且，有人可能认为，在快节奏的、不平等日益增长的相互依存的世界中，这种情况将越来越多），但这个专业自身却并非如此。对社区心理学家根据他们使用的框架和技能所做的应用性工作进行定义，在创建该领域的“品牌承诺”（brand promise）中是重要的第一步（Neigher & Ratcliffe, 2010）。

概述社区心理学实践的一系列胜任力并不等同于该领域声称独自拥有这些技能，其他专业领域的人员也有类似的技能组合（skill sets）和方法。相反，这可以搭建起舞台并期望能够让社区、雇主和来自其他领域的潜在合作者知道，他们可以指望社区心理学家作为一个潜在的合作者或雇员。正如我们后面要讨论的，这是我们创建我们这个领域价值主张的关键一步，并且是尤为重要的。同时我们的技能可以适用于各种工作的环境，“社区心理学家”这个词很罕见，如果有这个词，那么就是在工作招聘广告中使用。而且，如果专业团体通过胜任力清单来实际表达“他们是谁”时也几乎没人使用这个词；社区心理学家是谁，这是通过我们如何将这些胜任力置于我们所工作的环境中进行理解和整合来定义的。然而，正如前面所指出的，没有这样的一个清单，一群从业者几乎不能声称自己是业内人士。

社区心理学实践的 18 种胜任力

18 种胜任力清单（见表 2.1）是以一种合作的和迭代的方式而创建的。社区心理学实践委员会、教育项目委员会和 SCRA 执行委员会的会员都从他们独特的视角做出了贡献。此外，这个清单也被发放给 SCRA 的普通成员以获取评论和意见。虽然社区心理学实践胜任力的这种正式表述是新的，但是在这个清单中所强调的技能已经获得大致认同已经有一段时间了（Kuperminc，2011）。

正如你将在后面的章节中所发现的那样，这本书的目的不是简单地描述这些胜任力，而是指导读者如何发展需要在实践中运用这些胜任力的知识、技能和能力，以深化该领域的愿景、使命和价值观，而且展示了如何利用这些技能解决社会问题。因此，不是每种胜任力都被包括进来了。不过，我们在这里提供了对胜任力的概述。胜任力分为五类：基本原则、社区项目开发和管理、社区和组织能力建设、社区和社会变革以及社区研究。

表 2.1　社区心理学实践的 18 种胜任力

基本原则	
1.生态视角	在社区实践中表达和应用多种生态视角和分析水平的能力
2.充权	表达和应用集体充权观点的能力，以支持被边缘化的社区努力获取资源，并参与社区决策的能力
3.社会文化和跨文化胜任力	评价、整合和联结多种观点、文化和特性的能力
4.社区包容和伙伴关系	促进对所有社区成员的真诚表达和尊重，并行动起来使关于社区和社会问题的分歧观点合法化的能力
5.伦理、反思性实践	持续的提升伦理的过程
社区项目开发和管理	
6.项目开发、实施和管理	与社区利益相关者合作规划、发展、实施和维持社区项目的能力
7.预防和健康促进	表达和采取预防观点以及实施预防和健康促进社区项目的能力
社区和组织能力建设	
8.社区领导力和指导	领导力：通过吸引、激励和动员个体和群体对共同的重要问题进行合作的过程，增强个体和群体的有效领导力的能力 指导：帮助社区成员识别他们能够进一步发展和使用的个人优势和社会的与结构性的资源，以加强充权、社区参与和领导力的能力
9.小群体和大群体的过程	为了促进社区群体一起有效工作而对小群体和大群体进行干预的能力
10.资源开发	识别和综合利用包括社区资产和社会资本在内的人力和物力资源的能力
11.咨询和组织发展	促进组织达成目标的能力能够不断发展的能力
社区和社会变革	
12.合作和联盟发展	帮助具有共同利益和目标的群体一起做他们各自分开不能做的事情的能力
13.社区发展	帮助社区发展愿景，并为建立一个健康社区而行动的能力
14.社区组织和社区倡议	与社区成员合作以改善影响社区条件的能力
15.公共政策分析、发展与倡议	建立和维持与政策制订者、民选官员和社区领导者的有效联系和工作关系的能力

续表

16.信息传播和建设公众意识	与不同部分的公众进行信息沟通，加强胜任力和公众意识或倡议，并传播社区心理学的能力
社区研究	
17.参与式社区研究	与社区伙伴合作规划和实施能满足恰当的科学证据的高标准的研究，并交流研究结果以促进社区追求社区目标的能力
18.项目评估	与社区/场所的领导者和成员合作以促进项目改善以及利益相关者与资助者的项目责任制的能力。

第一类是基本原则，包括 5 个概念——生态视角、充权、社会文化和跨文化胜任力、社区包容和伙伴关系以及伦理、反思性实践——这些是定义社区心理学的方法和观点的核心。这些基本原则反映了社区心理学的广泛领域的价值观，并对于理解社区心理学家在社区或组织机构中运用其他 13 种胜任力的方式是至关重要的。尽管前 5 种胜任力不是明显的“行动项目”，但是把这些胜任力称为“背景”过程是不充分的；相反，更恰当的是称其为“前景”过程。社区心理学从业者需要持续关注这些原则，因为它们不是自动引发关注的。从业者必须致力于在工作进程中“核查”它们以确保他们的行动与这些原则保持一致，这一过程可能包括继续教育以及朋辈辅导。

第二类是社区项目开发和管理，指的是从业者帮助社区和组织从开始到结束进行项目开发和实施的能力。这个过程包括与利益相关者进行合作，帮助制订项目的目标和可衡量的影响，设计和研究最佳实践并使其适应于环境，培训和支持项目的全体员工，以及协助利益相关者充分考虑项目的可持续性。该类胜任力还包括对预防/健康促进框架的理解，以及识别对加入项目开发过程的框架是适当的必要资源的能力。

第三类胜任力是社区和组织能力建设，包括社区领导力和指导、小群体和大群体过程、资源开发、咨询和组织发展。这类技能与从业者和他们与之合作的利益相关者之间的动态关系有关，并体现了一个从业者经常扮演的种种角色。因为这些技能涉及人际沟通、教学和学习，因此其依赖于社区心理学家和各种利益相关者之间强大而可靠的关系。

第四类胜任力是社区和社会变革。作为其中一个更大、更复杂的类别，它包括合作和联盟发展，社区发展，社区组织和社区倡议，公共政策分析、发展和倡议，以及信息传播和建设公众意识。这些构成了指向“二阶变革”过程的一系列胜任力，该过程重视通过在一个场所内调整当前的关系、角色和权力动态，以建立一个更加公正的、包容的和有益健康的环境（Seidman，1988）。为了在社区或组织中成功创建可持续的二阶变革，社区心理学家必须与利益相关者合作建立能确保必要的资源和价值观能够产生并可更新的体系。

第五类也是最后一类胜任力是社区研究，包括参与式社区研究和项目评估。这一类胜任力反映了该领域应用经过测试的心理学原则以促进所有人的健康和幸福感的目标。参与式社区研究通过将可靠的方法学与社区声音(community voices)相结合的方法来实现目标；项目评估让我们有效地判断以社区为基础的或其他活动的价值，并提供支持改善、倡议或问责的信息(Windle & Neigher，1978)。

然而，那些了解社区心理学领域的人表示，还有一个额外的定义特征，这包含在吉姆·凯利(Jim Kelly，1979)开创性的文章中，其题目是："不是你做了什么，而是你做的方式。"这些胜任力被应用到指导核心决策和选择的一系列价值观的情景中，并调节着如何实施行动。克鲁斯和同事(Kloos，2011)解释了该领域的价值观，并将其纳入如下的价值主张：

1.个人和家庭健康：个人和家庭所拥有的身体和心理的健康和幸福感，并理解这些概念是相互依存的。

2.社区意识：这种价值观是指对归属、相互依存和相互承诺的知觉，这使个体联系在一起。

3.尊重人类多样性：承认并珍视群体成员之间存在的年龄、性别、社会经济地位、种族、性取向、国籍、能力状况或其他特征的差异。

4.社会公正：致力于对一个群体或社区内的资源、机会、义务和权力进行公正地分配。

5.公民参与：允许一个社区/组织的所有成员在对他们有影响的决策中拥有重要的发言权。

6.合作和社区优势：这个价值观指的是社区心理学家与社区成员进行合作的过程；尽管社区心理学家拥有专业知识，但是他们却努力与社区成员共同工作，因而他们才能增强现有的优势并增长知识。这个价值观包括一个"两者兼具"(both/and)的观点(Rappaport，1977)，允许对不同的观点进行理解和整合。

7.实证基础：这是确保以社区为基础的行动尽可能要以研究结果为依据的过程。这个价值观包括将研究转化并应用到不同的社区环境中的能力，同时要考虑到文化、种族和地理的差异，并提高干预的有效性。

这些价值观是该领域共同特性的重要方面，而且对于那些试图雇用社区心理学家的人来说，这些价值观也是他们将如何工作的定义性特征。正如我们随后要讨论的那样，这些联合使用的原则，成为应用复杂的社区心理学视角的标志，并因此与其他试图解决相同问题或具有相同作用却毫无社区视角的原则有所不同。这种独特性成为社区心理学视角的定义性特征，并以价值主张的形式，即一个人为什么选择一个社区儿童心理学导向的同事而不是其他人，增加了我们所指的后来作为"增值"

的内容(见专栏 2.1,这是社区心理学视角如何影响临床学校的过程的一个例子)。如果一个未来的雇主或来访者对尊重多样性、社会公正、合作和社区优势不感兴趣,只是为了列举一些价值观,那么聘用社区心理学导向的从业者可能不是一个最好的主意。一个人可以采取一个生态的视角,或设法创建来自于个人主义的、权力集中的、剥削性的导向,或来自于接近社区心理学家所支持的价值主张的社区变革(其他胜任力)。仅仅通过胜任力来理解社区心理学实践,可能无法全面描述社区心理学实践的特点。

使用和培训的意义

社区心理学从业者受雇于多种工作场所,并使他们的技能和活动适合于这些环境的需求。一个人实践的环境往往影响他或她最常用的胜任力;这种灵活性与该领域的指导原则是一致的,这促使社区心理学家去"满足不同人的需求",应对手头当时的情况,促进组织的愿景、使命和价值观,并与他人合作以共同确定意见一致的工作计划。一个有趣的思考方式是把社区心理学实践的一系列胜任力看作一个"工具箱"。社区心理学家在这个箱子里拥有一定数量的技能并将其带到他们所受雇的工作中。然而,他们从工具箱中所取出的工具以及使用工具的顺序则依赖于当时的社区需求;我们不会仅仅因为带了一把锤子就开始敲打。也就是说,几十年的锤击可能造成一个人对随后所需的更精细纹理工作的准备不足。说实话,一些社区心理学家并不擅长锤击。因此,就像普莱斯和彻尼斯(Price and Cherniss,1977)明确所说的那样,社区心理学家的核心价值在指导如何使用强大的工具方面是重要的,而且是价值主张倡议背后的一种驱动力量。

因为没有个体的社区心理学家被期待拥有或完美地执行目前所有的 18 种胜任力(和那些未来将要出现的胜任力),从业者基于不同的教育、培训、个人价值观和经验,在每种胜任力上将表现出不同的专业水平。我们坚持把个人技能分为三个层面:接触(exposure)、经验和专业知识(Kloos,2010)。所有从业者在他们某个职业生涯点上和在他们研究生水平的专业培训过程中,应该已经拥有胜任力以及潜在的基本价值观和原则。不过,他们的训练背景、工作环境和终身学习塑造了他们所发展的特定胜任力、经验和专业知识。唯一的例外是被称为基本原则的胜任力。

· 对于研究生和本科教育而言,意见一致的胜任力清单带来了透明度和责任制。这些胜任力形成了研究生项目用来定义自身及其所提供培训的一个框架。例如,学生在项目中能够有望在哪种胜任力上获得经验?这个项目的专业知识领域和优势是什么?透明度将有助于那些打算正式进入该领域的人,根据未来职业道路的必要技能来选择最好的研究生项目。此外,鼓励项目系统地采用这些胜任力来定义自身也产生了一种责任感。一旦项目确定了培训目标并体现学生的未来工作安置,他们就能使用这些胜任力作为评价课程和以社区为基础的学习机会以及填补可能存在空白的路标(Sarkisian & Taylor,2011)。持续的专业教育与对雇主不断变化的需求的调查工作相结合,将有助于该领域朝着正确的方向发展。

用这种方式表述胜任力并将它们与社区心理学实践的职业准备结合起来,这是该领域发展中的一个重要的基准点。虽然许多个体可能"正在从事"社区心理学,却有许多人期待个体能够成为一个被认可为社区心理学家的人。现在,这种认可主要通过社区研究和行动协会的会员资格和从 SCRA 教育项目委员会的项目中获得学位而实现。也有越来越多的人从国际社区心理学项目和批准研究生培训项目的地区协会获得了类似认可。这是我们为了社区心理学领域的未来发展而大力鼓励的一个举措。

这一切如何汇聚在实践中?

思考一下这个市中心社区行动联盟的可能的咨询约定:

> 尽管执法机关和社区团体持续采取了大量干预,但是针对妇女的暴力事件仍不断升级,这迫切需要一个更快速的解决方案。联盟雇用你作为社区心理学家去探讨根本的原因、评价当前项目的无效性并推荐一个行动计划。该联盟有来自妇女团体、社区组织、执法机关和以信仰为基础的社区的广泛支持基础。你如果接受,就签署合同并开始工作。
>
> 很显然,问题和解决方案都要比所呈现出来的更为复杂。一些社区部门内部对身体暴力、恐吓和心理虐待是宽容的,甚至是容忍接纳的。在某些情况下,他们是基于信仰的,在其他情况下是基于文化和经济的。对寻求外部帮助的妇女和家庭成员来说,这个结果的意义是深远的,即将到来的恐惧也是显而易见的。执法机关和检察官允许匿名举报和减轻惩罚的尝试存在政治上的困惑和高度的争议。你所遇到的团体要求公开你个人的价值观,并想要在你描述他们与你的对话中具有透明度。

在每一个行业,个案都会对如何着手进行的方法和线性要点提出挑战。在核心价值观的指导下,社区心理学家发现价值观在实践中经常发生冲突:对于一些在社区工作的人来说,"尊重多样性"和"社会公正"可能是直接冲突的。例如,与其他心理学领域一样,一个临床心理学家面对一个"危及他人"的当事人,或一个儿科心理学家面对一个有疾病晚期的年轻孩子的家庭,或一个老年心理学家对一个父母患有痴呆症的家庭提出长期护理方案时,必定会考虑来自于多视角的竞争性价值观。提供一个如何解决这些冲突的优先的、脱离情景的建议是困难的。从根本上来说,在培养审查个人决定和过程的习惯方面，这可以通过反思性实践而得以实现，也能通过把寻求同行和专家的监督作为一个人持续进行的专业发展组成部分而得以实现。

社区心理学家面对这种情况的独特之处是，明确关注价值观并意识到如何区分一个人自己的价值观和其他人的价值观以及一系列行动的工具，这也受到诸如合作、充权、尊重多样性和重视优势的价值观的影响。通过明确在咨询协议中的路径，检查相互冲突的个人和社区的价值观，以及对从业者需要调整参与或退出范围的情形进行预测和披露，所有各方随着工作的进展和期望的澄清而对承诺动态有了更好的了解。这是在许多环境中增值的社区心理学实践的一个标志。

为此，我们在本章最后的附录中简要介绍了这些价值观，然后描述了四个特定情境的社区心理学的增值主张。如果一个人要聘用临床心理学家（或来自其他学科的临床医生）、学校心理学家（或学校辅导员或学校社会工作者）、卫生保健专业人员或高等教育中的教师（来自各种学科），那么这些价值主张的陈述则说明为什么聘用一个同时具有社区心理学培训背景的人会给雇主带来明显优势。在拥有已有客户以及准备“消费”的客户的领域中，一个清晰的事实是，社区心理学导向的从业者与更传统的经过学科训练的同行建立了密切关系。

展望未来：走向社区心理学实践的广阔未来

社区心理学作为没有失去其本质特征的专业，在进一步促进社区心理学发展的过程中遗漏了什么呢？我们这个领域并不是面临这些担忧的唯一领域，并且我们从学校心理学甚至临床心理学中吸取了一些教训。这两个领域都拥有硕士和博士学位项目并且都是为从业者开设的。两者都有我们在研究生项目尤其是硕士生项目的时限内不可能提供给学生的技能组合。这些领域有专业所需的胜任力清单并用以指导培训活动，但并不是说这些胜任力就是每个人达到毕业要求所需的胜任力。相反，在基础水平上获得技能组合为个体正式进入专业领域的许可或认证考试做了准备，这通常发生在实习后，而且有时也发生在大学后教育的指导和培训之后。

社区心理学长期反对拥有专业实践的形式化的入门凭证。然而，作为一个专业的发展领域，更多形式化是必要的。其中一个解决方法是，我们的领域应该努力让硕士和博士项目涉及它们所强调的并成为毕业生“商标”的胜任力集群与技能组合，同时也确保它们把按照社区心理学基本原则和价值观进行运作的承诺传授给学生。这样做将确保研究生项目被认为是可信的，以及是恰当培训的来源。所有项目将开发一个“品牌”和一个程序，这将是透明的和易得到的，因此 SCRA 教育项目委员会能够帮助完成为持续改进而进行的支持性反馈和评价。这意味着 SCRA 在确保项目拥有“广告真实性”上可以发挥更积极的作用。这类成功的研究生项目营销的例子可以在公共健康领域中见到，该领域的研究生项目列出了诸如流行病学、行为健康或环境暴露等专业。所有专业都是“公共卫生”学位，但每一个专业都规定了学生为职业做好最佳准备的明确路径和技能组合。

因此，SCRA 执行委员会在影响学生的向心力上发挥着重要的作用，我们因此着眼于未来的思考而提出了自己的想法。我们的学生一毕业就想进入 SCRA 的领域，但是他们必须专注于他们希望产生影响的社区/环境之中。社区心理学家罗格·米切尔(Roger Mitchell)指出，让“代表们”(reps)了解环境与相关变量的结构关系以及资深从业者所做的事情，这会花费很长的时间(《个人通信》，2009 年 6 月 19 日)。这来自于和许多组织在一系列情形中的合作。因此，我们强烈建议已被认可的社区心理学从业者进行为期一年的现场或远程的毕业后监管或指导，这是增值的一个额外凭据，而且可以确保毕业生无论在何种工作环境中都能够巩固自己作为社区心理学家的身份。在这方面，我们明确把学术界作为一种实践的背景。并不罕见的情况是，学术的社区心理学家被雇用到没有其他的或者非常少的社区心理学家所在的部门，而且这些部门的人可能已经被一种生存策略过度同化了，同时他们也不是激励新同事的理想指导者，这些新同事满怀激情并拥有紧密围绕社区心理学而聚焦个人学术生涯的潜能。

另外，我们也必须找到在相似背景下培养网络化的有经验的专业人员的方法。正如 SCRA 一直强调成为学术社区心理学家的网络媒介一样，从历史上看，SCRA 的资源和焦点必须指向于通过社区心理学实践委员会持续获得重要进展，并且系统而有意地促进各种背景下的社区心理学从业者之间的交流。我们质疑社区心理学把实践中的专业胜任力重新定义为不是个体变量的事物。实践中的胜任力是一个嵌套的、生态的和发展的过程，这是我们这个领域未来的任务，并且要形成社区心理学毕业生和有经验的专业人员进行协同实践所需的支持性结构。早期的职业生涯指导和持续的专业交流将有助于从业者与 SCRA 的骨干保持联系，并让我们新的专业人员在其中的同时也是分离的——一个本着朱利安·拉珀波特(Julian Rappaport)精神的“两者兼具”的解决方案。

参考文献

American Psychological Association. (2013). *Divisions of APA*. Retrieved from http://www.apa.org/about/division/index.aspx

Bennett, W. J., & Wilezol, D. (2013). *Is college worth it?* New York, NY: Thomas Nelson.

Bullock, A., & Trombley, S. (1999). *The Norton dictionary of modern thought*. New York, NY: W.W. Norton.

Cunningham, J.(2007). Centripetal and centrifugal trends influencing school psychology's international development. In S. Jimerson, T. Oakland, & P. Farrell (Eds.), *The handbook of international school psychology* (pp. 463—474). Thousand Oaks, CA: Sage.

Elias, M., Dalton, J., Franco, R., & Howe, G. W.(1984). Academic and nonacademic community psychologists: An analysis of divergence in settings, roles and values. *American Journal of Community Psychology*, 12(3), 281—302.

Elias, M., Dalton, J., Franco, R., & Howe, G. W.(1986). Divergence between community psychologists in academic and nonacademic settings: A closer look at the implications.*American Journal of Community Psychology*, 14(1), 113—118.

Fishman, D., & Neigher, W.(1982). American psychology in the eighties: Who will buy? *American Psychologist*, 37(5), 533—546.

Gladwell, M.(2000).*The tipping point: How little things can make a big difference*. Boston, MA: Little, Brown.

Greenwood, E.(1957). Attributes of a profession.*Social Work*, 2(3), 45—55.

Kelly, J. G.(1979). 'T'ain't what you do, it's the way you do it.*American Journal of Community Psychology*, 7, 339—261.

Kloos, B.(2010). Creating settings for training in collaborative community practice.*The Community Psychologist*, 43(2), 10.

Kloos, B., Hill, J., Thomas, E., Wandersman, A., Elias, M. J., & Dalton, J.(2011).*Community psychology: Linking individuals and communities* (3rd ed.). Belmont, CA: Wadsworth.

Kuperminc, G.(2011). Heeding the call to develop a model of professional training in community psychology.*The Community Psychologist*, 44(1), 17—19.

Mills, K.(2009). Getting beyond the couch: How does the general public view the science of psychology? *Monitor on Psychology*, 40(3), 28.

Neigher, W., & Ratcliffe, A.(2010). What is a community psychologist? Why should I hire one? *The Community Psychologist*, 43(2), 5.

Nelson, G., & Prilleltensky, I.(Eds.).(2005).*Community psychology: Towards liberation and well—being*. London, UK: Palgrave Macmillan.

Newbrough, J. R.(1980). Community psychology and the public interest.*American Journal of Community Psychology*, 8(1), 1—17.

Parloff, M. B.(1980). Psychotherapy and research: An anaclitic depression.

Psychiatry, 43, 279—293.

Perkins, D. (2009). International community psychology: Development and challenges. *American Journal of Community Psychology*, 44(1), 76—79.

Perks, R. W. (1993). *Accounting and society*. London, UK: Chapman & Hall.

Price, R. H., & Cherniss, C. (1977). Training for a new profession: Research as social action. *Professional Psychology*, 8, 222—231.

Profession. (2013a). Merriam-Webster.com.

Profession. (2013b). Oxforddictionaries.com.

Rappaport, J. (1977). *Community psychology: Values, research, and action*. New York, NY: Holt, Rinehart and Winston.

Sarkisian, G., & Taylor, S. (2011). Three steps for graduate training programs to strengthen their role in developing unified standards in community psychology education. *The Community Psychologist*, 44(1), 15—16.

Seidman, E. (1988). Back to the future, community psychology: Unfolding a theory of social intervention. *American Journal of Community Psychology*, 16(1), 3—24.

Selingo, J. J. (2013). *College (un) bound: The future of higher education and what it means for students*. New York, NY: New Harvest/Houghton Mifflin Harcourt.

Snowden, L. (1987). The peculiar successes of community psychology: Service delivery to minorities and the poor. *American Journal of Community Psychology*, 15, 575—586.

Society for Community Research and Action. (2012). *Competencies for community psychology practice*.

Tolan, P., Keys, C., Chertok, F., & Jason, L. (Eds.). (1990). *Researching community psychology: Issues of theory and methods*. Washington, DC: American Psychological Association.

Windle, C., & Neigher, W. (1978). Ethical problems in program evaluation: Advice for trapped evaluators. *Evaluation and Program Planning*, 1(2), 97—107.

附录

社区心理学实践的一般价值主张和特定背景的增值主张

社区心理学价值主张的介绍

价值主张(value proposition,VP)是一个相对简短的陈述,这对于聘用我们的雇主而言"是差异化的行业依据"。在成堆的简历当中,什么能让我们脱颖而出呢?是我们所掌握并实践着的18种胜任力,还是将它们整合在一起的社区科学背景,或是强调所做事情的价值观?VP与已存在的与知识探究和实践相关的许多领域之中确立社区心理学领域的身份有关。我们从来都没领悟朗尼·斯诺登(Lonnie Snowden,1987)的智慧,他曾谈到社区心理学的独特成就是作为一门学科,该学科中的向心力实际上把人们从社区心理学领域移开了,这是因为我们对背景的强调把人们的注意力带进了其他领域——不同于其他由离心力所创建的学科,把人们吸引到标准范式上。社区心理学家经常要艰难地做出选择,或者和社区心理学同事在一起但并不专注于他们的研究、理论和实践背景,或者出于尊重强调专注背景的社区心理学原则而脱离他们的社区心理学同事。

VP是一种专门的陈述以说明该领域是一门什么学科、如何从事该专业、在哪里工作、所使用的工具以及驱使工作的价值观。然而,我们的受众并不是我们的"合唱团";VP是讲述给潜在的客户或我们所提供服务的购买者的,他们可能对我们一无所知。而且,VP一定要把我们和相似的团体区分开来,并且要直接围绕独特的经济和市场价值来谈。在我们看来,VP不仅仅和价值有关,而且还和价值观有关。吉姆·凯利(Jim Kelly,1979)在用歌词来确认我们这个领域时就表达过这个观点,"不是我们所做的事情,而是我们做事的方式。"这样来说似乎不够缜密也不够科学,但是我们领域的独特性至少与我们的价值观和一系列胜任力是紧密相连的。我们的价值观在我们的18种胜任力中不仅仅是基本原则。无论社区心理学家在哪里工作,也无论他们从事何种工作,我们的价值观是持续将社区心理学家与共同核心联系起来的主线。它们对于把我们对未来的社区心理学家的教育和未来就业的智力核心与实践基础联系起来是至关重要的。如果我们的领域能够对我们最关心的问题产生重大的影响,那么社区心理学实践则需要系统地扩展它的临界规模。但是,如同斯诺登(Snowden,1987)向我们说明的那样,我们在基础不断削弱的情况下是不能扩展的。同时,我们能够从马尔科姆·格雷德威尔(Malcolm Gladwell,2000)的见解中得到一些安慰并且认识到我们没有巨大的量变也能够达到影响该领域的临界点。那就是说,格雷德威尔的著作明确说明,没有一定的临界规模,这是我们的确仍未达到的,我们就不能对更大范围的心理学领域增强影响力,更不用说产生更大范围的社会影响力。

我们在下文通过社区心理学价值主张的一般逻辑来开始我们的探索。接下来是最近出现的也许是最重要的见解：我们可以通过把价值观添加到其他领域、学科和视角中而产生最强大的影响力。价值主张确实是增值的主张。我们需要清楚说明的是，社区心理学视角和技能组合如何对其他领域、职位、组织和取向产生增值。我们用四个价值主张的例证得出结论，这些例证经过明确的加工以阐述社区心理学对临床和学校心理学、卫生保健以及高等教育教师的增值主张。

什么是社区心理学？

社区心理学是理解和解决社区、组织和社会问题的一种独特取向。虽然其他人也关注社区福祉，但是社区心理学家的独特之处在于我们把已确立的心理学原则和技术应用到实践中进行检验和证实，以提高个体、组织和社区层面的幸福感和有效性。我们在这样做的同时也明显地关注社会公正、包容性与参与、多样性价值、合作以及重视优势。

社区心理学家相信什么？他们的核心价值观是什么？

我们所使用的价值观(values)是与原则(principles)同义的，指的是观念形态、伦理标准、信条或信念。重要的是，正如我们把这一领域定义为在生态背景下看待个体、行为和社区那样，我们同样需要理解我们的价值观和它们在各种背景下的应用。我们接受多元化的价值观，但是伴随包容性的视角而来的是潜在的摩擦和矛盾——在价值观自身的应用中以及在情境化的实践中存在着其他人具有的根深蒂固的对立或对抗的价值观。然而，一个代表一切事物的领域是毫无用处的。拥有一系列焦点价值观并不会使其他相关价值观无效，也没有规定这些价值观如何在现实世界与日常实践情境下进行应用。但是，这些价值观为该领域的从业者、打算聘用他们的人和/或与他们进行合作的人提供一些指导。

核心价值观(core values)是指许多拥有相同身份的个体所共有的最重要的一系列信念。根据奈尔逊和普利莱茗斯基(Nelson and Prilleltensky，2005)和库鲁斯等(Kloos，2011)的社区心理学第三版教材，请思考这七种价值观：

1.个人和家庭健康

2.社区意识

3.尊重人类多样性

4.社会公正

5.公民参与

6.合作和社区优势

7.实证基础

在通过SCRA的视角来审视这些核心价值观的过程中存在着一致性。在更大范围的背景下，SCRA 的组织原则、目标与这些核心价值观密切相关。

指导 SCRA 的四大原则是：

1.社区研究和行动要求对人和环境的多样性给予明确的关注和尊重。

2.在社会、文化、经济、地理和历史的背景中观察人，才能最佳理解人的胜任力和问题。

3.社区研究和行动是研究者、从业者和社区成员采用多种方法的一种积极合作。这种研究和行动必须服务于社区成员所直接关切的事情并应该由他们的需求和偏好以及积极参与所引导。

4.在多层面上需要改变策略，从而培育能够提升胜任力和幸福感的环境。

目标是：

1.促进社会科学和行为科学的应用，以增强人们和社区的幸福感并防止有害的结果。

2.促进能增强我们对不同背景下人类行为理解的理论发展和研究。

3.鼓励社区心理学家、其他学术科目的人和社区利益相关者之间进行知识和技能的相互交流，以便社区研究和行动能从所有视角的优势中受益。

4.参与致力于促进资源的公平分配、机会平等、无剥削、暴力预防、民众积极性、受压迫民众的自由、对历史上边缘化群体的更大包容，以及尊重所有文化的行动、研究和实践。

5.促进学术和应用环境中的社区研究和行动的生涯发展。

6.促进国际性的调查和行动领域的发展，该领域尊重文化差异、尊重人权、寻求并融合世界各地的贡献，而且没有被任何一个国家或团体所控制。

7.对与社区心理学原则和处于该学科核心的社会公正价值观相一致的经济与社会政策的形成和体制化施加影响。

很明显，社区心理学家的专业协会和作为社区心理学家的那些培训与实践都必须在一个共同的信念系统下运转，而目前情况似乎也正是如此。

社区心理学家做什么事情?

社区心理学家与他人进行合作以加强系统、提供有成本效益的服务、提高资源的可得性并优化个体、私人与政府组织、公司、社区团体的质量。社区心理学家依赖于民众、组织和社区现存的优势来创建可持续的变革。

社区心理学家在包括政府、营利性与非营利性组织的各个部门里担任咨询顾问、教育者、项目申请书撰写者、教授、公共服务管理者、项目管理者、政策开发者、服务协调员、评估者、规划者、培训者、团队领导者和研究者。

除了具有心理科学的坚实基础之外，大多数社区心理学家能做的事情还有：

1.定位、评估和应用从各种信息源到新情景的信息。

2.将心理学、生态学、系统层面的理解融合到社区发展过程中。

3.对组织的决策做出贡献是其协作工作的一部分。

4.通过发展评估设计来评估项目/服务;收集、分析、报告和解释评估数据。

5.规划并实施基于社区的应用研究。

6.将政策转化为具有可见结果的社区和组织的规划与项目。

7.通过组织、指导和管理所给予的服务来形成领导力、监管和指导技能。

8.用技术性或通俗的语言与不同的利益相关团体进行有效沟通。

9.与客户、社区、组织及其他相关专业人员建立并维持合作关系。围绕特定问题在不同的利益相关团体之间进行协商和调解。

10.向大范围的支持者展示并讲授文化的胜任力和其他重要的人际关系技能。

11.开展社会营销和其他以媒体为基础的活动。

社区心理学家在哪里工作或当顾问?

社区心理学家在许多场所工作,而且他们通过很多不同的生涯路径而来到这些场所。这些工作场所包括 2～4 年的高等教育,基金会,健康与公共服务机构,学前与从幼儿园到 12 年级教育系统,社区发展机构,建筑、规划、环境的组织,公司,营利性和非营利性组织,政府系统——当地、州和联邦政府的立法及执行部门,研究中心,独立的咨询团体,评估公司,以社区为基础的组织,宣传团体,宗教机构,邻里团体,以及公共政策和社区规划与发展的组织。

社区心理学家如何创造独特的价值?

社区心理学家运用社区、社会系统的知识和生态的取向并将其作为我们所独特的附加价值。社区心理学家拥有在挑战性且差异很大的环境中将理论、研究、政策和策略付诸行动的执行技能。在广泛的职业场所中,社区心理学家增加了劳动力的成本效益。最重要的是,社区心理学家是有适应能力的、基于价值观的专业人员,他们都倾向于使命驱动,并在与其他人的良好合作中得到快速发展。

特定背景中增值主张的例子

通过强调社区心理学家对多种场所做贡献的方式以及与相关领域的人员进行合作,价值主张变成了“增值主张”。我们提供以下四个例子——临床心理学、学校心理学、卫生保健和大学——来阐述社区心理学技能和视角如何给各部门的工作带来独特的价值。此外,我们还邀请其他社区心理学从业者对他们的工作场所提出并传播增值主张,这样做将使这个领域建立更好的品牌标识,提高毕业生的适销性,并确定出能对研究生培训和持续专业教育提供信息的新兴需求的领域。

临床心理学

当临床心理学家增加了社区心理学的视角和技能时,他们将增强以生态的、文化的与发展性敏感的方式进行工作的能力、提升优势并设计与实施预防性与促进健康的干预措施。也许最重要的是,临床心理学家对维持临床干预所引发的改变所需的人际与结构性的支持思考得更多。这种关切将日益增长，因为临床干预被不断要求来证明其可以带来短期以及长期的益处，而且心理学家面临的挑战将他们的技能组合与其他临床医师区别开来。社区心理学的合作取向有助于使临床心理学家成为团队和工作组中特别有价值的人员，并将临床心理学家的技能组合与其他同行融合起来，同时朝着改善个体、家庭和社区的方向而工作。

下面是五个社区心理学胜任力与临床心理学领域的新兴机遇存在密切关系的方面：

1.基本原则。使用生态视角来指导基于案例的概念化过程和干预计划；创造机会为各种环境中的病人充权；注重提供临床服务的社会文化的胜任力；为有收入困难的患者提供或寻求临床服务和外部支持。

2.社区项目开发。开发、实施并管理循证/最佳实践干预项目以及预防/积极心理健康促进方案；为在社区里支持心理健康的人员提供合作型外展服务；为正在向社区环境过渡的客户发展社区支持。

3.社区和组织能力建设。促进日益增多的跨学科交流和合作的相关对话；构建临床从业者加强预防的能力；让其他从业者投身到对社区监管的专业支持和专业发展中；为诸如学校、职场、医疗场所与基于社区的服务组织场所提供咨询并促进组织发展。

4.社区和社会变革。建立必要的合作，包括但不限于为了改善人口健康的临床科室；评估并宣传健康政策；扩展公众对提高服务可得性并预防疾病和伤害的认识。

5.社区研究和评估。评估案例程序和所有项目的效率和效果；为服务接受者、相关的心理卫生专业人员、社区居民、政策制订者和立法者开发有用的产品。

学校心理学

当学校心理学家增加了社区心理学的视角和技能时，他们将增强发起并评估预防性和促进优势的干预措施的能力，从生态的、发展的和系统的视角来开展咨询的能力，并且使学校工作更为一致地促进学生的社会-情感与性格发展以及学业进步。社区心理学视角也有助于对实现可持续变革所需的学校基础设施和专业发展的要求有现实的理解。社区心理学的合作取向有助于使学校心理学家成为有适应能力的、基于价值观的专业人员，他们在和团队与工作组的其他人进行良好合作的工作中得到了快速发展，并将技能组合与其他同行融合起来，同时朝着改善系统和社区的方向而协同工作。

下面是五个社区心理学胜任力与学校心理学领域的新兴机遇存在密切关系的方面：

1.基本原则。运用生态视角来理解孩子的个体背景和家庭环境；创造机会为学生和员工充权；通过加强社会-文化的胜任力以解决在教育和心理服务提供上的差距问题并减少不平等现象。

2.社区项目开发。开发、实施并管理循证预防/积极行为促进方案，以提升整个学校文化与风气以及每个学生的身体与心理健康；建立跨地区和跨国家的学校心理学从业者的网络。

3.社区和组织能力建设。促进改革和组织变革的相关对话；构建学校专业人员增强预防的能力；让包括学生、全体学校员工、行政管理者、学校董事会成员、家长、社区组织、社区成员和媒体在内的多方利益相关者拥护学校的使命；给教师提供支持/压力管理/倦怠的预防措施和应对策略；发展学校和社区领导能力的胜任力，包括在小团体和大团体过程中的技能；提供组织层面的咨询和发展服务。

4.社区和社会变革。建立必要的合作，包括但不限于改善人口健康的学校；评估并宣传学校心理健康与教育相关的政策；扩展公众对学校特性、使命、愿景和格言的认识以增加支持和合作的可能性。

5.社区研究和评估。评估学校文化和风气，并发展和评估改进计划；评估所有学校项目的效率和效果；为学生、教育者、社区居民、政策制订者和立法者开发有用的产品。

卫生保健

社区心理学与卫生保健中最基本的认识是密切相关的：大部分可持续的康复和健康在医疗场所之外。当卫生保健专业人员增加了社区心理学的视角和技能时，他们将把对新兴的人口健康领域的关注增加到传统医学、预防保健和人口医学的传统卫生保健焦点之中。人口健康管理需要3种基本的胜任力方能成功。首先，这个领域的卫生保健工作者必须找到参与社区的方法。其次，干预措施（包括政策、已建成的环境和项目）必须以协调的方式来加强初级和二级的预防，这对于卫生保健系统适应于严重但可预防的健康问题（包括糖尿病和肥胖）的人群是必要的。人口健康管理采取包容性的价值观，并且寻找能够使人们控制自身健康的途径。社区心理学视角增强了个人以生态的、文化的、发展性敏感的方式进行工作的能力；增强了优势；并且能够设计、实施和评估预防性的和健康促进的干预措施。社区心理学的合作取向有助于使卫生保健专业人员在组织环境内与跨组织环境中成为团队和工作组的特别有价值的人员，并将技能组合与其他同行融合起来，同时具有让一系列利益相关者参与社区的技能，包括对人口健康和幸福感有特定影响的政府官员、广告商和消费者服务（如快餐、结构设计和实施）提供者。

下面是五个社区心理学胜任力与卫生保健领域的新兴机遇存在密切关系的方面：

1.基本原则。采用生态视角来指导人口健康的变化；创造机会给患者和社区充权；通过加强卫生保健的社会文化的胜任力以缩小差距并减少不平等现象。

2.社区项目开发。开发、实施并管理循证预防/健康促进方案以促进人口健康。

3.社区和组织能力建设。促进改革和组织变革的相关对话；构建重视预防的医疗实践能力；以社区领导力、小团体和大团体过程、咨询与组织发展为基础，让包括患者、社区、组织、员工、医师、纳税人与媒体在内的多方利益相关者参与到社区建设中来。

4.社区和社会变革：建立必要的合作，范围包括但不限于改善人口健康的医疗门诊和医院；评估并宣传健康政策；扩展公众对提高服务可得性并预防疾病和伤害的认识。

5.社区研究和评估：实施基于优势的和参与式的研究、需求与资源评估以及项目评估；评估所有项目的效率和效果；为社区居民、服务接受者、卫生保健专业人员、政策制订者和立法者开发有用的产品。

大学和学院

社区心理学与大多数高等教育的使命密切相关：培养当地的和全球的下一代领导者和公民。此外，也有致力于社会公正和教育平等的使命。高等教育的大门不仅要向各种学生以及家庭中没有大学背景的人开放，而且还必须有确保入学的人都能获得学位并走向成功之路的途径。高等教育正处于变革之中，而且会通过技术的和人为的途径适应这些变革。教育扩展到了学院围墙之外，未来的有影响力的大学对学生的责任感不会在毕业后就终止了。当高等教育教师增加了社区心理学的视角和技能时，他们将获得四个重要领域的专业知识和视角：有效协作的团队/委员会的形成与管理，对学生心理卫生的初级与二级的预防方法，聚焦于基于大学的机遇与问题的行动研究，以及在服务中学习的范式。当大学和学院进入挑战和竞争阶段时，教师的专业知识与机构的巨大成功以及个人的生涯成功以“两者兼具”的方式存在密切关系，拥有这些教师成员将是组织优势的重要来源。

下面是五个社区心理学胜任力与高等教育的新兴机遇存在密切关系的方面：

1.基本原则。采用生态视角来指导全面的与多层次的计划；创造机会向学生和员工充权；通过理解社会文化的胜任力和背景以减少不平等现象，并增加支持性资源与结构。

2.社区项目开发。开发、实施并管理循证预防/健康促进方案以改善学生和员工健康、压力管理与非暴力冲突解决。

3.社区和组织能力建设。促进改革和组织变革的相关对话；构建大学健康和心理卫生与残障服务、学生与居民生活以及通勤者合作与协调工作的服务能力；让多方利益相关者致力于学生的成功，包括学生支持服务、经济援助、教学/指导/学术支持、学生建议、生涯服务和大学交流，这些都以在社区领导力、小团体和大团体过程、咨询和组织发展中的胜任力为基础。

4.社区和社会变革。建立必要的合作，包括但不限于大学，并且促进来自于经验的和在服务中学习的范式；评估并宣传高等教育政策；寻找广泛而通达的分享大学专业知识与学问的方法；扩展公众对大学项目和工作的认识并促进更大的合作。

5.社区研究和评估。实施基于优势的和参与式的研究、需求和资源评估以及项目评估；评估所有项目的效率和效果；为社区居民、学生、大学员工、校友、政策制订者和立法者开发有用的产品。

专栏 2.1　从社区心理学增值的视角看待临床学校的转介

亚当(Adam)已经 12 岁了，他在学校中由于品行不良而被转介给心理学家。他在课堂上注意力不集中，而且对同龄人没有耐心，甚至在吃午餐与坐公交车的时候大声争吵，因而经常在放学后被留校。学校的儿童研究小组一直在考虑特殊教育转介，但是也曾经建议进行校外咨询来加快这个过程。亚当先前并没有遇到过困境。他的一个哥哥正开始读高中，而且一个弟弟正开始在一所新学校里读三年级。

从社区知情的临床视角来看，对亚当的生活处境进行生态式分析是优先考虑的事情。他的微系统关系是如何发生改变的？是否有学业期望的变化？是否有新的令人担忧的师生关系？哪些家庭责任或其他改变可能源自于他兄弟的转学？他父母的工作情况是什么？他父母与他共处或分离的时间有多少？他们对亚当在学校日渐增多的麻烦和由此而产生的任何需求作何反应？在亚当开始迈入青春期的时候，他在校内外和同龄人的关系发生了变化吗？他有新的同伴压力吗？他是否为可能产生额外压力的宗教仪式或人生庆典做准备了？

除了学校，亚当还参加了哪些其他组织？俱乐部？宗教？青年团体？才艺班？体育队？在这些生活领域存在有意义的改变吗？他父母的组织情况有变化吗？他们是否承受着可能转化为紧张的家庭互动模式的压力？是否有发生改变的邻里事务？亚当是否遭受到了欺凌、骚扰或者以前从未遇到过的在往返学校途中的危险？

所有这些生态的思考都可被视为与亚当自身的发展趋势以及身份认同具有交互作用的因素。从社区心理学的视角来看，个体层面并不被认为是“主效应”，而是二阶、三阶、四阶或多阶交互作用的一部分。影响个体层面的最佳途径可能就是背景而不是个体方面的操作。临床或学校心理学家或其他相关的专业人员一定不会忽略个体层面，不过社区视角的增加扩展了理解问题的视野并同等重视通过多层面分析去寻找解决方案。而且，社区视角认为，必须检验个体层面的解决方案对生态环境尤其是微观层面的影响，以及可预测的与计划中的潜在障碍。

第3章　理解生态系统

斯蒂芬·P.施特尔茨纳，理查德·M.维尔克维兹
(Stephen P. Stelzner and Richard M. Wielkiewicz)

开篇练习：我们把新学校放在哪里？

想象你的孩子就读于当地一所小学"泰勒开放学校"。你认为你的孩子将在这个学校待好多年，并且你的家庭已经制订了让孩子往返学校的完美计划。然后，你毫无征兆地接到了来自学区办公室的自动呼叫，将要召开两晚的会议以制订这所小学的搬迁计划。你和泰勒开放学校的大部分父母一样又惊又怒。父母们感到既困惑又忧虑。但最重要的是，没有人知道是如何或者为什么做出这个对他们的家庭产生重大影响的决定的。这个决定的到来不仅没有征兆，而且你还必须取消你的时间计划，为两天后的会议安排好对孩子的照料事宜。这种困境和担忧足以严重干扰你的睡眠。

那么到底发生了什么呢？该学区的另一部分父母想要开办一所小型特许学校而且需要房屋。这个学区提供了一幢比较旧的、空置的楼房，这个楼房在多年前是一所小学的校舍。父母们觉得这个楼房的大小、位置、结构和楼龄是不能接受的。父母们利用他们广泛的社交网络资源给该学区尤其是学区主管施加压力。在这个过程中，有人建议说泰勒开放学校的校舍位置可能是这所新的特许学校的最佳地址。泰勒开放学校可以迁到那幢旧楼房里，因为它有更多的入学孩子并且对这所以前的小学楼房来说也更"适合"。学区主管同意制订一项计划将泰勒开放学校迁到旧大楼并且安排会议以制订计划。然后，他批准自动呼叫泰勒开放学校的父母们，但这些父母们完全不知道学区的这些计划。

在短时间里，这种情况让父母们感到生气和苦恼，并让孩子们感到困惑和焦虑，同时也让会议充满了紧张与情绪化的气氛，并使学区主管感到四面楚歌和无比震惊。怎样才能避免这种情况呢？在这个时候做些什么能够让父母们感到高兴和满意呢？更重要的是，什么办法可能/将会有助于我们理解社区以便解决当前问题和学生需求呢？一个重要的起点是从生态的或系统的视角来看待这种情况。

这种情况就像是吱吱作响的轮子涂了润滑油。但不幸的是，车辆的其他部分被忽视了。在行为经济学方面的书籍《稀缺》(*Scarcity*)中，森德希尔·穆莱纳桑

(Sendhil Mullainathan)和埃尔德·沙菲尔(Eldar Shafir)(2013)提出,组织通常致力于“灭火”——那就是处理最紧迫的问题,因为像时间或资源这样的因素都是稀缺的(或者至少被认为是稀缺的)。穆莱纳桑和沙菲尔认为,这导致了信息加工能力的降低。这种结果就像是“吱吱作响的轮子涂了润滑油”,但是组织(或社区)的其他部分却被忽视了,这通常带来消极的结果。社区心理学的生态取向给我们展示了一条不同的路径,这是一条使我们不再从“灭火”取向来理解作为一个社会系统的社区的道路。

概述

通过生态视角来看社区和组织,可以使我们能够理解在前述情形中所发生的事情。生态的视角或系统的视角也有助于我们去思考我们如何实践社区心理学。生态视角(ecological perspective)让社区心理学家们获得了多层面的理解方式,即社区的不同要素是相互影响的,这种理解使我们知道谁、如何以及何时与社区建立了密切联系。

我们从生态取向的导论和概念性定义开始,描述了其在生物学和心理学中的历史根源。接着我们概述了从生态视角来实践社区心理学所需的胜任力,并聚焦于生态地思考社区所需的基本原则。我们然后讨论了贯彻生态取向所需的技能和能力,如人格、正念、系统性思考和倾听技能,以及帮助组织和社区解决自身问题。同时还讨论了生态取向在基于学校的反欺凌项目和当地组织的健康启动(Healthy Start)项目中的应用。本章最后讨论了未来方向、关键术语和定义以及其他资源。

导论:概念性定义

生态(ecology)这个词来自于希腊语(Oikos),意思是“房屋”(house),因而从字面上来说指的是对“房屋”的研究。不过在这种情况下,房屋是指有机体生活的栖息地或环境。在心理学和其他社会科学中,我们对“社会生态”,或人类在其中生存并彼此互动的环境的研究感兴趣。从历史上看,心理学始于对自然现象的研究,如感觉(内省)和意识(弗洛伊德心理学),但这些方法被排除在把心理学视为实验科学领域的主流之外。然而,在过去的几十年里,该领域已经开始将生态学原则融入主流的分支,如社区和环境心理学。

许多学者对生态视角的基本思想都做出了贡献。生物学家路德维希·冯·贝塔朗菲(Ludwig Von Bertalanffy)是一般系统理论(general systems theory)的早期创始人之一,该理论聚焦于构成整体的要素之间的相互关系。他提倡变量之间的相互联系的研究,特别是生物物种的跨时间研究。他影响了许多其他的学者,如组织心理学家丹尼尔·卡茨(Daniel Katz)和罗伯特·L.卡恩(Robert L. Kahn)(1978)在酝酿经典教科书《组织的社会心理学》(*The Social Psychology of Organizations*)时采用了贝塔朗菲的框架。詹姆斯·G.凯利的社区心理学生态取向将很快被论述,他承认贝塔朗菲还有卡茨和卡恩对他工作的影响。

来源:iStockphoto.com/brackish.nz.

图 3.1 帝王毛毛虫

康芒纳的生态四法则

巴里·康芒纳(Barry Commoner)也是生态思想的创始者之一.他的四个生态法则已经成为生态思想的基石。他的书籍《封闭的循环》(*The Closing Circle*)(1971)是该领域的开创性著作之一。康芒纳的一个持久影响在于《封闭的循环》所描述的四个生态法则。这四个法则是:

1.任何事物都与其他事物相联系。

2.任何事物都必然有去向。

3.大自然最知道(Nature knows best)。

4.没有免费的午餐。

这四个生态法则已被一些作者(Allen,Stelzner,& Wielkiewicz,1998)引用到社区心理学生态取向的结构性描述中。这些法则在社区心理学中的意义和应用将在后面的章节中进行详细阐述。

布朗芬布伦纳的发展取向

尤里·布朗芬布伦纳(Urie Bronfenbrenner,1977,1979)发展了一种从生态视角理解人类发展的框架。布朗芬布伦纳认为,在环境系统的背景(context)下探讨个体的发展是至关重要的,他们是这个环境系统中的一个组成部分,开始于个体并逐渐移"出"到一个影响发展的扩展性背景的嵌套框架中(微观系统、中间系统、外部系统、宏观系统,后来增加了时间系统以及"生物的"影响)。布朗芬布伦纳强调,不仅个体受到每个系统的要素的影响，而且系统本身是相互联系和相互影响的，其次是个体的发展（要记住，个体也是更广泛的系统的一部分）。由于社区心理学大部分都聚焦于发展性场所中的干预（例如，学校），所以布朗芬布伦纳的理论提供了一个理解生态影响的有益方法。

巴克的社会生态取向

罗杰·巴克（Roger Barker，1965，1968）是社会生态学领域的早期开拓者之一，并阐述了量化社会环境和研究环境中个体的综合取向。巴克所做的一个重要贡献是提出行为环境（behavior setting）这个术语来描述行为随时间而发生的更小的社会背景，例如等候室、操场或经常被他引用的棒球比赛的例子。在行为环境中，行为逐渐展开，这虽然独立于实际的行动者，却是这个环境规定的要素。这个环境能够随时间而变化，但正是这个环境的背景影响了环境中的行为。例如，设备、儿童和父母都是操场这个行为环境的组成部分，但因为设备是现代化的，行为就发生了细微变化。

凯利的社区心理学生态取向

詹姆斯·G.凯利（Kelly，1968，1979；Kelly，Ryan，Altman，& Stelzner，2000；Trickett，Kelly，& Vincent，1985）提出了理解社区心理学的生态原则，而且他的“预防性干预的生态概念”已经在该领域中具有很强的影响力，并引发了大量从生态和系统的框架进行的思考（Trickett & Rowe，2012；Wielkiewicz & Stelzner，2005）。凯利借鉴生物学中的原则，对在社区环境中工作的人进行了评判性思考。据凯利所说，生态取向“有助于建立以社区为基础的（community-based）社区心理学。这是一种在应答性的社会系统中注重提升胜任个体的心理学”（Kelly et al.，2000）。凯利和同事们提出了理解、研究和影响人类环境的四个生态原则：相互依存、资源循环、适应和演替。

相互依存（interdependence）的原则说明，任何社会系统都有多个相关部分以及与其他社会系统的多种关系。因此，一个社会系统中某个成分的变化会影响和/或在该系统的其他成分上产生变化。这一原则表明，研究和实践必须检验任何类型的社区干预的副作用（正面的和负面的）。此外，研究者/从业者必须认识到，当他们正在试图影响社区时，社区也正在对研究者/从业者产生重要的和实质的影响。

资源循环（cycling of resources）是指资源在社会系统中是如何被使用、分配、保存和转化的。这些资源可能是个体的、社会的和/或物理的。能源（社区资源）转化揭示了组成系统的个体成分以及各成分彼此的关系。在社区实践中，这意味着努力建构组成社区的个体的胜任力，以及建设胜任的社区。这也意味着，在社区中的个体、事件和背景都是能够促进对社区产生影响的潜在资源。

适应(adaptation)原则涉及人与环境的改变。基本前提是人与环境都相互影响并且都必须适应来自对方的意见和建议。因此,个体改变自己的习惯或特征来应对环境的变化,但环境的结构和过程也会因个体的行为而发生改变。凯利和同事们提出,应对和适应是个体与社区成长和变化的主要手段。这也意味着社会实践和研究必须是灵活的、即兴的过程,就像我们适应系统的变化一样。

社会背景和社会系统以及身处其中的个体都在随时间的变化而变化。环境不是静态的,环境变化的结果产生了可能更有利于某一群体的条件,或者可能需要某种适应。这是演替(succession)原则的本质。因此,社区从业者和研究者就必须考虑他们的工作随时间的流逝而产生的影响。所以,社区从业者了解社区的历史是重要的,而且还要持续监控在社区发展过程中社会系统的关键要素。社会系统的动态性质意味着变化是必然的,并且社区心理学家应该努力预测未来的需求、资源和结构。

生态范式的新近应用

大量的社区心理学家已经将凯利的生态原则或社会系统理论应用于他们在社区中的工作。《美国社区心理学杂志》(*American Journal of Community Psychology*)的全部版面用来刊登针对"系统变革"(2007 年 6 月)和"社区健康研究与行动的社会生态取向"(2009 年 12 月)的理论、方法和干预。其他新近的例子包括在性侵犯受害者护理检查者中的应用(Campbell, Patterson, & Fehler-Cabral,2010),一个系统变化的生态过程模型(Peirson, Boydell, Ferguson, & Ferris,2011)以及环境管理行为的生态模型(Moskell & Allred,2013)。

爱迪生·特里克特(Edison Trickett)是凯利的一个早期合作者,也是生态视角的重要支持者,并撰写了大量关于生态取向在社区研究和干预中的应用的论著(Trickett,1984, 2005, 2009a, 2009b; Trickett & Birman, 1989; Trickett, Kelly, & Todd, 1972; Trickett & Rowe, 2012; Trickett et al., 2011)。特别是,特里克特采用生态范式探讨了在学校和公共卫生机构中的干预(Trickett & Beehler,2013)。特里克特和同事们(2011)总结了生态的/系统的范式:

(1)聚焦于对通过社区参与过程而识别出的问题进行干预而提高社区能力的目标;(2)采用生态的、系统的视角来评估社区生态对当前问题以及社区资源与能力、研究伙伴、社区紧张气氛以及干预小组与社区之间关系的多层面的影响;(3)聚焦于在整个社区干预过程中社区合作的充权作用;(4)重视文化与文化历史作为社区干预过程的资源和影响因素的渗透作用。

来源：iStockphoto.com/dossy.

图 3.2　蝶蛹：变化时刻

在生态取向的使用中发展胜任力

我们研究我们这个时代的主要问题越多，我们就越逐渐意识到这些问题不能被孤立地理解。它们是系统性的问题，这意味着它们是相互联系和相互依存的。

弗里特乔夫·卡普拉(Fritjof Capra)

生态学的首要法则是所有事物都与其他事物相联系。

巴里·康芒纳(Barry Commoner)

与生态取向有关的知识

本节的目的是介绍探讨我们的适应性挑战和克服工业化社会造成的文化障碍所需的生态思维的一些基本原则(Benson，2003)。这个知识基础的其他术语是自组织(Johnson，2001)、深层生态学(Capra，1996)、控制论(Bateson，1972)、混沌理论(Barton，1994)、复杂性理论(Mathews，White，& Long，1999)、生态理论(Commoner，1971；Kelly et al.，2000)、新生过程(emergent processes)(Johnson，2001)和系统理论(Foster-Fishman & Behrens，2007；Foster-Fishman，Nowell & Yang，2007；Kelly，2007；Tseng & Seidman，2007)。这些作者的共同看法是：理解复杂、互动的系统将使我们获得应对我们所面临的适应性挑战的合理解决方案和策略。

系统性、批判性思维

实际上，从生态的视角探讨社区心理学应该包括批判性应对有多种(multiple)原因和结果的复杂事件的能力(Stanovich，2013)。例如，全球变暖是由二氧化碳“造成”的想法过于简单化。二氧化碳排放是能源渴求和动态经济环境的结果。全球变暖不能简单地通过消除二氧化碳排放而得到解决。相反,我们需要弄清楚如何提供我们的经济系统所需的能源并降低二氧化碳的排放。这很可能涉及降低美国社会所依赖的车辆的二氧化碳排放,并帮助社区开发低碳密集型的运输系统。由于二氧化碳排放的系统性原因比较复杂,所以必须发展多种策略将二氧化碳总排放量降低到可接受的范围。因此,我们用来解决这个复杂的适应性挑战的批判性思维技能需要与最初挑战的复杂程度相匹配。

需要发展的另一个批判性思维技能是对你自己“最深的成见、偏向和误解”进行反思的能力(Gong,2005)和学会理解在保罗(Paul)(转引自 Gong,2005)所谓的对话性思维中的相反观点。这个问题的另一个视角是社区心理学研究生和发展中的社区从业者需要加速从贝特森的(Bateson,1972)学习Ⅰ向学习Ⅱ的转换。在学习Ⅰ中,问题可以从一系列明确的和有限的可选方案着手;在学习Ⅱ中,进行抉择的可选方案本身是可变的,致使经验世界涵盖更大范围的选择。换句话说,我们都需要调整我们的思维方式来适应我们所面对问题的复杂性。有时候问题的复杂性是如此巨大以至于我们永远不能真正希望完全理解它们。相反,我们将需要根据最可用的信息来不断修正我们的理解。言外之意,就是我们将经常被要求放下我们所拥有的知识并用新知识来取代它。我们必须扩大超越传统观念和经验的可选方案的范围,因为社区面临的适应性挑战是崭新的,并将需要新的策略来进行应对。

生态学原则

在人类社区的层面上,我们不仅与生物环境相连而且也与彼此相连。想象一下处于逐渐了解社区的早期阶段社区心理学家所做的即席评论,如“从你描述她的方式中看来,总统是相当独裁的。”这可能是一个解释和反映被采访者评论的没有恶意的事情,但是这个评论的影响可能是非常深远的。这显然有可能产生“蝴蝶效应”(在巴西扇动翅膀的蝴蝶导致美国暴风雨的天气事件)。这一评论可能通过社区内的社会联系被重复和放大,直到出现一个比喻性的争论风暴(记住本章开头的开放学校的例子)。像这样在建立社区心理学家和社区之间关系的早期过程中的事件会使该过程难以继续。另一方面,社区心理学家还可能故意努力地“洗牌”。社区中的每个人与其他人的联系能够使社区心理学家获利,而且也能够成为他们的劣势。意识到社区成员之间的联系是社区合作的关键要素,这是重要的。社区是由成员之间的社会联系进行定义的。

生物的、社会的和社区系统具有对彼此存在双向影响的相互依存(interdependent)的成分。人类通过耕作、碳排放和其他手段来影响生物系统,不过我们也依赖于这些相同的系统来满足我们对清洁空气、水和食物的生理需要。因为系统是相互依存的,我们对系统所做的事情反过来影响我们自己的健康和生存。如果杀虫剂被用来使农作物免于捕食性昆虫的侵害,这些杀虫剂也成为生态系统的一部分,并可能会影响我们的健康和系统的其他成分。类似的，社区中的人影响这个社区中的其他人并被他们所影响。例如，教师对学生有着重要的影响，但学生也影响着教师的教学方式。为了理解学校系统，我们需要研究系统的多个成分以及它们是如何相互影响的。我们不能通过孤立研究而理解系统的成分。我们也必须研究背景（context）和相互依存性。

社区心理学家需要做的最具挑战性的事情之一就是需要理解社区内存在的关系。谁会和谁交谈？哪些群体和个体倾向于回避与其他群体和个体的互动？描述一个社区是具有无穷复杂度的，而且几乎没有一种描述是可以免于批评或修订的，因为新信息可能修改对社区成分如何互动的描述。在面对这种复杂性时如何达成共识？（在我们的开篇短文中，我们的主管如何在各种选民——父母、孩子、教师等——中取得一致意见？）理解背景是社区心理学家的一个重要挑战。

从生物学角度而言，自然界中没有"浪费"，也没有可以被扔"掉"的东西。在自然系统中，废品是可以被系统中的其他成员使用的。最终，废品（如干枯的树叶）被分解并在这个可持续过程中成为其他树木和植物的养分。当你把东西放进垃圾里，冲洗到水槽里，冲刷到卫生间或稀释在河里，它仍然在这个系统中。这导致有毒物质积累在不属于它们的地方，包括我们自己的血液，因为它们没有被这个系统中的其他成分进行分解或使用。相比之下，生物系统可以在多方面利用资源。从一个生物体中产生的废物成为这个可持续循环中的其他有机体的营养物质。当废物没有成为这个系统中其他成员能够使用的良性物质但又在环境中累积时，许多环境问题就产生了。

社区中的人们对社区中的其他人而言是资源（resources）。他们必须去往某处，甚至于他们在社区中的角色不再被需要时也是如此。正如社会所生产的物品和材料需要被回收利用一样，社区中的人力资源也是如此。社区干预有时将导致社区内的个体和子群体的角色转变。社区干预的成功很大程度上可能取决于社区心理学家用以维持其角色已转变的个体和团体与其他团体进行整合与互通互联的能力，换句话说，人力资源需要被重新使用。即使角色发生了转变，个体根深蒂固的记忆和社会联系依然存在。如果个体被边缘化或孤立了，也就是被抛弃了，就可能造成一些很令人不快的结果。这样的个体可能使用他们的社会联系破坏或损害社区以及社区心理学家发展的干预措施。另一方面，当这些人被招募或被培训为社区中的新角色时，社区可以获益，个体也可能发展新的个人与专业技能。任何社区的核心都是它的人力资源，随着社会的前进必须重新使用该资源并为新角色进行再培训。

在一段时间内社区里可能会产生紧张气氛。例如，当选的社区领导者可能对领导过程有等级森严的观念，这会导致这个人做出对领导者持续产生不满具有累积效应的一系列决定。当社区成员接受采访时，他们不能指向任何"坏"或不恰当的单一决定，但他们仍然产生一种模糊的感觉，那就是事情都是不太"正确的"。由于没有免费的午餐(no free lunch),所以最终会有一个领导者的决策成本,当发现所作决策使社区朝向威胁到生存的不正确方向时,这个决策成本可能在轻微不满到产生重大危机之间进行变化。作为试图引导社区朝向更健康方向的个体,社区心理学家承担着同样的风险。一些干预措施可能被社区成员积极实施,而其他人由于某些直到后来才知道的原因而非常不满,并且没有取得效果。系统中的每一个变化都有成本,这要到观察到效果时才知道。这是社区心理学家感到兴奋的事情,但也使我们有些人由于担忧而在晚上失眠。

反馈环路(feedback loop)的概念在理解社会系统中有许多应用。一个简单的反馈环路可以通过控制大部分房屋热度的恒温器来说明。当温度降到设定点以下时,就开始产生热量,从而引起温度的上升;一旦温度高于设定点时,就停止发热,直到温度降至设定点以下。随着这个反馈循环的连续运行,温度就保持在舒适的范围内。自然环境中有许多反馈环路。大气层中二氧化碳的增加为植物的生长创造了更为有利的环境,而这又反过来消耗了更多的二氧化碳。然而,自然的这种自我调节能力可以被人类活动所压垮。据康芒纳(1971)所言,"我们的任务就是去发现人类活动如何产生环境影响(environmental impacts)——也就是说,对生态系统的外部干扰,这倾向于降低生态系统的自我调节能力。"

从社区的角度来探讨这个概念的一种方法,是询问新的社区成员受欢迎的程度并同时告知他们有关社区情况,同时还要了解这个人(或人们)并允许其对社区产生影响。这产生了一个反馈环路:这个人了解了社区,然后对社区产生了小的影响。这样一个反馈环路的存在使社区更具适应性和可持续性。另一方面,如果新成员不被社区所欢迎和接纳,可能的长期影响是什么呢?为了保持可持续性,社区需要欢迎新的成员并允许他们的才能和能力来影响社区。如果新成员不受欢迎,那么他们可能就几乎没有动力去积极参与社区。然后,社区可能会失去其连贯性而崩溃,因为剩余成员会通过自然流失过程而逐渐减少。

反馈环路的概念对社区心理学家有多种含义。社区心理学家与社区的首次接触意味着各种影响,而且有许多影响是从社区回应的方式中获知的。社区有一个非正式的顺序让人们会面,并给予社区逐渐了解你以及你逐渐了解社区的机会吗?那种会面包括互动的对话吗?一个演讲?一次烧烤?你感受到社区欢迎吗?你觉得自己像个局外人吗?对这些问题的回答可以提供一些关于社区本质和社区如何应对新挑战的关键信息,无论是大量的还是不多的信息都可能指明潜在的干预策略的方向。

反馈环路的另一个方面是它们要产生于社区心理学家干预社区时。换言之,反映干预效果的测量需要定期进行以确定干预是否成功(Wielkiewicz,1995)。当反馈环路表明干预不成功时,可以进行改变以希望改善它;而当反馈环路表明干预成功时,干预则可以继续。对于不成功的干预,创建另外的反馈环路可能是必要的,如通过举办会议和从社区成员那里获得定性反馈以得知如何改进干预。反馈环路的创建大大提高了可持续社区的可能性。(更多内容见第12章中的评估主题)

每种结果都有多种原因,并且每种原因都可以波及系统引发多种影响。任何事物都与其他事物相联系,因此没有单一的原因可以解释任何事件。所以,可能最准确的描述是变量影响彼此而不是产生彼此。社区内的事件是复杂的,寻找有效的干预是具有挑战性的。例如,社区缺乏工作机会的原因是什么?可以列出长长的影响因素清单:教育、基础设施、犯罪、动机、领导力、客户缺乏、恐惧、到其他国家工作、自由贸易条约、运输工具缺乏、国会行动、资助、职业学校、公共交通线路和其他原因。创建一个社区问题的影响或因果因素清单,然后对各种影响因素的相互关系进行绘图,这是一个有趣的练习。这个图可以用来确定有效的干预措施能在哪里应用。与这些问题有关的多种影响没能使干预成为不可能,只是仅仅有点挑战性和难度。

多样性(diversity)是物体适应性的表现(Capra,1996;Klingsporn,1973)。遗传的、身体的、智力的、文化的、种族的、生物的、思想的、政治的和教育的多样性都有助于系统或物种的适应性。当一个系统、物种或组织缺乏多样性时,它就不大可能适应变化的情况。社区系统受益于多样性,因为社区个体的广泛多样性可以为发展适应性策略提供更多的资源。此外,个体可能拥有不被社区所知的才能,因而社区需要提供发掘和展示这些才能的途径。如果某个群体具有关于挑战及其解决方案的大量视角和信念,那么更可能产生一种适应性的解决方案。相比之下,对挑战具有有限的知识与信念的群体将不太可能产生一种适应性的解决方案,因为产生解决方案的可选方案的多样性是有限的。

举个例子,想象一下你负责组织一个群体来发展在社区提高工作和生涯机会的策略。如果这个群体只包括来自于汽车行业的个体,那么提出的解决方案可能是非常有限的。然而,如果该群体包括来自市政府、教育界、规划者、社区内或附近的商家以及其他对该问题感兴趣的人,那么多样性的视角则更可能产生出解决方案。因此,真正有兴趣解决问题的个体会让群体在这个过程中产生更多的看法和观点。

单一化是多样化系统的对立面。人类的单一化包括具有单一视角的高限制性的社会群体。因为看法和观点的多样性是不可容忍的,所以群体思维和其他不良决策的迹象就会普遍存在。维尔克维兹和施特尔茨纳(Wielkiewicz & Stelzner,2005)认为,大多数组织面临的复杂问题需要多样化的观点和意见以获得适应性的解决方案和策略。因此,从系统的视角来看,要避免单一化并重视多样化。

有时候,系统的成分是以一个小事情就能造成巨大差异的方式而组成一个整体的。这通常指的是"蝴蝶效应",它来自于康芒纳的生态第一法则(即任何事物都与其他事物是联系的)和凯利的相互依存的概念,成为社区心理学家意味着寻求可能使社区走向理想方向的转折点(tipping points)。另一方面,转折点可能在相反方向起作用。干预或变革可能对社区产生巨大的负面影响,这会引发直接危机。自然的或人为的灾难是这种事件的一个例子。虽然一些作者描述了不利于我们而起作用的转折点,但也存在有利于我们的转折点起作用的其他方式。在社区应对中的一个主要问题是找到效果大而干预少的干预措施。

道拉·梅多斯(Donella Meadows,2001)在《格里斯特杂志》(*Grist Magazine*)的文章中提醒读者,一种明智的生活方式就是慢下来,并在前方道路充满不确定性和道路黑暗时逐步达到完全停止。她认为这是最明智的解决环境问题的方法。如果行动中存在对环境及栖息于此的生物的高风险危害,最好的行动路线就是放慢速度,而不是全速前进。她引述了后来被任命为(后来辞职了)环境保护机构负责人的克里斯汀·托德·惠特曼(Christine Todd Whitman)的话语:"我们必须承认在管理自然资源中存在着固有的不确定性,认识到预防环境破坏要比后来修复它更容易,并把举证责任从提倡保护的人向提出可能有害的行动方案的人转移。""一盎司的预防胜过一磅的治疗。"因此,我们应该更加谨慎地把新技术和化学物质放置到我们的环境里。

与社区进行合作是充满类似危险的。由于社区系统的复杂性,在进行干预之前是不可能准确预测干预效果的。因此,检验干预的非预期结果是重要的。然而,人类系统的复杂性意味着检验干预策略潜在影响的过程可能会使团队花费较长时间。所有的干预都涉及风险因素,并且社区心理学家需要适应这个观念,否则他们将永远停留在讨论潜在影响而不是积极参与帮助社区的过程。这需要预防措施和风险承担之间保持平衡(Kelly,1971)。一旦干预的预期和非预期后果被仔细审查并获得了社区的支持,这可能是承担风险的时候了。如果该群体有足够的适当反馈环路,检测干预的影响并进行任何所需的矫正应该是可能的。

领导力的过程:采用生态取向

特里克特(2009a)建议,社区能力建设可以定义为"努力为当前和未来问题的解决或社区改善而增加本地资源"。一个重要的社区能力是领导力。古德曼等(1998,转引自 Trickett,2011)提出,在讨论社区能力时领导力是其中一个主要维度,达尔顿和沃尔夫(Dalton & Wolfe,2012)将"社区领导力和指导"作为社区和组织能力建设的关键要素之一。莫里特苏古、维拉、王和达菲(Moritsugu, Vera, Wong, & Duffy, 2014)将领导力描述为组织和社会变革中的一个重要因素。凯利和同事们(Kelly, Azelton, Lardon, Mock, & Tandin, 2004; Tandon, Azelton, Kelly, & Strickland, 1998)研究并描述了芝加哥的非洲裔美国人社区中的社区领导力的重要性。

领导力是理解社区如何起作用以及如何进行干预或变革的关键成分。我们将放弃对领导力的大量文献进行广泛的综述,将聚焦于与社区生态学有关的一个模型。这个模型被称为平衡领导力(balanced leadership)(最初指的是"生态的领导力"),并由维尔克维兹和施特尔茨纳(Wielkiewicz & Stelzner,2005)加以描述。该模型的核心原则是组织需要平衡领导力过程的两个不同的方面：更多层级/工业的取向与更多公共的取向(communal approach)(后者在首次引入时被称为“生态”，但由于模型的演化性质并为了避免与本章使用的生态的这个术语相混淆，我们将把它看作是领导力的“公共的”取向)。在这个理论中，领导力(leadership)被定义为组织中人们的相互作用和行动的过程，无论他们是否被指派为“领导者”都能促进领导力的过程。这些相互作用随后被转化为正式的决定和行动，如实施新的政策(例如，校园的反欺凌项目)或其他组织的行动(Wielkiewicz & Stelzner，2005)。

来源：iStockphoto.com/DougLemke.

图 3.3　自然中的新生

该模型始于社区面临着大量全球和局部的适应性挑战的假设。这些挑战——如发展中的全球经济，逐渐认识到我们使用自然资源的不可持续性，不同文化之间的相互作用，收入差距，个体权利与共同利益之间不断恶化的紧张关系——对领导力具有重要启示(Allen et al.，1998)。社区心理学家的疑问是，社区领导力的能力是否要被发展，以使它能够成功应对适应性的挑战(如，学校欺凌、弱势人群的资源获取、增强社区成员在社区问题上的发言权)。平衡领导力的主要思想是领导力过程需要层级的和公共的过程达到适当平衡。如果核心决定是由一个人或一个小群体做出的，几乎很少或没有来自社区中其他个体的意见和建议(即领导力过程是层级的)，那么这可能会出现一个社区适应性的严重问题，因为缺乏对挑战的潜在反应的多样化。对这种社区的关键干预可能是，将领导力过程朝向更为公共化的模型进行改变，同时鼓励核心个体放弃他们的一些权力。社区心理学家要带头努力提高社区内外各个层面上的领导力过程的质量。

传统的领导力层级模型是不恰当的，因为它们认为个体可以有效地引导组织取得长期的成功(Allen et al.，1998；Wielkiewicz Stelzner，2005)。当强有力的个体在领导位置上做出影响社区的决定而并没有获得受该决定所影响的人的足够信息时，这些决策就可能是适应不良的(Allen et al.,1998;Wielkiewicz & Stelzner,2005)。结果就像是一个强迫要求建立特许学校的不民主的事件——如本章开篇短文中所描述的——政治较量沦为乏味的辱骂而不是对政策的辩论，并且成为公共利益领导力缺失的征兆。如果信息流动受到限制或忽视，以至于只有一个或一些个体能够影响领导力过程，那么决策就可能是适应不良的，因为这些决策是根据不充分的信息而做出的。

有效的领导力通过重视社会责任、尊重所有人与我们所依赖的环境以及尊重所有社区成员而促进社区的适应能力(Astin & Astin, 2000; Wielkiewicz & Stelzner, 2005)。公共性是一个过程，有效的领导力通过该过程在现代组织中体现出来(Astin & Astin, 2000; Eagly, 2007)。领导力的公共取向通过共同的愿景、恭敬的对话、相互依赖性与个体的发展而使每一个个体能够成为潜在的领导者(Astin & Astin, 2000; Heifetz, 1994)。公共取向提高了理解所有社区都面临复杂的适应性挑战的性质和发展有效的适应性策略的可能性。继续依靠在位领导者提供"领导力"，意味着适应性的挑战将会遭遇对问题性质的不充分理解，这导致了解决问题不当。

平衡领导力模型(Allen et al., 1998; Wielkiewicz & Stelzner, 2005)提出了公共取向和层级(工业)取向之间的冲突。在位领导者仍然重要，但他们的决策应该包括多样化观点，并且领导者的价值或有效性是由追随者的反应和大环境对社区行动的反应所决定的。在位领导者对于规划策略和管理危机是必要的，但只有当其不扼杀社区或组织的创新性时才是最有效的(Uhl-Bien, Marion, & McKelvey, 2007)。如果不能达成共识，领导者就需要有效而及时地做出决策。只依靠公共的领导力会导致组织的崩溃，因为可以用来分析解决问题的信息量是无限而不断变化的，并可能无限期地涉及组织。最好的领导者对层级取向和公共取向进行平衡并根据情况优化这种冲突(Wielkiewicz & Stelzner, 2005)。因此，维尔克维兹和施特尔茨纳(Wielkiewicz & Stelzner,2005)认为这种模型是领导力的"平衡的"或"可持续的"模型——也就是说，领导者的作用是优化或平衡以层级或自上而下决策为特征的传统的工业取向和以合作与共识建构为特征的公共取向之间的冲突。这两种取向都不能被单独采用。相反，组织的领导力过程必须根据环境或背景而努力平衡这些过程。

虽然领导力的平衡取向是最优的，但却是相对罕见的。由于许多社会的和遗传的特征以及在媒体中描述在位领导者的方式，社会已经形成了对支持领导力层级取向的明显偏见。这不是领导力的有效取向，特别是对社区心理学家而言也是如此。作为一个开始与外部的组织进行互动的社区成员，试图强加解决方案或结构几乎一定会导致失败。对于社区心理学家而言，从生态的视角看待领导力并发展领导力的公共取向是至关重要的。此外，维尔克维兹和施特尔茨纳(2005)指出，占优势的领导力模型是层级的，在该模型中在位领导者被看作是掌管组织并作出所有重要决定的人。把社区从领导力的层级取向朝着更多公共取向进行转变，对社区心理学家来说可能是一个重大挑战。因此，对社区心理学家而言，全面了解社区或组织如何决策是非常重要的，这样他们才能理解社区领导力过程的性质。这里有一些可以询问的好问题：

- 有哪些社区意见和建议与影响社区的最新决策有关？
- 基础广泛的社区意见和建议对决策有看得见的影响吗？
- 这一决定是如何执行的？
- 在讨论和辩论后达成决定了吗？
- 它代表了共识观点吗？
- 谁做出了决定？决定是由个体做出的吗？是群体吗？
- 是否能够准确地确定何时做出决定的，或者是在仔细讨论之后达成共识的吗？
- 在做出决定之前，采用哪些过程来获得社区意见和建议？
- 这些决定如何传达给其他社区成员？
- 社区成员对这一决定的反应是什么？
- 有个体或群体在发牢骚或者抱怨这个决定吗？
- 有个体认为其他人在暗中破坏这一决定的执行吗？
- 在什么程度上整个社区会“接受”这个决定？

领导力的平衡模型认为，组织内部的公共性对长久的成功是必要的（Wielkiewicz & Stelzner，2005）。因此，在决策过程中观察到的公共性越多，领导力的过程就越健康。如果公共性的迹象不存在或难以识别，那么这就是一个需要解决的问题。其中一个解决方案是把社区中的各子群体的代表聚集在一起来讨论共同的需求和目标。然而，像这样的策略需要谨慎地使用，因为已经建立的社区习惯将受到挑战。平衡模型聚焦于领导力的背景，而且不再强调单一领导者的重要性。该模型认为，领导力是一种新生的（emergent）过程（多于各部分的总和），并形成于组织中的人们的相互作用。每个人都有潜力成为领导者，并且各种想法和意见的综合形成了新问题的最有用的解决方案。出于多种原因，领导力过程转向公共方向是具有挑战性的。例如，社区可能排斥过去挑战现存领导力过程的个体。建立公共的领导力过程所需的社区信任可能是一个长期而困难的过程。然而，促进领导力过程的多样化视角越多，就越有可能会出现适应性的和可持续性的社区决策。这个挑战就是让那些可能掌握权力的人接受这种多样性，并使那些可能在过去被边缘化的个体确信，对他们的意见和建议的需求是真诚的。在平衡模型中，领导力促进了许多共同进行决策的具有广泛多样性的人们的合作，并被这种合作所促进（Allen et al.，1998；Wielkiewicz & Stelzner，2005）。公共的领导力过程促进了不同思路之间的融合，这让社区能更好地适应挑战。

领导力的平衡模型不否认在位领导者的重要性。维尔克维兹和施特尔茨纳

(2005)认为,相对于传统的领导力理论,在位领导者的价值不应该单独由领导的决策来决定。更确切地说,领导者的效能应该根据决策产生于组织内成员真实想法的方式来判断,以及根据是否能够组织这些过程以增强组织的适应能力来判断。然而,当成员的共同努力没有及时达成共识时,往往就要做出执行的决定,因为不能及时执行适应性策略将妨碍社区的适应能力。长期过度依赖公共的领导力可能导致该组织的瓦解以及决策和策略执行的过度拖延,因为一个完全的共识几乎是不可能获得的。因此,这种领导力模式要求组织成员努力维持工业/层级的和公共的领导力过程之间的适当平衡。

这种领导力理论的一个最重要原则是关注多样性和反馈环路的重要性。正如卡普拉(1996)所言:"(一个)多样化的社区能够存活下去并重组自身......换句话说,相互联系的模式越复杂,它就越有弹性"。根据这个原则,艾伦(Allen et al.,1998)推断,有效组织行动的关键是:(a)认识到任何决策都是在许多系统的背景下做出的,如环境、经济、当地和世界社区,以及家庭,所有这些都是以高度复杂的、相互依存的方式进行相互作用的;(b)使尽可能多的来自这些系统的反馈环路参与组织的过程。各种形式的多样性(如,种族、族裔、性别、性取向、出生国、年龄、体质、统计学,是适应的积极优势和核心要素(Ayman,1993;Klingsporn,1973)。领导力过程必须鼓励包容性,这提高了通过实践而学习的机会,并通过提供更多的视角来提高决策的质量(Finlay, 1991; Helgesen, 1995; James, 1996; Mai-Dalton, 1993; Paulus, 2000; Weisbord & Janoff, 1995)。

环境与领导力:一个例子

系统的和生态的思维必然要考虑处于环境危机中的个体和社区所面临的危险(Brown,2011)。有效的社区干预需要包括环境可持续性的要素。一些干预可以直接解决环境问题,如社区太阳能项目、社区花园、对当地污染者采取政治行动,以及修复用于娱乐的开放空间与公园。同时,社区面临的一些问题可能是环境问题的直接结果。例如,临近空气或地下水污染源的社区可能存在只能通过消除污染才能解决的健康问题。在这种情况下,生态这个词更广泛的意义就延伸到了对人类物种生存与健康至关重要的物理环境中。同时,这样的问题也随之带来了大量的系统性的和领导力的问题,包括日常生活中公司的角色、各州监管机构和政治活动,所有这些都以基于社区行动的需要为中心。任何参与社区的努力必须包括对当地生态的一些评价,以识别出环境中对身体健康的潜在威胁,如空气与水污染、石棉铅漆,以及工业废品。

与生态取向有关的技能和能力

下面的讨论并不是想要对成功的社区心理学家进行描述,而是想要激发某种自我反省，并且思考前方的道路以及成功前行所需的工具。这一节的目的是阐述这些工具——技能和能力——这对于社区心理学家是有用的，并可加强生态的取向。

人格

我们从人格开始是因为人格对我们与他人的互动模式有着强烈的影响。社区心理学实践的许多背景需要高度的自我觉知，因为个体经常通过个体相互作用来收集信息或试图影响他人。几乎所有的心理学家都熟悉人格的五因素模型(FFM)。五因素模型来源于词汇学假说，即描述人类人格特征的形容词含有相当完整的人类人格的维度目录。因此，通过让个体在这些共同术语上评价他们自己的人格，然后对数据进行因素分析，结果应该可以描述人类人格的基本维度。目前，尽管也出现了其他模型(Ball, 1995; Block, 2001; Durrett & Trull, 2005)，但许多研究者都在采用五因素或维度来描述人格(Donnellan, Oswald, Baird, & Lucas, 2006; Goldberg, 1992, 1993, 1999; McCrae, 2001; Paunonen & Ashton, 2001)。

五因素是经验开放性、尽责性、外向性、宜人性和神经质，对于想记住它们的人来说可以缩写为“OCEAN”。经验开放性也被称为智力或文化(Goldberg,1993)，代表个体好求知的、有想象力的以及对抽象观念感兴趣的程度。尽责性反映个体可信赖的、有组织的、任务定向的程度。外向性与开朗、社交和健谈有关。宜人性与合作、对他人感兴趣和移情有关。最后，神经质与情绪化和情绪不稳定有关。

虽然不存在理想的人，而且成功的社区心理学家也不可能被期待拥有全部的人格优势与弱点，但是大规模群体和社区干预的性质可能对依赖于背景的从业者提出某些要求。例如，由于有必要与大型和中等规模的群体至少偶尔进行互动，轻微或适度的外向人格可能会成为社区心理学家的优势。另一方面，非常内向的人可能大大有助于研究的过程以及干预的反思性环节。但是，内向的人可能需要觉察到那些适合更外向的场合的技能并发展那些技能。经验开放性和对终身学习(lifelong learning)的积极态度，或学习将持续一生的信念(Wielkiewicz,2014)是人生成功的必需品，这对社区心理学家尤其重要，因为成功需要从业者深刻理解他们与之互动的社区。这可能需要深度涉及许多文化和族裔传统。对新体验的开放性和对终身努力学习的积极态度是成功的基本要素。

对社区心理学家而言，与他人相处的能力(即宜人性)也是必不可少的。社区心理学家的大部分活动包括与社区成员的互动。如果从业者无论如何不能维持宜人的样子，那么就不可能建立构成社区干预基础的关系。这些干预不能强加给社区，它们要在与社区成员的合作中得以发展。但是，有时候，倡议或社区工作需要接受非宜人性，因为需要挑战社区以对其问题进行不同的思考。换句话说，能在宜人性维度的两端发挥作用是有价值的。西布利和皮里(Sibley & Pirie,2013)给五因素模型增加了第六个维度，即诚实谦逊。在社区应对时，一定程度的谦逊可能是宝贵的个体优点。社区干预通常是合作的活动，任何强加给社区的东西都可能遭遇抵抗并最终导致干预失败。在很大程度上，诚实也是最好的策略。然而，保密性经常需要反对诚实。这最有可能发生在社区或组织的评估过程之中。在编撰调查、访谈和焦点小组的结果时，可能发现许多有价值的信息，这还是最好加以保密。例如，社区内的两个子群体可能彼此有敌意或消极的情感。虽然社区心理学家可能需要解决这种敌意，但是向个体透露其细节可能会造成更多伤害而不是益处。因此，社区从业者需要在诚实和保密之间找到适当的平衡。

正念

觉知并在某种程度上控制情绪是社区从业者必不可少的技能。正念(mindfulness)是指发展对情绪、思想、感受和体验的觉知，处在当下并觉知到我们周围所发生的事情。核心的思想是，内在地觉知到我们所发生的事情可以使我们练习控制情绪并保持更平稳的情绪。有时，正念有助于从业者和他们正在努力帮助的这个社区保持距离。例如，在建立新的沟通途径时，从业者自己可能成为与他们几乎没有或完全没有关系的愤怒目标。在这种情况下，正念特别有助于保持客观并且不陷入使问题复杂化而非改善的情绪反应。再次，适当的距离需要与参与社区的能力保持平衡，这是生态取向的一个基本要素。正念对于觉知到我们自己的偏见和先前个人经验在背景信息的认知加工中的作用也是重要的。对于想深入了解这个概念的人来说，柯纳(Koerner，2012)和蒂贝茨(Tibbetts，2013)是良好的起点。

系统性思维

在多层次分析中系统地思考社区问题的能力(Dalton & Wolfe，2012)是社区心理学的核心技能。它意味着社区心理学家不仅必须回应社区的事件，而且还要发展对这些事件更广泛背景的理解。这意味着要努力理解组织或社区的文化或习俗特征、信念、行为模式，组织如何随着时间而发展，以及各成分之间的关系。

倾听技能

社区心理学家也必须发展良好的倾听技能。正如临床心理学家需要发展倾听客户谈话内容和关注非言语交流方面的技能一样，社区心理学家也必须这样做。然而，社区心理学家的任务要更为复杂。他们必须学会如何描述一系列孤立对话中的总主题并发展对这些孤立对话的背景理解。没有教学包(instructional package)或项目可以达成这个目标。每一个从业者都需要发展属于他或她容易接受的技能和策略。记录一个人在组织或社区的不同背景下的谈话可能是这个过程的良好开端。下面是可以作为发展对社区背景理解的起点的问题清单：

1.从与个体的对话中形成了什么主题？

2.个体识别出什么问题是需要解决的？

3.能否识别出聚在一起进行关于社区或组织的富有成效对话的群体或个体群组？

4.社区或组织内存在的主要矛盾和冲突是什么？

5.主要的反馈环路被抑制或忽略了吗？

充权组织和社区去解决自己的问题

虽然仅仅告诉社区成员他们需要做什么事情是诱人的，但是来自外界的解决方案不可能被认真对待。事实上，那种强加的解决方案可以严重破坏与社区的关系。相反，社区心理学家需要学习如何帮助社区和组织解决自己的问题并提升自己的福利（Trickett et al.，2011）。这些策略可以从重新认识社区或组织的使命表述，变化到彻底重新考虑其目的与策略。在我们的经验中，将成员聚在一起并通过群体过程围绕目标、使命、要解决的问题或其他通过评估而识别出的问题来达成共识，是相当重要的。它可能对形成反馈环路也是必要的，对于那些被压抑或忽视的人而言尤其如此，这样他们就可以影响社区或组织（Morrison & Milliken，2000）。

理解对事件的反应（如，学校对欺凌或骚扰事件的反应）与有生态效度的、多层面的预防项目之间差异的能力，对于充权组织或社区解决它们自己的问题是至关重要的。再次，如果干预不考虑事件的整体背景，它如何能被视为是有生态效度的？社区心理学家需要对他们与组织相互作用的所有阶段中的这种特性保持警觉。帮助组织或社区将现有的干预从反应性的干预转变到预防性的干预是必要的，或者有必要帮助创建一个新的预防性的项目或干预。这要比它可能看似的更具挑战性。反应性干预的优点是能立即消除问题情景，这是非常强大的，因为组织没有认识到这个问题正在以稳定的频率发生甚至日益增加。经常并审慎地使用预防（prevention）这个词可以帮助组织向不同的方向转变。

促进交流

找到社区成员使用的交流技巧可以帮助心理学家了解组织。同样的技巧知识也可以用来促进社区成员之间的交流。许多社区干预的重要成分是帮助组织成员、子群体和更大社区拥有更好的和更有用的交流途径。这些策略包括利用诸如脸书（Facebook）这样的社交媒体，利用正式和非正式的社交网络，帮助组织跨越人为界限（Kelly et al.，2000），充分利用社区庆祝活动（Kelly et al.，1988），以及聘用公民咨询小组（Kelly et al.，1988）。

跨文化胜任力

社区心理学家需要自由自在地互动并理解独特的社区文化。幸运的是，本书有整个一章都要论述这个主题(见第 4 章)。

生态胜任力发展的培训、教育和经验

社区心理学课程要非常广泛,以让未来的从业者发展一系列核心技能,同时满足他们自己的需求和探讨社区心理学的独特取向。以下清单是建议性的而不是规定性的。

1.评估社区和组织资源的经验或课程。

a.调查发展和实施技能。评估组织或社区的一个方法是发展一项调查并要求尽可能多的个体完成它。调查对于获得社区的定量描述(如,对组织的具体描述表示同意的个体百分比)和定性描述(如,包括征求改善组织或社区的意见的开放式问题)是有价值的。调查也可以用来创建反馈环路,这为社区心理学家提供了干预效果的信息。

b.访谈技能。虽然调查能够对社区进行良好描述,但与选定成员进行访谈也是非常有价值的。社区心理学家需要熟练的访谈者,并且可以通过实践和适当的课程发展这些技能。

c.定性研究技能。社区或组织干预经常提供有益于社区心理学实证文献的研究机会。这需要了解定性的研究方法,因为实验性的干预(即随机分配干预措施给不同的群体)通常不是一个选项。但是,创建一个控制组,发展因变量的良好测量以及其他技巧可以帮助证实干预在其他情景中的有效性。定性研究的技能通常是通过课程而获得的。

d.创造社会环境(Kelly,1987)。为了社区成员和社区心理学家之间进行合作,这就需要一定的背景或社会环境。社区心理学的生态取向的中心思想之一是:心理学家不是把解决方案和策略强加给社区的"专家",他们是必须参与社区或组织文化的学习者。这可能需要能帮助社区心理学家了解如何参与文化并提供诸如语言翻译的基本服务的"跨界者"(boundary spanners)的协助(Kim & Kelly, 2006)。此外,社区需要找到或创建通过与社区成员的正式和非正式互动而发展起来的合作过程的社会环境。每个社区或组织都有自己独特的文化,因此找到或创建这些环境可能需要扎实的努力和发展独特文化的胜任力。

2.我们已经看到一个人在认识到某一层面的领导力危机后更容易理解生态原则这一想法的轶事证据和理论支持。通常,这个危机涉及领导力失败,该危机或失败本来可以通过关注决策者所忽视或压制的信息而避免的。几乎每个人都有这样的经验,而且和指导者一起处理这些危机有益于深入了解领导力和社区干预生态取向的性质。

3.群体动力学课程。熟悉群体过程特别是群体过程如何误入歧途(如群体思维),对社区心理学家是必不可少的,因为通过观察或参与群体互动可以学到很多东西。

4.团体促进技巧的课程或工作坊。然而,需要注意的是,有许多如何促进团体交流的模型,从业者需要找到一个他或她觉得适合的模型。

5.社区组织和公共政策的课程/工作坊。许多社区心理学家采用的许多成功干预可能包括充权社区去组织并影响公共政策。因此,提高这些技能的课程和工作坊是有益的。

6.有助于发展跨文化胜任力的课程或经验。这是本书第 4 章的主题。

7.系统性的和生态的思维也必须包括我们的环境和我们正在面临的社会可持续性的许多挑战的知识。"生态的"(ecological)这个词的历史来源于一直在探讨环境问题的作者们。

8.社会学、政治科学、生物学、文化研究或其他相关领域的跨学科课程。

结论:成为一个终身学习者

每当社区心理学家成为社区一部分的时候,这就是一个学习的机会。无论积累了多少课程和经验,总是还有更多的东西要去学习。每个组织或社区都是独特的,并需要从业者去了解它。以开放的心态来接触社区,并让其成员成为教师,是丰富知识基础的最佳途径。此外,工作坊、额外课程和指导关系也提供了成为更胜任的从业者的机会。因此,我们乐意用这个提示:做一个终身学习者,来总结成为胜任的社区心理学家所需的培训和经验。

应用

生态取向已经成为社区心理学的主要模型之一,我们希望它在未来仍然如此。如果干预是生态的,需要满足什么条件?虽然有许多与特定策略的质量和成功率有关的特征,但是我们认为,基于生态的干预至少有如下五个特征。

来源:iStockphoto.com/OGphoto.

图 3.4 相互依存:栖息地丧失和对物种的威胁。不同类型的"蝴蝶效应"?

在人类栖息地有相似之处吗?

1.干预是多层面的,并指向于社区或组织的所有或大部分层级水平。例如,学区干预涉及学生、教师、行政人员、父母和可能更大的社区。

2.干预在每个层面是跨子群体而展开的。例如,如果干预是在学校进行,那么它将涉及多个教室和教师。

3.有超过一个的干预或项目成分,并且干预是针对特定的子群体的。显然,发生在课堂上并指向于学生的干预成分是不同于教师所经历的干预的。

4.干预的重点是预防或系统性的变革,而不是对特定事件做出反应。

5.干预形成了反馈环路,这可用于评估有效性并导致干预细节的调整。在某些情况下,准实验设计被用来提供比较和控制,这样就可以更详细地评价该效应。例如,在一个学区内,随机选择学校实施干预的所有成分,而其他学校作为控制组不进行干预或只接受一部分干预措施。

总之,生态干预是多维的和多层的,而且包含针对系统内特定子群体的不同成分。

儿童欺凌的生态视角

身体的、言语的和网络的欺凌是世界各地的学校和社区中常见的问题。实际上,如果在万维网上搜索"欺凌"和"自杀"术语,将获得成千上万条结果。被欺凌的后果是非常严重的。里格比(Rigby,2003)以学校欺凌后果为焦点综述了学校欺凌的文献。在这篇综述及其他文章中发现的学校欺凌产生的影响如下:

- 自尊心降低。
- 不喜欢学校和回避学校。
- 心理困扰,包括焦虑、抑郁、无望、自杀倾向、愤怒、报复和自伶。
- 躯体健康较差,与焦虑、头痛、对感染的低抵抗力和其他疾病有关的身心症状。
- 4~10岁之间被欺凌的儿童"有日益增高的概率",在11.8岁时表现出边缘型人格障碍的症状(Wolke, Schreier, Zanarini, & Winsper, 2012)。边缘型人格障碍的特征是高度不稳定的关系、依恋关系形成困难、冲动性、慢性空虚感和情绪波动。

显然,轶事和实证证据都表明,欺凌是一个具有严重后果的严重问题。因此,有必要发展有效的反欺凌的干预。

克罗斯(Cross)和同事们(2011)报告了一个基于生态学的反欺凌研究的结果,该研究采用了随机分组和多层干预:整个学校、教室、父母和个体学生。该项目被称为友好校园项目并在澳大利亚珀斯的小学进行了实验,包括两年的干预和一年的附加追踪。该项目的结果是,自我报告的受害者降低了16%~31%。有趣的是,作者推测,项目落实情况本来是可以更好的,但是,教师由于全州范围新课程的实施而变得不堪重负,以至于他们不能有效地实施该项目。在任何研究中都不允许回避系统性变量的影响。不过，这个研究中欺凌的适度减少，为学校欺凌预防的生态取向是有效的这一想法提供了普遍支持。奥维斯(Olweus，1993)以及卡勒斯泰德和奥维斯(Kallestad & Olweus，2003)已经描述过一个经常被引用的成功的反欺凌项目。这是一个在挪威发展得非常好的系统性反欺凌干预的模型。虽然在挪威存在各种预防欺凌的项目，但在20世纪80年代早期发生了三起广为人知的与欺凌行为有关的自杀事件之后，反欺凌的工作变得更加迫切。这引发了奥维斯反对欺凌与反社会行为核心项目或欺凌预防项目。项目的核心特征如下：

· 社区的所有成员都参与并了解欺凌的基本特征以及如何应对。

· 目标都聚焦于学校总体社会风气的预防和改善。

· 对欺凌的明确而一致的应对被定义和确立为整个系统的政策。

· 学校员工通过会议、讨论组和组建协调组来参与项目。

· 作为该系统一部分的成年人是知情的并积极监管后果。

· 在休息时间提供成人监督。

· 给所有孩子呈现反欺凌课程。

· 建立反欺凌的课堂规则。

· 父母通过孩子课堂来积极参与反欺凌工作。

· 为受害者和欺凌者发展和实施个体干预。

· 在研究背景下进行干预，从而收集数据并有机会通过反馈环路来影响和改善项目。

从成分清单中可以发现，奥维斯欺凌预防项目很容易被归类为生态干预。干预包括社区、教师、学生和员工多层成分。它发生在系统内的多个群体之间，并对不同群体有不同的干预。最后，干预的焦点是欺凌预防而不是对特定事件的反应。这个项目初始应用的影响是显著的，欺凌减少了50%或更多。因此，这个项目也包括表明其成功(或失败)的反馈。

卡勒斯泰德和奥维斯(2003)探讨的问题是确定哪些变量与教师在课堂上执行项目成分是有关的。按顺序列出路径系数的大小，与课堂实施存在正相关的变量是：知觉到的项目重要性、阅读项目的描述材料、知觉到的欺凌水平、儿童时期的受害史和对欺凌苦恼程度的测量。一个类似的分析表明，知觉到的欺凌水平、知觉到的员工之间的重要性、学生休息时间的认识、干预准备和成为一名正式(不是替补的)教师，可以预测与个体学生及其父母关于欺凌问题的联系。在一个更高的系统层面上，作者检验了学校层面的课堂干预的预测指标，结果发现沟通开放性、教师与教师间的沟通和学校对欺凌问题的关注，可以预测在学校层面上的反欺凌策略的实施情况。从这些结果中可以吸取一些重要教训。

一个教训是，作者们报告了整个反欺凌项目在课堂和学校层面实施的程度存在很大的差异。报告还说，欺凌的减少程度与课堂实施的总体指标而不是与那种测量的任何特定成分存在大量相关性。因此，这与生态取向是一致的，整个一揽子计划而不是任何特定的干预是有效的。此外，学校风气也是实施情况的强大预测指标，这与普莱斯和弗雷德里克森(Pryce & Frederickson,2013)发现欺凌降低与学校风气和学校归属感的改善有关是一致的。再次，这与系统性的(systemic)或生态的视角是高度一致的。背景与干预本身是同样重要的。最后，教师先前所经历的受害史与更可能在课堂层面实施反欺凌项目是相关的。路径系数虽然不大，但在统计上却是显著的，这说明了在复杂系统中降低欺凌这个普遍问题的复杂性。

格洛弗、高夫、约翰逊和卡特赖特(Glover, Gough, Johnson, & Cartwright, 2000)调查了英国斯塔福德25所学校的小学生。一个重要的发现与也是受害者的欺凌者有关。他们发现，欺凌受害者(bully victims)，即也被欺凌的欺凌者，“缺乏积极自我意象的可能性是其他群体的四倍，在学校中觉得没有安全感的可能性是其他群体的三倍”。此外，他们更有可能认为，那些实际上受欺凌的人活该。他们也更可能对欺凌行为表示遗憾。因此，变成欺凌者的受害者可能代表一个不断恶化的行为模式，这种模式不可能对反应性的反欺凌项目作出回应。探讨欺凌全部背景的全校性的与系统性的取向是解决这个系统性的问题所需要的。这项研究表明，欺凌对欺凌者和受害者都有着强大的消极影响。而且，他们还得出了结论：

反欺凌政策只有在该政策是从学校社区各部门的讨论成果中发展而来的地方才是有效的。显而易见，这些地方需要定期回访，并且只有对员工以及与各类同伴支持有关的学生进行持续培训时才是有效的。最重要的是，在员工被看到正在经历一个过程而不是怀着信念去致力于实施意见一致的政策的地方，只有最极端的侵害行为被处理，更多的反社会行为是隐蔽驱动的。

这篇简短而非独家的综述的证据是，生态干预有大幅降低学校发生欺凌的可能性，但仍有大量工作要做。奥维斯所描述的项目(Kallestad & Olweus, 2003; Olweus, 1993)已经成为预防欺凌生态干预的“黄金标准”。这个项目的最初应用产生了显著的结果。很明显，忽视欺凌生态背景的反应性的反欺凌项目可能是无效的。相反，反欺凌项目需要满足生态干预的标准以获得成功，其中学校风气是目前为止被确认的一个最重要的背景变量。

这些研究结果和其中一个作者与之紧密合作的一个女孩的行为是一致的。她的父母非常友善地提供了详细的历史。个人信息已经被更改了。“艾伦”在中西部的公共学校上学，并在她进入初中时开始遭受社会的和身体的欺凌。在她做出一个使她被学校停学的报复威胁之前，父母都没有意识到正常的关系冲突已经变成了严重的欺凌。欺凌和关系问题尽管受到法律系统的介入，但一直并未减少。她表现出了许多与欺凌受害者有关的问题，如缺课、健康问题、家中严重的愤怒问题、学校成绩退步。她似乎对她自己的情绪缺乏控制和了解。

这个学区有一个被称为“最先进的”反欺凌项目。对学区网站进行搜索可以发现一份关于反欺凌视频大赛的报告，以及减少学校欺凌的工作，这包括当地警察局的介绍，公布欺凌的匿名举报热线，以及一些学校所做的旨在识别欺凌者及其受害者的调查。这些工作似乎并不是这个“最先进的”项目的成分。艾伦看到这个地区有一个反欺凌宣传周活动标牌，并认为在一周内禁止欺凌是很好的，但是在这个学年剩下几周里也必须如此。艾伦的父母报告说，没有证据表明，为防止欺凌而进行全区范围内的干预。

这个学区在初中和高中都派驻有社区武装警官。有趣的是，美国司法部出版了一本小册子，可以到社区警务服务办公室领取。这个小册子的标题是《学校中的欺凌》(*Bullying in Schools*)，并且它在问题导向的警务系列指南中是编号12的指南(Sampson，2012)。这个小册子介绍了一系列推荐的有效干预，该干预可以由以学校为基地的官员来实施并具有生态干预的大部分特征，但是并没有证据表明，艾伦所在的学区对欺凌受害者和一般欺凌的政策受到了这些指南的影响。

学校中的社区武装警官的出现似乎可以增强这个行政信念，即反欺凌项目是“最先进的”。通过让法律系统应对欺凌，这个地区相信它对个体事件有如此强大的反应以至于欺凌行为将被抑制。不幸的是，就像格洛弗等(Glover et al.，2000)所认为的那样，大多数欺凌似乎是隐蔽驱动的，只有最严重的而且有时是报复性的事件才得到回应。每一事件的视角由于受到警官在场的影响而显得如此短视，以至于该系统没有机会看到欺凌的生态背景。例如，随着时间推移而观察到的欺凌事件的数量本来可以有助于行政管理者评价他们的项目，但是并没有证据表明这些数据要被审查。面对这些障碍，父母们基本上让他们的孩子退出该系统，而参加在线教育，并且后来还上了其他学校。此时此刻她慢慢开始进步了，因为她越来越能意识到自己的情绪并加以控制。至少可以这样说，在“最先进的”定义上似乎存在矛盾，这需要在未来由这个系统进行解决。

早期干预项目的生态视角

社区心理学产生影响的一个最重要的领域是早期干预项目的发展。显著影响的潜力是巨大的，因为早期的发展过程考虑到了真正意义上的预防。对孩子的生活进行干预，提升适应能力并防止适应不良的趋势，应该是任何健康社区的主要焦点(Moritsugu et al.，2014)。虽然关键的专业知识将来自于发展心理学、儿科学、公共卫生和其他相关领域，但是生态的视角提供了理解儿童发展得以进行的互动系统的框架。布朗芬布伦纳(Bronfenbrenner，1979)提供了一个有用的人类发展和构成儿童发展生态背景的社会系统的模型，而本章所述的生态原则提供了有效干预的框架。

早期干预的一个途径——尽管具体途径在不同的地点和社区有所变化——是健康启动项目。全国健康启动协会报告了美国卫生和人类服务部资助的100多个健康启动“社区”(National Healthy Start Association，2012)。在一封来自卫生和人类服务部戴维·S.德拉克鲁兹(妇幼保健局健康启动和产期服务部门副主任)的一封信中，他声称健康启动项目是作为“一个利用社区驱动的、系统发展的途径以减少婴儿死亡率和提高妇女、婴儿、儿童和家庭的健康和幸福感的示范项目”而开展的(National Healthy Start Association,2012)。1991 年,15 个农村和城市社区是联邦资助健康启动倡议的受益者。这些社区之所以入选是因为它们的婴儿死亡率很高——超出全国平均值的 1.5～2.5 倍(National Healthy Start Association,2012)。然而，在许多社区，健康启动倡议已经不仅仅是一个婴儿死亡率和公共卫生项目。正如德拉克鲁兹所言，“健康启动的使命需要超越新生儿的幸福感并探讨母亲、父亲、家庭和整个社区的幸福感和充权”(National Healthy Start Association,2012)。

健康启动项目常见的主要方法是“家访服务”取向，即公共卫生、护理和社会工作方面的专业人员提供产期情况管理、风险管理、抑郁筛查、健康教育和核心外展服务。然而，健康启动项目的一个最重要的成分是，通过创建致力于改善整体产期护理的专业人员、组织和社区成员组成的社区联盟而实现植根于社区的目标。例如，2011 年，大岛产期健康差异项目的一个当地联盟和夏威夷州劳工与工业关系部以及当地商业机构进行合作，以促进母乳喂养(National Healthy Start Association,2012)。许多健康启动项目已经运用这些联盟来超越基本的家访取向。例如，考伊、奥坎波和布罗德斯基(Caughy,O'Campo and Brodsky,1999)报告，在巴尔的摩开展健康启动项目致力于发展社区工作并且改善住房选择。考伊等认为，如果健康干预是有效的，那么更广泛的环境问题必定会得到解决。后来，第二版联邦资助模型要求“外联和客户招聘、个案管理、健康教育、产期抑郁筛查和所有参与者的孕间持续护理”五个核心服务(U.S. Department of Health and Human Services,2010)，这降低了一些项目灵活性。除了核心服务之外，四个核心系统工作活动也是需要的，包括上面提到的联盟，还有当地的健康系统行动计划和可持续计划的发展。

健康启动倡议在隶属于阿诺卡县社区行动项目(Anoka County Community Action Program, ACCAP)的许多项目中得到发展。阿诺卡县在双子城(明尼阿波利斯/圣·保罗)的北部。这是明尼苏达州的人口最多的第四个县，并和该州的两个人口最多的县(亨内平和拉姆齐)接壤，分别包括明尼阿波利斯和圣·保罗。

1996 年 4 月，阿诺卡县的县专员对夏威夷健康启动项目产生了兴趣。她看到该项目在明尼苏达州的另一个县进行了重复，并想看一下是否能够在阿诺卡县得到证实。在县专员的主持下，一个行动计划于 1997 年在阿诺卡县儿童与家庭委员会的指导下开始了，阿诺卡县是最初的经费“资助者”(ACCAP 的健康启动项目从来没有收到过全国卫生和人类服务部的资金)。2007 年 1 月，ACCAP 成为阿诺卡健康启动倡议的经费资助方和支持性的体系。

ACCAP 健康启动倡议从标准的家访开始，这与全国各地的其他健康启动项目是相似的。访问“欢迎宝贝”对于生活在阿诺卡县的每个家庭都是可以获得的，从而在健康、产前/儿童发展和育儿技能方面提供支持和信息。家庭来访者包括早期儿童教育者、公共卫生护士、家庭指导志愿者和家庭支持专家(R. Goodwin & P. Bohm,个人通信,2007年11月8日)。家庭也能获得婴儿按摩治疗、导乐分娩支持、危机基金、婴儿床、儿童书籍和其他相关资源("家访工具箱"的组成部分)。家访的目标包括改善妊娠和儿童健康状况,给家长讲授早期发展与儿童学习环境,减少社会问题(如贫困、犯罪),以及提高家庭对社区资源的利用率(Anoka County Healthy Start,2006)。该项目的要素在本质上是普遍性的或预防性的(如"发展性"的邮件),并且是针对高危家庭的(如危机支持、长期家访)。

全国范围内的许多健康启动项目的一个目标是帮助家庭利用社区资源和服务提供系统。阿诺卡项目也是如此,因为它们在努力发展服务的系统协调。这促成了注册数据库中心,这是一个社区合作伙伴获取信息、家访专业人员的多学科培训、家庭援助手册的开发、社区需求评估程序,以及致力于交流与分享资源的委员会信息的网站(R. Goodwin & P. Bohm,《个人通信》,2007年11月8日)。

随着时间的推移,后来的委员会开始发展允许社区伙伴除了资源分享之外,还以多种方式进行交流的网络——被称为"冠军"(Champions)(R. Goodwin & P. Bohm,个人通信,2007年11月8日)。这是由阿诺卡县儿童家庭委员会促成的,并努力识别和"填补"家庭服务供应中的缺口。最终,这些社交网络开始了一个全面的系统协调过程,从而使多种社区伙伴被包含进了"冠军"网络(而且,并非巧合的是,还有一个类似于布朗芬布伦纳所述的生态框架的基础结构图)。伙伴网络分为三类:(1)直接从事家庭工作的家访者,并且包括诸如早期儿童家庭教育(Early Childhood Family Education, ECFE)和启蒙(Head Start)的社区伙伴;(2)紧密配合家庭的组织,比如学区和当地学校,社会服务部门(如ACCAP、家庭支持服务、家庭合作者/家庭保护、成人心理健康);(3)或多或少直接涉及的社区机构,如当地教堂、医师办公室和当地医院、惩治部门、当地县图书馆、明尼苏达人力资源中心、明尼苏达家庭投资项目(收入维持)、当地的基督教青年会(YMCA)、当地的食品货架、三个当地警察局、救世军、青年第一(Youth First)(课后和资产建设项目)、帮助邻居的邻居,以及当地的私人企业。

阿诺卡县健康启动倡议已经成功了吗?倡议"成就"已被多种方式所记录——父母调查、社区伙伴调查、学校转型成功、轶事证据以及更多。但是如果就数字来讲,其中一个就是从2007—2009年被服务的家庭数量从797增加到2 931。当然,这不是表明健康状况提升或儿童发展结果好转的直接证据(见Wolfe,2014,健康启动结果在其他方面的例子)。但是,非常清楚的是,许多的家庭已经接触到了大量重要的社区资源。

这是如何发生的呢?生态视角提供了理解健康启动取向的一个主要框架。我们可以从布朗芬布伦纳的人类发展生态取向开始。许多全国健康启动项目始于降低婴儿死亡率的想法,而且所有的健康启动项目都涉及在一生中给予年轻孩子一个“健康的开始”(这个范围是广泛的,包括身体健康、心理健康、入学准备等)。阿诺卡的倡议始于心中同样的想法,因此,家访是一种早期干预,以确保父母获得更可能拥有健康孕期与健康婴儿的知识和资源。所以,我们从年轻孩子开始,但是很明显,孩子是家庭的一部分,因此父母对任何干预都是至关重要的,其他家庭成员也是如此。当然,孩子和他们的家庭是一个扩展的家庭、一个邻里、一个大型社区和一个学区等的一部分,其中每一个都会以许多方式直接或间接地影响孩子的健康发展。因此,如果我们要考虑我们如何影响孩子的健康发展,我们必须考虑孩子的微观系统(家庭、家访专业人员、ECFE、启蒙、学校、医师、教堂等)、中间系统(这些系统的多种互动方式,如公共卫生护士和医师或学校)和外部系统(社会服务、公共卫生服务、收入维持服务等),以及宏观系统(更大文化对儿童健康发展的态度和支持结构)。

从社区心理学的角度来看,这意味着要实践我们在本章中讨论过的要素。正如沃尔夫(Wolfe,2014)所建议的那样,“很明显,这是一个迫切需要社区心理学家的胜任力、价值观和视角的领域”。像健康启动这样的倡议已经转向解决儿童健康问题的系统性的工作。虽然大部分早期工作聚焦于婴儿死亡,但项目已经发展到聚焦于更广范围的健康问题,面向于身体的和心理的健康结果并发展聚焦于影响儿童发展的多个子群体的干预策略。以阿诺卡健康启动为例,该倡议从家访扩展到解决儿童和家庭需求的多层面的生态取向。家庭不仅能够获取健康怀孕的信息,而且健康启动倡议还日益提供促进这些儿童的身体、情绪和认知发展的支持和资源。同时,家长也能获取资源网络,以应对收入维持、养育子女和成人心理健康等。显然,ACCAP满足本章节开始所讨论的生态干预的所有五个标准。

阿诺卡县健康启动通过创建“冠军”网络和其他社区资源,努力发展儿童健康的系统取向。更进一步,这个网络扩展到包括广泛的社区服务和资源,而且更重要的是,有意识地努力去思考这些资源如何通过系统进行循环运转或重新利用。家庭、学校、社区、健康设施、社会服务组织、企业、教堂、食品货架(food shelves)和警察局等开始看到它们在其中所扮演的角色并参与进去。

不幸的是,政治潮流在阿诺卡县发生了变化,而且许多新的县专员有其他优先考虑的事情。在 2011 年春季,来自县(财政和组织上)的支持没有了,这导致了阿诺卡县健康启动倡议的“终止”。但是,由于社区内已经产生反馈环路,各方面的“支持者”——专业人员和非专业人员——发展基层的工作以维持健康启动项目的许多要素(如,当地学区和公共卫生护士继续应对家访上的变化;许多发展资源被从物质上和结构上融入当地的启蒙项目中)。当然,其中一个教训是,社区系统的每个成分是相互依存的,而且这种相互依存性可以导致意料之外的副作用,既有积极的又有消极的。部分教训是,社区心理学家必须促进一个过程,在这个过程中,所有选民都考虑在内,因为我们要努力理解并实践或干预这个系统,包括政府和其他强大的机构(Barreiro & Stone,2013;Kelly at al.,1988)。

未来的方向

本章的重点是帮助社区从业者发展他们的技能实践的生态视角。但是,我们认为,有两个重要群体被忽略了:大学生和社区自身。我们之所以从大学生开始,是因为我们在努力促进大学生对领导力和整个世界进行生态思考上有着丰富的经验。我们最初的轶事观察表明,大一学生似乎很费力去理解我们运用到领导力过程中的生态概念;而高年级学生,特别是具有关键领导力经验的学生,则更容易理解这些想法。"关键经验"往往包括在俱乐部或团体中被选为领导者,如俱乐部或组织的主席,并以层级的方式进行管理,不采纳对团体有好想法的个体的意见和建议。那些被排除在领导力过程之外的个体,似乎更容易理解领导力的生态取向如何和为何优于自上而下层级的取向。这些想法已经得到了理论和实证的确认(Fischer, Wielkiewicz, Stelzner, Overland, & Meuwissen, in press; Komives, Owen, Longerbeam, Mainella, & Osteen, 2005; Wielkiewicz, Fischer, Stelzner, Overland, & Sinner, 2012)。

学会对领导力进行生态思考似乎是一个发展的过程,领导力认同发展模型已经对此进行了很好描述(Komives et al.,2005),我们想知道这对于社区心理学家有什么启示。例如,当社区成员学习生态思维时,它有用吗?我们认为,当社区人们以生态方式进行思考时,社区更能够可持续地运转,因为他们自身在看到他们有一个背景或总主题时,可能会更多地配合干预。理解干预的生态背景的社区成员也能更多促进他们的成功。我们也可能会问多少社区成员需要进行生态思考以取得效果——也就是说,是否有一个"转折点"?一些核心个体足够吗?或者是否存在让越来越多社区成员进行生态思考的累积效应?如果经验证实生态思维有益于社区良好运行,那么我们可能想知道哪些促进生态思维的方法是最有效的。

领导力的默认取向是层级模型(Wielkiewicz & Stelzner,2005),因此,似乎可以合理地推测,许多受益于社区心理学家服务的社区可能有严重的领导力过程问题。然而,直接挑战这样的过程可能是无效的,因为社区成员不太可能做出良好应对。他们可能会忽略外人的意见和建议,或者在位的领导者可能拒绝对自己权威具有威胁的想法。因此,一个更间接的途径似乎更可能成功。问题是哪些途径确实是运作最好的。让社区成员阅读一本书,观看并讨论一部电影,或者探讨社区调查的结果,也许能够成功地转向生态思维。由维尔克维兹(2000)提出的举措或一个生态思维的新方法可能有助于改善社区干预。这些都是围绕核心问题的实证问题,即如何转向社区的生态思维,以及这种转向是否有助于社区干预取得成功或者让社区变得更具可持续性。

这对社区从业者意味着什么?当然,对于新手来说,就像我们在本章所概述的那样，发展对于使用生态视角本身是必要的知识和技能，这对于社区从业者是至关重要的。但是，这也意味着，从业者需要发展性地对社区进行思考。社区干预如何产生具有生态的或系统的“特点”的社区结构、过程、环境和事件？如果我们看到经历到了它们，那么这些社区要素“看起来像”什么呢？此外，社区从业者如何提供发展性的机会，从而促进个体和公共的生态思维与行动？

来源：iStockphoto.com/Paul Tessier.

图 3.5　一个帝王蝴蝶社区

总结

生态的视角——或系统的视角——帮助我们充分考虑我们如何实践社区心理学。生态视角让社区心理学家能够理解社区的不同要素相互影响的多种方式，因而这种理解让我们知道谁、如何以及何时与社区保持密切联系。我们总结了一些对生态思维做出有价值的早期贡献的人的思想——如，巴里・康芒纳和他的四个生态法则，尤里・布朗芬布伦纳和他的发展性的生态理论，罗杰・巴克和他的社会生态行为背景——并且这些思想仍然是有价值的。此外，詹姆斯・G.凯利所提出的相互依存(interdependence)、资源循环(cycling of resources)、适应(adaptation)和演替(succession)这四个生态原则，在社区心理学中对于建立生态视角是尤为重要的。许多研究者和从业者受到凯利工作的激励并丰富了生态取向，特别是爱迪生・特里克特和他的同事们。

我们描述了一些其他的对社区心理学家有帮助的生态原则，如系统性的思维、反馈环路、单一化、背景、多重因果、多样性和转折点。熟悉这些概念以及它们如何应用于理解和干预社区，对社区心理学家而言是必不可少的。此外，了解社区的或组织的领导力过程能够有助于促进对它的理解。一个关键的问题是，领导力是层级的并被一些在位领导者所驱动的程度，或是公共的并被许多社区成员的意见与建议所驱动的程度。在这些过程的应用中应该有一个适应性的平衡。社区成员的意见和建议应该是优先考虑的事情，但是没完没了的讨论是不实际的，所以需要及时做出行政决策，这可能需要走向更具层级性的过程。这两个过程应该根据决策背景进行平衡。

当社区心理学家进入社区的时候，他们需要重视发展给社区成员充权的合作关系。为了社区成员和社区心理学家之间进行合作，需要有一个背景或社会环境。社区心理学生态取向的一个中心思想是，心理学家不是一个把解决方案和策略强加给社区的“专家”，他们是必须参与社区或组织文化的学习者（Kim et al.，2006）。而且，社区心理学家需要找到或创建能够通过社区成员之间的正式或非正式互动而发展合作过程的社会环境。理解背景是指不仅要理解孤立的社会互动，而且还要理解围绕那种互动的背景或相互依存性。

我们确立了许多能在生涯道路上帮助社区心理学家的正式和非正式的技能、能力和培训。自我觉知对与他人的互动是必不可少的，我们认为，人格的五因素模型提供了获得自我觉知的途径。正念，即觉知情绪并对其进行某种程度的控制，对社区从业者而言是一项必要的技能。保持正念意味着要提高对影响我们工作和日常生活的情绪、思想、感受和体验的觉知，而且处在当下并觉知到我们周围所发生的事情。它是说明社区心理学家需要意识到与社区互动的背景的另一种方式。社区心理学家的培训和经验的成分包括倾听技能、跨文化胜任力、访谈、研究技能和团体促进。最后，社区心理学家需要成为一个终身学习者。学习应该永远不会停止。社区心理学家应该不断追求新的胜任力（如，社交媒体技能，但也要认识到社交媒体对社区生活的影响），同时他们也要继续获知他们所服务社区的情况。

本章以两个应用——学校欺凌和早期干预项目得出结论。这两个应用都说明，生态的干预在改善社区健康上是非常成功的。我们确立了生态干预的五个共同特征：

1.干预是多层面的，并指向于社区或组织的所有或大多数层级水平。

2.在每个层面，干预都是跨子群体而展开的。

3.有超过一个的干预或项目成分，并且干预是针对特定子群体的。

4.干预的重点是预防或系统性的变革，而不是对特定事件做出反应。

5.干预形成了反馈环路，这可用于评估有效性并导致干预细节的调整。

这两个应用实例都具有这些特征。我们的希望是，我们已经指向了一条促进世界各地社区健康的终身学习之路。

问题讨论

1.回顾开头所描述的在泰勒开放学校发生的情况,并想象你已经被雇用为该地区主管的咨询顾问。概述解决新学校选址并创建一个健康学校社区这个迫切问题的过程。可以创建哪些反馈环路以使咨询顾问能够监控这个项目?

2.列出影响你这次参加这个特殊课程的因素。推测参加该课程在未来可能产生的影响。

3.选择你或讨论组熟悉的一个组织、社区或团体,并为它绘制一个相互作用的物理图。

4.对领导力过程的检验提供了对社区如何起作用的重要见解。想象出小组熟悉的一个组织或社区的例子,并为它进行领导力过程的分析。确定领导力过程是层级的(自上而下的管理、在位领导做决策等),以及生态的或公共的程度。在层级过程和公共过程之间是否有适当的平衡?

5.进行在线人格测试,或找到其他的人格测试并讨论对于你成为一个社区心理学家所得到的概况描述。

6.你是否经历过或观察到领导力失败所造成的危机?描述这场危机以及如何通过创建适当的反馈环路来改善领导力过程。

7."应用"部分列出了生态干预的五个特征。通过添加你认为对生态干预特征也重要的要素,来扩展这个特征清单。

8.学校欺凌受害者艾伦的个案研究说明了一个对严重问题的反应性而不是预防性的取向。如果你被邀请向这个学区提供咨询,你将如何影响这个系统,并使人相信这个项目对于走向更健康的方向是"最先进的"?

9.如果你是致力于阿诺卡健康启动倡议的社区从业者,你能够做些什么来让政府或其他有影响力的经纪人努力支持健康启动工作?

10.你可以采取哪些措施,以便可以运用促进基层努力维持健康启动倡议的生态或系统的取向?

关键术语和定义

适应(adaptation):个体改变习惯或特征来应对环境变化的过程。凯利和他的同事认为,不论对个体还是组织的成长和挑战,应对和适应都是个体和社区成长与改变的主要手段。

平衡领导力(balanced leadership):当平衡领导力存在于组织或社区时,领导力过程的层级的和公共的性质都能被理解。领导力过程根据决策背景调整领导力过程。公共的领导力过程在组织努力理解决策的背景和后果时是居于支配地位的。层级的领导力过程在不能达成共识或必须及时决策时是处于主导地位的。

能力建设(capacity building):特里克特等(2011)认为,社区能力建设增加了促进现在和未来的问题解决能力的当地资源。领导能力建设已经被许多作者确认为是能力建设的关键。

背景(context):背景理解主要包括从当前环境中离开并看到其周围的相互依存与影响的网络。积极发现非正式互动得以发生的非正式社会环境是社区心理学家的早期任务之一。

文化(culture):文化包括习俗特征、信念、行为模式以及族群、组织或社区的规范行为。

资源循环(cycling of resources):在生物系统中没有无用的东西。诸如干枯树叶这样的资源可以被其他生物体循环利用,所以在系统中没有废物的堆积。在人类系统中,主要的资源是社区中的人,他们也需要循环,也就是说,当不再需要他们当前的社区角色时,他们就转向了其他角色。社区干预的大部分成功取决于社区心理学家维持已变换角色的个体和群体与其他群体进行融合和互动的能力,也就是说,人力资源需要被重新使用。

多样性(diversity):社区中的个体相互之间在多种维度上是不同的,如性别、种族、智力、经验、知识、技能、能力以及其他特征。多样性的存在增强了适应性。

生态视角(ecological perspective):生态视角让社区心理学家能够理解社区的不同要素相互影响的多种方式,因而这种理解让我们知道谁、如何和何时与社区密切联系。

新生的(emergent):具有超越其他部分总和的属性。例如,智慧是构成人类大脑的组织和化学物质的一种新生的特性。

充权(empowering or empowerment):一种帮助社区或组织发展对其自身问题的解决方案并提升自身福利的过程。

反馈环路(feedback loop):系统的输出反馈可以为同一系统提供输入。一个恒温器可以用一个简单的反馈环路以使温度保持在特定的范围内。社区心理学家可以使用反馈环路来监控干预并为改善它而做出调整。

相互依存(independence):描述社区或组织成员之间存在的相互依存关系。一个成员可能会影响其他成员,但其也受其他成员的影响。社区和组织也与其他社区和组织是相互依存的。相互依存意味着干预没有孤立的、完全预测的效果。

领导力(leadership):组织和社区做出决策和实施政策的新生的过程。

终身学习(lifelong learning):一种学习持续终身并且不会随着学校教育结束而终止的信念或态度。

系统的(systemic):生态的另一个术语。

资源

推荐阅读

Capra, F.(1996).*The web of life*. New York, NY: Anchor Books. 这本书对系统的或生态的思维提供了出色的并具有可读性的介绍。

对环境的生态危机尤其是全球变暖问题感兴趣的人,推荐的书籍是:Brown, L. R.(2011).*World on the edge: How to prevent environmental and economic collapse*. New York, NY: W. W. Norton. Wielkiewicz, R. M.(2015). *Sustainability and psychology*. St. Cloud, MN: Main Event Press.

Dalton, J., & Wolfe, S.(2012). Competencies for community psychology practice: Society for Community Research and Action Draft, August 15, 2012.*The Community Psychologist*, 45(4), 7—14. 这篇论文概述了实践社区心理学的胜任力,并指出这篇文章旨在为学生、培训者和从业者增加一个优秀资源。

Kelly, J. G.(2006).*On becoming ecological: An expedition into community psychology*. New York, NY: Oxford University Press. 这是凯利的开创性著作的一个优秀资源,因为他清晰表述了他的社区心理学生态取向的概念。这本书提供了关键论文的重印版和凯利对每篇论文背景的看法。

Kelly, J. G., Ryan, A. M., Altman, B. E., & Stelzner, S. P.(2000). Understanding and changing social systems: An ecological view. In J. Rappaport & E. Seidman(Eds.),*Handbook of community psychology* (pp. 133—159). New York, NY: Plenum. 这一章出色地介绍了社区心理学的生态视角。

Kelly, J. G., & Song, A. V.(Eds.).(2004).*Six community psychologists tell their stories: History, context, and narrative*. Binghamton, NY: Haworth. 这是与成为社区心理学家之路有关的珍贵的个人报告,并有一些聚焦于生态导向的故事。

Kelly, J. G., & Song, A. V.(Eds.).(2008).*Community psychology in practice: An oral history through the stories of five community psychologists*. Binghamton, NY: Haworth. 这是与成为社区心理学家之路有关的又一个珍贵的个人报告,但是却有更多的实践导向。

Kloos, B., Hill, J., Thomas, E., Wandersman, A., Elias, M. J., & Dalton, J. H.(2012).*Community psychology: Linking individuals and communities*. Belmont, CA: Wadsworth. 这是一部介绍本章所概述的许多概念的优秀教科书。

Moritsugu, J., Vera, E., Wong, F. Y., & Duffy, K. G.(2014).*Community psychology* (5th ed.). Boston, MA: Pearson. 这是一部介绍本章所概述的许多概念的优秀教科书。

胜任力深层发展的活动建议

电影讨论

《做正确的事情》(*Do the Right Things*):这部1989年的电影讲述了纽约布鲁克林的美国黑人在一年中最热的一天的故事。这部广受好评的电影的导演是在其中也扮演主要角色的斯派克·李(Spike Lee)。该电影说明了相互依存关系以及一个看起来很小的要求如何成为一个严重和悲惨行动的转折点。

《鼓乐队》(*Drumline*):这部电影从一个有天赋的乐队鼓手新成员的角度,讲述了一个优秀乐队的故事。这部电影说明了一个多层次的社区,以及个体如何在一个新社区努力找到自己的位置。在这部电影中还有多重的领导力危机,这可以为领导力讨论提供一个起点。

《社区心理学的典范:该领域的视频介绍》(*Exemplars of Community Psychology: A Video Introduction to the Field*):这是对21位对社区心理学领域做出重大贡献的专业人员的访谈,包括被认为是有助于社区心理学"诞生"的人,如唐纳德·克莱因(Donald Klein)和吉姆·凯利(Jim Kelly),他做了大部分的访谈,却只就生态取向接受了采访。

《球场雄心》(*Hoosiers*):一个经历坎坷的总教练被印第安纳高中聘请来带领一群非常有天赋的球员。这对社区的多个层面都具有影响。这部电影讲述了一系列领导力危机和成就。

《母亲:追求改变的父母》(*Madres Unitas: Parents Researching for Change*):该电影记录了五个拉美裔移民母亲在加利福尼亚州奥克兰创办一所学校,并学会聘用她们的邻居、教师、行政管理员和其他社区成员。这五位妇女参加了参与式研究,并且该电影记录了她们的个人发展与充权。

《不在我们的城镇(系列)》[*Not in Our Town (series)*]:该电影记录了对憎恨罪行的多重社区反应,包括追踪蒙大拿州比林斯市的事件,以及对反犹太涂鸦文化和暴力的社区反应的原版电影。这是社区不同的层级和部分聚集在一起的好例子。

《希望之乡》(*Promised Land*):一个天然气公司的推销员来到一个乡村小镇说服当地的土地所有者出售土地钻探权。他面对这个小镇存在的各种不同的利害关系,最后对销售权进行了社区投票。该电影描绘了社区政治以及环境问题和经济幸福感之间的突出矛盾。虽然在电影中的关键点上有少量的情节波折,但该电影可以讨论许多生态原则,包括相互依存性。

《光辉岁月》(*Remember the Titans*):一个非洲裔美国人赫尔曼·布恩(Herman Boone)在20世纪70年代被一所先前被隔离的高中聘为足球主教练。他的任务是召集一群白种人和非洲裔美国人球员并组建一个足球运动员团体。以真实的故事为基础，这部电影展示了 20 世纪 70 年代种族关系的社会背景，同时说明了领导力的对比方法。

《煎熬美好时光》(*Surviving the Good Times*)：比尔·莫耶斯(Bill Moyers)报告了两个应对下岗及相应的收入减少问题的密尔沃基家庭。该电影强调了围绕家庭和社区生活的多种问题，这可以从多重生态层面进行探讨。

《十二个愤怒的男人》(*Twelve Anger Men*)：一桩谋杀案中的陪审团磋商过程凸显了偏见和先入为主的观念，这可以让小组进行任何"社区"讨论，也可以作为群体动力学的一课。

《决堤之时》(*When the Levees Broke*)：看一下卡特丽娜飓风后的新奥尔良。这部电影说明了多种支持者(如社区、政府官员、军人)在导致灾难和复原这两个事件中所扮演的角色。这个电影还描绘了许多市民的复原力，他们努力恢复新奥尔良的文化遗产并运用有限的资源重建城市。

《狼是如何改变河流的》(*How Wolves Change Rivers*)：这部电影说明了当黄石国家公园重新引进狼时所出现的"营养级联"。该电影说明了一个变化可以在整个环境中产生连锁反应。

其他资源

a.Stelzner, S. P.(1996). The jigsaw exercise: A learning tool for the community psychology course.*The Community Psychologist*, 29(4), 26—29. 这可以用来作为阅读和反思关于生态视角的批判性想法的原创文章的策略。

b.小组练习：想出一个你关心的社会问题。绘制一幅这个问题涉及的特定社会系统图，然后回答下列问题：

ⅰ. 以前使用过哪些方法来解决这个问题(尽你所知)？

ⅱ. 为什么这个问题看起来继续存在？

ⅲ. 用来理解这个问题的生态分析水平(Kloos, Hill, Thomas, Wandersman, & Elias, 2011)有哪些？

ⅳ. 哪些水平对解决问题的影响最大？

c.Bavelas, A.(1973). The five squares problem: An instructional aid in group cooperation. *Studies in Personnel Psychology*, 5, 29—38. 在合作中进行互动小组练习。该练习在一小组学生之间形成了一个人为的依存关系。这个问题直到学生认识到他们的相互依存性并合作行动以解决问题时才能得到解决。该练习可以被用作关键生态概念的讨论起点。

社区心理学家知识、技能、胜任力和活动的检核表

概念性定义

——康芒纳的生态四法则
　　——任何事物都与其他事物相联系
　　——任何事物都必然有去向
　　——大自然最知道
　　——没有免费的午餐
——布朗芬布伦纳的发展取向
——巴克的社会生态取向
——凯利的社区心理学生态取向
　　——相互依存
　　——人力资源循环
　　——适应
　　——演替，随着时间而变化

在生态取向的使用中发展胜任力：知识和技能

——系统性、批判性的思维
　　——多重因果关系
　　——思维适应于问题的复杂性
　　——愿意放弃旧的想法和观念
——生态原则
　　——谨防“蝴蝶效应”
　　——相互依存意味着社区的要素是相互联系的
　　——影响是双向的
　　——社区从业者努力理解干预的背景
　　——社区成员是社区的资源
　　——随着他们角色的改变而重新利用人力资源
　　——找到可以积聚大影响的小事件是具有挑战性的
　　——识别反馈环路有助于深入理解社区
　　——适应产生于多样性
　　——多样性很低(单一化)的社区可能有危险
　　——对预防措施和承担风险进行平衡

——社区的领导力过程

——领导力过程为理解社区提供了关键的背景

——层级的/工业的过程是自上而下的并可能抑制适应

——公共的过程涉及每个人但也能抑制适应

——理想情况下,领导力过程可以平衡两种取向,决策因而被正确理解和及时实施

——生态的社区干预的关键特征

——干预是多层面的

——干预是跨子群体而展开的

——多重的干预并且是针对特定的子群体的

——干预的重点是预防或系统性的变革

——干预形成了反馈环路

——用来评估有效性

——导致干预细节的调整

——与生态取向有关的技能和能力

——人格:发展对你自己的特质和习惯的自我觉知

——适应于环境的背景

——正念:觉知到一个人的内在情绪

——强烈的社区参与可以引起情绪反应

——从业者需要发展对他们情绪来源的觉知

——争取参与和分离达到健康的平衡

——良好的倾听技能对社区从业者是必不可少的

——主要目标是充权社区去解决自己的问题

——帮助社区或组织进行系统性的思考

——促进交流

——帮助社区发现关键的反馈环路

研究生培训和终身学习的检核表

——调查发展、分析和解释的课程

——发展访谈技能的特定课程

——定性的和准实验的研究方法课程

——学会找到和创建社会环境

——群体动力学和群体过程的课程

——群体促进技巧的课程

——发展群体促进和共识构建的恰当取向

——社区组织和公共政策的课程/工作坊
——发展文化胜任力
——“跨界者”的帮助是非常有益的
——成为终身学习者
——用新的课程和工作坊来提升技能
——让社区成为老师
——对新知识和新经验是开放的；修正你所知道的东西

参考文献

Allen, K. E., Stelzner, S. P., & Wielkiewicz, R. M.(1998). The ecology of leadership: Adapting to the challenges of a changing world. *Journal of Leadership Studies*, 5(2), 62—82.

Anoka County Healthy Start.(2006). *Annual report* 2006. Anoka, MN: Author.

Astin, A. W., & Astin, H. S.(2000). *Leadership reconsidered: Engaging higher education in social change*. Battle Creek, MI: W. K. Kellogg Foundation.

Ayman, R.(1993). Leadership perception. The role of gender and culture. In M. Chemers & R. Ayman(Ed.), *Leadership theory and research: Perspectives and directions* (pp. 137—166). New York, NY: Academic Press.

Ball, S. A.(1995). The validity of an alternative five—factor measure of personality in cocaine abusers. *Psychological Assessment*, 7(2), 148—154.

Barker, R. G.(1965). Explorations in ecological psychology. *American Psychologist*, 20, 1—14.

Barker, R. G.(1968). *Ecological psychology*. Stanford, CA: Stanford University Press.

Barreiro, T. D., & Stone, M. M.(2013). *Social entrepreneurship: From issue to viable plan*. New York, NY: Business Expert Press.

Barton, S.(1994). Chaos, self—organization, and psychology. *American Psychologist*, 49, 5—14.

Bateson, G.(1972). *Steps to an ecology of mind*. New York, NY: Ballentine.

Benson, E.(2003). Thinking green. *Monitor on Psychology*, 34(4), 28—30.

Block, J.(2001). Millennial contrarianism: The five-factor approach to personality description 5 years later. *Journal of Research in Personality*, 35, 98—107.

Bronfenbrenner, U.(1977). Toward an experimental ecology of human development. *American Psychologist*, 32, 513—531.

Bronfenbrenner, U.(1979). Contexts of child rearing: Problems and prospects. *American Psychologist*, 34, 844—850.

Brown, L. R.(2011). *World on the edge: How to prevent environmental and economic collapse*. New York, NY: W. W. Norton.

Campbell, R., Patterson, D., & Fehler-Cabral, G.(2010). Using ecological theory to evaluate the effectiveness of an indigenous community intervention: A study of sexual assault nurse examiner(SANE) programs. *American Journal of Community Psychology*, 46, 263—276.

Capra, F.(1996). *The web of life*. New York, NY: Anchor Books.

Caughey, M. O., O'Campo, P., & Brodsky, A.(1999). Neighborhoods, families, and children: Implications for policy and practice. *Journal of Community Psychology*, 27, 615—633.

Commoner, B.(1971). *The closing circle*. New York, NY: Knopf.

Cross, D., Monks, H., Hall, M., Shaw, T., Pintabona, Y., Erceg, E., . . . Lester, L.(2011). Three-year results of the Friendly Schools whole-of-school intervention on children's bullying behavior. *British Educational Research Journal*, 37(1), 105—129.

Dalton, J., & Wolfe, S.(2012). Competencies for community psychology practice: Society for Community Research and Action. Draft, August 15, 2012. *The Community Psychologist*, 45(4), 7—14.

Donnellan, M. B., Oswald, F. L., Baird, B. M., & Lucas, R. E.(2006). The Mini-IPIP Scales: Tiny-yet-effective measures of the big five factors of personality. *Psychological Assessment*, 18, 192—203.

Durrett, C., & Trull, T. J.(2005). An evaluation of evaluative personality terms: A comparison of the big seven and five-factor model in predicting psychopathology. *Psychological Assessment*, 17, 359—368.

Eagly, A. H.(2007). Female leadership advantage and disadvantage: Resolving the contradictions. *Psychology of Women Quarterly*, 31, 1—12.

Finlay, J. S.(1991). Using the(Japanese)new management tools to solve organizational problems. *Organization Development Journal*, 9(1), 81—89.

Fischer, D. V., Wielkiewicz, R. M., Stelzner, S. P., Overland, M., & Meuwissen, A. S.(in press). Changes in leadership attitudes and beliefs associated with the college experience: A longitudinal study.*Journal of Leadership Education*.

Foster-Fishman, P. G., & Behrens, T. R.(Eds.).(2007). Systems change [Special issue].*American Journal of Community Psychology*, 46, 191—418.

Foster-Fishman, P. G., Nowell, B., & Yang, H.(2007). Putting the system back into systems change: A framework for understanding and changing organizational and community systems.*American Journal of Community Psychology*, 46, 197—216.

Glover, D., Gough, G., Johnson, M., & Cartwright, N.(2000). Bullying in 25 secondary schools: Incidence, impact and intervention. *Educational Research*, 42, 141—156.

Goldberg, L. R.(1992). The development of markers for the big-five factor structure.*Psychological Assessment*, 4, 26—42.

Goldberg, L. R.(1993). The structure of phenotypic personality traits.*American Psychologist*, 48, 26—34.

Goldberg, L. R.(1999). A broad-bandwidth, public-domain, personality inventory measuring the lower-level facets of several five-factor models. In I. Mervielde, I. Deary, F. De Fruyt, & F. Ostendorf(Eds.),*Personality psychology in Europe* (Vol. 7, pp. 7—28). Tilburg, The Netherlands: Tilburg University Press.

Gong, R.(2005). The essence of critical thinking.*Journal of Developmental Education*, 28, 40.

Heifetz, R.(1994). *Leadership without easy answers*. Cambridge, MA: Belknap Press of Harvard University Press.

Helgesen, S.(1995).*The web of inclusion: A new architecture for building great organizations*. New York, NY: Doubleday/Currency.

James, J.(1996).*Thinking in the future tense: Leadership skills for a new age*. New York, NY: Simon & Schuster.

Johnson, S.(2001).*Emergence: The connected lives of ants, brains, cities, and software*. New York, NY: Touchstone.

Kallestad, J. H., & Olweus, D.(2003). Predicting teachers' and schools' implementation of the Olweus Bullying Prevention Program: A multilevel study.*Prevention & Treatment*, 6(1), Article 21.

Katz, D., & Kahn, R. L.(1978).*The social psychology of organizations* (2nd ed.). New York, NY: Wiley.

Kelly, J. G.(1968). Toward an ecological conception of preventive interventions. In J. W. Carter Jr.(Ed.),*Research contributions from psychology to commu-*

nity mental health (pp. 74—99). New York, NY: Behavioral Publications.

Kelly, J. G.(1971). Qualities for the community psychologist. *American Psychologist*, 26, 897—903.

Kelly, J. G.(1979). T'ain't what you do, it's the way you do it. *American Journal of Community Psychology*, 7, 244—261.

Kelly, J. G.(1987). Seven criteria when conducting community—based prevention research: A research agenda and commentary. In *Preventing mental disorders: A research perspective* (DHHS Publication No. ADM 87—1493, pp. 57—72). Washington, DC: U.S. Government Printing Office.

Kelly J. G.(2007). The system concept and systemic change: Implications for community psychology. *American Journal of Community Psychology*, 46, 415—418.

Kelly, J. G., Azelton, E. E., Lardon, C., Mock, L. O., & Tandin, D. (2004). On community leadership: Stories about collaboration in action research. *American Journal of Community Psychology*, 33, 205—216.

Kelly, J. G., Dassoff, N., Levin, I., Schreckengost, J., Stelzner, S. P., & Altman, B. E. (1988). *A guide to conducting prevention research in the community: First steps*. New York, NY: Haworth.

Kelly, J. G., Ryan, A. M., Altman, B. E., & Stelzner, S. P.(2000). Understanding and changing social systems: An ecological view. In J. Rappaport & E. Seidman(Eds.), *Handbook of community psychology* (pp. 133—159). New York, NY: Plenum.

Kim, I. J., Kim, L. I. C., & Kelly, J. G.(2006). Developing cultural competence in working with Korean immigrant families. *Journal of Community Psychology*, 34, 149—165.

Klingsporn, M. J.(1973). The significance of variability. *Behavioral Science*, 18, 441—447.

Kloos, B., Hill, J., Thomas, E., Wandersman, A., & Elias, M.(2011). *Community psychology: Linking individuals and communities*. Belmont, CA: Wadsworth.

Koerner, K.(2012). *Doing dialectical behavior therapy: A practical guide*. New York, NY: Guilford Press.

Komives, S. R., Owen, J. E., Longerbeam, S. D., Mainella, F. C., & Osteen, L.(2005). Developing a leadership identity: A grounded theory. *Journal of College Student Development*, 46, 593—611.

Mai-Dalton, R. R. (1993). Managing cultural diversity on the individual, group, and organizational levels. In M. M. Chemers & R. Ayman (Eds.), *Leadership theory and research* (pp. 189—215). San Diego, CA: Academic Press.

Mathews, K. M., White, M. C., & Long, R. G. (1999). Why study the complexity sciences in the social sciences? *Human Relations*, 52(4), 439—462.

McCrae, R. R. (2001). 5 years of progress: A reply to Block. *Journal of Research in Personality*, 35, 108—113.

Meadows, D. (2001, January 9). Slow down, you move too fast: An ounce of prevention is worth a pound of cure. *Grist Magazine*.

Moritsugu, J., Vera, E., Wong, F. Y., & Duffy, K. G. (2014). *Community psychology* (5th ed.). Boston, MA: Pearson.

Morrison, E. W., & Milliken, F. J. (2000). Organizational silence: A barrier to change and development in a pluralistic world. *Academy of Management Review*, 25, 706—725.

Moskell, C., & Allred, S. B. (2013). Integrating human and natural systems in community psychology: An ecological model. *American Journal of Community Psychology*, 51, 1—14.

Mullainathan, S., & Shafir, E. (2013). *Scarcity: Why having too little means so much*. New York, NY: Henry Holt.

National Healthy Start Association. (2012). *Saving our nation's babies: The impact of the Federal Healthy Start Initiative* (2nd ed.).

Olweus, D. (1993). *Bullying at school: What we know and what we can do*. Cambridge, MA: Blackwell.

Paulus, P. B. (2000). Groups, teams, and creativity: The creative potential of idea-generating groups. *Applied Psychology: An International Review*, 49, 237—262.

Paunonen, S. V., & Ashton, M. C. (2001). Big five predictors of academic achievement. *Journal of Research in Personality*, 35, 78—90.

Peirson, L. J., Boydell, K. M., Ferguson, H. B., & Ferris, L. E. (2011). An ecological process model of systems change. *American Journal of Community Psychology*, 47, 307—321.

Pryce, S., & Frederickson, N. (2013). Bullying behaviour, intentions and classroom ecology. *Learning Environments Research*, 16, 183—199.

Rigby, K. (2003). Consequences of bullying in schools. *Canadian Journal of Psychiatry*, 48, 583—590.

Sampson, R.(2012).*Bullying in schools*. Washington, DC: Community Oriented Policing Services, U.S. Department of Justice.

Sibley, C. G., & Pirie, D. J.(2013). Personality in New Zealand: Scale norms and demographic differences in the Mini-IPIP6. *New Zealand Journal of Psychology*, 42, 13—30.

Stanovich, K. E.(2013).*How to think straight about psychology* (10th ed.). Boston, MA: Allyn & Bacon.

Tandon, S. D., Azelton, S., Kelly, J. G., & Strickland, D. A.(1998). Constructing a tree for community leadership: Contexts and processes in collaborative inquiry.*American Journal of Community Psychology*, 26, 671—695.

Tibbetts, A.(2013).*A DBT skills workbook: You untangled: Practical tools to manage your emotions and improve your life*. Kansas City, MO: Lilac Center.

Trickett, E. J.(1984). Toward a distinctive community psychology: An ecological metaphor for the conduct of community research and the nature of training. *American Journal of Community Psychology*, 12, 261—279.

Trickett, E. J. (2005). The community context of disaster and traumatic stress: An ecological perspective from community psychology. In S. E. Hobfoll & M. W. deVries(Eds.),*Extreme stress and communities: Impact and intervention* (pp. 11—25). New York, NY: Kluwer Academic/Plenum.

Trickett, E. J.(2009a). Community psychology: Individuals and interventions in community context.*Annual Review of Psychology*, 60, 395—419.

Trickett, E. J.(2009b). Multilevel community—based culturally situated interventions and community impact: An ecological perspective.*American Journal of Community Psychology*, 43, 257—266.

Trickett, E. J., & Beehler, S.(2013). The ecology of multilevel interventions to reduce social inequities in health. *American Behavioral Scientist*, 57, 1227—1246.

Trickett, E. J., Beehler, S., Deutsch, C., Green, L. W., Hawe, P., McLeroy, K., . . . Trimble, J. E.(2011). Advancing the science of community—level interventions.*American Journal of Public Health*, 101, 1410—1419.

Trickett, E. J., & Birman, D. (1989). Taking ecology seriously: A community development approach to individually based preventive interventions in schools. In L. A. Bond & B. E. Compas(Eds.),*Primary prevention and promotion in the schools* (pp. 361—390). Thousand Oaks, CA: Sage.

Trickett, E. J., Kelly, J. G., & Todd, D. M.(1972).The social environment of the high school: Guidelines for individual change and organizational development. In S. Golann & C. Eisendorfer(Eds.), *Handbook of community mental health* (pp. 331—406). New York, NY: Appleton Century Crofts.

Trickett, E. J., Kelly, J. G., & Vincent, T.(1985). The spirit of ecological inquiry in community research. In E. Susskind & D. Klein(Eds.), *Community research: Methods, paradigms, and applications* (pp. 283—333). New York, NY: Praeger.

Trickett, E. J., & Rowe, H. L.(2012). Emerging ecological approaches to prevention, health promotion, and public health in the school context: Next steps from a community psychology perspective. *Journal of Educational and Psychological Consultation*, 22, 125—140.

Tseng, V., & Seidman, E.(2007). A systems framework for understanding social settings. *American Journal of Community Psychology*, 46, 217—228.

Uhl—Bien, M., Marion, R., & McKelvey, B.(2007). Complexity leadership theory: Shifting leadership from the industrial age to the knowledge era. *Leadership Quarterly*, 18, 298—318.

U. S. Department of Health and Human Services. (2010). Eliminating disparities in perinatal health(general population): New competition and competing continuations HRSA-10-153. *Catalog of Federal Domestic Assistance (CFDA) No.* 93.926.

Weisbord, M. R., & Janoff, S.(1995). *Future search: An action guide to finding common ground in organizations and communities*. San Francisco, CA: Berrett-Koehler.

Wielkiewicz, R. M.(1995). *Behavior management in the schools: Principles and procedures* (2nd ed.). Boston, MA: Allyn & Bacon.

Wielkiewicz, R. M.(2000). The Leadership Attitudes and Beliefs Scale: An instrument for evaluating college students' thinking about leadership and organizations. *Journal of College Student Development*, 41, 335—347.

Wielkiewicz, R. M. (2014). A lifelong learning scale for research and evaluation of teaching and curricular effectiveness. *Teaching of Psychology*, 41, 220—227.

Wielkiewicz, R. M.(2015). *Sustainability and psychology*. St. Cloud, MN: Main Event Press.

Wielkiewicz, R. M., Fischer, D., Stelzner, S. P., Overland, M., & Sinner, A. M. (2012). Leadership attitudes and beliefs of incoming first-year college students: A multi-institutional study of gender differences. *Journal of Leadership Education*, 11(2), 1—25.

Wielkiewicz, R. M., & Stelzner, S. P.(2005). An ecological perspective on leadership theory, research, and practice. *Review of General Psychology*, 9, 326—334.

Wolfe, S.(2014). The application of community psychology practice competencies to reduce health disparities. *American Journal of Community Psychology*, 53, 231—234.

Wolke, D., Schreier, A., Zanarini, M. C., & Winsper, C.(2012). Bullied by peers in childhood and borderline personality symptoms at 11 years of age: A prospective study. *Journal of Child Psychology and Psychiatry*, 53, 846—855.

第4章　在不同背景中影响社会变革：跨文化胜任力的作用

凯因・S.李
(Kien S. Lee)

开篇练习

这个开篇练习论述了可以影响社区干预及其评估的文化力量，其中一些对你而言可能是明显的，也可能是不明显的。

一个旨在减少暴力接触对幼年孩子影响的全国性倡议的评估结果表明，两个项目都没有取得资助者所预期的进展。一个项目主要服务于社区A的南亚移民，而另一个项目服务于社区B的美国土著部落。评估小组发现，被确认为暴力接触的儿童接受服务和实际治疗的数量相对较少。他们还发现，接受治疗的孩子及其家庭平均没能接受到超过2～4次的心理健康服务。而且，这两个社区的项目管理者似乎更关注社区意识活动，并没有重点在执法官员、儿童保护服务、心理健康服务提供者、教师和反家庭暴力倡议之间发展一个系统以识别和帮助这些孩子。这个评估的结论是，两个社区中的项目在实施中被耽搁并需要广泛的技术援助。这两个项目所面临的挑战是什么？评估小组对这两个社区情况的假设是什么？如果你是评估者，你会采取什么措施去理解和解决这两个项目受资助者所担心的问题？

概述

社区心理学关注的是社区的结构、功能和过程，而社区是由具有共同的和不同的文化信念与实践的人所构成的。根据帕迪富特(Puddifoot，1996)所说：

> 社区心理学，作为一个领域，与那些把“社区”含义看作是我们有序生活中的一个积极而有意义的实体的人是相关的。一般认为，如果对特定社区的生存感、归属感和承诺感受到了威胁，那么过上有意义生活的可能性或多或少都会降低。

艮谢摩尔和迪博尔德(Gensheimer & Diebold,1997)把社区心理学作为一个"明显重视广泛的人类和社会问题，而不是探究心理学传统范围"的领域，并且主张通过调查社区、组织、群体和个体因素的相互作用而加以强调的生态的、问题导向的研究视角，同时还运用社会干预的实证取向。该领域的学者似乎同意社区感是社区心理学的首要价值(Chavis & Newbrough,1986;Lorion & Newbrough,1996)。因此，"社区心理学是社区的研究和发展的领域"(Chavis & Newbrough,1986)。

社区形成了人们生活的背景，该背景促进了个体和群体的行为，这一概念不同于在心理学中把行为与遗传学联系起来的旧范式(Trickett, Watts, & Borman, 1994)。背景也会导致人们文化的改变，而且由于这种改变，生活在那种背景中的各种群体的生活方式也相对彼此发生了改变。这种改变可以导致环境变得不稳定以及生活在其中的人们感受到压力，而且在极端的情况下，暴力事件可能爆发。跨文化的概念、生态的框架，以及社会政治、群际和文化适应理论都试图理解文化和背景的变化如何影响人的行为及其结果(Watts,1994)。

总之，社区心理学的实质就是背景以及健康、强大和公正的社区。社区心理学家被训练为用生态术语进行思考，以帮助人们识别问题并发展有益于整体社区的解决方案。他们作为研究者、评估者、倡导者、服务提供者、社区领导者、教育者、政策制订者等进行工作。在这些职位上，他们遇到了来自不同的文化、历史和经验的人，以及在各种社区中工作、生活、学习并变老的人。他们必须培养跨文化的工作能力，并在跨文化上是胜任的，这是必然的。

本章聚焦于发展社区从业者能在不同文化环境中工作的问题和建议。考虑到美国各地和其他国家日益增多的社区多样性，在社区中担当研究者、评估者、组织者、政策制订者、倡导者和项目实施者的专业人员理解这些社区的复杂动态是至关重要的。作为社区的从业者，我们每个人都应该尽力确保这些社区的个体不仅彼此和睦相处，而且他们也生活在健康和公正的环境中。

本章的目的是提供提问的知识和技能，以及对你在不同的社区和文化背景中工作可能遇到的情况进行批判性思考。这并不是帮助你了解一个特定的文化(如信仰和传统、服装、食物)，这是发展文化胜任力的典型的培训课程。在解释跨文化胜任力的概念之后，提供两种情况来促使你对文化问题进行分析。并且，也包括了供你参考的一系列纸质的和网络的资源。

跨文化胜任力的定义

跨文化胜任力(cross-cultural competency)是指在和你没有共同的人口统计学特征、语言、信念、历史和经历的人之中进行互动、行使职责和有效工作的能力。你在了解另一人群时做到完全胜任是不可能的，但是在培养相互尊重并促进可以确保你与之互动并密切联系的人们的社会公正和公平的行为和行动上是可能充分胜任的。

来源：iStockphoto.com/fstop123.

图 4.1　跨文化胜任力是指在和你没有共同的人口统计学特征、语言、信念、历史和经历的人之中进行互动、行使职责和有效工作的能力

跨文化胜任力的发展中有三个关键成分：

1.理解“文化”的定义。

2.驾驭社会认同的效应。

3.探讨特权和权力。

文化、社会认同以及特权和权力都是关键的概念，因为它们对人们相互之间的互动具有强大的影响。你对这些概念的理解形成了你对其他人的知觉，而他们对这些概念的理解形成了他们对你的知觉。然后，你的知觉和他们的知觉在不到一秒钟就被转换成语言和有意义的行为，有时候这是有意义的，但在其他时候则对你和/或你与之互动的人来说似乎是完全不合理的。两本重要的出版物探讨了文化、社会认同以及特权和权力的作用，并讨论了它们在个人与群体互动中的重要性：

· 斯蒂芬和斯蒂芬(Stephan & Stephan，2001)全面回顾了美国不同群体成员之间的关系和旨在改善他们关系的项目。在此过程中，他们讨论了像交往、偏见、社会认同、社会优势和种族主义这样的理论和概念。

· 伦泽蒂和李(Renzetti & Lee，1993)让不同群体的学者聚焦在一起，讨论他们的族裔、种族、性别、阶级和其他人口统计学特征对他们作为研究者和变革推动者的双重角色的影响。

文化

文化(culture)是“一系列社会上传播和习得的行为、信念、制度和所有其他产物以及塑造和引导特定个体、家庭、职业、组织或社区的功能的一群人的思想”(如“Culture”，2000；Cross，Katz，Miller，& Seashore，1994；Hofstede，1997)。文化有许多不断发展的形态。一些更为明显的形态包括：宗教、语言、服装、关键事件的庆典(如出生、成年)、食物等。有些形态的文化需要深入调查和观察该群体之外的人来理解，

如领导力、家庭和社区的含义、求助行为、健康信念、性别角色。

文化往往和区分不同群体的人口统计学标签互换使用，如种族与族裔、性取向、性别、国籍或社会经济地位。这是有问题的，因为每个群体中的个体特征和多样性通常被忽视或误解。而且，这种用法有时也表明一些群体是"没有文化的"，因为他们并没有在肤色、语言、服装或食物上表现出明显的差异。这会导致刻板印象，以及同一文化的人们之间和文化内外个体之间的误解。"亚洲"这个标签在美国的使用就是这个问题的常见例子。在符合这个标签的人群中存在巨大的多样性，并且他们的独特价值和需求在与他人的互动中，以及旨在与其建立密切联系的项目与服务的发展、实施和评估中被忽视。人们经常认为中国的专业人员可以轻易地在越南或韩国社区工作，事实上，中国、越南和韩国的文化有很大的不同。

与此同时，文化这个词被错误用来区分不同的群体，这会减少不同群体所共有的相似之处，而这些相似之处对于寻找共同点来建设社区是重要的。社区心理学家和其他人在不经意间会过分强调语言、传统和历史的差异，这不利于找到更深层的、不明显的相似之处，如关于家庭关系和儿童幸福感的价值观。例如，试图消除美籍拉美人和白人家庭分歧的项目经常通过参与分享和庆祝文化传统的活动而启动。这个起点立即吸引了对他们的差异而不是相似之处的关注，如他们对孩子的高质量教育的兴趣。通过首先关注他们对孩子的愿望，这两个群体的家庭将学会把彼此知觉为同盟，并通过在共同活动上的发展和合作过程，他们将有机会来了解彼此的文化价值观和传统。在把注意力主要集中在文化差异上的情况下，群体差异的真正来源——在特权和权力上的差距——可能被掩盖和探讨不充分。

社会认同

社会认同(social identity)是当一个群体的人们试图把不同于其他群体的他们的群体看作是维持和获得群体独特性的途径时而形成的(Tajfel，1981)。这种认同是由文化、历史和背景塑造的。人们往往有几个社会认同，因为他们很可能属于两个或更多群体。一个人的社会认同可以基于从人口统计学特征到信念与职业的一系列特征。

社会认同是复杂的，它包含相对于其他人对这个人的群体成员身份的知觉而言，一个人对特定社会群体的自我认同。刻板印象和没有言明的不现实的期待可以产生于人们假定的一个人的社会认同，并得出他或她是"其中之一"或"不是其中之一"结论的情形。例如，一个同性恋男子刚刚得到了在一个慈善机构担任高级项目官员的工作，突然，该县从事女同性恋、男同性恋、双性恋和变性者(LGBT)青年工作的基于社区的组织邀请他会面并吃午餐。根据他的人口学特征，他们认为，因为他被确认为是 LGBT，所以他更可能去倾听并资助他们的工作。仅仅因为他的社会认同，他突然就把一系列期望强加于他身上。社区心理学家需要理解并能够驾驭社会认同影响他们与合作的个体的互动方式，从而形成真正的关系。

特权和权力

《美国传统词典》(*American Heritage Dictionary*)将特权(privilege)定义为“一群人被赋予的或所享有的超越所有其他人的有利条件”，并且将权力(power)定义为“行使权威、控制和影响的能力”(见，“Power”，2000；“Privilege”，2000)。基于特定人口和/或文化属性的特权和权力使人类的互动更为复杂。如果有人被知觉为属于具有特权和权力的社会群体，即使他没有对该群体的自我认同，他与其他人的互动可能也会受到影响。

在特权和权力的产生以及边缘化、压迫甚至是种族屠杀中，历史都扮演了一个非常重要的角色。这些事件所产生的不平等影响着用来区别、分离和/或歧视某些人群的标签和行动。反过来，这些行动经常形成了防止某些人群获得改善他们生活的资源与机会的政策制度和做法(Trickett et al.，1994)。社区心理学家需要了解并善于废除和重新分配特权和权力，并使之成为他们促进社会公正和平等的职责的一部分。这包括社区心理学家正在研究或评估一个问题或项目的情况，他们必须意识到研究如何被用来损害某些弱势社区(如土著美国人)，或谨慎地不要有意或无意地通过神秘化科学而阻止一些社区的充权(Chavis，1980)。

发展跨文化胜任力

所需的知识、技能、态度和实践

记住并且运用文化的定义。发展跨文化胜任力的重要一步是记住并运用文化的定义以及要谨慎使用。这有助于确保人群中的多样性以及不同组织与社区不会失去相似性，而且对刻板印象的后果要保持警觉。

练习谦逊。为了做到这一点，你需要发展以下技能，并通过这些技能意识到你的行为：

· 意识到对另一个人群的文化所做的假设。

· 不要认为一个人群的文化决定了行为规范，因而另一个人群的行为就是“不正常的”。

· 以尊重的方式提出有关另一个人群文化的问题。

· 倾听和观察非言语的交流和行为规范。

· 识别双重文化或者多重文化的人并与他们一起工作，如搭桥人、文化掮客或文化翻译者，并且他们可以帮助你解释言语和非言语的线索(Hofstede，1997)。

· 把跨文化胜任力的发展视为一个自我反思、觉知，以及与不同文化的人进行尊重合作的持续过程(Dreachslin，Gilbert，& Malone，2013；Tervalon & Murray-Garcia，1998)。

注意特定的概念和术语，并且不要认为它们对每个人都是同样的含义。某些概念和术语的直译并不总是准确的，而且可能引起误解，这依赖于概念和术语所使用的背景。因此，研究和评估结果、项目设计和政策可能没有准确地描述一个人群或不适当地影响了他们的生活。例如，在一项以家的感觉来测量移民融合的研究中，结果表明四个不同的群体(牙买加人、波兰人、萨尔瓦多人、索马里人)的"家"的概念受到其成员移居到加拿大的情况的影响。而且，家(home)这个术语可能并不存在于所有的语言中(Murdie,2004)。在汉语里，它和家庭(family)这个词同义，而在阿富汗语中则直译为"房子"(house)。在研究中不考虑这些情况的研究者可能得出一些移民没有把新国家看作他们的家的结论。要和搭桥人以及专业翻译者核实字词的含义。

注意特定的组织，并且不要认为它们对每个人都有同样的功能。无论是否与社区建设、预防服务或者政策宣传有关，某些机构可能扮演着社区访问点的关键角色。这包括宗教机构、专业的或行业的协会、社区中心、学校、联谊会和公民团体。这些组织形成了团体或社区成员的社会支持结构；然而，在不同的文化中，它们可能有着不同的功能。例如，黑人/非洲裔美国人社区中的教堂在组织和支持其成员中起着重要的作用，东南亚人社区中的佛教寺庙或南亚人社区中的清真寺的作用往往是集中在为其成员提供精神和宗教上的服务以及远离民事或政治活动(Lee,2004)。然而，这个趋势随着时间而逐渐改变，因为穆斯林宗教领袖在"9·11"之后必须应对反穆斯林的歧视行为。

另外，几乎所有的群体或社区都有外人所不可见的更深层的非正式组织。例如，这些非正式组织在移民社区得以发展，是因为移民们一到美国就有需要得到立即回应的迫切要求(如传统的葬礼服务)，或者他们要把网络系统从祖国迁移到新居住地(如一个在祖国不需寻求非营利状态的大学校友网络)。这些非正式组织说明了文化的动态性质。

保持文化、社会认同、特权和权力运作的动态背景的不断更新。跨文化胜任力的三个核心要素不会出现在真空中；相反，它们会依赖国内和全球事件而发生变化，如政治选举、战争、经济衰退和社会运动。对社区心理学家而言，为了在跨文化上是胜任的，与影响他们所合作或服务的群体的相关问题和事务以及该群体所生活的背景保持同步是至关重要的。为此他们可以这样做：阅读有关的杂志和新闻文章，听讲座和其他与他们所合作或服务的群体有关的报告，参加论坛和社区的实践，而且最重要的是参与该群体资助或组织的活动并与那里的人们交谈。参与这些事件并与感兴趣的群体的领导者与成员进行互动是了解当地种族人群的一个最佳方法(Dreaschslin et al.,2013)。

考虑结构上的不平等以及它们如何影响你的工作及其后果。社区心理学家需要意识到他们所合作或服务的群体或社区所经历的不平等以及这些不平等是如何产生的,并确保他们不是无意地使它们延续下去。结构不平等(structural inequities)是公共政策、制度实践、文化表达和其他规范以多种的、经常是强化的方式在社会群体中延续不平等的系统。例如,一项比较两个群体的公民参与率的研究如果不考虑两个群体的文化特征(如种族、族裔、宗教、性别、年龄),而假定两者的竞争环境是平等的,这是有害的。这个研究可能因而错误地得出一个群体由于其成员的“冷漠”态度而比另一个群体有更少的公民参与的结论。在跨文化上具有胜任力的研究者将深入探讨并发现,那不是由于成员的态度,而是由于不同文化中所定义与实施的公民参与的方式(但也许只有一种类型的公民参与被认为是“权利”或行为规范),以及该研究所涉及的公民机构的不受欢迎的做法所造成的结果。

另一个例子是解决一个特定社区高肥胖率的策略设计。针对个人的态度和行为的干预(如健身项目、营养课程)是常见和恰当的;然而,仅仅有这些干预措施是不够的。跨文化胜任的健康专业人员会从不同的角度研究这个问题,包括影响高肥胖率的社区基础设施和政策。他可以了解以下影响社区成员健康问题的相关情况:当地农贸市场不接受食品券,因为它是在有限的电力和座机电话的环境下运营的,因而不能处理经常需要电子化加工的食品券购买行为;学区有一项要求公立学校从价格最低的供应商而不是当地农民那里购买食物的政策;用于恢复社区公园的公共资源被重新分配,以改善附近的更富裕社区的公园(其成员有能力出席县会议并表达他们的关切);一个开发者只买了一栋办公大楼的土地,并拆除了唯一出售新鲜蔬菜和水果的杂货店。

确认、识别和利用文化群体的资产。跨文化胜任的社区心理学家同等重视文化群体的资产和需求,并认识到资产可以来自不同的形式(如,青年成员以及促进群体文化的有声望的领导者所感受到的文化自豪感、群体对历史事件的参与、群体成功阻止通过其城镇的公路建设)。因此,有必要确认可获得的资产并询问如何利用这些资产来协助组织实现其目标。

接受并真诚对待地位的差异。一些社区心理学家和其他专业人员错误地认为,要想在跨文化上是胜任的,他们必须表现得像群体里的人。与此相反,这种行为可能被群体成员知觉为高傲的或骗人的,因为专业人员可能会忽略在教育水平、权威、资源获取和其他关键因素上的差异。接受要比忽略地位差异更好,承认它们,并且使群体成员参与讨论以确保这些差异不会造成伤害。

如何发展跨文化胜任力的建议

以下是发展跨文化胜任力的实用例子,包括关键练习、工作坊和其他培训。

参与加深了解你的假设如何影响你的工作的练习。每个人都会对他们的社会群体之内或之外的不同的人有无意或有意的偏见。内隐投射是对并不总是显而易见的个人偏见的测试，这是自我测试的有用资源。另一个有用的练习是当你在构建研究问题、设计项目、发展理论或实施培训时要经常停下来，并问问你自己：我正在做出什么假设？我的字词选择是否内隐地假设了另一个人群或社区的某些事情？

这是一个偏见如何影响研究结果的解释和交流的例子。你认为是什么偏见和假设在这里起作用？以及这可能会产生什么影响？

根据普查数据，亚裔美国人的总数已达到历史新高。相比之下，非拉美裔白人占到美国人口三分之一略多一点，而拉美裔和非拉美裔黑人只占美国人口的很小百分比。拉美裔和非拉美裔黑人的百分比在过去两年中已经稳步降低了。

报纸上的一篇文章得出结论："亚洲人的涌入反映了非法移民的减少，而美国雇主增加了对高技能工人的需求。"

提示：亚洲移民是合法地来到美国的，而拉美人却不是。所有的亚洲人都被归为一个类别并假定是受过教育的和有技能的。

参加人际互动和群体过程的训练，可以提高促进和驾驭市政厅会议、社区聚会、反思性学习讨论以及任何其他涉及不同人群的过程的能力。包括角色扮演、练习和经验学习机会的培训对锻炼这种能力是有帮助的(Schön，1983)。国家培训实验室(National Training Laboratory，NTL)是一个有用的资源，基于库尔特·勒温(Kurt Lewin)所信奉的群体关系原则，NTL 为人们提供了促进群体对话与过程的理论知识和实践技能。它的工作坊旨在帮助人们通过模拟和其他练习来直接体验他们的偏见和其他人对他们的知觉，是如何在不知不觉中影响他们的互动和行为的。

学习关于组织行为和组织发展的理论与研究。不论其来源、类型或功能，组织都是任何群体或社区不可缺少的部分。它们相互的关系，与文化群体的非正式领导者的关系，以及与在社区中运作的更大系统的关系，都可以积极或消极地影响群体的动态和社区规范(Dreaschlin et al.，2013)。NTL 和几所大学(如天普大学、美国大学)都有关于组织行为与发展、领导力以及多样性管理策略的培训项目。

参加有关特权和权力的结构和影响的培训。没有太多的培训被设计来帮助人们了解特权和权力的结构和影响。民众研究所是这个领域的重要资源。它提供了通过对话、反思、角色扮演和知识交流来消除根深蒂固的种族主义的培训，教会参加者如何分析损害促进平等尤其是种族平等工作的特权和权力的结构。

下面是群体促进技能和深入理解特权和权力是如何至关重要的一个例子。

一群做散工的人在一个城郊住宅区的商店前面闲逛以等待临时的工作。居民认为不当行为的事件(如"嘘声"、当众小便)和散工的出现是不雅观的以及对他们的社区是有害的，因而开始感到不安。他们呼吁县政府立即采取行动。另一方面，这些做散工的人告诉一直在帮助他们的社区组织者，他们需要工作并且找不到地方被雇用；此外，他们否认了当众小便的报道，因为商店的主人很友善地让他们使用卫生间。县政府的社区关系官员联系你来召开一个居民和散工之间的会议以讨论和解决这个问题。你如何着手设计这个会议,并且能考虑到参会者的多样性和特权与权力的动态?

提示:使用同声传译设备,并一半使用英语(为不说英语的散工配备一名翻译)。而另一半使用散工的语言(为说英语的居民配备一名翻译)。安排座位时,既不要让居民也不要让散工不和他们自己的群体坐在一起;让文化掮客或搭桥者(如倡议者、服务提供者)坐在居民和散工之间。

跨文化胜任力在社区实践中的重要性

跨文化胜任力在社区实践中是至关重要的,因为社区是由许多来自于不同文化和历史,并且具有不同的接触、信任和社会联结程度的人所组成的。社区心理学家必须能够商讨和驾驭所有这些变量的相互作用,以不断挑战那种认为不合规范的人缺乏成功生活能力的信念(Trickett et al.,1994),并降低某些个体或群体被边缘化或被压迫的可能性。以下是说明跨文化胜任力对帮助确保人群或社区的积极结果是至关重要的小片断。

片断 1:学校中的家长参与

一所学校正在致力于家长参与,特别是少数族裔学生的家长参与。家长联络员被雇用来与这些家长进行沟通和合作。老师们抱怨这些家长对孩子的教育不感兴趣。有些老师甚至不再为把信息发送给家长而烦恼了,因为他们认为家长不会看这些信息。随着时间的推移,学生的成绩开始下滑。校长和一些老师责怪周边地区不断增长的移民家庭。移民学生知觉到一些老师对他们不断增长的敌意,但是他们却没有可以讨论他们知觉的人。

你的孩子上学了,而且在一个家校协会的会议期间,你无意中听到两个老师抱怨“那些”家长。你对学校成绩下降的担忧也使你和校长进行了交谈,她对学校风气感到愤怒,并认为学校风气是日益充满争吵和一团糟的。更重要的是,她开始非常担心学生及其学习和成长能力。你告诉她你愿意帮她解决问题,而且她热切地接受了你的提议。你如何着手去评估问题、确定解决方案并与这个过程中的学校员工、家长和学生建立密切联系?你为什么需要跨文化胜任力来做这件事?而且,还需要考虑以下问题以确保跨文化胜任力的取向:

· 对于学校的角色和不同文化的家长参与,什么假设在这里起作用?(提示:在不同的文化中,学校、教师和家长的角色是什么?)

· 什么可能影响家长参与学校事件的能力并开始参与他们孩子的学校教育?(提示:家长是否有不止一个工作,或有年幼的孩子并且负担不起孩子的护理?)

·教师、家长联络员和父母在社会认同中的差异以及他们所属的社会群体是什么？（提示：老师、家长联络员和父母如何进行自我认同，而且每个人对其他人的社会认同的知觉是什么？）

·谁拥有特权和权力，而且在谁之上？（提示：教师和家长的人口统计学构成是什么？家长如果抱怨老师，那么他们对老师如何对待自己的孩子有哪些担忧？）

·哪些不平等发生了并通过某些家长的信息不一致共享而延续下去？[提示：如果一些孩子没有父母的参与许可，他们会失去哪些学习的机会（如实地考察旅行？）这如何影响他们的成绩？]

片断2：在一个分裂的社区建立群体间的关系

一个乡村小镇的大多数白人居民是许多代之前搬迁到那里的德国移民的后代，拉美移民正在大量涌入这个乡镇。社区是被隔离的。大部分白人居民住在小山顶上的家里，而大多数拉美裔家庭居住在山脚下的出租屋里。他们不参与彼此的事件，除了在他们的孩子上学的学校碰面之外，跨文化的互动是极少的。一场打斗发生了，一个年轻的拉美裔男孩受到严重伤害。发起这一打斗的人是另一个拉美裔青年。这一事件没有得到警方的妥善处理。第二天报纸上的报道暗示了这种事件是常见的，而且由于移民的到来，"帮派"问题正在影响他们曾经平静的社区。诋毁山脚下这一区域的情况在继续，并形容它是"不安全"的"杂乱的人行道"。

社区中心已经在那里有几十年了，现在被一个年轻的拉美裔人所领导，该中心向你的组织求援。她从同事那里听说了你的组织及其工作。她想结束日益增长的分裂但却不确定怎么做。她邀请你去参观这个小镇，并与她的员工会面以获取他们对这种情况的观点。你接受了这个提议。当你开车穿过小镇时，你注意到了一些事情：在社区中心的后面有一幅展示首批移居到该镇的德国移民的壁画；比你预期更多样化的居民住在小山顶上，包括许多南亚裔和黑人/非洲裔美国人家庭；扶轮社和妇女选民联盟等组织的标牌，以及一些教堂关于社区事件的公告。你也注意到山脚下这一区域没有人行道，路灯似乎都坏了，而且年轻人放学后在街上闲逛和说笑。后来，当你在社区中心见到工作人员时，你了解了这个中心的课后活动、家长领导力培训、年度社区野餐和食物捐赠。你也遇到了一位讨论拉美裔人社区领导力缺乏问题的工作人员。你询问这个中心与该镇的其他组织的关系（如你所看到标牌的组织）并得知它们没有任何关系。你如何着手去设计让所有居民和领导者一起建立联系和信任的策略和过程？你为什么需要跨文化胜任力去做这件事？思考下列问题以确保跨文化胜任力的取向：

·对于山顶和山下的居民，什么假设在这里起作用？（提示：这里的移民与非移民有社会经济地位和/或种族上的划分吗？为什么社区工作人员说拉美裔人社区没有领导力？）

• 在社区内有哪些社会群体？（提示：谁参加了诸如扶轮社和妇女选民联盟这样的组织？南亚、非洲和拉美裔美国人家庭参加了什么类型的组织？他们去社区教堂吗？如果不去，他们去哪里寻求精神上和信仰上的服务？）

• 谁拥有特权和权力而且在谁之上？（提示：为什么住在山脚下的家庭没有人行道或路灯？谁在市议会中代表他们？）

• 维持现状或延续机会和资源的不平等分配的结构是什么？（提示：拉美裔和其他低收入家庭可以求助于哪些与扶轮社和妇女选民联盟类似的组织、机构或途径以表达他们的担忧？为什么社区中心与社区其他组织和领导者没有关系？为什么报纸可以刊登一个即使没有人行道却带有"杂乱的人行道"图片的故事？）

未来的方向

上面的片断描述了美国各地社区中经常发生的事情。社区心理学家对跨文化胜任力的需求变得不仅更加紧迫而且更加复杂，因为从种族和族裔到性取向的所有方面，社区都变得日益多样化，而且社区心理学家和其他专业人员对跨文化胜任力的理解也从评估多样性转向促进公平。世界在过去几年里发生了许多事件，如美国选出第一个非洲裔美国总统、经济衰退、伊拉克和阿富汗战争以及阿拉伯之春，这将增加对不均衡地影响某些人群和社区的问题进行讨论和行动的必要性。促进这些讨论和行动的知识和技能必须被视为跨文化胜任力的一部分。

总结

要点

• 你在了解另一人群时做到完全胜任是不可能的，但是在培养相互尊重并促进可以确保你与之互动并密切联系的人们的社会公正和公平的行为和行动上是可能充分胜任的。跨文化胜任力用"跨"来强调这一点。

• 跨文化胜任力的发展需要知识和技能来探讨三个成分：文化、社会认同以及特权和权力。

• 文化有许多不断发展的形态，一些形态对外人是显而易见的，而其他形态则需要深入的调查和观察。

• 社会认同是作为维护和实现群体独特性的方式而形成的，并且它是由文化、历史和背景所塑造的。个人有多种社会认同。

• 刻板印象和没有言明的不现实的期待可以产生于人们假定的一个人的社会认同，并得出他是"其中之一"或"不是其中之一"结论的情形。

- 在特权和权力的产生以及边缘化、压迫甚至是在种族屠杀中，历史都扮演了一个非常重要的角色。这些事件所产生的不平等，影响着用来区别、分离和/或歧视某些人群的标签和行动。
- 练习跨文化胜任力意味着：
  - ○记住并且运用文化的定义；
  - ○练习谦逊；
  - ○注意特定的概念和术语并且不要认为它们对每个人都是同样的含义；
  - ○注意特定的组织并且不要认为它们对每个人都有同样的功能；
  - ○保持文化、社会认同、特权和权力运作的动态背景的不断更新；
  - ○考虑结构上的不平等以及它们如何影响你的工作及其后果；
  - ○确认、识别和利用文化群体的资产；
  - ○接受并真诚对待地位的差异。

问题讨论

1.跨文化胜任力在什么情况下得到了很好训练？跨文化胜任力的训练在什么情况下可以得到改善？结果是什么？可以做哪些不同的事情来改进这种胜任力的应用？

2.你如何将跨文化胜任力的三个成分（文化、社会认同以及特权和权力）应用到你的工作中？

3.在跨文化胜任力方面，你还可以如何改善你的知识和技能？

关键术语和定义

跨文化胜任力：在和你没有共同的人口统计学特征、语言、信念、历史和经历的人之中进行互动、行使职责和有效工作的能力。

文化：一系列社会上传播和习得的行为、信念、制度和所有其他产物，以及塑造和引导特定个体、家庭、职业、组织或社区的功能的一群人的思想。

权力：行使权威、控制和影响的能力。

特权：一群人被赋予的或所享有的超越所有其他人的有利条件。

社会认同：当一个群体的人们试图把不同于其他群体的他们的群体看作是维持和获得群体独特性的途径时而形成的事物。

结构不公平：公共政策、制度实践、文化表达和其他规范以多种的、经常是强化的方式在社会群体中延续不平等的系统。

资源

图书和论文

Allport, G. W.(1954). *The nature of prejudice*. Reading, MA: Addison-Wesley.

Black, J. S., & Mendenhall, M.(1990). Cross-cultural training effectiveness: A review and theoretical framework for future research. *Academy of Management Review*, 15, 113—136.

Bond, M. A.(1999). Gender, race, and class in organizational contexts. *American Journal of Community Psychology*, 27(3), 327—355.

Dreachslin, J. L., Gilbert, M. J., & Malone, B. (2013). *Diversity and cultural competence in health care*. San Francisco, CA: Jossey-Bass.

Gallagher, T.(2000). Building institutional capacity to address cultural differences. In R. Carter(Ed.), *Addressing cultural issues in organizations* (pp. 229—240). Thousand Oaks, CA: Sage.

Katz, J. H., & Ivey, A.(1977). White awareness: The frontier of racism awareness training. *Personnel and Guidance Journal*, 55, 485—489.

Kavanagh, K. H. & Kennedy, P. H.(1992). *Promoting cultural diversity: Strategies for health care professionals*. Newbury Park, CA: Sage.

Lederach, J. P.(1997). *Building peace: Sustainable reconciliation in divided societies*. Washington, DC: United Sates Institute of Peace.

Loden, M.(1996). *Implementing diversity*. New York, NY: McGraw-Hill.

Mindiola, T., Niemann, Y. F., & Rodriguez, N. (2002). *Black-brown relations and stereotypes*. Austin: University of Texas Press.

Potapchuk, M.(2001). *Steps toward an inclusive community*. Washington, DC: Joint Center for Political and Economic Studies.

Steinhorn, L., & Diggs-Brown, B.(2000). *By the color of our skin*. New York, NY: First Plume Printing.

Thornton, B., & Zambrana, R.(2009). *Emerging intersections*. New Brunswick, NJ: Rutgers University Press.

手册、指南和案例研究

Annie E. Casey Foundation.(n.d.). *Race matters toolkit*. Baltimore, MD: Author.

Bond, M. A., & Harrell, S. P.(Eds.).(2006). Stories of diversity challenges in community research and action. *American Journal of Community Psychology*, 37(3/4), 157—365.

Bond, M. A., & Pyle, J.(1998). The ecology of diversity in organizational settings: Lessons from case study. *Human Relations*, 51(5), 589—623.

Chavis, D., Lee, K., & Buchanan, R.(2001). *Principles for intergroup relations projects*. Gaithersburg, MD: Community Science.

Lee, K. (2010). *The journey continues: Ensuring a cross — culturally competent evaluation*. Denver, CO: Colorado Trust.

Shapiro, I. (2002). *Training for racial equity and inclusion: A guide to selected programs*. Washington, DC: Aspen Institute.

St. Onge, P.(2009). Embracing cultural competency: A roadmap for nonprofit capacity builders. St. Paul, MN: Fieldstone Alliance.

Stewart, C.(1999). Sexually stigmatized communities: An awareness training manual. Thousand Oaks, CA: Sage.

参考文献

Chavis, D. M. (1980). Returning research data to the community: Getting away from experimental colonialism. In R. R. Stough & A. Wandersman(Eds.), *Optimizing environments: Research, practice and policy*. Washington, DC: Environmental Design Research Association.

Chavis, D. M., & Newbrough, J. R.(1986). The meaning of "community" in community psychology. *Journal of Community Psychology*, 14(4), 335—340.

Cross, E. Y., Katz, J. H., Miller, F. A., & Seashore, E. W.(Eds.).(1994). *The promise of diversity*. Burr Ridge, IL: IRWIN Professional.

Culture. (2000). *American Heritage college dictionary* (3rd ed.). Boston, MA: Houghton Mifflin.

Dreachslin, J. L., Gilbert, M. J., & Malone, B. (2013). *Diversity and cultural competence in health care*. San Francisco, CA: Jossey—Bass.

Hofstede, C.(1997). *Culture and organizations*. New York, NY: McGraw—Hill.

Hopson, R.(Ed.).(2000). How and why language matters in evaluation. *New Directions for Evaluation*, 86.

Gensheimer, L., & Diebold, C.(1997). Free-standing doctoral programs in community psychology. In C. O'Donnell & J. Ferrari(Eds.), *Education in community psychology* (pp. 45—64). Binghamton, NY: Haworth.

Lee, K.(2004). *The meaning and practice of civic participation in four immigrant communities in the Washington metropolitan region* (Unpublished doctoral dissertation). The Union Institute and University, Cincinnati, OH.

Lorion, R. P., & Newbrough, J. R. (1996). Psychological sense of community: The pursuit of a field's spirit. *Journal of Community Psychology*, 24 (4), 311—325.

Murdie, R. A.(2004, July). *House as home as a measure of immigrant integration: Evidence from the Housing Experiences of New Canadians in Greater Toronto Study*. Paper presented at the European Network for Housing Research Conference, Cambridge, United Kingdom.

Power.(2000). *American Heritage college dictionary* (3rd ed.). Boston, MA: Houghton Mifflin.

Privilege.(2000). *American Heritage college dictionary* (3rd ed.). Boston, MA: Houghton Mifflin.

Puddifoot, J.(1996). Some initial considerations in the measurement of community identity. *Journal of Community Psychology*, 24(4), 327—336.

Renzetti, C. M., & Lee, R. M.(1993). *Researching sensitive topics*. Newbury Park, CA: Sage.

Schön, D.(1983). *The reflective practitioner: How professionals think In action*. New York, NY: Basic Books.

Stephan, W., & Stephan, C. (2001). *Improving intergroup relations*. Thousand Oaks, CA: Sage.

Tajfel, H. (1981). *Human groups and social categories*. Cambridge, UK: Cambridge University Press.

Tervalon, M., & Murray-Garcia, J.(1998). Cultural humility versus cultural competence: A critical distinction in physician training outcomes in multicultural education. *Journal of Health Care for the Poor and Underserved*, 9(2), 117—125.

Trickett, E. J., Watts, R. J., & Birman, D.(Eds.).(1994). *Human diversity*. San Francisco, CA: Jossey—Bass.

Watts, R. J.(1994). Paradigms of diversity. In E. J. Trickett, R. J. Watts, & D. Birman(Eds.), *Human diversity* (pp. 49—80). San Francisco, CA: Jossey—Bass.

第5章　专业判断和伦理

迈克尔·莫里斯
(Michael Morris)

开篇练习：我的家庭作业已经完成了，但是……

在当地公立学校系统，你所工作的以社区为基础的研究组织最近完成了一个课外拓展家庭作业援助项目的评估。这个试点项目聚焦于三所小学，教师志愿者在教学日结束之后辅导孩子们家庭作业两个小时。你的评估表明，这个项目对参与者的家庭作业完成率有积极的影响，但是并没有获得更高的学业成绩。这些学校的负责人希望你在你的书面报告和向资助该项目的市教育董事会的现场陈述中对后面的结果轻描淡写。她想在来年把这个项目扩展到12所小学，这需要来自董事会的大力资助和当地慈善组织的支持，以付钱给作为辅导者的高中生。负责人担心，对成绩没有显著影响的结果可能减弱资助者对该项目的热情，从而导致这个有价值的实验提前终止。正如她所说的，"在我们还有机会改善这个项目之前，我不想失去它。而且不要忘记，一个扩展的项目将为高中生提供在教育背景下而不是在快餐店中的有价值的兼职工作，那是项目本身的重要益处。"

在负责人一直在讲的时候，你开始感到这个干预的核心目标——提高小学生的学业成绩——有丧失的危险，或者至少在多种次要利益中妥协：为青年人提供工作的项目、每天使小学生少顽皮2小时、成功找到资助者等。尽管你不想对负责人的担忧漠不关心，但是你对"隐藏"你认为非常重要的发现结果持有严肃的保留意见。

这种情况下你会做什么？如果你一直想让这些结果得到你认为它们应该受到的关注，而负责人又不改变她的观点，你将如何做出反应？你是否可以做一些防止这场冲突发生的事情？

概述

本章探索了社区心理学实践的伦理维度，并且思考了能够提高一个人在社区工作的伦理素质的策略。本章还讨论了与伦理有关的专业原则、指导方针和标准的价值和局限，强调了与社区心理学致力于多种利益相关者的不同文化环境中社会公正议题有关的独特挑战。同时,还强调了案例分析、写日志和与同事对话在发展伦理胜任力中的作用,以及社区项目的准入/签约阶段为防止伦理冲突所提供的机会。

来源:iStockphoto.com/RusN.

图 5.1 在许多环境中,社区从业者被要求来解决“要做的(道德上)正确的事情是什么?”的问题

导论:概念性定义

社区心理学实践中的专业判断和伦理是贯穿于本书所讨论的所有其他核心胜任力的主题。例如:在社区组织中,谁的优先权和议题将对变革努力产生最大影响的问题,可以引发严重的伦理问题。或者,思考一下对社会公正的追求。社会公正概念的内在要求是,当一个人倡导更公正的社会时需要符合伦理要求。当然,也有基于社区的研究。当基层的利益相关者在参与式行动研究(participatory action research, PAR)项目中强烈游说,要采用没有真正变化却很可能看起来有积极影响的方法时,社区心理学家将如何做出反应?

这些都是在某种层面上要求从业者解决“要做的(道德上)正确的事情是什么?”的问题的情况。总体来说,伦理(ethics)涉及“什么是好和坏以及道德的责任和义务”(“Ethics”,2011)。纽曼和布朗(Newman & Brown,1996)指出,伦理可以从三个角度去考虑。首先,伦理包括至少应该在理论上适用于每个人的道德行为的核心原则。因此,“汝不能杀戮”是在所有的社会中都可以发现的某种形式的说法。其次,伦理涉及专业人员所发展的赋予其工作的原则和指导方针。例如,在医学研究中,获得患者和参与者的知情同意书通常被认为是基本的专业责任。最后,伦理可以是指与道德有关的个人信念和行动的研究。例如,一个人可以实证调查在一个既定干预中知情同意书完全从参与者获得的程度(Walker,Hoggart,& Hamilton,2008)。这一章中,重点将是促进伦理专业实践领域有效性的胜任力。

在开始这个旅程之前,我们应该注意到,社区心理学中的伦理判断是专业判断的一个子集,在这个意义上说,有许多社区心理学家可能被要求对没有特定伦理风

险问题进行专业判断的情况。例如，一个从业者可能要考虑两种不同的策略，从而在提供支持这两种策略的令人信服的理由的情况下开展一个社区项目。这个从业者的选择可能反映了他/她关于策略在当前环境中最可能取得成功的专业判断，但这里并没有强烈意识到在伦理上必须选择一个而不是另一个策略。在这种情况下，从业者不可能知觉到伦理挑战。本章将聚焦于伦理领域的专业判断，让其他基于胜任力的各章作者探讨他们那些领域的专业判断。

胜任力发展

伦理实践的指导

尽管 SCRA 的目标表述涉及了具有伦理意义的问题，但是社区心理学并没有形成一系列官方的伦理指导方针用以指导实践。例如，该领域是"致力于促进资源平等分配、所有人机会平等、非剥削(non-exploitation)、暴力预防、积极公民性、被压迫人们的解放、对历史上被边缘化群体的更大包容性，以及尊重所有文化"(SCRA，n.d.)。前五个目标可以被看作是定义了社区心理学对社会公正的责任。尊重人权也在 SCRA 的目标和指导思想中被优先提到。

这些一般的参考文献并不提供特定的伦理准则，但是它们确实提出了核心的价值观(values)，它强烈坚持什么是道德的、正确的或好的理念，这确立了伦理实践的基础(如 Nelson & Prilleltensky，2010，第三章对个人的、集体的和关系的价值观的描述)。就其他领域分享这些价值观的程度而言，在那些领域精心制订的专业标准可以帮助社区心理学家在他们自己的领域处理伦理关切。例如，美国评估协会(AEA，2004)和教育评估标准联合委员会(Yarbrough，Shulha，Hopson & Caruthers，2011)已经分别形成了指导原则和标准以支持项目评估的伦理实践。原则(principles)被广泛地表述为伦理行为的规范，标准(standards)是为伦理行为提供指导的具体说明。考虑到社区研究是 SCRA 的名称和使命的核心，AEA 的评估指导原则和联合委员会的项目评估标准提供了大量与社区实践有关的建议，这是不足为奇的。例如，AEA 对一般和公共福祉责任的原则包括下列陈述：

评估者的职责包括公共的利益和好处……因为公共的利益和好处几乎不与任何特定群体的利益相同(包括顾客或资助者的利益)，评估者经常必须要超越对特定利益的分析并把社会的福祉看作一个整体。(AEA，2004，E—5)

很显然，这个表述把一般和公共福祉责任概念化为一种伦理的责任。也就是说，希望合乎伦理规范的评估者必须考虑多种利益相关者的需求和观点，而且也要真正包含宏观层面的考虑(社会是一个整体)。当然，一个人可以提出一个令人信服的个案，即项目评估者和社区研究者并不是唯一的需要对这些问题敏感的群体。任何努力设计和/或实施以社区为基础的干预的人，都有关注干预对其被引进系统内外的潜在后果的伦理责任。因而，诸如一般和公共福祉责任这样的原则暗示了社区心理学家的两个最基本的角色：研究者和变革推动者/促进者。

这一点通过分析针对后者角色所遇到的伦理问题而得以强化。例如，拉比诺维茨、伯科威茨和布朗利(Rabinowitz, Berkowitz, & Brownlee, n.d.)提出了在社区干预中所产生的许多主要伦理问题，包括：

· 保密性，这有多种形式并取决于所涉及的多种利益相关者、所探讨问题的敏感性(如暴力、物质使用、性行为)和干预的背景(如在项目内、跨项目，甚至和外部执法官员在委托报告中所共享的信息)。

· 同意，既包括干预参与者，而且在某些情况下，又包含干预/项目在其中所实施的更广泛社区的知情同意。例如，预防项目通常是在多种生态层面上实施的，这使得获得知情同意书的任务更为复杂。正如施瓦茨和哈吉(Schwartz & Hage, 2009)所观察到的：典型的目标人群是一个不积极寻求帮助的群体……干预的强制性可能加重在从业者或研究者与参与者之间典型的力量不平衡，预防从业者被视为与专家和权威一起行动以解决问题的……随着力量差异的增加，参与者做出与知情同意书有关的自主决定的能力在降低。

总之，在社区实践中精心策划知情同意书是一个多层的、复杂的过程，这给希望对社区所有利益相关者做出完全响应的从业者提出了重大的挑战。

· 胜任力，这指的是教育、培训和变革推动者/促进者经历的充分性，以及在干预实施中所显示的"尽职尽责"和熟练度。正如本书内容所建议的，社区心理学家需要留意该领域包括的广泛的胜任力，并且清楚哪项胜任力是他们采取的既定干预所需要的。

· 利益冲突，这涉及个人利益(经济的、政治的、社会的等)影响一个人在履行与干预有关的责任中的客观性和有效性的情景。例如，在一个社区项目中要求对一个亲密朋友的工作绩效进行专业评估将会出现利益冲突。利益冲突在社区心理学实践中是广泛存在的，但是仅仅存在这种冲突并不决定其伦理性。相反，个体对这种冲突的反应才是至关重要的。在目前这个例子中，选择对朋友进行评估在大部分情况下是不合伦理的行为，而拒绝这个请求在伦理上被视为是恰当的。

· 一般伦理责任，这在更大程度上探讨了与AEA对一般和公共福祉责任的指导原则相同的领域。这两种情况都强调从业者必须认真考虑多种利益相关者。从项目的视角来看待这个问题，拉比诺维茨等(n.d.)把资助者、员工、项目参与者和整个社区看作是必须要整体考虑的关键支持者。

目前为止，我们的讨论表明，社区心理学家对许多在其他应用领域(如项目评估、公共卫生)所遇到的相同的伦理问题感到满意。例如，保密性、知情同意和利益冲突是一些历史悠久的主题。像这些伦理问题在多大程度上以独特的形式出现在社区心理学实践中？最具独特性的情况可能是克鲁斯等(2012)确定的社区心理学五个(共七个)核心价值观的相互作用：社会公正、充权/公民参与、合作和社区优势、尊重人类多样性，以及实证基础。这一领域致力于与支持社会中弱势的、被压迫的群体有关的社会公正，并且以此增强这些群体为了他们自我知觉到的利益和优先性来行使权力的能力。这个过程经常包括社区心理学家与被边缘化的和被剥夺公民权的人进行合作，运用与变革努力有关的知识研究并评估该研究。在这些情况下产生的伦理挑战包括但并不局限于下列内容：

· 以对干预参与者产生不切实际的期望的方式倡导实质的转变。例如，在来源于自我意识提升策略的参与式行动研究中，参与者可能想参与项目，但项目却要直面强大而顽固的系统利益相关者，这导致了与失败有关的道德败坏和玩世不恭。在这样的环境中，人们可能会认为，干预实际上对参与者存在消极的影响，并因而违反了不伤害原则。

· 存在社区心理学家认为从相关研究中学到的重要教训被忽略，或在构思和/或实施干预中没有被参与者认真对待的情况。如果不违反合作精神，我们如何艰难地推进？我们是否有权利使我们与可能损害我们专业声誉的有缺陷的干预保持一定距离？

· 明显的价值冲突随着干预的开展而出现在从业者和社区参与者之间。社区心理学家认为这些差异有损于体现社会公正的干预能力。例如，考虑一下保守的宗教会众(congregation)积极游说以提高社区中优质早期儿童教育的供给情况，但是同性父母致力于这项工作的努力最近已经被拒绝了。强烈支持同性恋权利的社区咨询者是否应该和会众进行合作，并假定达成教育目标的益处将惠及所有家庭，包括同性恋家庭？这个结局是否证明了这个案例中手段的正当性？或者至少使后者是可忍受的？如果咨询者仍然继续参与，他在合作进行教育干预时努力改变参与者对同性恋权利的看法是否在伦理上是恰当的？或者这是否逾越了咨询的意见一致的边界？

我们在第三个案例中所呈现的是一个尊重多样性(会众的价值观)与社会公正责任(同性伴侣的平等性)不一致的情况。在第二个案例中，冲突存在于实证基础、合作和充权之间。而且，在参与式行动研究的例子中，在充权和不伤害的基本原则之间存在矛盾。当面对价值观和/或原则之间的冲突时，社区心理学家必须优先考虑：在这种情况下进行决策时哪些价值观/原则应该被赋予更多权重？尽管许多伦理学家认为不伤害是最基本的伦理要求(因而是“首先不伤害”的说法)，但是这个原则以及许多其他的原则和价值观所提供的指导是如此一般，以至于它只能有限使用到解决特定情况下的原则和价值观之间的冲突(Mabry，1999)。而且，就定义而言，“特定情况”是指在社区心理学实践中发生伦理挑战的情形。

这种讨论的一个含义是，社区心理学家需要熟练分析他们所发现的特定情况如何适应于与社区实践相关的价值观和原则。例如，在早期儿童教育的案例中，如果被会众排斥的同性父母能够动员起来去为变革而游说，情况是否会有所不同？或者，与会众合作是否是他们有意义参与这项工作的唯一现实的选项？在会众的倡议缺少同性恋父母参与的情况下，社区咨询者开始培育会众的接受气氛并导致在未来的某一时刻与同性恋利益相关者进行合作的可能性是多少？最后，咨询者对同性恋权利的个人的支持是否非常强烈并对他的自我形象非常重要，以至于和歧视同性夫妇的群体进行合作对他或她而言是非常不安的？

从根本上来说，社区心理学实践中的伦理挑战的独特性在相当大的程度上存在于旁观者的眼中。正如先前所指出的，许多挑战无疑是与其他的应用领域所共有的。然而，在社区心理学家经常聚焦于社会最弱势群体福祉的情况下，不有效解决伦理问题将产生显著的特别令人不安的后果。诸如谁的利益被维护并且谁有权做出与干预有关的决定这样的问题(Roos, Visser, Pistorius, & Nefale, 2007)，在其从业者致力于和被剥夺公民权的群体进行合作的领域中尤其是让人头痛的。

社区心理学文献中的伦理

明确采用伦理术语框架的分析在社区心理学家的著作中没有占据特别突出的位置，至少在美国是这样的。例如，在被广泛使用的克鲁斯等(2012)的教材中，“伦理”和“伦理的”这些术语甚至没有出现在索引中，但是诸如“核心价值观”“社会公正”和“文化胜任力”这些对伦理实践有重要含义的概念却在索引中。确实，莱文、珀金斯和珀金斯(Levine, Perkins, and Perkins)在2005年发现“伦理讨论仍是稀少的”，这在社区心理学中很大程度上是真实的。考虑到几乎没多少以“伦理”为标题的文章(Helm, 2013; Hunter, Lounsbury, Rapkin & Remien, 2011; O'Neill, 1989; Paradis, 2000; SerranoGarcía, 1994)，在社区心理学杂志上找到这样的文章是一个令人生畏的任务，并且，这个领域最近的综合的伦理讨论出现于2000年(Snow, Grady, & Goyette-Ewing, 2000)。

当一个人确实遇到社区心理学杂志中的伦理讨论时，这通常是在做基于社区的研究时对所面临的挑战审查的一部分。例如，亨特等(2011)探讨了与纽约市的HIV预防研究的社区伙伴建立合作关系的困难。参与这些干预的多种利益相关者包括艾滋病服务组织、州和地方公共卫生机构、医院/诊所、政策制订者和不同机构的研究者。这些群体一起工作以发展一个谅解备忘录(memorandum of understanding, MOU)，解决与研究伙伴关系有关的各种问题，包括隐私权、保密性、伙伴和客户的风险和利益、文化敏感性、数据与干预材料的所有权，以及项目课程和研究结果的传播。合作的标志是参与者对长期(2年)而透明的过程的承诺，这个过程深入探讨了他们的关切、焦虑、利益和优先事项。这个重要的时间投入必然在谅解备忘录中产生伦理益处。(在基于社区的参与式研究从公共卫生视角所做的伦理分析，见Buchanan, Miller, & Wallerstein, 2007)

在另一个报告中，莱克斯等(2012)探讨了不同的族裔和文化群体的知情同意这个伦理研究核心成分的问题。作者提出了许多主题。包括知觉到的风险/利益，参与者的负担，研究参与的意义和便利性，做出参与决策所需的信息，以及决策策略。并不奇怪，在所研究的白人、拉美裔和亚裔美国人群体中发现了这些维度上的相似和差异之处。这个研究强调了相信“签署的同意表格文件有共同理解”的局限性，同时也表明社区研究者必须重视他们通过知情同意而招募的不同群体的特征。

事实上，多样性和文化胜任力在最近几年可能已经成为社区心理家在其论著中经常讨论与伦理直接有关问题的领域。例如，古坎德等(2011)详细描述了一个项目，这是一个从多种利益相关者的优势点来试图解决美国印第安/阿拉斯加本地(AI/AN)青少年所经历的健康不平等问题的综合干预。该工作的核心是承认美国印第安/阿拉斯加本地青少年与主导文化的卫生保健途径的隔离，该隔离边缘化了他们固有的康复实践和文化教学。尽管“伦理学”本身在分析中并不被用作明显的组织概念，但是非常清楚的是，信任项目(project trust)产生于社会公正以及合乎伦理的与有效的社区心理学实践，需要对美国印第安/阿拉斯加本地青少年文化有更多回应和接受的信念。在更为一般的层面上，不同文化群体需要深度参与，社区心理学家为此而发展干预，这构成了该领域的主要主题(Aber, García, & Kral, 2011)。总之，为了成为有伦理的社区心理学家，一个人也必须在文化上是胜任的(跨文化胜任力的更多内容见第4章)。

伦理胜任力

回顾社区心理学研究生项目的课程，几乎所有项目都让学生在一个或更多的课程中了解伦理。与这个发现相一致的是，奈格尔和拉特克利夫(Neigher and Ratcliffe,2011)报告，在146个社区心理学家样本中至少90%的样本表明，他们可以获得“伦理的专业实践”方面的培训。但并不清楚的事情是，伦理培训超越心理学研究和实践传统主题或以独特风格探讨这些主题的程度。正如我们所看到的，传统的关切，如知情同意、保密性/隐私、利益冲突、风险/利益、专业胜任力、参与动机以及研究结果的报告/传播，都可以在多种利益相关者以及社区心理学家经常为了社会公正而工作的环境中形成挑战。而且，从大多数社区心理学课程中很难分辨出多大程度的关注被给予社会干预的伦理而不是社区研究的伦理。考虑到这种干预在该领域中的重要作用，人们希望学生将有机会去做得更多，而不仅仅是探索初级和二级干预项目的污名化的可能性。

哪些胜任力是重要的?

社区心理学家应该理解强调伦理行为的基本原则。美国心理学会(APA, 2010)的社区心理学家伦理原则和行为准则确认了五个原则：

- 德行和不伤害(beneficence and nonmaleficence)：本质上，这涉及有益他人

（“做好事”）而不是伤害他们（“不伤害”）的行动方式。在实践中，这个目标常常是一个最大化益处而最小化损害的目标。例如，意识提升（consciousness-raising）策略可以在参与者中引发严重不安，至少在短期内这是探索社会不公正的个人后果。另外，一些参与者甚至长期疏远朋友与亲属，并导致了在两个群体中的忧虑。当然，一个人所希望的是，意识提升将产生效果感和充权，从长期来看，这将产生显著超过策略成本的积极的社会后果。

- 忠诚和责任（fidelity and responsibility）：这个原则强调心理学家被看作是有专业责任的，因而需要发展与其他人的信任关系。对社区心理学家而言，它要求在其他事情中向利益相关者明确说明支配一个人行为的价值观并按照这些价值观而行动，例如，弄清楚一个人如何在与利益相关者一起工作时扮演合作的角色。在某些情况下，这需要解释一个人的价值观如何与利益相关者的价值观相冲突，从而为讨论如何处理这个冲突搭建了舞台。
- 正直（integrity）：正直强调“在心理学的科学、教学和实践中的准确性、诚实和真实”（APA，2010）。以透明的方式与其他人互动在这里是关键。例如，在本章的导入练习中，评估者可能看到他的正直受到负责人要求忽略某些项目评估结果的挑战（Morris & Clark，2013）。而且，在德行和不伤害原则下所讨论的意识提升的例子中，正直将会要求参与者了解意识提升的潜在益处和成本。
- 公正（justice）：出现在 APA（2010）原则中的公正概念是个人主义的基调，即要求心理学家“认识到公平和公正使所有人有权利接触心理学并从心理学的贡献中获益”，并有权利在心理学家工作中获得“同等质量”。作为一个领域，社区心理学走得更远，并致力于社会的公正，即一个重视整个社会的资源、机会、义务和权力的平等分配的更宏观层面的概念（Prilleltensky，2001），同时特别关注边缘化的群体和对他们获得公正所需的倡议。当然，社会公正的主张作为分歧严重的主题，引发了基于这些主张的策略（如平权行动）被批评为不公正的情况。这种令人羞辱的认识使伦理实践复杂起来，它提醒我们，社会公正经常是一个争夺的战场，并且一个人的“道德正确”可以构成另一人的“道德错误”。
- 尊重人的权利和尊严（respect for people's rights and dignity）：这个原则确认了“所有人的尊严和价值以及个体的隐私、保密性和自我决定的权利”（APA，2010）。它还主张需要对多样性进行回应，并注意到个体在多种维度上有所不同（年龄、性别、文化、种族、能力、社会经济地位等）。与社区心理学在群体和社区层面上提出的权利相比，关注点又一次看起来主要在于个体。

当然，伦理胜任力需要的不只是伦理原则、社区心理学的价值观、在教科书与相关课程中所探讨的各种子主题（如保密性、知情同意和文化回应）的知识。一个人必须熟练运用这些知识来指导社区心理学家在工作中遇到的特定情况下的决策。下列问题可以作为解决这个任务的框架，并聚焦于涉及某些类型的伦理挑战或问题的情况。

当我看到伦理挑战时如何识别它?

这个问题的答案并不像一看上去那么简单。研究表明,个体识别伦理问题的倾向在本质上是不同的(Desautels & Jacob, 2012; Reynolds, 2006)。一个问题可能是伦理问题的迹象包括:

· 最明显的是,你相信(可能仅仅是直觉)某事是“错误的”(不公平、不公正、不平等),或者如果不采取恰当的预防行动将可能变成错误的。例如,不强大的利益相关者的声音是安静的,或不被强大的利益相关者所认真对待。

· 利益相关者声称伦理问题本身已经出现。

· 不直接涉及但却了解该情况的同事提出了伦理关切。

哪些伦理原则、价值观和标准是与这个情景最相关的?

这里的基本问题是,这个问题为什么是一个伦理问题? 正如我们所看到的,多种原则、价值观和标准可以与任何既定的案例相关。例如,在本章的导入练习中,负责人的要求可以被看作是涉及正直原则(即在报告研究结果中的诚实性),社区心理学的实证基础的价值观(相同的原因),以及甚至可能是不伤害原则(如,如果家庭作业援助项目不再继续,那么现在和未来的项目参与者可能会受损害)。

这些原则、价值观和标准在决策时应该如何彼此平衡?

如果有一个公式把一组既定伦理视角结合起来,然后获得一个决策,那将是非常棒的,或者至少是方便的,但这种公式却并不存在。原则、价值观和标准在本质上是一般的和抽象的,真实生活并不是这样的。必须审查手头的案例详情,并对整体而言什么是最伦理的做法作出判断。在某些情况下,一个原则可能在重要性上是最重要的,而在其他情况下,必须保证一个决定是尊重多种视角的。另一方面,研究者可能把所要求的改变视为不受欢迎的,但并不会过分到所有其他考虑应该是打折扣的。在那种情况下,该报告对项目延续的潜在影响可能被赋予更多重要性,并援引了不伤害原则。

在对情况进行深入分析的基础上做出决定,并不能保证其他人也必然会得出相同的结论(Morris & Jacobs,2000)。专业人员对如何继续进行可以持有不同的意见,特别是当情况复杂时尤其如此。个体可以在他们如何看待一个应用于伦理挑战的既定原则或价值观上有所不同。当一个人处理一般原则时,这是很正常的事情。个体在他们自己的实践中如何优先处理某些价值观和原则也是可以有所不同的。最后,个体的个人(与专业的相反)价值观是各不相同的,并且在某些情况下,这些差异在形成冲突的伦理决策中起着重要作用。

事实上常常没有“一个正确答案”,所有的社区心理学家在处理伦理挑战时都同意这一点,但是这并不证明未能探索既定情况的各种维度的合理性。从事这种探索是尽责的专业人员所做的事情。

我的个人价值观如何与我面临的伦理挑战相互作用?

我们不仅把我们的教育和专业培训带到我们面临的伦理困境中,我们也带来了我们的文化、我们的童年和许多其他塑造我们个人的价值系统和自我意识的成长经历。这个价值系统在决策中发挥着正当的作用,特别是在处理专业和/或学科的价值观彼此冲突的情况时。因而,正如在早期儿童教育案例中所提到的,如果咨询者核心的自我形象与他对同性恋权利的支持紧密联系将会怎样?只有这一事实就足以形成一个不与拒绝和同性恋父母合作的宗教会众(congregation)继续合作的决定。事实上,如果咨询者在干预的进入/签约阶段已经意识到会众对同性恋权利的倾向,那么咨询者可能就不会同意开始这项工作。这个可能性强调了在工作之前彻底探查社区干预的伦理维度的重要性。尽管社区心理学培训使我们适应社会生活,而且机构审查委员会经常要求我们在做研究时要进行这个探查活动,但是我们不可能在从事其他类型的社区干预时也对此做好准备。进入/签约阶段(Block, 2011)是迄今为止考虑干预涉及的伦理问题的最佳时间,因为它提供了从业者和其他利益相关者采取预防后来问题的行动的机会。

对于手头问题,我是否征求了包括同事在内的多种利益相关者的观点?

当面对困难而充满压力的情景时,一个人会禁不住思考问题并提出解决办法,而不需要其他人的意见和建议,如果一个人害怕被评估或评判时尤其如此。("你将计划做什么?")毫不奇怪,这会严重损害一个人的分析和决策的质量。至少,其他利益相关者可以提供一个人可能先前没有考虑过的伦理挑战的视角,这有助于你和那些利益相关者重构问题。这种重构能够产生在其他方面没有考虑过的策略和解决方案。

在家庭作业援助案例中,评估者可以征求负责人对下列问题的回应:

· 当你提到"淡化调查结果"时你的确切意思是什么?告诉我更多关于你为什么认为这是一件要做的好事的信息。

· 是否有多种方式修改报告以便为不需要对成绩的调查结果进行淡化的项目提供支持?它们是什么?

· 淡化对成绩的调查结果会以哪种方式对今后的项目造成麻烦?

· 如果我们互换位置,那么我让你淡化成绩结果你会感觉如何呢?你是否认为你在被要求做不符合伦理的事情?为什么是或为什么不是?

· 如果教育董事会或基金会知道你的请求时有担忧,那么你认为会有哪些担忧?

询问这些问题不仅能提高评估者对有关伦理问题的理解,而且也可能影响负责人的看法。当然,如果评估者在进入/签约阶段让负责人参与对如何处理潜在的不受欢迎的结果的讨论,那么就有一个机会——也许是个好机会——使整个事件得以避免。

如果我断定做伦理之事使我有个人风险，我该如何继续进行？

当一个人确定其认为什么是“正确的”做法时，应对伦理问题的挑战并不一定停止。这个正确做法可能使个人付出高昂的代价。在家庭作业援助案例中，评估者可能担心如果报告没有按照负责人的喜好进行修改，负责人将向社区中的其他人说评估者的坏话。这可以减少评估者在未来的项目中被雇用的机会。

当然，在陷入一个有压力的伦理困境时，我们的知觉能够夸大实施一个特定决策潜在的负面后果的严重程度。我们的想象力可以很容易地想出最坏的可能情景。但是实际上伦理行动需要个人的牺牲。在这些情况下不能逃避的事实是，道德勇气是需要的。正如基德尔(Kidder，2005)所观察到的，具有道德勇气的行为发生的情形是：(1)个人动机来源于伦理原则；(2)个体认识到与支持这些原则相关的个人风险；(3)他或她愿意接受该风险。有时候，社区心理学家做正确事情的唯一原因是，它是要做的正确事情。

应用：发展伦理胜任力的策略

增强一个人的伦理胜任力可以通过反思虚构案例、其他人所经历的真实案例，以及一个人的自身经验来完成。本章开头的场景是一个虚构的需要做出决策的案例。它的结尾是评估者必须对项目如何继续进行下去做出决策。读者的任务是运用相关的价值观、原则和标准分析案例，并对评估者提供应该做什么的建议。另一个虚构案例的例子见专栏5.1。

专栏5.1 众口难调？

为严重心理疾病患者提供以社区为基础的居民服务的机构的执行主任，要求你在一个群体之家的组织发展项目中对该机构进行帮助。执行主任想让你与那里的员工和居民进行合作以增强规划。你和执行主任是十多年的朋友。与群体之家的管理者的最初会面情况如下(据管理者所说)：

大多数直接护理员工认为，组织发展活动应该聚焦于建立促进这个群体之家居民之间的负责任行为的更有效的策略(如做家务琐事、参加群体会议)。与该机构的其他场所相比，这个场所的直接护理员工的人员流动率是高的。

一些居民愿意更加关注为他们在更广阔的社区中提供社交和休闲的机会。其他人则更关注职业问题，他们感到他们在社区进行兼职工作方面几乎没有获得帮助，兼职工作可以得到更多自由支配的收入。管理者认为，后者的期望在很大程度上是不现实的，因为居民的心理疾病构成了障碍。

居民的家庭成员认为，他们和群体之家之间的交流不是最优化的。管理者承认，这在某些方面是真实的，却认为某些家庭对居民生活的影响是如此具有破坏性，以至于实际上在那些情况下少交流可能要好于多交流。

对于管理者来说，他把合格的直接护理员工的短缺看作是群体之家的问题关键。“该机构的人力资源部门一直给我送来稍微合格的申请者。他们在大学主修心理学但几乎没有实践经验。我最好不再雇用大量的普通申请者。”管理者也认为，执行主任已经意识到这个群体之家一年多来的挑战，却选择不直接进行干预。“她或者精力过分分散，或者并不在意。我不确定是哪种情况。”

当你离开大楼，一个直接护理员工走向你并与你握手，同时陪你走到走廊。“你是咨询者，不是吗？我作为本科生学习了一门心理学课程，而且相信我，我们还有更多在这里能做的事情来帮助这些人融入社区。但是在你和我之间，只要目前的管理者一直在做事，那就永远不会发生。他是愚蠢的。”

问题思考

1.如果你接收这个咨询，你将把谁的利益置于最高优先级？执行主任？群体之家的管理者？直接护理员工？居民？你是如何做出决定的？

2.这个案例最直接涉及哪些伦理原则和社区心理学核心价值观？它们是否有冲突？如果是，你如何处理这个冲突？

3.你在下次遇到执行主任的时候会对她说些什么？

社区心理学文献中以案例为导向的报告为伦理分析提供了丰富的材料，即使在报告没有强调伦理关切的时候。例如，菲利普斯、柏格、罗德里格斯和摩根（Phillips, Berg, Rodriguez, and Morgan, 2010）描述了一个干预，在该干预中，干预小组和一所中学的校长商量“做一个与她学校的教师和学生进行合作的学生驱动的参与式行动研究项目”。校长非常感兴趣，而且这个PAR项目被整合到一个现有项目中，该项目为那些一年没有上学的学生提供了一个快速的学术课程。PAR课程的核心包括四个模块：

· 建立基础，包括“团队建设、生态思考与分析、理解认同和文化自我，以及参与式行动研究导论”。

· 问题选择和研究建模与方法导论，学生在这一部分要确定一个感兴趣的实质问题并发展一种对其进行调查的方法。

· 为行动而研究，包括学生实际从事研究、数据收集和分析。

· 运用数据进行变革，目的是让学生解决“如何把他们的研究结果转化为小规模的行动策略……他们可以对其加以实施和反思”的挑战。

总体而言，该项目旨在“有助于促进青少年的发展和充权，提高学生的效能感，增强学校联结以及增加学术成就”（Phillips et al., 2010）。为了实现这一目的，干预小组努力和参与这个项目的两个课堂教师发展强大的合作和支持关系。

由于多种原因，该项目进展并不顺利。例如，教师认为，PAR取向的某些方面（如，鼓励学生质疑基本的假设和政策并探索有争议的问题）"损害了他们的控制"(Phillips et al., 2010)。的确，学生持强硬态度基本上被认为是脱离了教师的限制，这破坏了干预小组所信奉的参与式行动研究哲学的核心成分。总之，该项目一度被暂停2个月，因为教师认为需要更多常规教学时间来为学生准备即将到来的国家标准化测试。此外，在一些情况下，教师要完成对学生的研究定向任务，而不是花费时间参加更多在那些领域促进学生技能发展的活动。最后，随着干预的发展，小组也逐渐明白"教师觉得他们无论是否参加PAR或行动研究都是没有选择的。他们感到是被校长强迫参与的"。在这样的背景下，并不奇怪的是，干预小组报告说"我们(与教师)的合作从来没有完全体现出目标一致性"。

干预小组对这个干预的详细解释，以值得赞赏的坦诚直言为特征，为读者提供了一个探讨其伦理分歧的机会。如下这些问题可能需要解决：

· 干预小组是否如此急于开展这个项目并充权，学生以至于他们不能以充分的深度探索足够的胜任力与教师对该项目的感受？教师的权利是否得到充分的尊重？

· 干预小组在促进鼓励学生参与可以与相当严格的组织层级中的权威人物产生冲突、争议和对抗的对话的时候，要承担哪些伦理责任？如果干预小组认为学生提出合理的问题却被有权之人置之不理，他们是否有义务实施支持学生利益的某种措施？为什么是或为什么不是？

· 如果干预小组在PAR项目开始之前就已经了解到教师感到了参与压力，那么，仅仅那种了解是否就足以证明不做该项目是正当的吗？在这个例子中，学区似乎要求教师参加某种行动研究项目，即使没有PAR项目。如果这是真实的，它是否改变了PAR项目的强制性质的伦理状态？干预小组是否能在PAR项目中承诺，要比一些其他强制型项目给学生一个更高质量和更多充权的经历，并从中寻求伦理安慰？或者，考虑到不那么雄心勃勃的其他项目不会像PAR项目给教师增加大量工作负担，那仅仅是一种合理化吗？谁的福祉应该被干预小组给予更高的优先级——学生或教师？

这些问题并不能轻易得出答案，但是仔细考虑它们可以训练一个人分析自己社区实践的伦理维度的技能。

写"伦理日志"(ethics journal)是在反思和分析中发展技能的另一个好方法。一个人可以在社区项目开始时创建该日志。早期的记录应该侧重于即将到来的干预中最突出的伦理问题、所涉及的价值观和原则，以及一个人计划如何处理那些问题。后来的记录要报告所使用策略的结果，它们需要如何进行修改，以及出现的任何新的伦理挑战。把问题与行动和特定的价值观与伦理原则联系在一起，有助于一个人内化这个"心理框架"，社区心理学家应该努力与利益相关者进行伦理上的互动。正如已提到的，通过与利益相关者的公开讨论，可以最大程度预防伦理问题，这将会大大促进社区干预的进入/签约阶段。专栏 5.2 是一个案例，它改编自我的社区心理学生涯早期的一个经历，在这个案例中，对进入/签约阶段进行更有效的管理将会在伦理上获益。

专栏 5.2　这就是我害怕的学生……

新学期开始了，一位大学同事让你和他一起做一个当地学区雇用他所做的需求评估项目。去年，一位高中老师在学校被一个企图实施抢劫的非在校学生闯入者枪杀了。在这一事件之后，该地区的学校主管获得了一项慈善基金会的资助，以支持教师对学校安全问题的看法并采取措施以预防未来暴力的研究。你接受了同事的邀请，并着手采用访谈和调查对该城市的 6 个初中和高中学校教师的经历和感知进行广泛研究。结果表明，大多数教师把抢劫/谋杀看作是一个极少再次发生的"极端"事件。教师关注更多的是他们在与许多学生的互动中所经历的日常侮辱：不尊重和敌意的显露、威胁（而且亵渎）的语言和手势，以及类似的情况，所有这些都发生在一个普通学校的环境中并被描述为"混乱的粗暴言行"。不可否认，很多老师都很害怕，但是他们恐惧的来源不是外来者，而是他们应该教育的青少年。你和同事准备了一份报告，详细介绍了这些结果和建议，并提交给主管。

这个描述是否有问题？一些人可能认为有问题并询问：在这项需求评估中学生的声音在哪里？他们是这些学校关键利益相关者，但是他们并没有征求对每个人在这些学校有关重大意义的问题的看法。这里有几个值得思考的问题：

- 尽管需求评估的范围在你参加这个项目时就已经被确定，你是否应该去游说来扩大研究焦点以包括学生，以此作为你参与的条件？扩大焦点的好处有哪些？
- 当许多教师逐渐看清学生是问题来源的时候，你和同事是否有责任和主管一起探讨扩展需求评估的可能性？
- 这项调查包括学生是否会产生伦理问题？一个人是否能够认为，在这种情况下基金会和主管有权指定他们认为合适的需求评估的参数？包括学生的视角这样的情形，可能是明智的却不是伦理上的要求吗？

最后，请教经验丰富的同事的价值不能被高估。例如，SCRA 的邮件讨论组是一个提出其他人可以在线和离线回应的伦理疑问和问题的丰富资源。当全力应对伦理挑战时，通常不需要"单打独斗"。

伦理在社区心理学实践中的未来

斯诺等（2000）在综述中问道，"一个重视社会关切和社会影响的领域为什么忽略伦理指导方针的发展?”。他们观察到“虽然社区心理学内在的复杂性使伦理指导方针的实际发展复杂化,但是这些相同的特征产生了承担那个任务的迫切需要”。那个迫切需要仍然存在。社区心理学已经变得成熟,并意识到那些指导方针的缺乏威胁到把该领域的信誉限制为一个知情的、尽责的社会干预的来源。可以肯定的是,社区心理学的跨学科导向将向努力制订一系列伦理指导方针的人提出挑战,但其他的跨学科领域,如项目评估,已经成功地解决了这项任务(AEA, 2004)。经常抱怨美国心理学会的伦理原则和行为准则不能很好适合社区心理学的时代必须结束。社区心理学需要它自己的伦理原则。

另一个应该在社区心理学议程上主要与伦理相关的项目正在研究之中。实际上并没有对社区心理学家在实践中遇到的伦理挑战进行系统的研究。也没有大规模的、有代表性的数据集描述社区心理学家遇到的各种类型的伦理问题,他们如何应对这些问题,以及这些应对有哪些后果。我们的伦理讨论往往是理论的和轶事驱动的。对于一个把“实证基础”作为其核心价值观之一的领域来说(Kloos et al., 2012),这是令人苦恼的。当社区心理学最终承担建立正式的伦理指导方针的任务的时候,如果这项工作要依据该领域成员在这个领域中的经验知识,那么适度地描述它是明智的。在这方面有不少等着要撰写的博士论文,这些论文有助于奠定整个领域的伦理实践的基础。

更多出版的聚焦于社区干预的伦理问题的案例研究也是受欢迎的。伦理的理论讨论是有用的和吸引人的,但它并不能很好地替代对从业者在商议伦理挑战时所面临的决策背景的详细探索。这种案例研究在社区心理学中作为研究生培训和专业发展工作坊的一个成分,是特别有益的。

最后,加强伦理和该领域对社会公正的责任之间关系的对话,可以很好地服务于社区心理学。社会公正的内在概念是道德上的“应当”或“应该”——伦理学的语言——被应用于宏观层面的分析。但是,正如已经指出的,社会公正的竞争性愿景是丰富的,每个愿景都拥有自身的伦理优势。就社区心理学来说,它已经规划了社会公正的议题,大部分观察者认为该议题占据着政治派别的左的/自由的一边。对我们内部的社区心理学实践的伦理而言,这个现实情况的含义是什么?政治保守人士在多大程度上对社区心理学是感到舒适和接纳的?尊重多样性是另一个具有伦理意义的社区心理学价值观,它是否要求该领域信奉不同的政治倾向?如果它更具政治包容性,那么该领域是否更有伦理性?或者,这种愿景在根本上是否是不现实的?或许是不受欢迎的?归根结底,这些问题超出了本章的范围,但它们是值得一个领域为其实践而完善并阐明一个独特的伦理议题的。

总结

1.伦理涉及“什么是好和坏以及道德的责任和义务”,而且它贯穿于本书所讨论的所有其他核心胜任力的领域。

2.社区心理学没有形成一系列官方的伦理指导方针，但它确实包含了一系列目标和核心价值观，这确立了伦理实践的基础。在某种程度上，这个基础是与其他应用领域所共有的，如项目评估和公共卫生。

3.诸如知情同意、保密性和利益冲突的传统主题，应该在多种利益相关者以及常常强调社会公正关切的社区心理学实践的多元文化环境中具有独特的特征。

4.明确采用伦理术语框架的分析在社区心理家的著作中没有占据特别突出的位置，但当确实进行这些分析时，重点往往是基于社区的研究所遇到的伦理挑战。

5.尽管大部分伦理原则是以个人主义的术语加以组织的，但美国心理学会所阐述的伦理原则是概念化社区心理学家所需要的伦理胜任力的合理尝试。

6.社区心理学家应该熟练识别伦理问题，确定并且平衡与那些问题有关的原则/价值观/标准，征求多种利益相关者的观点，把个人的(不只是专业的)价值观融入分析中，并且理解个人的风险行为在进行伦理决策并加以行动中所起的作用。

7.发展伦理胜任力的策略包括反思虚构的案例，分析其他人所经历的真实案例，通过"伦理日志"检查一个人的伦理实践，以及与同事进行对话。

8.社区心理学发展自身的一系列伦理指导方针的时间到了，这迫切需要对社区心理学实践中遇到的伦理问题进行系统的研究，同时也需要更加关注伦理和该领域致力于社会公正的政治含义之间的关系。

问题讨论

1.在你看来，发展伦理胜任力比在诸如政策倡议、社区组织和参与式研究的领域中发展以内容为导向的专业技能更难还是不那么难呢？为什么？

2.有经验的专业人员可以在如何处理社区心理学中的特定的伦理挑战上有所不同。总的来说，你认为这对该领域是一件好事还是坏事？为什么？

3.如果你被给予发展一系列社区心理学伦理指导原则的任务，你将确立的第一个原则是什么？你为什么把它作为第一原则？

4.归因理论的研究告诉我们，许多个体往往外部化问题，也就是说，他们不认为是自己的行为导致了他们所经历的困境。这一发现对于我们理解社区心理学家报告的社区心理学实践中的伦理挑战的含义是什么？

关键术语和定义

伦理：涉及在道德上是好的和坏的以及道德的责任和义务。

原则：基本的、广泛描述的伦理行为的准则。

标准：为道德行为提供指导的具体说明，通常是以完美的或模范的行为术语为框架。

价值观：强烈坚持什么是道德的、正确的或好的理念（Kloos et al.,2012）。

资源

推荐阅读

American Psychological Association. (2010). *Ethical principles of psychologists and code of conduct*. Washington, DC: American Psychological Association.

Buchanan, D. R., Miller, F. G., & Wallerstein, N.(2007). Ethical issues in community-based participatory research: Balancing rigorous research with community participation in community intervention studies. *Progress in Community Health Partnerships: Research, Education, and Action*, 1, 153—160.

Fuqua, D. R., Newman, J. L., Simpson, D. B., & Choi, N.(2012). Who is the client in organizational consultation? *Consulting Psychology Journal: Practice and Research*, 64, 108—118.

Kidder, R. M.(2005).*Moral courage*. New York, NY: William Morrow.

Roos, V., Visser, M., Pistorius, A., & Nefale, M.(2007). Ethics and community psychology. In N. Duncan, B. Bowman, A. Naidoo, J. Pillay, & V. Roos (Eds.), *Community psychology: Analysis, context and action* (pp. 392—407). Cape Town, South Africa: UCT Press.

Schwartz, J. P., & Hage, S. M.(2009). Prevention: Ethics, responsibility, and commitment to public well—being. In M. E. Kenny, A. M. Horne, P. Orpinas, & L. E. Reese(Eds.),*Realizing social justice: The challenge of preventive interventions* (pp. 123—140). Washington, DC: American Psychological Association.

Snow, D. L., Grady, K., & Goyette—Ewing, M.(2000). A perspective on ethical issues in community psychology. In J. Rappaport & E. Seidman(Eds.), *Handbook of community psychology* (pp. 897—917). New York, NY: Kluwer Academic/Plenum.

Yarbrough, D. B., Shulha, L. M., Hopson, R. K., & Caruthers, F. A. (2011).*The program evaluation standards: A guide for evaluators and evaluation users* (3rd ed.). Los Angeles, CA: Sage.

胜任力发展活动

对一位社区心理学家所参与的出现伦理挑战的干预进行采访。要求被采访者讨论下列问题：

- 挑战的本质是什么？
- 你认为哪些价值观或伦理原则是具有威胁性的挑战？
- 你如何回应这种挑战？你为什么以这种方式回应？
- 你对于事情发生的这种方式的满意度如何？为什么？
- 回顾往事，你是否认为你本来可以做些事情以预防这种挑战的发生？如果是，有哪些事情？

自我探索工作表

哪些有关对错的个人价值观对你是最重要的？这些价值观如何影响你着手工作的方式？

选择你在个人或工作生活中遇到的一个重大的伦理挑战。当应对那种挑战时，你努力维护的主要价值观或原则是什么？

你是否经历过你的个人价值观和专业价值观发生冲突的情景？如果是，你是如何回应的？你从这次经历中学到了什么？

你是否曾经为了做道德上正确的事情而不得不做出重大的个人牺牲？如果是，你从这种经历中学到了什么？

你是否曾经没有做道德上正确的事情，因为它会带来太大的个人风险？如果是，那种经历教给你了什么？

胜任力评估工作表

1.阅读社区心理学杂志或相关出版物中的一个社区干预的详细描述。

2.进行干预的“伦理审查”。干预的发展和实施如何体现下列五项伦理原则的每一项原则？

- 德行/不伤害
- 忠诚和责任
- 正直
- 公正/社会公正
- 尊重人的权利和尊严

3.是否存在干预不支持社区心理学中的一个或多个核心价值观的方式，即使它符合问题 2 中所探讨的原则？

4.从伦理的视角来看，是否存在你本来可以进行不同处理的干预方面？如果是，你会做什么以及为什么？

参考文献

Aber, M. S., García, J. I. R., & Kral, M. J.(Eds.).(2011). Culture and community psychology [Special issue]. *American Journal of Community Psychology*, 47, 46—214.

American Evaluation Association. (2004). *Guiding principles for evaluators* (Rev. ed.). Retrieved from http://www.eval.org/Publications/Guiding Principles.asp

American Psychological Association. (2010). *Ethical principles of psychologists and code of conduct*. Washington, DC: American Psychological Association.

Block, P.(2011). *Flawless consulting: A guide to getting your expertise used* (3rd ed.). San Francisco, CA: Jossey—Bass.

Buchanan, D. R., Miller, F. G., & Wallerstein, N.(2007). Ethical issues in community— based participatory research: Balancing rigorous research with community participation in community intervention studies. *Progress in Community Health Partnerships: Research, Education, and Action*, 1, 153—160.

Desautels, G., & Jacobs, S.(2012). The ethical sensitivity of evaluators: A qualitative study using a vignette design. *Evaluation*, 18, 437—450.

Ethics.(2011). *Merriam-Webster's collegiate dictionary* (11th ed., p. 429). Springfield, MA: Merriam-Webster.

Goodkind, J. R., Ross-Toledo, K., John, S., Hall, J. L., Ross, L., Freeland, L., . . . Becenti-Fundark, T.(2011). Rebuilding trust: A community, multiagency, state, and university partnership to improve behavioral health care for American Indian youth, their families, and communities. *Journal of Community Psychology*, 39, 452—477.

Helm, S.(2013). Ethics in community engaged scholarship—How to protect small rural communities? *The Community Psychologist*, 46, 33—35.

Hunter, J., Lounsbury, D. L., Rapkin, B., & Remien, R.(2011). A practical framework for navigating ethical challenges in collaborative community research. *Global Journal of Community Psychology Practice*, 1(3), 13—22.

Kidder, R. M.(2005). *Moral courage*. New York, NY: William Morrow.

Kloos, B., Hill, J., Thomas, E., Wandersman, A., Elias, M. J., & Dalton,

J. H.(2012).*Community psychology: Linking individuals and communities* (3rd ed.). Belmont, CA: Wadsworth.

Lakes, K. L., Vaughan, E., Jones, M., Burke, W., Baker, D., & Swanson, J. M.(2012). Diverse perceptions of the informed consent process: Implications for the recruitment and participation of diverse communities in the National Children's Study. *American Journal of Community Psychology*, 49, 215—232.

Levine, M., Perkins, D. D., & Perkins, D. V.(2005).*Principles of community psychology: Perspectives and applications* (3rd ed.). New York, NY: Oxford University Press.

Mabry, L.(1999). Circumstantial ethics. *American Journal of Evaluation*, 20, 199—212.

Morris, M., & Clark, B.(2013). You want me to do what? Evaluators and the pressure to misrepresent findings. *American Journal of Evaluation*, 34, 57—70.

Morris, M., & Jacobs, L.(2000). You got a problem with that? Exploring evaluators' disagreements about ethics. *Evaluation Review*, 24, 384—406.

Neigher, W. D., & Ratcliffe, A. W.(2011). Back to the future: Part III. *The Community Psychologist*, 44(1), 13—15.

Nelson, G., & Prilleltensky, I.(2010).*Community psychology: In pursuit of liberation and well-being* (2nd ed.). New York, NY: Palgrave Macmillan.

Newman, D. L., & Brown, R. D.(1996).*Applied ethics for program evaluation*. Thousand Oaks, CA: Sage.

O'Neill, P. O.(1989). Responsible to whom? Responsible for what? Some ethical issues in community intervention. *American Journal of Community Psychology*, 17, 323—341.

Paradis, E. K.(2000). Feminist and community psychology ethics in research with homeless women. *American Journal of Community Psychology*, 28, 839—858.

Phillips, E. N., Berg, M. J., Rodriguez, C., & Morgan, D.(2010). A case study of participatory action research in a public New England middle school: Empowerment, constraints, and challenges. *American Journal of Community Psychology*, 46, 179—194.

Prilleltensky, I.(2001). Value-based praxis in community psychology: Moving toward social justice and social action. *American Journal of Community Psychology*, 29, 747—778.

Rabinowitz, P., Berkowitz, B., & Brownlee, T.(n.d.). Ethical issues in community interventions. Retrieved from http://ctb.ku.edu/en/tablecontents/sub_section_main_1165.aspx

Reynolds, S. J.(2006). Moral awareness and ethical predispositions: Investigating the role of individual differences in the recognition of moral issues. *Journal of Applied Psychology*, 19, 233—243.

Roos, V., Visser, M., Pistorius, A., & Nefale, M.(2007). Ethics and community psychology. In N. Duncan, B. Bowman, A. Naidoo, J. Pillay, & V. Roos (Eds.), *Community psychology: Analysis, context and action* (pp. 392—407). Cape Town, South Africa: UCT Press.

Schwartz, J. P., & Hage, S. M.(2009). Prevention: Ethics, responsibility, and commitment to public well-being. In M. E. Kenny, A. M. Horne, P. Orpinas, & L. E. Reese(Eds.), *Realizing social justice: The challenge of preventive interventions* (pp. 123—140). Washington, DC: American Psychological Association.

Serrano-García, I.(1994). The ethics of the powerful and the power of ethics. *American Journal of Community Psychology*, 22, 1—20.

Snow, D. L., Grady, K., & Goyette-Ewing, M.(2000). A perspective on ethical issues in community psychology. In J. Rappaport & E. Seidman(Eds.), *Handbook of community psychology* (pp. 897—917). New York, NY: Kluwer Academic/Plenum.

Society for Community Research and Action. (n. d.). *About SCRA*. Retrieved from http://www.scra27 .org/about

Walker, R., Hoggart, L., & Hamilton, G.(2008). Random assignment and informed consent: A case study of multiple perspectives. *American Journal of Evaluation*, 29, 156—174.

Yarbrough, D. B., Shulha, L. M. Hopson, R. K., & Caruthers, F. A.(2011). *The program evaluation standards: A guide for evaluators and evaluation users* (3rd ed.). Thousand Oaks, CA: Sage.

第6章　实施社区需求和资源评估的参与式取向[①]

杰梅拉·沃森-汤普森，薇琪·科利-埃克斯，妮基·金恩·伍兹，
卡斯顿·D.安德森-卡朋特，玛维亚·D.琼斯，艾瑞卡·L.泰勒
(Jomella Watson-Thompson，Vicki Collie-Akers，Nikki Keene Woods，Kaston D. Anderson-Carpenter，Marvia D. Jones，and Erica L. Taylor)

开篇练习

你是否曾经填写过一个社区调查或者参与过人口普查？你是否参与过公共论坛、焦点小组或聆听会议？如果你回答"是"，那么你就已经参加了某种形式的评估。在阅读本章之前，反思一下你参与评估的经历。思考以下问题：(1)你最近一次参加某种社区评估是在什么时候？(2)你是如何参与评估过程的？(3)基于你的参与过程，哪些是运作良好的？(4)你本来可以改变评估过程的哪些方面？为什么？

需求和资源评估的概述

在社区需求和资源评估实践中是胜任的，这对社区心理学家来说是重要的。需求和资源评估通常是大多数以社区为基础的过程中一个不可分割的组成部分，并为其他的胜任力领域提供支持，包括计划、能力建设、评价和可持续性。评估过程帮助利益相关者系统地研究问题的背景、条件和范围，同时识别可用资源以解决这一问题。本章首先介绍了社区心理学中需求和资源评估的历史背景；然后概述了支持社区需求和资源评估的一般任务和活动以及案例；并讨论了正式和非正式的培训机会，这可以增强从业者的技能和经验，为胜任力提供支持；最后，提出了社区心理学中的社区需求和资源评估的未来方向。

---

① 杰梅拉·沃森-汤普森：堪萨斯大学社区健康与发展工作组应用行为科学系；薇琪·科利-埃克斯：堪萨斯大学社区健康与发展工作组；妮基·金恩·伍兹：威奇塔州立大学公共健康科学系；卡斯顿·D.安德森-卡朋特：堪萨斯大学社区健康与发展工作组；玛维亚·D.琼斯：堪萨斯大学社区健康与发展工作组；艾瑞卡·L.泰勒：堪萨斯大学社区健康与发展工作组。与本章有关的通信应该寄给杰梅拉·沃森-汤普森，堪萨斯大学社区健康与发展工作组应用行为科学系，堪萨斯州劳伦斯市66045。

心理学中社区需求和资源评估的历史

20世纪60年代，由于有限的心理学资源、服务和社会支持，心理学家对解决心理健康差距的最适当回应存在意见分歧(Nelson & Prilleltensky, 2005)。一系列因素的交汇提高了心理学家对社区心理卫生服务的兴趣，包括第二次世界大战的老兵返乡，社会、经济和种族不公正，以及立法授权。美国的社区心理学从1965年的万普斯科特会议演变而来，为支持社区层面的心理卫生需求提供了一个扩展的途径。

社区需求和资源评估的演变

心理学家们开始制订社区心理卫生需求评估的正式方法，以响应1963年综合社区心理卫生中心的强制立法以及相应的1975年社区心理卫生修正案的通过，这为心理卫生服务的去机构化提供了支持(Innes & Heflinger, 1989; Warheit, Vega & Buhl-Auth, 1983)。1976年，第一个完整的社区需求评估模型被提出，它包括以下五种方法:关键知情人访谈、社区论坛、社会指标分析、社区调查和治疗率取向(Innes & Heflinger, 1989; Warheit, Bell, & Schwab, 1976)。心理卫生的社区需求评估方法在后来被推广并应用来更广泛地分析公众服务的差距(Innes & Heflinger, 1989)。虽然进行评估的方法不断演变，但是早期的模型说明了既要使用定性又要使用定量的方法来探讨社区需求和资源的重要性。

概念性定义

社会需求和资源评估(community needs and resources assessment)是对社区响应社区问题的历史与现有背景、条件、资产和能力进行检查的全面分析。社区需求(community need)是在现有状况(是什么)和最佳状况(应该是什么或想要成为什么;Innes & Heflinger, 1989)之间的差异或差距。评估过程的目的是确定和验证一个社区问题(community issue)是否是社区中的个体和群体的重要关切。社区资源(community resource)是指现有的可以调动起来解决问题的个人、组织或社区层面的资产。能增强社区生活质量的社区资源或资产的例子，包括诸如附近居民、青少年、机构员工和民选官员这样的人力资源，诸如学校、教堂和企业这样的机构，诸如公园、社区花园和自行车道这样的设施。社区心理学采用的以优势为基础的方法不仅可以识别社区短缺，而且还能识别有助于解决问题的现有的和潜在的资源(Arthur & Blitz, 2000)。

社区需求和资源评估为促进可能产生各种结果的过程提供了支持，包括对问题知识的增加和觉察能力的增强，为解决问题而形成的合作和共识，以及诸如报告这样的直接成果。信息通过评估过程而得以系统地收集、审核并分析，从而在社区现有条件和可用资源的背景下对问题进行剖析。结果评估报告或相关的成果对所收集的信息加以总结，并为基于数据信息的决策提供了支持。

实施评估的社区心理学价值观和原则

有一些社区心理学的核心价值观和原则影响社区心理学家如何实施需求和资源评估。确保评估是以促进社区心理学价值观并充权个体和群体更好地解决问题的方式而进行发展、实施和运用的，这对于社区心理学家来说是重要的。根据社区心理学的原则，评估过程应该是参与式的、预防导向的、支持生态视角的，并且聚焦于行动的。

参与式评估。参与式评估(participatory evaluation)是一个系统调查的合作过程，这使利益相关者积极参与评估的所有阶段，并拥有运用信息以支持在解决问题中的行动的共同目标(Israel, Schulz, Parker, & Becker, 1998; Minkler & Wallerstein, 2008)。根据参与式评估的原则，评估过程是包容性的，并且涉及最受问题所影响的个体或群体，以及有助于解决问题的人(Minkler & Wallerstein, 2008)。在评估过程中不同利益相关者的代表减少了个体的偏见和假设，同时也确保获得不同的视角、知识和专家意见。社区需求和资源评估的参与式取向，提高了社区通过让社区成员和群体分享如何定义和调查问题而应对问题的能力(Arthur & Blitz, 2000)。社区心理学中常用的其他类型的评估包括充权评估和聚焦于效用的评估，这也支持了利益相关者评估与评价社区工作的能力建设的合作取向。

预防导向。根据预防导向的取向(prevention-oriented approach)，对作为风险的潜在前因(即前兆)或与在社区中感兴趣行为有关的保护性因素进行检查(examine)是评估的一部分。阿瑟和布利茨(Arthur and Blitz,2000)认为，"预防的本质需要一个稍微不同的需求评估的取向……预防和治疗之间存在根本的区别，这导致了需求评估和服务计划的不同方法"。预防导向的评估不仅要检查问题行为的出现率或发生率，而且还要考虑与社区问题相关的需求和资源的未来可能性。例如，检查社区中的青少年物质滥用不能仅仅关注现有使用率，而且还必须考虑社区青少年预防性的药物使用的未来概率(Arthur & Blitz, 2000)。因此，预防导向的评估允许了解多层面预防的社区需求和资源，包括在一级(即免受所经历问题的影响的保护)、二级(即对问题的风险增高的检查)和三级(即为最小化影响和减少问题而进行治疗和康复)的水平。

生态视角。根据整体取向的观点，对行为和条件进行多种生态层面的检查是评估的一部分。生态视角(ecological perspective)承认"在个体与其所融入的多种社会系统之间的交互作用"(Nelson & Prilleltensky, 2005)。与社区问题有关的风险和保护性因素要在多种社会生态领域被检查，包括个体的(如历史、经验)、关系的(如家庭、朋辈)、社区的(如邻里、协会)，以及社会的(如文化、规范)层面。

聚焦行动的评估。社区需求和资源评估应该提供信息以确定和证实要解决的社区问题。评估的目标是为对社区重要问题的计划和行动能够进行明智决策的合作过程提供支持。社区的利益相关者的参与，包括最受问题影响的人，对于确保评估能引发社区动员和行动是重要的。

实施需求和资源评估的任务和技能

在这一章中，影响需求和资源评估实施过程的八个关键任务、活动和技能见图6.1。

任务 1：确定评估的目的

在进行与评估相关的活动之前，应该确定评估的目的。利益相关者之间对评估的预期功能和用途的共识，使以影响与利益相关者参与、评估方法和信息收集、分析与呈现方法有关的决策的方式对社区问题进行检查成为可能。为确定评估的目的，需要明确为什么要实施评估，哪些社区问题能够得到更好理解并被谁理解，以及利益相关者如何知道评估过程和结果是否如愿以偿。为帮助检查评估的目的，确定引发评估的条件以及评估的水平、范围与时间段是重要的。

检查影响评估过程的背景和条件

应该确定评估的预期功能，这包括验证一个新的或现有问题是否是一个社区问题，检查对新的或已有的社区服务和项目的需求，和/或研究并获得对社区中不断变化的需求和资源的共识。支持评估的个体或群体也应该检查评估的动力，以尽量减少影响这个过程的潜在障碍和偏见。引发评估的因素的例子包括积极的（如新的领导力）或消极的事件（如社区中的死亡）的发生，相关问题的资源分配，相关问题的媒体关注，和/或个人或群体对相关问题的兴趣与支持。让社区利益相关者在开始就确定评估的目的和潜在用途，可以增强协调性和社区支持。利益相关者(stakeholders)是指关注问题并在其中有利益的个体或群体，应该包括最受影响或经历该问题的人，以及机构代表与官员。

确定评估的水平和范围

社区(community)被定义为拥有共同的地点、利益和/或经历的个人或群体(Fawcett, et al., 2000)。如何定义社区并由谁定义对于如何评估问题是具有影响的。最常见的是考虑地理范围（如邻里、县）或社区边界。此外，还包括根据社区个体或群体的经历（如种族/族裔、教育能力/失能）和利益（如物质滥用、安全）确定评估是否是为了更好地了解需求和资源。

确定评估的时间段

有两方面的时间段在开始评估过程之前需要明确。评估过程的预计时间长度应该被确定，以便选择适当的和可行的评估方法。确定收集信息的回溯期也应该有某种理论基础。被检查的时间范围影响分析和评估结果。例如，与回顾 10 年期间的趋势相比，过去 5 年期间的社区问题趋势可能具有显著不同的结果。

任务	相关的活动	必要的技能
任务1:确定评估的目的	·检查评估内容和条件 ·确定评估水平和范围 ·确定评估的时间段	倾听社区成员;促进对话;识别利益相关者并与其沟通;建构共识;收集和审查档案记录
任务2:确定评估的成分	·确定评估回答的问题 ·确定评估的恰当成分	发展评估问题;信息收集;分类和组织信息;共识建构
任务3:确定适当的方法	·确保参与式取向 ·确定影响方法适当性的因素 ·选择适当的评估方法	积极倾听;群体促进;公共演讲、想法和结论的快速总结;记笔记;共识建构;数据收集和审查
任务4:增强社区评估能力	·检查合作伙伴的评估能力 ·增强社区能力	信息收集;发展和维持关系;人际沟通;促进或确定培训和技术支持;评估个体和群体技能
任务5:发展和执行评估计划	·确定评估目标 ·确定策略并发展行动步骤 ·执行并定期审查计划	发展可测量的目标;发展行动计划;建立审查和使用计划的过程;执行或支持评估方法
任务6:分析评估结果	·确定恰当的分析工具 ·使用恰当的分析方法 ·确保准确的数据引用和可靠性	数据收集;数据记录;数据分析和解释;识别数据局限;引用和相信数据
任务7:交流评估结果	·让利益相关者参与确定报告格式 ·多渠道传播报告 ·为对话而公开呈现评论	绘图;制表,信息的视觉展示;撰写专业的社区报告;呈现给社区受众;组织和促进社区对话;信息传播
任务8:运用评估来引导计划和行动	·根据评估构造问题和目标 ·运用评估进行计划和评价 ·定期审查和更新评估	信息综合和分析;积极倾听;群体促进;共识建构;收集和更新信息

图6.1　实施社区需求和资源评估的任务和活动

任务 2:确定评估的适当成分

在评估中被检查和呈现的各类信息是由需要进一步了解的社区问题和利益相关者所确定的。对每一个评估成分而言,适当的问题被确定以引导数据的收集。

确定评估回答的问题

评估成分(如社区描述、问题分析)是根据实施评估的个体和群体所确定的需要检查的各种类型的问题而确定的。为了着手确定通过评估要回答的问题,要考虑一下信息收集的基本提示:谁、什么、何时、哪里、为什么和怎么样(who、what、when、where、why and how)。表 6.1 简要总结了在探测评估可能探讨的各类信息时需要思考的一些初步问题。确定要检查的问题有助于确定评估所包含的恰当成分。例如,如果你对谁和什么类型的人居住在社区感兴趣,那么社区描述就应该成为评估的一部分。然而,如果你想知道谁参与了某些类型的行为以及与某个问题相关的社区问题行为的普遍程度,那么问题分析应该被包括在评估里。

确定评估的恰当成分

评估中经常包括的核心成分是社区描述或简介、问题分析和资源评估。各种评估成分的恰当性受到根据评估目的所回答的各类问题的影响。

表 6.1　社区评估成分所探讨的常见问题

信息收集的标准提示	社区描述	资源/资产分析	问题分析
谁?	谁在社区? 谁是社区中关键的人和领导者? 谁关心社区的问题?	谁(个体或组织)在社区中致力于解决问题和/或能有助于解决问题? 人们在社区中向谁寻求帮助?	谁目前参与感兴趣的行为? 谁在现在或将来可能面临参与问题行为的风险?
什么?	社区中的个体和群体的特征是什么? 什么问题对社区里的人是重要的?	目前社区中有什么资源/资产? 社区中的个体或群体有什么技能或能力?	问题行为的水平、范围和规模是什么? 社区中的问题的影响和结果是什么?
何时?	社区和/或组织是什么时候建立的?	资源在什么时候是可用/不可用的?	感兴趣的行为在什么时候发生?持续多长时间?
哪里?	社区位于哪里?	社区的资源/资产在哪里?	感兴趣的行为发生在哪里?

续表

信息收集的标准提示	社区描述	资源/资产分析	问题分析
为什么?	人们为什么关心社区中的问题? 问题为什么受到关注?	一些个体或设施(如,孩子玩耍的开放场地)为什么被确定为资产?	人们为什么参与感兴趣的行为?
怎么样?	社区如何发生改变或保持不变? 问题的性质如何发生改变?	资源/资产在社区中是如何被使用的? 多少资源/资产被分派给社区或问题?	多少人涉及感兴趣的行为? 多少人受到问题的影响?

发展社区描述。大部分的评估包括描述社区人们的一些信息。社区描述(community description)提供了对社区中的人们和环境背景的分析。一般来说,社区描述包括关于人口统计学、经济、地理、历史、政治、治理方式和领导力的信息。对社区中人们或环境随时间推移所经历的变化进行检查,从而可以提供一个历史背景。作为社区描述的一部分,所检查的社区要用地理和社会边界的术语进行明确定义。而且,要确保社区描述以社区个体如何看待和描述社区为基础来反映他们的观点。

实施资源评估。资源评估提供了对可以用来解决问题的社区能力(即,共同的技能、能力和资源)的系统检查。社区资源包括可以用来应对问题的、在社区中公认的和未被充分利用的资产。要让社区参与识别在社区中可能存在的正式和非正式的资源。各种类型的社区资源是个体、群体、实体组织、社会网络和机构,这可以用来应对问题。资源评估包括但不限于对社区可用的服务的评估。

实施问题分析。问题分析(problem analysis)是收集有关社区问题的信息以界定和验证社区问题的水平、严重性、规模以及社会关切程度。问题分析通过检查社区人们重要的行为和条件的现状和理想状态之间的差距对社区问题进行剖析(Innes & Heflinger, 1989; Work Group, 2010)。本质上,需求评估是作为问题分析的一个要素而实施的。实施问题分析的第一步是收集说明问题的水平和社会重要性的信息。正如表 6.2 所总结的,收集信息以检查有关问题的频率、持续时间、范围、严重程度、影响、知觉以及与该问题有关的社会关切(Work Group, 2010)。被收集来说明一个行为或条件的频率的信息,应该显示所感兴趣的行为发生的频率。例如,根据未成年人饮酒的例子,对青少年的饮酒频率进行检查是适当的。

有两个与要检查的问题发生的持续时间或时间长度有关的维度。与感兴趣的行为在社区发生的时长有关的信息被收集以提供问题的历史背景,并确定该问题是一个新问题或是一个持续存在的问题。个体参与行为的时间长度也被确定,以更好地理解行为是周期性的还是发生在某些时间段中(如青春期)或一生中的。

在检查问题的范围和普遍性中,要确定有多少个体涉及(或不涉及)感兴趣的行为。因为有多层面的预防(即一级的、二级的、三级的),所以要检查目前涉及问题行为的个体数量,以及可能被该问题置于危险境地或受到普遍影响的个体范围(Arthur & Blitz, 2000)。

表 6.2 实施问题分析时要检查的数据类别

要检查的数据类别	根据收集的信息而回答的基本问题	要考虑的一些恰当的各类评估方法
频率	·感兴趣的行为发生的频率是多少? ·个体多频繁地参与感兴趣的行为? ·行为的发生如何随时间而变化?	·调查、直接观察、次级数据回顾
持续时间	·感兴趣的行为持续多长时间? ·社区中的行为出现(或者不出现)的时间有多长?	·次级数据回顾、直接观察、访谈
普遍程度或范围	·多少人受该问题的影响? ·多少人涉及感兴趣的行为? ·多少人在将来会冒险参与问题行为?	·调查、直接观察、次级数据回顾、映射
严重性或规模	·问题对人们及社区的影响或结果是什么? ·影响有多大和多显著?	·调查、直接观察、次级数据回顾、焦点小组
影响	·与在社区中解决问题的工作与议题有关的积极和消极的结果是什么? ·感兴趣的行为或环境条件如何与其他社区问题有关或如何影响其他社区问题? ·是否存在可以探讨的与其他社区问题同时发生的问题有关的可改变因素(即风险和保护性因素、个人和环境因素)?	·访谈、焦点小组、倾听会话、照片话语
社会关切	·问题是否被社区个体或群体知觉为问题? ·社区个体和群体是否意识到问题? ·问题如何被确认或证明是社区关切的?	·访谈、焦点小组、倾听会话、次级数据回顾(如媒体机构)、照片话语

检查问题对社区个体和群体的严重性和影响,不仅可以更好理解谁受到影响(即范围),而且还可以更好理解个体和群体受到问题影响的严重程度。在检查严重

程度时，要考虑问题是如何扰乱或破坏社区这些人的生活质量的。对于一些问题，特别是与死亡有关的问题，虽然可能不太普遍，但诸如杀人问题的严重影响在社区中是不可接受的。

对问题的影响进行分析需要检查处理社区问题的后果。既要考虑预期的后果，又要考虑非预期的后果，这可能会对问题以及解决问题的努力产生积极的或消极的影响。另外，理解该问题与其他社会问题的相互作用是至关重要的。确定有关问题的风险和保护性因素，从而确定是否存在要探讨的有助于改善其他领域关切的可改变因素。

问题分析的一个关键要素是，检查问题的社会意义或重要性以确定它是否被社区知觉为一个问题。通常，评估过程本身也会提高认识并证实该问题为一个社区关切。评估个体和群体如何知觉和定义问题是至关重要的。社区问题应该以根据社区要改变的环境条件和行为来命名和以构造问题的方式进行定义。问题定义的方式影响着它是否被认为是一个问题，关心该问题的个体和群体的类型，以及什么是适当的干预反应。

任务 3：确定实施评估的适当方法

确保社区需求和资源评估的参与式取向

由于可用方法的数量和有关社区背景的各种考虑（如社区的规模、被抽样的子群）之多，确定在评估中使用的方法常常是令人畏惧的任务。参与式的取向可以通过让了解在文化上恰当接触不同人群的利益相关者的参与而提高可及性和社会效度。在选择方法进行社区需求和资源评估之前的初步步骤是确定利益相关者，包括优先参与评估的组织和社区的代表。一个社区可能会强调特定的子群体（如，那些声音未被充分代表的人、少数族裔），或采取广泛地把社区需求和资源描述为一个整体的取向。无论如何，明确谁有机会参与评估，是在对使用哪些方法以及和谁使用这些方法进行决策中的重要一步。

确定影响方法适当性的因素

历史、文化和政治因素可能影响方法的适当性。有剥削（exploitation）或不合乎伦理的治疗史的社区可能不愿意实行一些似乎有更多研究导向的评估方法。使利益相关者参与评估过程有助于确定那些对某些人群更合适、风险少或者总体而言更能接受的方法。社区，特别是那些经历不良结果的社区，可以通过自上而下或外部的没有最终导致社区干预或改善的评估而被高估。使来自于最受问题影响的人群中的社区成员参与方法的选择，有助于消除不必要的障碍。

在人力和经济资源方面的评估方法的可行性是另一个重要的考虑因素。可用来支持评估的预算表明了各种方法的适当性。例如，实施和分析个体访谈和调查是时间与资源密集型的，而焦点小组和倾听会话使更多的人参与并使其更具成本效益。许多次级数据的资源可免费或需少量费用就可获得。

选择适当的评估方法

定量和定性方法的结合使用被称为综合方法(mixed methods)，这提高了数据完整性并能够深入理解问题(Jick，1983)。表6.3简要概述了常见的定性和定量方法的基本成分。

定性方法(qualitative methods)一般采用叙事描述或专题分析来描绘个体或群体的知觉、态度或信念的特征。定性方法有助于检查有关问题的背景和状况，回答与效果和社会关切或社区问题效度有关的问题。传统的定性方法包括访谈、焦点小组和倾听会话，而非传统的方法包括观察法。访谈是通过促使调查对象回答一系列开放的问题而获悉个人经历和有关问题知觉的数据收集方法。

与访谈相类似，焦点小组可以探知有关问题的知觉、信念和态度，但是要召集一小群人讨论一个特定主题，并且要受到引导谈话的促进者的控制。有一种焦点小组的形式是根源(“为什么”)分析，这是通过询问一系列“为什么”问题来确认问题根源而收集有关社区问题为什么存在的条件和因素的信息(Work Group，2010)。然后，在列出成因或根源之后，促进者可以运用一个相似的询问模式来对每个因素或原因进行“如果是，那么要做些什么”的探讨。倾听会话(listening sessions)也称为公共论坛，它从大量人群中收集有关社区需求和资源的知觉的信息。在实施其他方法之前，倾听会话常常是有用的，因为从公共论坛上所问到的广泛性问题中生成的讨论结果，可以通过其他方法进行更深入的探讨。

照片话语(photo voice)、直接观察和地理空间映射(geospatial mapping)这些方法，都是采用基于视觉的或观察的定性方法。实施照片话语项目的研究者或从业者让社区人员参与有关感兴趣主题的状况的拍摄。促进者在拍照完成后引导参与者选择并解释最能描述感兴趣现象的照片。直接观察是另一个评估社区需求和资源的有用方法。观察的方法可以从诸如挡风玻璃之旅(windshield tour)的非正式的数据收集方法，变化到更正式的(和定量的)应用，前者在社区游历中提供了被确认的社区挑战和优势的简短观察，后者是记录了行为(许多人吸烟)或行为结果(地上的烟头)的发生。使用定性方法描述被确认的社区资产或需求的方式是，在图上进行描述以直观显示地理位置和在社区内的分布。

定量方法提供了有助于检查特定行为的频率、普遍程度、持续时间和规模(如，社区中当前吸烟的成年人的比例)的数值和统计数据，这通常被称为人群层面的结果。常见的定量方法包括调查和次级数据分析。调查是询问有关问题的行为(如，你在过去30天中是否喝过酒)、经历(如，你是否参与过成年人向未成年人提供酒精的聚会)和/或观点(如，你是否认为对于其他青少年来说你这个年纪饮酒是错误的)的结构化的数据收集方法。一些可能使用的调查类型包括横断面(普查)调查、利益相关者调查和关切调查。横断面调查可以在某个时间点从大范围的感兴趣的人群或社区中的个体收集信息。利益相关者调查是用来获得组织或社区中的个体的反馈,包括社区居民、服务提供者、领域专家和/或社区伙伴。关切调查(concerns surveys)的目的是通过让调查对象评定25～40个社区问题的重要性以及在社区中解决得怎么样的满意度而量化社区成员的知觉。被评定为高重要性和高满意度的项目被确认为优势,被评定为高重要性和低满意度的项目被认为是相关的问题或社区需求(Work Group,2010)。

表6.3　常见的定性和定量方法的基本成分

方法成分	定性方法的类型						定量方法的类型			
				观察和视觉分析			调查			
	访谈	焦点小组	倾听会话	直接观察	地理空间映射	照片话语	横断面(普查)调查	关切调查	利益相关者调查	次级数据源/档案记录
需要促进者/管理者	×	×	×			×	×	×	×	
需要某类记录或笔记	×	×	×	×						
可能作为群组进行管理	×	×	×			×				
收集来自/关于个体的信息	×			×			×	×	×	
使用开放式问题格式	×	×	×						×	
使用封闭式问题和反应选项							×	×	×	
记录所观察的行为和环境状况				×		×				×
数字和统计形式的数据				×			×	×	×	×
文字、图片或物品形式的数据	×	×	×	×	×	×				×

次级数据源。次级数据分析(secondary data analysis)是指通过一个实体来收集数据并通过另一方来分析数据以回答不同的问题。许多联邦、州和地方实体收集有关社区健康和发展问题的数据,这有助于了解社区的需求和资产。例如,行为风险因素监测系统、无家可归者的时间点计数或犯罪报告。使用公共或档案记录的一个

共同挑战是，数据可以在与评估分析单元不同的水平上进行分析。对这些数据源进行收集和管理的组织，通常要拥有以供其他组织请求这些可以在当地进行分析的未被标识数据的适当程序。当发展评估计划时，要确定可用的、可行的和适当的数据源。

任务 4：增强社区评估能力

社区能力(community capacity)是一个群体跨时间和地点促进社区的积极变革和改善的共同的技能、能力和资源。社区评估过程可以增强社区识别和解决社区问题的能力。

检查合作伙伴的评估能力

检查拥有共同目的的群体的能力以确保充分支持评估过程。根据评估的目标，合作的组织也应该做一个完全核查以确定额外的利益相关者包括在这个过程中，包括那些最受问题影响的个体和群体。不同的利益相关者参与这个过程，将会降低由于独立的和不协调的工作而产生的在不同社区收集信息冗余度的共同挑战。

共同支持评估过程的个体和群体的互补的技能、经验和专门知识应该被确定。例如，如果被确定的一个评估方法是资源的地理空间映射，但支持该评估的合作伙伴在这个领域却没有经验，那么找到有助于或提供支持的具有所期望的技能的其他社区伙伴是恰当的。支持评估的个体和群体也应该讨论并明确描述所规定的角色、责任和期望。例如，如果一个合作伙伴有调查管理技能，那么所有各方都应该清晰理解薪酬期望、时间承诺和所需资源。

增强社区能力

包括最受问题影响的合作组织和个体的能力应该通过评估过程得到增强。提高社区成员和群体能力的常见方法是培训或技术援助。据杰克逊(Jackson，2003)所说，“增强‘能力’包括在‘需求评估’中的培训，由此可以系统地识别社区的缺陷”。通过评估过程，合作的个体和群体在评估方法的发展和实施中获得了技能和知识。已完成的评估提供了增强社区解决问题的能力的信息。

任务 5：发展和执行评估实施计划

确定和表述评估的目标

发展详细的计划以引导评估过程，并确保利益相关者之间对评估的意图和目标有共同的理解。作为计划的一部分，发展明确的目标以详细说明评估的主要目标得以完成的时间框架。发展具体的、可测量的、可达到或可实现的、现实的、有时限的和挑战性的(specific, measurable, attainable or achievable, realistic, timed, and challenging; SMART+C)书面的目标陈述是有帮助的。支持评估的一个目标陈述的例子如下：到 3 月份（在 2 个月内），收集和分析来自于 5 个已确定的评估方法学的信息。

确定评估策略并发展行动步骤

在计划中，要确定被选择来支持每个评估成分（如，问题分析、社区描述）的策略或数据收集方法（如，焦点小组、档案记录）。然后，要制订针对每个策略或评估方法的行动步骤，以说明个体或群体在某个时间框架内负责实施具体的评估活动。要确定谁将负责实施评估方法。在计划中，要明确地详细说明支持每项活动所需的资源和合作者。在制订行动计划时，社区的利益相关者应该切实考虑必要而可获取的支持水平，以确保所提出的评估方法和成分的可行性。

执行并审查评估行动计划

行动计划的发展和执行促进了支持实施评估共识建构的过程。在支持评估行动计划中，使关键的利益相关者参与进度的发展、执行和定期审查是重要的。作为执行行动计划的一部分，要实施评估方法，并发展、总结和呈现评估的成分（如，问题分析、社区描述）。利益相关者应该确保在执行、审查和调整计划中承担共同责任。表 6.4 提供了支持一种评估方法的行动计划的一个示例。

表 6.4　一种评估方法的行动计划的示例

评估方法：照片话语				
方法学目的：照片话语的使用将有助于获得青少年对促进或有损健康的社区状况的观点。 目标：到 2012 年 4 月 1 日，社区中 30 名青少年将参与照片话语，以收集和分析描述社区健康状况的图片				
提出的执行计划				
行动步骤	谁将执行	完成日期	需要的工具/资源	谁需要知道
1.发展清晰的程序描述	维基（Vicki）/工作组（Work Group）	12/1/2011	照片话语协议/方法	卫生部门
2.制作宣传材料	维基/工作组	12/1/2011	电脑、纸、打印机	卫生部门
3.确定从初中或高中招募青少年的方式	杰米（Jamie）/基督教女青年会（YWCA）	12/1/2011	青少年项目参与者名单、宣传材料	卫生部门、YWCA、当地学校、父母

续表

4.确定促进青少年和社会参与的“支持者”	凯斯(Keith)/卫生部门	12/1/2011	合作伙伴和利益相关者的名单	卫生部门、当地学校
行动步骤	谁将执行	完成日期	需要的工具/资源	谁需要知道
5.购买材料	凯斯/卫生部门	1/7/2012	照相机/相片纸	卫生部门的财政人员
6.制作训练材料	维基/工作组	1 /7/2012	现有培训材料	不适用
7.在实施照片话语中“培训”青少年	维基/工作组	1/5/2012	会议(设施、茶点、投影仪和电脑)	YWCA、父母、青少年摄影者
8.通过在社区照相进行数据收集	青少年参与者	1/16—2/16/2012	相机、青少年摄影者	YWCA、父母、青少年摄影者
9.制作/印刷照片和展示	凯斯/卫生部门	2/17/2012	打印机、纸	不适用
10.举行群体过程会议来分析照片	杰米/ YWCA	2/22/2012	会议室	YWCA、父母、青少年摄影者
11.准备照片的指定标题	青少年参与者	2/27/2012	照片、纸、海报板	YWCA、父母、青少年摄影者
12.准备最后的照片展示	青少年参与者	3/15/2012	照片、纸、海报板	YWCA、父母、青少年摄影者
13.在线公布全部展示并使用在线讨论会获得对照片话语展示的社区反馈	维基/工作组	3/20/2012	网站、在线讨论会	卫生部门、青少年、父母、社区居民

任务 6:分析评估结果

虽然确定适当的分析方法对数据进行分类和呈现是重要的,但是分析的主要功能是对数据进行检查和运用以增进社区知识和问题理解,以及为个体和群体的决策提供信息以深入解决问题。为了引导和聚焦分析,应该持续检查由评估进行回答的关键问题,以最小化分析漂移(analytic drift)(即,该分析没有回答被确定为通过评估要检查的问题)的可能性。如果有必要,评估者应该修改或更新要回答的问题,这是确保收集的各类数据和每个评估成分的分析计划保持一致的评估过程的一部分。一些关键活动有助于让群体为分析评估数据做准备，这些活动包括确定分析工具、使用恰当的分析方法和确保参考数据的正确引用。

确定恰当的分析工具

要确定恰当的数据分析工具以协助完成数据的组织、分析和呈现。常见的用来分析定量数据的统计包是诸如微软 Excel 和 GraphPad Prism 相对简单的工具，它们具有更加友好和吸引人的作图选项；还有更强大的数据分析程序，如 SPSS、SAS、Matlab 和 Mathematica。也有计算机辅助定性数据分析软件（CAQDAS）包，如，ATLAS.ti、MAXqda、NVivo、N6（NUD * IST）和 Qualrus，这可用于组织来自于包括文本、音频和视觉呈现的各种来源的定性数据。虽然进行合作以支持评估的个体或群体非常熟悉软件包的恰当运用，但是数据分析包却仅仅有助于组织、计算和呈现数据。数据分析需要理解数据意义的能力，以及认识到数据收集程序、结果和分析局限性的能力。

使用恰当的分析方法

在分析数据时，要仔细审查和检查数据以确定所收集信息的优势和局限。例如，一个优势可能是一个经常被排斥的人群中的一个大样本（如，高中辍学者）参加了数据收集，而一个局限可能是不同种族/族裔的参与者的数量太小以至于不能对参与者群体得出任何结论。要考虑并承认通过收集的数据所做出的推测的局限性。不恰当地探讨这些局限会在数据解释时产生不正确的结论或归因。为了把数据推广到更广泛的人群，必须提供证据以确保从一个有代表性的样本中收集数据。而且，谨慎推断小样本数据是重要的。在交流分析信息时，要清楚地描述如何收集数据并最小化对结论的夸大或曲解。例如，如果描述两个焦点小组的发现，不要说，“华盛顿县的居民认为，一个非常重要的需求是解决交通”，一个更准确的表述是，“焦点小组的参与者是华盛顿县的老年居民，他们确认了对解决交通的重要需求”。

确保准确的数据引用和可靠性

要通过确保恰当的数据引用和源信息的可靠性以建立所使用方法的可信度和有效性（Nelson & Prillelnetsky，2005）。要清楚地说明在结果报告中所有的数据来源并确认次级数据源。在评估中以及在与其他人的交流中应该清楚地说明所使用的数据收集方法，以支持个体和群体对数据的进一步探索，也可以使评估不断更新或得到扩展。例如，地理空间映射的使用可能让人知道一个特定邻里存在不成比例的暴力发生率，却没有提供大量的解释性信息，因而需要收集额外的数据以更好地理解结果的含义。

任务7:交流评估结果

让利益相关者参与确定报告形式

在对评估数据进行收集、分析和审查后,剩下的任务是将评估结果传达给关键的利益相关者。要在评估成分中(如,社区描述、问题分析)以简单、简洁和有视觉吸引力的形式呈现内容。记住,评估报告的受众是社区居民,包括受问题影响的人,以及组织的利益相关者。要使用适合于社区受众的语言和形式撰写扼要的结果。要采用不需要大量解释或背景阅读的形式直观地展示数据,包括图形和表格。而且,要考虑使用诸如海报形式或信息图像的快捷总结工具,这可以使用视觉资料和简洁语句对信息进行简要总结。信息图像提供了一系列的完整图形和可视化信息,以简洁地表达一个有效说明复杂信息的故事。例如,罗伯特·伍德·约翰逊基金会采用一个信息图像说明“更好的教育=更健康的生活”,从而提供了一个描述教育和个体与群体的健康之间关系的可视化的故事。这个信息图像提供了描述大学毕业生如何活得更久并减少慢性疾病风险的视觉形象。

多渠道传播报告

评估数据的传播是提高对社区问题认识的重要一步。它还可以让社区利益相关者动员起来并倡导新的或扩展的工作。数据传播过程的一个核心功能是,为确保对社区人们是重要的评估结果的条件提供支持。来自于评估的数据是一种可以用来建构群体和社区利益相关者能力的资源。确定参与传播的关键的利益相关者是重要的,包括参与评估过程的那些个体和群体。

虽然报告是一个常用的交流评估结果的机制,但是利益相关者可能不喜欢这种形式。其他可以考虑的形式包括社区报告单、情况说明书和媒体发布。要使用多种形式与渠道同各种社区的受众来交流评估的结果。

为社区对话而公开呈现评估

最终,传播评估结果的目标是在社区中引发关于问题的对话。社区心理学家不仅向社区利益相关者提供了数据,而且还与伙伴合作以支持确保信息被恰当呈现并被更广泛的受众所理解的机制(如,公共论坛、媒体发布)。信息的呈现和传达有助于一个社区议题被命名和构造为一个问题,这为后来选择适当的策略以探讨议题提供了信息。例如,在提供有关社区议题的数据时,如婴儿死亡率的种族差异,社区的初始反应可能是责怪受害者(孕妇),而不是检查问题发生的背景(如,在护理可获得性上的差距)。所呈现的信息的促进作用和因而发生的对话是至关重要的,并预示着将要采取的支持相关问题的未来行动的做法。

任务8:运用需求和资源评估结果进行改善

在需求和资源评估中呈现的结果为社区行动和合作型问题解决奠定了基础。一旦社区问题在需求和可用资源的背景中被定义,评估结果就会被用来支持社区的有意义变革和改善。需求评估是一种可以使利益相关者从识别问题与资源,转变到规划与动员用以支持社区行动的资源的机制。

下面是一个从业者的评估反思的例子:

通过实施社区评估来理解青少年课外项目的需求和资源的过程,我获知与提供你认为的人们需要的服务相比,提供你想服务的人们认为重要的服务是重要的……我也重视在收集反映受众或者可以在特定的时间框架内完成以让我们从社区中获得最佳响应的信息中,选择要使用的适当工具的过程。最重要的是,报告的价值是为社区提供了一种可以用于多种目的的资源,包括:作为基准,避免重复服务,以及更好地了解同一社区的人群,这些人往往有不同的经验、观点并常常期望不同的结果。(朵拉·盖布利尔,社区动员者)

运用评估构造社区问题或目标

评估结果预示或验证社区问题或潜在目标的命名和构造(Work Group,2010)。问题构造(problem framing)是指以产生未来行动的方式创建问题或目标描述的过程。问题或目标的恰当构造可以吸引不同的社区成员和利益相关者积极参与解决问题。在构造问题时,要避免责难。考虑一下这两个构造:学校没有做出足够努力以确保学生读完高中,或者社区支持太少而不能确保学生读完高中,因而学生辍学了。第一个构造可以推断,只有学校负责确保学生读完高中;相反,第二个陈述支持更广泛的伙伴开放地参与合作解决问题。问题的构造预示着可以做些什么来解决问题。根据生态的视角,更广泛地构造问题不仅在个体层面(如学生的知识和技能)更可能识别出解决问题的策略,而且也促进环境(如家庭支持、学校政策)和更广泛背景(如不同学校的不成比例的资源分配)的变化。

运用评估指导计划和评价活动

在社区评估之后,社区利益相关者和合作伙伴应该开始直接检验适当的干预反应并发展一个行动过程。为确保评估可以被恰当地用于决策,向各种不同的社区受众和利益相关者广泛地传播报告是必要的。社区需求和资源评估是一种用来支持计划、实施和评价活动的工具。在评估中呈现的数据还通过提供干预效果的指标来支持评估。

定期审查和更新评估

合作伙伴和关键利益相关者应该定期审查和更新评估以肯定成就,并做出必要调整来增加效益。利益相关者持续了解结果改善的进展,以及在应对社区问题中所经历的挑战是至关重要的。要确定一个定期交流并向社区受众和利益相关者提供评估反馈的机制，这使合作伙伴更可能把评估的使用融入实践，而且支持由评估所引发的行动。

随着时间的推移，社区内呈现的需求和资源可能发生改变。有许多影响社区需求和资源的环境因素，如人口结构的改变和经费变化。要以合作的利益相关者一致同意的时间间隔定期审查并更新评估成分，以支持信息的持续使用和准确性。利益相关者应该一致赞同更新评估的可行方法。在合作伙伴之间有一个持续而协调的有助于更新评估的计划，能够切实确保当前的信息可以用于决策。

应用场景：劳伦斯-道格拉斯县的社区卫生评估

道格拉斯县是堪萨斯州中西部的一个中等规模的县，居住人口大约有 110,000 人。劳伦斯-道格拉斯县卫生局(Lawrence-Douglas County Health Department, LDCHD)推动了实施社区卫生评估的合作过程，这是公共卫生认证的必要条件的一部分。认证过程需要健康状况的评估，包括有益于或有损于健康的社区状况和社区中解决健康问题的可用资产。

LDCHD 建立了一个多部门管理委员会来指导评估的综合取向，并支持不同评估方法的实施。除了满足公共卫生认证标准之外，LDCHD 的管理机构还使用综合的方法收集数据，特别是来自于弱势群体(即，少数族裔、低收入人群，以及在该县主要人口中心之外的小社区的居民)的数据，努力检查该县中所存在的健康差距。

为在实施评估中提供技术援助，LDCHD 与当地的学术伙伴，即堪萨斯大学社区卫生部工作组建立了联系。该学术伙伴协助 LDCHD 准备计划和工具(如，结构化的访谈脚本、调查草案)以实行一些不同的评估方法。管理委员会确定了一些适当的方法，包括关切调查、关键知情者访谈、焦点小组、照片话语、卫生保健效用数据的地理空间描述、当地公共卫生系统评估，以及从次级数据源编制社区卫生状况指标。定性和定量方法的综合使用使 LDCHD 能够检查该县健康差距的不同方面。管理委员会广泛参与对评估计划的发展并提供反馈。

定量方法被用来检查社区卫生问题的频率、范围、普遍性和规模。编制关切调查提供了知觉到的优势和道格拉斯县遇到的问题的定量描述。关于人口特征、健康状态、健康行为和临床指标的次级数据源，以提供反映该县居民健康的量化数据。数据源包括美国人口普查局、堪萨斯卫生与环境部、堪萨斯劳工统计局，以及疾病控制及预防中心。

定性方法被用来促进对数据的深入理解。通过焦点小组，定性信息被收集。焦点小组可以在包括公共住房局、美国本土大学和非洲裔美国教会的不同地点实施，以帮助 LDCHD 实现确保在数据评估中未被充分代表的人们参与数据收集的目标。

为理解未被充分代表的青少年的声音，照片话语被用作一个非传统的评估方法。LDCHD与当地青年服务组织进行合作，尤其关注培训技巧，并使青少年参与照片话语方法、分析和结果报告，从而描述社区中的问题。

以LDCHD和当地医院之间建立的合作伙伴关系为基础，编制关于卫生保健效用在该县地理上如何变化的信息。这种方法也被称为热斑(hot spotting)(Gwande, 2011)，在人口普查区层面上绘制卫生保健效用未被标识的(de-identified)数据地图，以说明卫生保健效用受到关注的一些社区。

总之，1500多个社区居民参与了某种形式的评估数据收集。管理委员会对评估揭示的差异以及对未被充分代表的群体参与评估感到满意。通过使用定量和定性的数据，13个有关健康或健康的社会决定因素的问题被确定。举办四个开放的社区论坛以审查评估结果，而且，参加论坛的与会者对问题进行了优先排序。根据社区的优先级，确定以下五个社区问题：获取健康食品、参与体育活动、贫困和缺乏工作、获取心理健康服务，以及获取卫生保健服务。

促进胜任力发展的培训、教育和经验

有许多可以提供实施社区需求和资源评估所需的专门化知识和技能的形式，包括培训、技术援助和应用性的经验学习。培训可以通过非正式的机制而得到支持，如由当地政府提供的技术援助，或者学术伙伴通过资格认证或学术课程所提供的正规培训(Israel et al., 2010)。各种类型的培训和支持的适当性取决于一些因素，包括资金的可用性、所需知识的深度、可用的时间和需要的紧迫性。

来源：Jomella Watson-Thompson.

图6.1　社区成员聚在一起参与社区需求评估

技术援助(technical assistance, TA)是拥有专业知识的个体或群体提供建议、咨询、培训或资源的支持，它可以增强社区支持评估的能力，以及提供一个不昂贵的支持特定评估需求的选择。技术援助作为一种支持形式，对包括社区居民在内的在该领域工作的从业者和其他人是有益的。考虑一下受雇用的咨询者或学术伙伴获得了 TA,他们通过与个体或群体进行合作来提高技能以支持评估的实施。TA 的优势是,它通过聚焦技能子集的发展来提供即时支持以满足非常具体的能力需求。有时候,TA 提供者直接执行所需功能(如数据分析)是合适的。在确定各种培训和/或 TA 的合适的机会时,分配给评估过程的时间是一个重要的应考虑的因素。

培训机会常常是以认证选项的形式而获得的,这是从业者和居民完成培训的一种诱因。认证与从业者的专业标准,或者没有正式学位的居民的社区层面的认证是相关的。有许多传统或非传统的学生都可以获取的学术课程。这些课程有时候为在服务学习中的正式认证提供了机会,或者是更高级认证中的系列课程的一部分(Buckner,Ndjakani,Banks,& Blumenthal,2010)。也可以获取的学术课程包括对经验学习的重视,如社区合作课程或实习经验。这些体验式课程给学习者提供了与以社区为基础的组织进行直接合作以增强特定能力的机会。例如,堪萨斯大学为非学位研究生层次的学生提供了社区卫生和发展领域的研究生文凭项目,这使没有在研究生院注册入学的专业人员在胜任力上得到培训,包括社区评估。该文凭项目拥有三门系列课程,包括社区卫生和发展胜任力方面的一个讲解课程,然后是两个学期的实习,学生在实习期间应用这些胜任力来解决社区问题时要接受来自指导者的技术援助。其他形式的社区需求评估培训包括专业会议的工作坊或专业协会的会员资格。例如,美国社区禁毒联盟为个体社区领导者、利益相关者或社区禁毒联盟的附属团体提供了多种类型的培训和技术援助平台。

社区需求和资源评估的未来方向

实施社区需求和资源评估对解决社区卫生和发展问题仍然是至关重要的。了解社区问题的特点,包括水平、范围和幅度,对采用资产和资源调动(mobilization)的方式恰当定义问题是十分重要的。尽管实施需求和资源评估的一般目的随着时间的推移而保持相对不变,但是有许多可用的扩展的途径和方法。数据的直观展示不断推动着评估方法和分析技术的选择。社区从业者需要不断倡导和支持确保社会敏感性和文化适当性的恰当评估方法。通过让社区利益相关者参与评估过程,社区从业者可以持续推动不危及社区评估参与的创新的、可行的和敏感的方法的使用。

随着技术的不断进步,用于实施评估的方法和工具将持续变得更加强大。信息的收集和直观展示的综合技术促进了评估的过程。例如,词云的使用,也就是在图上显示定性方法的参与者所使用的关键词的频率和重要性,这已经成为一种快速汇总和呈现来自于主题分析信息的新方法。现在已有许多免费的在线文字工具,可以帮助发展词云显示。

尽管加强评估方法并使评估方法现代化的综合技术是重要的,但是技术进步的有效利用必须和确保平等参与评估过程保持平衡。基于技术的取向在它们增强这个过程并且没有限制平等参与的时候进行使用是恰当的。例如，一个基于网络的调查或低收入社区的焦点小组的实施可能是不恰当的。社区从业者应该确保，用于支持评估的技术允许拥有最少资源的社区成员的参与。

在实施社区需求和资源评估以支持参与式的、预防导向的、基于生态的和行动导向的过程时，社区从业者持续坚守社区心理学的价值观和原则是重要的。虽然参与式评估取向可能需要更多时间来平等地涵盖多种不同的社区代表，但是这在解决有关社区健康差异的问题中是必要的。社区利益相关者和学术伙伴以及其他技术援助提供者之间的合作伙伴关系，对于不断提高社区的评估能力是重要的。

总结

· 实施社区需求和资源评估是一种对支持包括计划和评估的其他胜任力不可或缺的基本胜任力。

· 评估过程需要收集、审查并分析系统性的信息，以检查社区条件背景下的问题、需求和资源。

· 根据社区心理学的价值观，确保评估过程是参与式的、预防导向的、支持生态视角的和聚焦行动的是重要的。

· 评估过程的标准成分一般包括社区描述、问题分析和资源评估。

· 支持实施社区需求和资源评估的八个任务是：任务 1：确定评估的目的；任务 2：确定评估成分；任务 3：确定适当方法；任务 4：增强社区评估能力；任务 5：发展和执行评估计划；任务 6：分析评估结果；任务 7：交流评估结果；任务 8：运用评估来指导计划和行动。

· 定量和定性方法的结合使用被称为综合方法，这增强了数据完整性并能更深入理解问题。

· 技术进步在支持评估中的运用必须和确保平等参与评估过程保持平衡，包括在社区中拥有最少资源的个体或群体的参与。

· 正式和非正式的支持都可以用来发展个体和群体实施评估的技能，包括培训、技术援助和经验学习。

问题讨论

1.你所学到的实施资源和需求评估的三个最重要的事情是什么？为什么？

2.在实施社区需求和资源评估时，从业者以什么方式坚持社区心理学的价值观和原则？

3.你如何确定在实施评估中所使用的最恰当方法？你如何通过所选择的方法使未被充分代表的人群参与评估过程？

4.可以做些什么来支持关键受众和利益相关者运用社区评估以确保其在决策中的应用？

5.你可以获取哪些特定的资源来深入发展你实施社区资源和需求评估的能力？一定要考虑当地的和全球的(网络)资源。

表 6.5　实施社区评估中的任务胜任力的快速调查

实施社区需求和资源评估的任务与相关的活动成分
任务 1:确定评估目的 为了支持这项任务的执行,您应该能够实施以下活动: (a)检查为什么要实施评估的背景和条件;(b)确定评估的水平和范围;(c)确定实施评估的时间框架 评定你执行这项任务和相关活动的能力: □差　□一般　□好　□很好　□优秀
任务 2:增强实施需求和资源评估的组织和社区能力 为了支持这项任务的执行,您应该能够实施以下活动: (a)检查合作伙伴实施评估的能力;(b)增强合作伙伴实施评估的组织能力;(c)利用评估过程建构社区解决问题的能力 评定你执行这项任务和相关活动的能力: □差　□一般　□好　□很好　□优秀
任务 3:确定需求和资源评估的成分 为了支持这项任务的执行,您应该能够实施以下活动: (a)确定社区描述是否恰当地包含在评估中;(b)确定问题分析是否被包括在评估中;(c)确定是否包括资源评估 评定你执行这项任务和相关活动的能力: □差　□一般　□好　□很好　□优秀
任务 4:确定恰当的评估方法 为了支持这项任务的执行,您应该能够实施以下活动: (a)促进参与式方法的使用;(b)确定综合方法的恰当性(即,定量和定性数据收集);(c)确定用来支持每个评估成分的适当方法 评定你执行这项任务和相关活动的能力: □差　□一般　□好　□很好　□优秀

续表

实施社区需求和资源评估的任务与相关的活动成分
任务 5:发展和实施评估计划 为了支持这项任务的执行,您应该能够实施以下活动: (a)确定实施评估的目标;(b)确定策略并制订执行评估的行动步骤;(c)执行并定期审查评估实施计划 评定你执行这项任务和相关活动的能力: □差 □一般 □好 □很好 □优秀
任务 6:分析评估结果 为了支持这项任务的执行,您应该能够实施以下活动: (a)确定和审查评估要回答的关键问题;(b)使用适当的分析方法来检查评估结果;(c)提供准确的引文和评估数据的可靠性 评定你执行这项任务和相关活动的能力: □差 □一般 □好 □很好 □优秀
任务 7:交流和传播评估结果 为了支持这项任务的执行,您应该能够实施以下活动: (a)使利益相关者参与确定适当的报告形式或汇总评估结果的相关材料;(b)通过多种渠道和利益相关者传播报告;(c)公开呈现评估以引发社区对话 评定你执行这项任务和相关活动的能力: □差 □一般 □好 □很好 □优秀
任务 8:运用评估结果进行改善 为了支持这项任务的执行,您应该能够实施以下活动: (a)根据评估结果构造问题;(b)利用评估指导计划和评价;(c)与社区合作伙伴和利益相关者定期审查和更新评估 评定你执行这项任务和相关活动的能力: □差 □一般 □好 □很好 □优秀

关键术语和定义

社区:拥有共同的地点、利益和/或经历的个人和群体。

社区能力:一个群体促使社区随着时间推移而产生积极变革和改善的共同的技能、能力和资源。

社区描述:对社区中的环境背景和人们的分析。

社区问题:被确定为社区个体和群体所关切和重视的社区需求。

社区需求:现有状况(是什么)和最佳状况(应该是什么或想要成为什么)之间的差异或差距。

社区需求和资源评估:对社区响应社区问题的历史与现有背景、条件、资产和能力进行检查的全面分析。

社区资源:现有的可以调动起来解决问题的个人、组织或社区层面的资产。

生态视角:认识到个体与其所融入的多种社会系统之间的交互作用。

综合方法:定量和定性方法的结合使用。

参与式评估:使利益相关者积极参与评估的所有阶段,并拥有运用信息解决问题的系统调查的合作过程。

预防导向的取向:对作为风险的潜在前因(即,前兆)或与在社区中感兴趣的行为有关的保护性因素进行检查。

问题分析:收集有关社区问题的信息以界定和验证社区问题的水平、严重性、规模以及社会关切。

问题构造:以产生未来行动的方式创建问题或目标描述的过程。

定性方法:提供叙事描述或专题分析来描绘个体或群体的知觉、态度或信念的特征的信息收集方法。

定量方法:提供描述特定行为的频率和范围的数值和统计数据的数据收集方法。

利益相关者:关注问题并在其中有利益的个体或群体。

技术援助:拥有专业知识的个体或群体提供建议、咨询、培训或资源的支持。

参考文献

Arthur, M., & Blitz, C.(2000). Bridging the gap between the science and practice in drug abuse prevention through needs assessment and strategic community planning. *Journal of Community Psychology*, 28(3), 241—255.

Buckner, A., Ndjakani, Y., Banks, B., & Blumenthal, D.(2010). Using service-learning to teach community health: The Morehouse School of Medicine Community Health Course. *Academic Medicine*, 85(10), 1645.

Fawcett, S. B., Francisco, V. T., Hyra, D., Paine—Andrews, A., Schultz, J. A., Roussos, S., . . . Evensen, P.(2000). *Building healthy communities*. In A. R. Tarlov & R. F. St. Peter(Eds.), *The society and population health reader: A state and community perspective*(pp. 314—334). Itasca, IL: F. E. Peacock.

Gwande, A. (2011). The hot spotters. *The New Yorker*. Retrieved from http://www.newyorker.com/magazine/2011/01/24/the-hot-spootters

Innes, R. B., & Heflinger, C. A.(1989). An expanded model of community assessment: A case study.*Journal of Community Psychology*, 17, 225—235.

Israel, B., Coombe, C., Cheezum, R., Schulz, A., McGranaghan, R., Lichtenstein, R., . . . Burris, A.(2010).Community-based participatory research: A capacity-building approach for policy advocacy aimed at eliminating health disparities. *American Journal of Public Health*, 100(11), 2094.

Israel, B. A., Schulz, A. J., Parker, E. A., & Becker, A. B.(1998). Review of community based research: Assessing partnership approaches to improve public health. *Annual Review of Public Health*, 19,173—202.

Jackson, S. F., Cleverly, S., Poland, B., Burman, D., Edwards, R., & Robertson, A.(2003). Working with Toronto neighbourhoods towards developing indicators of community capacity. *Health Promotion International*, 18, 339—350.

Jick, T.(1983). Mixing qualitative and quantitative methods: Triangulation in action. In J. Van Maanen(Ed.), *Qualitative methodology*(pp. 135—148). Beverly Hills, CA: Sage.

Minkler, M., & Wallerstein, N.(Eds.).(2008). *Communication based participatory research for health:From process to outcomes*. San Francisco, CA: Wiley.

Nelson, G., & Prilleltensky, I.(2005). Community psychology: Journeys in the global context. In G. Nelson & I. Prilleltensky(Eds.), *Community psychology in pursuit of liberation and well-being*. New York, NY: Palgrave Macmillan.

Warheit, G. J., Bell, R. A., & Schwab, J. J.(1976). *Needs assessment approaches: Concepts and methods*. Washington, DC: National Institute of Mental Health.

Warheit, G. J., Vega, W., & Buhl-Auth, J.(1983). Mentalhealth needs assessment approaches: A case for applied epidemiology. *Prevention in Human Services*, 2, 9—34.

Work Group for Community Health and Development. (2010). *Promoting community health and development: The community tool box curriculum*. Lawrence: University of Kansas.

第7章　组织和社区能力建设

斯科特尼·埃文斯，凯瑟琳·雷蒙德，道格拉斯·D·帕金斯
(Scotney Evans，Catherine Raymond，Douglas D. Perkins)

开篇练习

最近，美国纳什维尔东部的青少年及其家长感到非常生气，因为当地服务于低收入家庭的公立高中没有为学生的高等教育做好充分准备。调查结果发现，学校90％的学生都渴望高等教育，但只有三分之一的学生在制订高等教育入学计划方面能够得到辅导老师的指导，获得辅导的学生与指导老师平均会面2～4次，会面的总时间大概1小时。此外，一些学生反映，即使被录取，他们仍不知道如何支付大学的学费。学校管理者认为这种情况主要是因为学校缺少资金及学区支持。学生及其家长希望在大学入学准备方面与邻近富裕学区的学校投入相同。当地的一个组织——纳什维尔社区影响(community impact，CI)——试图解决这一问题。

CI的规模很小，它是一个以邻里为基础的基层非营利组织，其使命是让那些被边缘化的年轻人参与并推动社区的变革，解决影响他们生活的问题。由于资源有限，CI组织的年轻组织者较少，其组织能力较弱，因此对改善学校高等教育这一复杂问题的变革影响也是有限的。虽然社区年轻人也想在这一问题上发挥作用，但CI组织并不能采取有效策略，以可持续的方式让当地年轻人真正参与到该问题的解决之中。此外，纳什维尔东部社区有许多贫困家庭，这些家庭并没有参与到影响他们生活的讨论和决策中，虽然他们都很关心这一问题，但他们几乎不具有协同行为所需的知识、技能和支持。

想象一下，如果现在要求你帮助CI组织、当地高中及居民建立有助于改变这一问题的能力，你将会从哪里开始？你如何建设组织和社区能力？你需要什么样的知识、技能和品质才能与他们一起建立问题解决的能力？本章我们将探讨这些问题的答案。

概述

组织和社区能力是密切联系的，因为许多改善社区的行为都发生在组织内，并

通过组织而发生的。强大而有效的组织在建设和支持社区能力方面具有重要作用。例如，组织在地方社区能力建设方面具有重要作用，包括参与社区规划和治理的能力，提供诸如住房、工作培训和安置服务产品的能力，以及为共同目标而告知、组织和动员居民的能力（Chaskin，2001）。基于社区的非营利组织的任务是以社区为导向的，它们对社区能力的发展和维持尤为重要。此外，鉴于社会和环境问题的复杂性以及问题解决成本的压力，使用网络进行组织间合作不仅可以发展共享知识，还可以凝聚力量扩大影响力（Plastrik & Taylor，2006；Scearce，Kasper & Grant，2009）。

本章首先介绍了组织能力和组织能力建设的概念，并详细探讨了这两个概念。随后探索了社区能力和社区能力建设的相关概念。本章强调了胜任力发展所需的知识、技能和能力，并介绍了促进胜任力发展的培训、教育和其他经验。最后，我们说明了胜任力在现实世界中的应用，并讨论了组织和社区能力建设的未来发展趋势。虽然本章呈现的一些观点适用于不同类型的社区组织，但为了提供有效的服务、建设社区能力、促进社会变革，这里特别关注了非营利组织的组织能力。非营利组织是专门为慈善、社区建设、倡议、教育事业而运作的基于社区的组织，它们既不是以营利为目的的企业，也不是政府机构。人们常接触到的非营利组织很多，如社会服务机构、宗教组织（如教堂与寺庙）或博物馆。

概念性定义

组织能力

组织能力（organizational capacity）的含义是什么呢？虽然目前对此概念没有统一的定义，但该领域的公认领导者通常关注组织“做事情”的能力——为实现组织的目标、使命和可持续性发展而采取有效的行动。例如，多尔蒂和梅耶尔（Dougherty & Mayer，2003）将组织能力定义为“组织管理自身、发展资产与资源、培养良好社区关系、提供有价值服务能力的综合影响力——所有这些结合起来以完成组织使命”。莱茨、瑞恩和格罗斯曼（Letts，Ryan，& Grossman，1999）认为组织能力体现在“组织发展、维持、完成组织使命的能力”；莱特（Light，2004）则认为组织能力是“组织为实现其使命用到的从桌椅板凳到项目和人员的所有事物”。

从概念上讲，我们认为组织能力由不同的领域组成，每个领域代表了组织的一个方面，如治理、组织文化或技术能力。尽管不同领域之间存在重叠和相互依赖关系，但组织能力的划分在组织能力评估以及能力建设干预措施的设计执行两个方面是有益的。

研究者和从业者已经形成了许多框架来说明组织能力的概念，不同概念间的区别主要在于强调和划分组织领域的不同。康诺利和约克(Connolly & York, 2003)的概念框架关注适应和领导力,此框架与组织和社区的能力建设非常相关,并且在实践中简便易用。康诺利和约克认为,组织能力有四个核心领域:适应能力、领导能力、管理能力和技术能力。适应能力(adaptive capacity)是指通过策略规划、发展有益合作、审视环境、评估组织表现等活动,“非营利组织对内外环境变化的监控、评估和反应的能力”。领导能力(leadership capacity)是指通过在各种利益相关(即选民)的社区中促进组织发展、设置并确定组织工作重点等活动,“组织所有领导者激励、优先化、决策、提供指导和创新的能力,所有这些都是为了完成组织的使命”。管理能力(management capacity)是指通过有效的人事和志愿者政策,“非营利组织确保组织资源的有效和高效使用的能力”。最后,技术能力(technical capacity)是指“非营利组织执行所有重要的组织与项目功能的能力”,如提供项目服务、有效管理组织财务、实施评估活动,以及筹集资金。

组织能力不是静态的:它会随着时间发生变化。在很大程度上,组织能力发展与其成立时间和规模有关。随着组织的成熟和发展,组织能力和功能会随着个人能力的变化而变化。例如,随着员工流失、组织学习系统的缺乏、资源的减少,或者技术系统更新的失败,组织能力和功能也会下降。

组织间的能力是存在差异的。组织运行并没有一个通用的标准——唯一的“正确方式”。不同的组织提供不同类型的服务,并面临着不同的情境和运作环境。例如,运动建设项目(building movement project)有一个框架专门思考促进社会变革所需的组织能力、策略和结构。不论何时,组织的能力需求都会受到很多因素的影响(Sussman, 2008),部分原因是每一组织的情境和环境是不断变化的——客户和社区需求与资产的改变、组织的成长与发展,以及经济与政治条件的变化。为了生存发展,组织必须不断适应并建设新的能力,这种发展新能力的适应过程被称为组织能力建设。

组织能力建设

我们已经讨论了组织能力以及组织必须随着环境和时间的变化发展新的能力,现在我们将焦点转向组织能力建设。巴克尔(Backer,2001)认为,能力建设是指“增强非营利组织的能力以便它们更好地完成使命”。布卢门撒尔(Blumenthal,2003)将能力建设定义为“提高非营利组织效益的所有活动”。组织能力建设是一个持续的、复杂的发展过程,组织能力建设没有终点。在其最基本的层面上,组织能力建设(organizational capacity building)是指确定需要加强的组织能力,并运用针对性策略建立这些能力的过程。

确定组织能力建设的目标

能力建设的计划形成之前,通常应该对非营利组织的需求和优势进行正式评估。需求评估有助于突出变革的组织能力目标。组织需求(organizational needs)评估应该与非营利组织员工合作,制订个性化的能力建设计划(Backer, Bleeg, & Groves, 2004, 2010;Blumenthal, 2003; Innovation Network, 2001; Joffres et al., 2004)。目前有大量免费的组织能力评估工具可使用,这有助于明确组织的优势以及组织能力建设需要关注的领域(Marguerite Casey Foundation, 2005; Venture Philanthropy Partners, 2001)。玛格丽特·凯西基金会(Marguerite Casey Foundation, 2005)推荐了组织能力的两步评估程序,第一步评估是让重要成员分别对组织的不同能力维度进行详细评估。在个人对能力评估的基础上,参与者共同讨论他们的评估,并就最能代表组织的评估达成一致意见。他们认为团队评估的方式可以提高效度并减少个人偏见,同时,这一过程也可以促进重要的组织利益相关者参与组织对话。

许多能力建设工作聚焦于技术指向的或组织运行的渐进式变革,如改善会计制度或实施项目评估活动。尽管这类能力建设项目对组织整体效率的作用还存在疑问,但这方面的能力建设更容易获得资金支持,因为项目完成时间相对较短。许多专家主张关注文化、使命、战略和结构方面的基础变革或转型变革,尤其要关注适应能力和领导能力(如治理和策略),他们认为这些能力建设更可能对组织效能产生长期积极的影响(Blumenthal, 2003;Connolly & York, 2003; Letts et al., 1999; Venture Philanthropy Partners, 2001)。

组织能力建设金字塔(pyramid of organizational capacity building)是一个理解组织能力建设的不同目标以及每一目标影响组织效率的简单模型,这一模型来自于圣卢克的健康倡议(St. Luke's Health Initiatives, 2011)。这一模型从三个层面说明能力建设的概念。第一层是基础水平,这一水平包含基本战略方向、管理能力、财务支持、项目执行、基础设施,以及组织在社区中有效行使职责并推动任务进程所需的所有关系。在基础水平上,基本能力和基础设施是组织生存必要的条件,但这些还不足以产生社会影响。第二层是中级水平,适应能力在这一层发挥作用。所有组织要保持灵活,并善于发现、创新和学习。组织需要采取最佳措施以提高影响力,并培养创新文化以及适应不断变化环境的能力。最后,他们在高级水平上强调了能力建设的重要性。我们知道以社区为基础的组织正在试图解决复杂的、不断变化的、根深蒂固的社会问题,这就要求组织参与到关注更高水平系统变革的利益相关者的关系中。因此,组织需要建设合作能力,以有效地与其他社会变革伙伴建立合作关系,从而产生真正的社会影响。

组织能力建设的策略

尽管上述三个层面有助于我们确定哪些领域是组织变革的目标,但如何建设组织能力是另一个值得探索的问题。无论是关注渐进式变革还是更深层的转型性变革,当人们提到组织能力建设时,通常想到的活动是培训工作坊和技术支持。但实际上，我们还可以采取许多措施建设组织能力。除了对组织的需求、优势和变革意愿进行评估外，能力建设的实践和过程可以分为两大类：(1)技术支持和组织发展咨询(如培训、辅导、朋辈网络、提供资料、召开会议)；(2)直接的财政支持(Backer et al., 2004)。下面我们将简要讨论这两个方面。

通过组织评估确定组织能力建设的需求后，我们就可以采用最可能影响变革的活动或策略。鉴于能力建设需求的多样性，“一刀切”方法的效果并不好。因此，个性化是非常重要的，也就是说，要制订符合组织需求和情境的能力建设活动(Backer et al., 2010; De Vita, Fleming, & Twombly, 2001; Innovation Network, 2001; Light, 2004; Sobeck, 2008)。在开展能力建设工作时，能力建设者应该考虑非营利组织能力建设的需求与优势，非营利组织员工的学习方式，非营利组织的历史、文化、发展阶段以及环境。这种个性化也应该包括随着需求的变化灵活地改变初始能力建设的计划(Backer et al., 2010; Blumenthal, 2003)。

常见的能力建设策略包括以培训、指导和朋辈网络的方式进行的技术支持和组织发展咨询。通常，评估会发现一个组织的能力需求是相互联系的，这意味着能力建设需要结合多种方法。例如，咨询者可以帮助主管发展董事会、规划战略，而管理人员需要参加有关逻辑模型开发和项目变革理论的培训。尽管狭义上定义的策略对能力建设具有重要作用，但最有影响力的组织能力建设活动还包括各类策略和方法(Backer, 2001)。

为朋辈学习(peer-to-peer learning)提供机会的策略是能力建设成功的重要影响因素(Backer et al., 2010; Connolly & Lukas, 2002; Innovation Network, 2001; Joffres et al., 2004)。朋辈学习机会包括圆桌会议、社区实践或学习圈，这些活动可以减少隔阂，促进合作和问题解决。圣卢克的健康倡议(2011)已经发现，“网络学习”方法可以成功建立组织和社区能力。在技术支持合作伙伴关系(technical assistance partnerships, TAP)的方法中，非营利组织以小团队或“学习圈”的方式共事，从而确定并实施组织和社区问题的解决方案。一旦他们确定所需的能力，团队会与那些可以帮助他们工作的咨询者合作，共同面对挑战和机遇。虽然这种合作性的能力建设方法面临着挑战，但是随着时间的推移，他们发现：(1)参与者获得了特定的知识和技能，从而增加了组织和社区的能力；(2)参与者扩大了他们的社区联络；(3)参与者可以将学习转化为所在机构和社区的规划和活动；(4)组织能力和绩效得到了提高。

组织能力建设工作成功的关键

成功地设计和实施能力建设工作有几个重要的影响因素，最常被提到的因素有能力建设的个性化定制、能力建设者的素质、关系质量、能力建设方法、朋辈学习、评价以及组织需求评估。组织需求评估是指在组织能力建设背景下，让员工和其他利益相关者参与到检测组织管理结构和过程之中。组织需求评估通常以评估工具为指导,是制订能力建设计划的基础。一些组织能力建设的影响因素在本章的其他部分做了介绍,下面则主要讨论几个附加因素。

关系质量。首先,能力建设者和组织员工之间的关系质量是能力建设的一个重要因素。能力建设者这一术语通常是指向非营利组织提供能力建设的组织和个人。他们包括为能力建设提供资助的组织员工(如基金会成员),但在大多数情况下投资者与中介组织或顾问订立合同向受资助者/订约人提供能力建设(Blumenthal, 2003; Connolly & York, 2002)。组织也可以让自己的员工作为内在能力的建设者。最强的关系是指能力建设者与组织之间的持续合作,这种合作的特点是信任和相互尊重。

数量和持续时间。其次,任何能力建设策略的设计必须保证能力建设有足够数量和持续时间,以至于可以学习、实践和实施新的做法(Chinman et al., 2008; Leake et al., 2007; Mitchell, Florin, & Stevenson, 2002)。例如,尽管一次性的培训课程可以提高员工的知识,但如果培训课程不能与那些有助于理论知识转化为实际组织变化的技能建设和支持相结合的话,那么就很难建立有效的能力。能力建设的持续时间也是一个非常重要的因素。随着时间的推移,能力建设策略要考虑在能力建设者与接受培训者之间形成高质量的关系,并将新做法制度化(Backer et al., 2010; Blumenthal, 2003; Innovation Network, 2001; Venture Philanthropy Partners, 2001)。

评价。最后,对过程和结果的评价也是能力建设的一个重要因素(Backer et al., 2010; Blumenthal, 2003; De Vita et al., 2001)。过程性评价会对能力建设的执行与改善提供有价值的信息。结果评价可以衡量能力建设是否达到了预期的效果,并识别那些未预期的结果。评价可以增加我们对能力建设动态过程的理解,同时记录那些预期的变化是否发生。通过了解能力建设项目的成功、失败及未预期结果,过程性评价可以为能力建设实践的改善提供实时数据。过程性评价收集了能力建设工作中参与者的观点,这些观点有助于了解能力建设的进程。

社区能力

目前社区和组织能力的建设主要针对那些随着时间的推移还没产生社区福祉和预期收益的专业化社区项目和研究模型。20 世纪 90 年代,评估者意识到,社区合作伙伴需要更多的培训、资源、领导力和"社会资本",以社区参与和信息网络的方式,有效地推行全面的药物滥用预防和其他健康促进项目。大多数社区能力指的是特定项目机构或社区在关系建立、社区规划、决策和行动过程中的承诺、技能、资源和问题解决能力(Goodman et al., 1998)。

福赛特(Fawcett et al.,1995)将社区能力定义为"社区追求其当前与未来的目标和行动方案的能力”，这说明社区能力受到个人、群体和环境等因素的影响，如与社区相关部门的关系质量以及来自于这些部门的支持，这些社区部门包括教育机构、卫生部门、宗教组织和商业组织。社区能力成为一个固定说法并受到学术界的关注，如罗伯特·卡斯金(Robert Chaskin)等人的出版物。基于综合社区活动的文献综述和案例研究，卡斯金(Chaskin，2001)提出了社区能力的定义框架，他将社区能力(community capacity)定义为：

> 能够解决社区问题并改善或维持社区福祉人力资本、组织资源和社会资本的相互作用。它可以通过非正式的社会过程和/或有组织的活动而运作。

朱蒂、斯皮尔、雷斯尼克和齐佩(Chavis，Speer，Resnick，& Zippay，1993)认为，如果一个社区满足以下四个条件就有能力采取行动解决社会问题：(1)机构和社会的关系可以涉及所有社区成员；(2)机构对它们的选区居民(成员、消费者、公民)负责；(3)机构能够集体或单独地调动资源应对不断变化的条件；(4)存在一个发展和维持社区发展及问题解决措施的使能系统(an enabling system)(Chavis，Florin，& Felix，1992)。

尽管这些定义为理解社区能力提供了丰富的理论基础，但阿斯彭研究所(Aspen Institute，1996)提出的框架较为简单清晰，它强调了用于社区优势建立、问题解决及机遇处理的社区承诺、资源和技能的综合影响。承诺是指在对问题、机遇和可能的解决方案达成共识的基础上采取集体行动的意愿。资源是指财政资产、自然资源、人力资产，以及灵活而恰当使用这些资源的方法。技能是指个体、组织和关系网络的所有资产、才能和专长，这些技能和资源可用于问题解决和机会把握。为建立承诺、资源和技能而采取策略行动就称为社区能力建设(community capacity building)。

社区能力建设

社区能力建设工作包括大量活动，从正式的领导力发展工作到全社区的规划，再到在公民中建立信任和社会资本的非正式活动。社区能力建设的目标是为社区成员创造合作的机会、制订未来发展策略、确定集体决策和采取行动，同时在社区中建立组织成员的个人技能和能力(Aspen Institute，1996)。改善被边缘化社区能力建设面临着两个任务：在社区中建立共同的目标、有效的关系和能力；建立社区与外部的资源联系(Saegert，2005)。社区的能力建设是发展共同的目标、关系、资源和技能。获得外部帮助的挑战是恰当地合作以创造条件提升社区能力(Aspen Institute，

1996)。

阿斯彭研究所提出，社区能力建设的目标是：(1)扩展公民参与的多样性和包容性；(2)扩大领导力基础；(3)增强个人技能；(4)广泛的理解和展望；(5)战略性的社区议程；(6)目标指向的具体进展；(7)更有效的社区组织和机构；(8)社区对资源的更好利用。社区能力建设工作可以将其中一个或多个目标作为部分能力建设活动。社区能力通过个人、组织和网络三个层面的社会机构而实现(Chaskin 2001)。这些层面也是策略性能力建设干预的切入点。

社区能力建设的策略

社区建设工作通常涉及四大策略的结合：领导力发展、组织发展、社区组织、促进组织间的合作(Chaskin, Brown, Venkatesh, & Vidal, 2001)。尽管指向其中一个方面的目标变革也可能带来一定的益处，但采取全面的改革方法能更有效地促进社区能力建设。社区变革是一件很困难的事情，因此社区能力建设需要同时加强个体、正规组织和关系网络，使他们之间彼此关联并成为更广泛系统的一部分(Chaskin, 2001)。

领导力发展。邻里和社区需要愿意并且能够为社区更好发展承担责任的当地领导者，他们能够站出来激发并促进行动(Chaskin et al., 2001)。当地领导者的能力建设涉及提高技能、知识、承诺，获取社区居民个人信息和资源，并为他们提供积极参加改善社区活动的机会(Chaskin, 2001)。最佳的领导力发展活动并不是一个独立的活动，而是嵌在组织和网络的发展中。将领导力发展嵌入这些活动中，可以为个人提供运用和磨炼各种技能的实践机会(Chaskin et al., 2001)。

卡斯金和他的同事区分了正式培训和在职参与策略。培训是指为了传达信息、建立公民参与信心和技能，包括操作性技能(公众演讲、写作、组织、制作材料、研究)和处理技能(谈判、妥协、举办会议、解决问题、权力分析、指导社区系统)而进行的结构化活动。参与为人们提供了解这项工作的机会，并从事有益于社区的工作。这种情况下，领导力发展是一个边工作边学习的过程，反思在这种领导力培养中发挥了重要作用。最后，卡斯金及其同事建议这两种方式结合可以更好地发展领导力。

此外，相对于关注个别领导者，让社区群体中的个体为领导角色做准备更有益处。领导者作为社区的成员参与到公共领域，而不是毫无关联的个体(Warren, 2001)。最后，卡斯金等人(2001)建议，无论采用何种办法，个体领导力发展并不会自动地转化为更强的社区能力。新领导人必须愿意运用自己的技能在最大程度上帮助他人和社区，使其他人在社区发展中发挥积极的作用，通过团结增强社区力量。

社区组织。社区能力建设的第二个策略是组织能力建设，这已经在本章的前一部分介绍过了，因此这里不再赘述。社区能力建设的第三个策略是社区组织。社区组织是“让人们共同解决社区问题和达成目标的过程”(Chaskin et al., 2001)。社区组织要改变控制决策的群体与被边缘化的社区居民之间的权力关系。社区组织将关系建立、社会资本发展和伙伴关系作为社区建设的核心(Gittell & Vidal，1998)，并利用个人、组织和社区的优势。参考卡斯金及同事(2001)关于这个主题的论述可知，采用社区组织策略建设社区能力时将会面临几种选择。这里将强调其中的两点：(1)使用冲突还是共识的方法；(2)聚焦于单一问题还是多种问题。

冲突与共识策略。冲突方法是利用对立策略产生期望的结果。冲突的例子包括游行、静坐、大规模的抗议或"行动"。冲突策略使用的基本原理是：如果不给那些有权力的人或机构施压，他们不会减少不公平(Chaskin et al.，2001)。这种方法旨在为社区建立社会力量，以利用资源和促进社区改善(Speer，Hughey，Gensheimer，& Adams-Leavitt，1995)。另一方面，基于共识的策略认为冲突并不是变革的必要条件。相反，变革可以通过促进居民、组织和其他利益相关者的相互尊重和积极互动而实现(Chaskin et al.，2001)。合作，而非对抗，是社区组织策略运用的原则。当前社区能力建设的趋势更多地依赖共识策略，因为共识策略更有利于个人、网络和社区的能力建设，寻求有利于社区发展的共同基础和解决方案。

单一问题与多种问题。社区组织可以通过定向策略而聚焦于单一问题(如土地闲置)，或随时间推移而关注广泛的问题。单一问题策略围绕着一个特定的问题将人们团结起来，并进行统一的行动。不幸的是，某些单一问题的活动是高度目标指向的，且持续时间很短。当问题得以解决，组织能力就会消散(Chaskin et al.，2001)。然而，单一问题的工作也可以成为多种问题的能力建设工作的起点。多种问题策略试图建立一个成员库和地方能力，以解决居民关注的问题。如果完成得好，这些行为会提高集体问题的解决能力，同时增强社区联系和社区承诺。最好的组织工作不仅仅要取得一个胜利，还要建立力量并提高社区在未来再次获取胜利的能力。这意味着，社区如何围绕着特定问题进行组织与社区赢得了什么是同等重要的。

加强组织协作和组织网络。社区能力建设强调关系、联盟和建立共识(Gittell & Vidal，1998；McNeely，1999)。在社区的组织或机构层面，建立和强化组织间的伙伴关系和网络是社区能力建设中一个非常重要的策略。网络、同盟、联盟以及其他形式的组织间合作是建立权力的有效策略，它能积极影响广泛系统和政策变革，而这正是优化边缘化社区所需的。研究表明，加强组织和机构的合作可以建立社区能力(Butterfoss，Goodman & Wandersman，1993；Chavis et al.，1993)。将具有相似的使命、目标和问题的组织团结起来可以更好地利用有限的资源，增加完成共同目标的机会。在社区中构建这种类型的合作需要关注组织与相同目标机构之间的关系。组织间的能力建设就是发展和维持为大量社区组织者提供资源整合和行动的空间(Foster-Fishman，Salem，Allen，& Fahrbach，2001)。

"骨干"组织。格雷(Gray)在1989年强调了合法且经验丰富的召集人的重要性，召集人员角色被赋予处理能力。最近，关于集体影响的文献将这种召集角色称为“骨干”组织（Kania & Kramer，2010）。通过不断便利化的设施、通信技术支持、数据收集、报告，以及倡议活动正常运营所需的后勤和行政材料，骨干组织的员工可以规划、管理并支持倡议活动。社区中对经验丰富召集人的需求是合作、网络和集体影响研究中的重要课题。召集会议的机构必须有足够的组织能力、经验、承诺、领导力和视野，以形成并建立有效的联盟（Butterfoss & Kegler，2009）。麦奎尔（McGuire）于 2002 年将组织倡议活动的特点总结为以下四点：确定并引进所需的人员、组织和资源（激活）；在网络结构、运行规则、原则和价值观上达成一致（框架）；引导并维持网络合作的承诺（动员）；促进参与者之间的关系，并创造一个有利于积极互动的环境（综合）。

组织间结构。组建一个有共同目标的、有凝聚力的组织间联盟或网络，这需要建立关系、技能和资源，同时需要能使结构聚集并协调共同学习和行动所必需的特定要素。建立一个总体的组织结构和过程以引导联盟的交流、决策和冲突解决的功能，是合作实体成功的重要因素（Kegler，Rigler & Honeycutt，2010）。维持组织间关系和动员组织成员都依赖于有效地配备人员、维持良好的沟通，以及获得支持集体活动的资源（Chaskin et al.，2001）。联盟可以通过时事通讯、电视、社区广播、会议、电子论坛和社交媒体促进沟通。外部推动者也可以促进社区联盟，他们能支持联盟过程，帮助组织与其他盟友取得联系并获得必要的资源。

社区能力建设的工具

目前已有一些具体技术可以促进上述策略。例如，基于互联网的资源为技能、信息和其他资源的有效传播提供了有效的途径，社区工具箱（http://ctb.ku.edu/）就是一个基于互联网的资源（Francisco et al.，2001）。这种网络支持可以提高社区能力建设工作，包括社区需求/资产评估、资源开发、项目规划、社区招募的组织和动员、干预策略、执行与营销、倡议以及评估。出色地完成基于社区的参与式研究有助于社区能力的建设。例如，卡什曼（Cashman）等人（2008）揭示了社区和学术伙伴的作用和技能是如何相辅相成的，参与数据分析和解释的社区成员能以不同的方式强化社区能力，并对研究结果提出独到的见解，尽管它可能延长项目的时间，但在总体上它能在社区能力建设上达到更好的效果。基于资产的社区发展（Kretzmann & McKnight，1993）是另一种促进社区能力建设的方法，它从一个地区的居民、组织、当地文化和物理特征开始，并参与到联结、组织和统筹它们之间的工具性联系的过程，从而建立当地的界定、投入、创新、期望和控制。

社区能力建设工作成功的关键

全面的社区能力建设工作是复杂的、多方面的、依赖于情境的，同时也受限于可以完成工作的限制。增加社区能力建设成功的可能性有三个因素：社区参与、关系驱动取向和连接策略(linking strategies)。

社区参与。社区能力建设的一个核心原则是社区居民参与到自己社区的工作中(Kubisch, Auspos, Dewar, & Taylor, 2013)。只有当地社区居民致力于社区建设才能显著地改善社区。社区能力建设的基石是社区居民和其他利益相关者参与社区能力变革需求的识别和优化，以及能力建设策略的制订和实施。在社区建设工作中广泛地动员居民对社区能力建设是非常重要的，这也是这些倡议活动长期成功的关键(Chaskin, 2001; Foster-Fishman et al., 2006)。虽然外部援助是非常重要的，但社区能力并不是自上而下或从外到内建立的。有意义的社区参与不只是身体参与，还包括产生创意、贡献决策和共担行动责任。

来源：维克托里·海茨博客的照片

图 7.1　社区会议为其成员聚集起来讨论他们关心的问题提供了机会，这是参与社区组织的有效方式

关系驱动取向。社区能力建设工作的一个重要任务是不断建立并重建当地居民、组织和机构之间的关系。关系为合作工作提供了媒介，它不仅有利于获得所需的资源，还可以促进承诺和满意度。关系建立的关键是消除分歧，找到共同基础、共同利益以及互惠互利感。能力建设者可以为促进社区居民和组织中的网络联系提供支持。他们可以利用自己的资源支持社区建设和社区组织的活动，同时为居民创造相互了解和共同参加集体活动的机会。在面对面的互动中，居民围绕着一个基于社区的议程建立起信任和合作。为了发展和建立关系，人们需要有一个聚集起来相互了解、讨论、交流和辩论的安全场所。社区中“安全场所”或“安全系统”的存在通常被认为是促进或抑制社区能力增长的基础(Chaskin et al., 2001)。

连接策略。本章已经介绍了社区能力建设涉及四个策略的整合：领导力发展、组织发展、社区组织和组织间合作。将四个策略结合起来可以增加社区能力建设成功的可能性(Chaskin et al., 2001)。例如，良好的组织间合作需要有足够的组织能力。任何社区组织工作的成功都需要有能力的领导者。反过来，组织和社区发展活动为领导力发展提供了机会。社区能力建设工作的重要影响因素是认识到这四个策略的相互依赖关系，以及以最大利益化的方式整合这些策略。

胜任力和胜任力发展：组织和社区能力建设

无论是组织或社区的内部还是外部，有效的能力建设者都表现出一定的胜任力。组织能力建设领域的一个共同问题是缺乏有能力的提供者，尤其是为非营利社区提供专业知识(Backer, 2001)。这一部分强调了一些组织和社区能力建设所必需的知识、技能和能力。

组织和社区能力建设的知识

最常提及的支持能力建设成功的知识基础和经验包括管理变革的专业知识、能力建设工作领域的专业知识以及相关的地方性知识(Backer et al., 2010; Blumenthal, 2003; Kibbe et al., 2004)。最近在 SCRA 的组织下，社区心理学实践的组织和社区能力建设胜任力得以确定，并以草案的形式发表在 2012 年秋季的《社区心理学家》(Dalton & Wolfe, 2012)。这些胜任力包括对这一领域中基本原则的理解(如生态学观点、充权、跨文化胜任力、包容性与伙伴关系、伦理反思实践)，以及有关社区项目开发、社区与组织能力建设、社区与社会变革、应用性(尤其是参与式)社区研究方面的知识。"从业者"的胜任力与沟通、研究，以及社区与组织的过程与干预领域中的技术知识和技能有关。"专家"胜任力是指从业者特定角色和背景下的知识和技能。专家知识包括对超越从业者的组织背景、相关法规与政策的框架和参与者的更大制度背景，以及与个人实践领域相关的理论和研究文献的理解。

组织和社区能力建设的技能和能力

在社区和组织能力建设的技能和能力的范畴中，SCRA 确定了如下的实践胜任力：社区领导力与指导、小团体和大团体过程、资源开发以及咨询和组织发展。这里的领导力是指"通过参与、激励和动员的协同过程来提高个体和组织有效领导的能力"(Dalton & Wolfe, 2012)。称职的能力建设者要能与社区伙伴和不同利益相关者建立信任和工作关系，以评估问题和优先权。在与不同群组的工作中，他们可以找出组织和社区问题解决的有效方法，从而支持问题解决具体行动的计划和实施。指导是指"帮助社区成员确定个人优势以及社会和结构资源的能力，以便社区成员得到进一步发展，并增强充权、社区参与和领导力"(Dalton & Wolfe, 2012)。称职的能力建设者会给组织和社区领导者提供建议和支持，并帮助他们在工作中尽力开发和利用不同形式的领导合作。作为组织和社区能力建设过程的一部分，指导还包括在自己工作中对批判性反思实践进行建模的能力。

"为了促进社区团体的能力，进行富有成效的合作"，在小团体和大团体过程中有效干预的能力也被看作是重要的技能(Dalton & Wolfe, 2012)。相关技能包括有效的人际沟通、会议促进、群体决策、行动规划、建立共识以及冲突分析和解决。最近社区心理学项目的一个毕业生正在开展自己的社区咨询活动，她认为通过文化事务机构进行的方法促进和"技术参与"培训是非常有价值的，这些培训提供了有助于团体和组织处理经验、集体规划、决策和能力建设所需的工具。在与社区团体的合作中，我们通常采用易化和工作坊的方法，进而教他人在自己的社区工作中加以运用。其中一个作者伊万斯(Evans)在组织团体员工中使用"问题爆炸"这一过程，来探索一些机构问题的根源。一旦组织看到并经历了这个团体过程，它就成了社区居民可以使用的工具箱的一部分。

资源开发是指"识别并综合运用人力和物力资源的能力，包括社区资产和社会资本"(Dalton & Wolfe, 2012)，同时也包含筹款的知识和技能。咨询与组织发展是指"促进组织实现其目标的能力"(Dalton & Wolfe, 2012)，包括评估组织能力、问题、需求和资产，创建并维持有效的伙伴关系，促进学习、问题解决、目标和行为的合作战略规划。在组织中，能力建设者通过评估过程确定组织的能力建设需求。这一过程以能力建设评估工具为指导，这可能涉及质与量数据的收集，如调查、访谈、文献综述、内部和外部参与者的观察。评估目标是加深对组织现状和期望状态的理解，包括参与能力建设活动的意愿。因此，能力建设者必须能够创建和使用数据收集的工具，了解如何收集、管理、分析并按照格式报告社区及组织合作伙伴能够使用的结果。然后，基于评估结果，能力建设者与组织共同开发出一个适当的能力发展计划。计划要详细描述组织要完成的具体活动，以便组织可以按计划表满足能力建设的需求、实现预期的结果、获得所需的资源。能力建设者需要具备推动组织从发展能力建设需求的评估到实现这些需求的策略执行的知识、技能和工具。

关系的重要性。能力建设者与社区伙伴之间的关系质量是能力建设成功的重要因素(Blumenthal, 2003; Innovation Network, 2001; Kegeles, Rebchook, & Tebbetts, 2005)。在多年的组织和社区研究中，我们了解到组织和社区的关系是至关重要的。首先，社区环境中的所有能力建设工作都是以持久的信任和尊重关系为基础的。长期以来，社区心理学家认为需要花费大量时间与社区伙伴建立起长期的、相互关心的、相互忠诚的关系(Kelly, 1979; Nelson & Prilleltensky, 2005; Rappaport, 1990; Trickett, 1984)。作为社区研究者和从业者，我们发现一个特定项目前后能够与社区伙伴建立起长期的联系。只有与社区伙伴建立起忠诚的关系，在过程中将彼此看成朋友，我们才能与社区伙伴进行开放的、诚实的对话。

伊万斯(2014)认为，社区工作者应该善于起到"关键朋友"的作用，从而帮助社区伙伴更好地朝向社会正义的目标而工作。在相互信任和尊重的持久关系中，对当前做法的批判是实现共同设想和信念的途径。个人、组织和社区的合作表明，支配行为的信念和态度有助于维持与他们的集体经验和目标对立的社会秩序（Carr & Kemmis，1986）。对于值得信赖的朋友，我们可以直言不讳地批评现状以及对组织和社区变革的高期待。

批判胜任力。本着同样的目的，卡根、伯顿、达克特、莱瑟姆和西迪克（Kagan，Burton，Duckett，Lawthom，& Siddiquee，2011）增加了随后的“批判”胜任力，它在许多组织和社区的能力建设中具有重要作用。批判性分析和重构是指对社区权威和权力的社会分析能力，以及检测更大作用的社会政治力量的能力。它是以系统缺限为视角重构个体或家庭层面所描述的问题的能力。批判性反思是指批判和实践学习的能力，以及与联盟者一起理解成败的能力。对于批判理论家来说，如果批判者对权力关系和社会政治现实认识不清，那么批判性思考就没有意义（Reynolds，1998）。另一位社区心理学毕业的硕士研究生认为，反思性实践是社区咨询的一个重要胜任力，这一能力可以通过学术项目培养。能够对经验进行批判性自我反思，有助于个体对未来的学习提出新的见解。通过咨询博客，他不断地实践这种批判性反思，并通过与非营利机构的受众分享资源对能力建设产生额外的影响。最后，批判反省性（critical reflexivity）是指在变革过程中公开透明地使用权力和特权（包括个人自身的）的能力，并且意识到自身在这一过程中的假设、立场和价值观。这是质疑、检查和觉知个人的价值和价值观以及影响实践的主要专业结构（Brechin，2000）。

增强胜任力的培训、教育和经验

在组织和社区能力建设领域中，那些想要获得胜任力的个体可以通过正规教育、专业培训和实践经验发展知识和技能。

正规教育

在社区心理学及相关领域中，获取硕士水平的培训是组织社区能力建设的好方法，这一培训可以建立起扎实的基础知识、理论基础和实践技能。在某种程度上，获取研究生学位证书有助于与社区伙伴建立关系。社区心理学、社区社会学、城市区域规划、城市事务、城市地理学、应用人类学、社区（宏观）社会工作、公共卫生和公共行政中的项目都在某种程度上强调了建立知识和应用技能的重要性。许多项目可在一年内完成，还有些项目正以在线或混合（有些是在线，有些是面对面）的方式进行。

研究生课程可以为能力建设提供扎实的培训，它通常将那些具有很强经验成分的项目列入课程计划。例如，许多项目要求学生完成一个社区实习体验，在实习中学员不仅与社区伙伴一起工作，帮助他们完成目标，同时还能从中习得经验。这种实地体验的设计目的是将说教式学习与实践经验结合起来,并将组织与社区的技能建设和领导力工具应用到现实环境中。另外,可以在以下主题中找到关键课程:

- 组织发展或组织变革
- 社区心理学或社区发展
- 社区组织
- 行动研究
- 应用研究
- 项目开发与评估
- 领导力
- 群体动力学或群体过程
- 非营利组织管理
- 社区咨询
- 多样性或多元文化主义

专业培训

除了正规课程以外,参加专业培训活动也是能力建设的一种方式。如前所述,专业培训包括团队促进、行为规划,以及创新参与式过程和自组织团体过程,如开放空间技术(Owen, 2007, 2008)、世界咖啡屋(Brown, Isaacs, & World Cafe Community, 2005)和动态促进(Rough, 2002)。这些培训包括应用于许多组织和社区情境的过程技能。社区中的能力建设组织和慈善组织通常会提供不同主题和技能的培训,并且培训价格实惠。例如,许多联合劝募会(United Way)的分支机构以及地方、州或国家非营利联盟组织与培训中心合作,向组织及个人长期提供公共讲习班、特定需求的工作坊、技术支持、咨询和其他资源,以建设组织和个人的胜任力。此外,诸如"社会变革互动研究所""基础战略集团""四好"和"活力加拿大社区"这样的全国性组织对重要的技能和主题提供了深入的培训、网络研讨会、播客和在线资源。这些组织最近提供的学习机会包括:

- 促进社会变革的领导力
- 整体措施:通过最重要事情的测量来改变社区
- 社区建设课程
- 综合性社区变革的策略驱动因素
- 要素促进
- 公民领导力实验室
- 策略规划部分1:培育与组织发展
- 组织中的联系策略、评估和学习
- 合作组织中的多样性
- 致力于社会公益的社交媒体

这些类似的组织在网站上具有丰富的资源库，能提供大量的有用信息和策略。最近一个社区心理学研究生项目的毕业生参加了互动研究所的“促进社会变革的领导力”培训，她说自己从培训中学到了促进不同团体的实际技能，以及会议安排和实施的具体技术。她感觉培训确实丰富了她的硕士学位。

参加组织社区能力建设相关主题的地方会议、区域会议和全国会议是学习新技能、新策略的重要方式，它有助于建立和拓展个体的专业网络。例如，2014 年非营利管理联盟的国际会议关注了“集体影响的能力建设”这一主题。其他全国组织还包括研究与行动协会、美国评估协会、社区与校园的卫生伙伴关系、组织发展网络、独立部门、城市事务协会，等等，这些组织会邀请全世界相关领域的研究者、从业者和企业家做专题讲座或工作坊，这些会议有的一年举办一次，有的一年举办两次。

实地经验

尽管正规教育和专业培训是非常有价值的，然而组织和社区的能力建设是复杂而混乱的，组织和社区的直接体验可能是最好的培训。组织社区发展、咨询、地方政策发展、管理、倡议和社区组织中的直接经验有助于个体理解能力建设的资产、需求和挑战，以及在组织和社区中的计划改变。此外，应用性研究和评估的经验——设计研究、收集、分析以及交流数据——有助于能力建设者了解利用研究促进组织和社区变革的复杂性。在职培训包括需求评估、项目评估、政策分析、社区调查、访谈、焦点团体、社会数据的评估和分析（人口普查、教育、犯罪、健康）以及定性和定量分析的研究理念和方法，在职培训可以通过参与而成为研究团队或评估团队中的一员来完成。实习、志愿服务或有偿的工作可以获得直接的经验。通常组织和社区团体非常欢迎那些愿为社区事业做贡献的志愿者或实习生，同时实习生也可以学到有价值的知识和技能。

应用

胜任力对社区实践的重要性

参与组织和社区机构的社区心理学家和其他社区从业者始终会面临一个问题：如何推动变革？不论是降低负面社区指标（如青少年暴力），还是积极的改变（如提高公民参与的水平），最终这一过程需要具有足够能力的人、项目、组织和社区来创造并维持变革。在重要领域中，能力不足的组织将会非常艰难，并且不能帮助其选民完成使命。组织较弱的社区和居民疏离的社区不能确定他们的未来，不能有效解决社区居民的需求和愿望。具有核心知识、技能、工具和态度的社区从业者会帮助组织和社区建立足够的能力，以产生提高幸福感所需的变革。

虽然我们已经强调了有助于指导社区实践的一些观点和原则，但在现实世界中并没有能力建设的单一模板。通常我们的能力建设工作是不系统的、是机会主义的,因为我们要将能力建设融入社区伙伴的所有项目中。下面我们将介绍一个实践中胜任力的例子,其中凯瑟琳(Catherine)描述了一种组织能力建设的方式,即作为咨询业务的一部分,而不是只关注能力建设。

胜任力在现实世界中的应用:组织能力建设

我(凯瑟琳)是一个非营利组织的咨询者,我的专业兴趣在于增强当地非营利部门和社区。我一直努力将组织能力建设应用到我的咨询工作中(通常是项目评估和策略规划)。通过这种方式,非营利组织可以在不需要增加预算的情况下,从增加的员工和组织能力中获得益处,这是该业务的次要结果——不增加额外的成本支出。当他们和我一起讨论评估和策略规划时,我们也讨论他们如何在未来管理内部过程——在没有或较少外部支持的情况下。

在预算比较少的情况下,员工参与是必要的,通过对约定业务的简单修改,可以创造出员工参与的学习体验。例如,在一次评估中,员工可以参与规划和措施的设计、数据的收集和管理、数据结果的反思和使用。事实上,随着员工与我共同完成约定的评估或策略规划过程,他们的能力也得以建立和提高。这类能力建设并不是系统地评估一个组织,然后制订并实施能力建设规划。相反,这是建立员工和组织能力的机会。评估理论家早已认识到参与式的组织能力发展和评估的潜力,它可以有利于集体的学习和发展(Cousins & Earl, 1992; Patton, 1998; Preskill, 1994; Preskill & Torres, 1999)。

一些非营利组织容易做到员工参与,而其他组织对此并不感兴趣。一些客户真的只是想让我加入他们的组织,做我自己的事,然后离开。其他组织也可能是感兴趣的,但通常因为员工"精力不集中"而无法参与。按照我的经验,中小型非营利组织的领导人对参与式能力建设的方法都很感兴趣,但小型组织因为缺少可用的人员而很难进行参与式能力建设。

在反思我的工作时,基于咨询者和客户的两种角色,我确定了影响能力建设成功的许多因素。下面讨论的这些因素描述了本章前文提到的内容在这个实践领域的应用。

作为咨询者,我必须首先确定客户在多大程度上愿意将能力建设加入我的咨询业务中。在客户的预算比较少时,我会介绍一种比较"划算"的方法,因为员工参与可以减少我的工作和费用。对于许多组织来说,这种说法是非常有说服力的。我必须评估客户进行能力建设活动的内部能力或"意愿"。组织领导支持吗?是否存在一种学习的组织文化,使组织员工习惯于参与学习过程?员工是否愿意参与工作?他们是否有时间参与?他们有什么相关的技能和经验?

如果客户有兴趣且具有参与能力,我设计的项目在每一阶段都是协作的、可参与的。项目范围要包含约定业务规定的目标(如评估一个项目、创建一个规划策略)和能力建设的二级目标。这类设计需要改变我的某些角色,如在一定程度上放弃过程的控制;让员工高效地参与有意义的活动;提供监测、监督和反馈以确保质量;对员工的参与能力和水平尤其敏感(如时间、技能和兴趣)。在这种方法中,最重要的是我的角色扩展到训练和辅导的角色。我在成人教育和专业发展上都具有学术培训经验和专业经验,因此在这一角色中我很自如。但是,并不是所有的咨询者都是这样。

评估和策略规划都包括数据收集、管理、分析和利用,因此这些技能和过程往往是能力建设工作的重点。数据收集和管理活动是共同的活动,而数据分析主要是我的工作。结果的解释和利用通常是一个共享的活动。

创立的核心员工工作组将会与我合作设计项目,包括数据收集工具。根据我的经验,让员工从项目一开始就参与其中有很多益处。它会增强员工的学习效果和参与意愿,也会产生更好的项目设计和分析,因为项目的设计和分析反映了实际参与人员的知识。

在所有咨询业务中,沟通是非常重要的,但当能力建设列入工作范围内时,沟通就成了一个关键的成功因素。除了为计划、培训和解释定期召开会议外,我写了详细的说明手册,并经常给员工提供培训,让他们为自己的角色做准备。

基于该领域的反思,这里进行了总结性评论。能力建设是一个必要的、不断发展的组织过程。然而,对于“能力建设项目”来说,可用的外部资金越来越少,而且一些人认为这些项目并不会持久地提高能力。因此,能力建设是一个可持续的战略——在持续或定期进行的组织活动中寻找机会来获得能力建设的经验。然而,“一个巴掌拍不响”。无论能力建设者的技能如何,组织必须愿意参与能力建设活动。最后,不是所有的外来咨询者都是良好的能力建设者,良好的能力建设者需要咨询者愿意并且能够合作,并担任指导。

未来的方向

能力建设的一个新观点是将能力建设放到一个更广泛的理论框架中,这一框架将组织和社区能力建设连接到重要的民间部门和强大的民主社会。研究者和从业者正在从整体上概念化能力建设,认识到个体、群体、组织和社区发展之间的关系。在非营利部门,人们逐渐意识到从业者之间的社区和联系网络建设会增强部门的潜在影响。许多资助机构认识到,为了在社会变革中充分利用投资,慈善事业需要关注社区中组织和网络间的学习系统发展。因此,人们对合作能力建设的关注逐渐增加(Himmelman, 2001)——社区和机构进行跨部门合作来实现目标的能力。

能力建设的从业者也应该注意到,数字技术和数字素养的重要性在逐渐增加。

越来越多的组织和社区变革工作需要技术、数字工具和社交媒体的支持。那些致力于组织、网络和社区能力建设的工作者要善于使用新的数字工具，如电子邮件、博客、维基、You Tube、推特、脸书等，这些工具会促进人和组织间的对话，以快速、容易、低成本地扩展他们的工作(Kanter & Fine, 2010)。尤其是在社区能力建设的工作中，这些技术可以降低对传统组织的依赖，并且有助于个体和团体容易而快速进行行动动员(Shirky, 2008)。这些工具促进了沟通的速度和强度，这使组织既能利用网络的力量，又能更充分地参与到社区中。

总结

组织和社区能力建设是促进社区充权和社区福祉的重要策略。能力强且高效的组织在社区能力建设和支持中发挥着主导作用。当社区能有效利用承诺、资源和技能时，社区便能更好地解决社区问题、建立社区优势、抓住机遇。促进组织和社区的能力发展需要技能熟练、有知识的领导在相互信任与尊重的关系背景中采取行动。在这一章中，我们定义了组织和社区能力以及能力建设，并在能力建设工作中强调个体从业者与组织社区伙伴建立关系所需的胜任力。我们希望读者能够使用本章提供的资料以及资源进行深入的探索，作为变革推动者在组织和社区中发挥自己的才能。

要点

• 组织和社区能力是联系在一起的，因为许多改善社区的行动发生在组织中。

• 组织能力是指组织完成使命所用到的所有事物。

• 在所有的特定时期，组织能力需求依赖于多种因素。

• 组织能力建设是确定需要增强的组织能力，并使用目标策略建设这些能力的过程。

• 社区能力是可以用于建立社区优势、探讨社区问题和机遇的社区承诺、资源和技能的综合影响。

• 社区能力建设是指在社区环境中为了建立承诺、资源和技能而采取的战略举措。

• 那些想要提高自身能力来指导能力建设工作的人可以通过正规教育、专业发展培训机会和实地经验的结合来发展知识和技能。

问题讨论

1.作者指出,"一刀切"的组织能力建设方法的有效性较低。然而,如果组织能力建设的资金有限,"一刀切"的方法可能更有效率、更加经济。为什么这一方法不太有效呢?

2.组织能力需求在年轻组织和成熟组织之间有何差异?在小型组织和大型组织间有何差异?在提供心理卫生服务的组织和倡导政策变革的组织之间有何差异?每种情况都可以使用康纳利和约克(Connolly & York,2003)的四个核心能力考虑所需的能力。

3.作为一个局外人,社区能力建设工作的挑战是什么?在这种情况下,本章提出的哪些胜任力尤其重要?为什么?

4.通过社区组织建立社区能力时,如何使用社交媒体?这种策略的优缺点是什么?

关键术语和定义

适应能力(adaptive capacity):是指通过策略规划、发展有益合作、审视环境、评估组织表现等活动,"非营利组织对内外环境变化的监控、评估和反应的能力"(Connolly & York, 2003)。

社区能力(community capacity):能够用来解决社区问题并改善或维持社区福祉的人力资本、组织资源和社会资本的相互作用。

社区能力建设(community capacity building):在社区环境中,为建立承诺、资源和技能而采取策略行动。

领导能力(leadership capacity):"组织所有领导者激励、优先化、决策、提供指导和创新的能力,所有这些都是为了完成组织的使命"(Connolly & York, 2003)。

管理能力(management capacity):通过有效的人事和志愿者政策,"非营利组织确保组织资源的有效和高效使用的能力"(Connolly & York, 2003)。

组织能力(organizational capacity):组织管理自身、发展资产与资源、培养良好社区关系、提供有价值的服务观念能力的综合影响,所有这些都是为了完成组织目标。

组织能力建设(organizational capacity building):确定需要加强的组织能力,并运用针对性策略建立这些能力的过程。

组织需求评估(organizational needs assessment):在组织能力建设背景下,让员工和其他利益相关者参与到检测组织管理的结构和过程之中。它通常以评估工具为指导，是制订能力建设计划的基础。

技术能力(technical capacity)："非营利组织执行所有重要的组织与项目功能的能力"，如提供项目和服务、有效管理组织财务、实施评估活动，以及筹集资金(connolly & York，2003)。

推荐阅读

Blumenthal，B.(2003). *Investigating capacity building：A guide to high-impact approaches*. New York，NY：Foundation Center.

Chaskin，R. J.，Brown，P.，Venkatesh，S.，& Vidal，A.(2001). *Building community capacity*. New York，NY：A. de Gruyter.

Connolly，P.，& Lukas，C. A.(2002). *Strengthening nonprofit performance：A funder's guide to capacity building*. St. Paul，MN：Amherst H. Wilder Foundation.

Kretzmann，J. P.，& McKnight，J. L.(1993). *Building communities from the inside out：A path toward finding and mobilizing a community's assets*. Chicago，IL：ACTA.

促进胜任力发展的建议活动

• 参加上述部分中的一个有关专业发展的会议。提前设定在会议中你想要学到的知识和技能，然后在规划你的学习议程前预览学习项目。

• 练习评估组织能力，并使用下面推荐的一个评估工具对你熟悉的一个非营利组织进行评估。基于你的组织评估，提出能力建设的一些建议。

• 通过参加技能培训提高你的团体处理技能。此外在社区中跟随一个有经验的辅导者，从中学习新的技术和策略。

自我探索或自我发展

• 把自己置于组织或社区工作的一个角色中，并且正在寻求能力建设的外部帮助。你想要担当什么类型的角色？该角色的重要特征是什么？现在想一下你自己的特质：这些特质如何与你想象中的角色进行匹配？哪些特质使你能够成为一个能力建设的领导者？你需要致力于哪些事情？

• 参加一个与组织或社区能力建设相关的在线培训。通过资源列表中的组织查看一些在线培训。

与胜任力有关的知识、技能和能力的评估

• 对你为组织或当地社区提供能力建设的能力进行自我评估。在做出这一评

估时，既要考虑本章提到的能力建设者的素质，又要考虑案例。你的优势在哪些领域？你需要在哪些领域进一步发展你的才能和能力？

· 在康纳利和约克的组织能力框架的每一领域中，举出组织活动或组织功能的一些例子。

· 在社区中，非营利组织能力的哪些方面对社区能力建设工作比较重要？

参考文献

Aspen Institute.(1996).*Measuring community capacity building: A workbook in progress for rural communities*.

Backer, T. E.(2001). Strengthening nonprofits: Foundation initiatives for nonprofit organizations. In J. De Vita & C. Fleming(Eds.), *Building capacity in nonprofit organizations* (pp. 33—84). Washington, DC: Urban Institute.

Backer, T. E., Bleeg, J. E., & Groves, K.(2004). *The expanding universe: New directions in nonprofit capacity building*. Washington, DC: Alliance for Nonprofit Management.

Backer, T. E., Bleeg, J. E., & Groves, K.(2010). *Evaluating foundation-supported capacity building: Lessons learned*. Encino, CA: Human Interaction Institute.

Blumenthal, B.(2003). *Investing in capacity building: A guide to high—impact approaches*. New York, NY: Foundation Center.

Brechin, A.(2000). Introducing critical practice. In A. Brechin, H. Brown, & M. Eby(Eds.), *Critical practice in health and social care* (pp. 25—47). London, UK: Open University Press.

Brown, J., Isaacs, D, & World Café Community.(2005). *The World Café: Shaping our futures through conversations that matter*. San Francisco, CA: Berrett-Koehler.

Butterfoss, F. D., Goodman, R. M., & Wandersman, A.(1993). Community coalitions for prevention and health promotion. *Health Education Research*, 8(3), 315—330.

Butterfoss, F. D., & Kegler, M. C.(2009). Community coalition action theory. In R. J. DiClemente, R. A. Crosby, & M. C. Kegler(Eds.), *Emerging theories in health promotion practice and research: Strategies for improving public health* (pp. 238—276). New York, NY: Wiley.

Carr, W., & Kemmis, S.(1986). *Becoming critical: Education knowledge and action research*. Philadelphia, PA: Falmer Press.

Cashman, S. B., Adeky, S., Allen, A. J., 3rd, Corburn, J., Israel, B. A., Montano, J., . . . Eng, E.(2008). The power and the promise: Working with communities to analyze data, interpret findings, and get to outcomes. *American Journal of Public Health*, 98(8), 1407—1417.

Chaskin, R. J.(2001). Building community capacity—A definitional framework and case studies from a comprehensive community initiative. *Urban Affairs Review*, 36(3), 291—323.

Chaskin, R. J., Brown, P., Venkatesh, S., & Vidal, A.(2001). *Building community capacity*. New York, NY: A. de Gruyter.

Chavis, D. M., Florin, P., & Felix, M. R.(1992). Nurturing grass roots initiatives for community development: The role of enabling systems. In *Community organization and social administration: Advances, trends, and emerging principles*. Binghamton, NY: Haworth.

Chavis, D. M., Speer, P. W., Resnick, I., & Zippay, A.(1993). Building community capacity to address alcohol and drug abuse: Getting to the heart of the problem. In R. C. Davis(Ed.), *Drugs and the community: Involving community residents in combatting the sale of illegal drugs* (pp. 251—284). Springfield, IL: Charles C Thomas.

Chinman, M., Hunter, S. B., Ebener, P., Paddock, S. M., Stillman, L., Imm, P., & Wandersman, A.(2008). The getting to outcomes demonstration and evaluation: An illustration of the prevention support system. *American Journal of Community Psychology*, 41(3—4), 206—224.

Connolly, P., & Lukas, C.(2002). *Strengthening nonprofit performance: A funder's guide to capacity building*. St. Paul, MN: Amherst H. Wilder Foundation.

Connolly, P., & York, P.(2002). Evaluating capacity-building efforts for nonprofit organizations. *OD Practitioner*, 34(4), 33—39.

Connolly, P., & York, P.(2003). *Building the capacity of capacity builders: A study of management support and field-building organizations in the nonprofit sector*.

Cousins, J. B., & Earl, L. M.(1992). The case for participatory evaluation. *Educational Evaluation and Policy Analysis*, 14(4), 397—418.

Dalton, J., & Wolfe, S. M.(2012). Joint Column: Education connection and the community practitioner. *The Community Psychologist*, 45(4), 7—14.

De Vita, C. J., Fleming, C., & Twombly, E. C.(2001). Building nonprofit capacity: A framework for addressing the problem. In C. J. De Vita & C. Fleming (Eds.), *Building capacity in nonprofit organizations*. Washington, DC: Urban Institute Press.

Doherty, S., & Mayer, S. E. (2003). *Results of an inquiry into capacity building programs for nonprofit programs*. Minneapolis, MN: Effective Communities.

Evans, S. D.(2014). The community psychologist as critical friend: Promoting critical community praxis. *Journal of Community and Applied Social Psychology*. doi 10.1002/casp.2213.

Fawcett, S., Paine-Andrews, A., Francisco, V. T., Schultz, J. A., Richter, K. P., Lewis, R. K., . . . Lopez, C. M.(1995). Using empowerment theory in collaborative partnerships for community health and development. *American Journal of Community Psychology*, 23(5), 677—697.

Foster-Fishman, P. G., Fitzgerald, K., Brandell, C., Nowell, B., Chavis, D., & Egeren, L. A. V.(2006). Mobilizing residents for action: The role of small wins and strategic supports. *American Journal of Community Psychology*, 38(3—4), 143—152.

Foster-Fishman, P., Salem, D., Allen, N., & Fahrbach, K.(2001). Facilitating interorganizational collaboration: The contributions of interorganizational alliances. *American Journal of Community Psychology*, 29, 875—905.

Francisco, V. T., Fawcett, S. B., Schultz, J. A., Berkowitz, B., Wolff, T. J., & Nagy, G. (2001). Using Internetbased resources to build community capacity: The community tool box. *American Journal of Community Psychology*, 29(2), 293—300. Retrieved from http://ctb.ukans.edu/

Gittell, R., & Vidal, A.(1998). *Community organizing: Building social capital as a development strategy*. Thousand Oaks, CA: Sage.

Goodman, R. M., Speers, M. A., McLeroy, K., Fawcett, S., Kegler, M., Parker, E., . . . Wallerstein, N.(1998). Identifying and defining the dimensions of community capacity to provide a basis for measurement. *Health Education and Behavior*, 2(3), 258—278.

Gray, B. (1989). *Collaborating: Finding common ground for multiparty problems*. San Francisco, CA: Jossey-Bass.

Himmelman, A. T.(2001). On coalitions and the transformation of power relations: Collaborative betterment and collaborative empowerment. *American Journal of Community Psychology*, 29(2), 277—284.

Innovation Network.(2001).*Echoes from the field: Proven capacity building principles for nonprofits*.

Joffres, C., Heath, S., Farquharson, J., Barkhouse, K., Latter, C., & MacLean, D. R.(2004). Facilitators and challenges to organizational capacity building in heart health promotion.*Qualitative Health Research*, 14(1), 39—60.

Kagan, C., Burton, M., Duckett, P., Lawthom, R., & Siddiquee, A.(2011). *Critical community psychology*. Chichester, UK: Wiley-Blackwell.

Kania, K., & Kramer, M.(2010, December). Collective impact.*Stanford Social Innovation Review*.

Kanter, B., & Fine, A. H.(2010).*The networked nonprofit: Connecting with social media to drive change*. San Francisco, CA: Jossey-Bass.

Kegeles, S. M., Rebchook, G. M., & Tebbetts, S.(2005). Challenges and facilitators to building program evaluation capacity among community-based organizations.*AIDS Education and Prevention*, 17(4), 284—299.

Kegler, M. C., Rigler, J., & Honeycutt, S.(2010). How does community context influence coalitions in the formation stage? A multiple case study based on the Community Coalition Action Theory.*BMC Public Health*, 10(1), 1—11.

Kelly, J. G.(1979). T'ain't what you do, it's the way you do it.*American Journal of Community Psychology*, 7(3), 244—258.

Kibbe, D. B., Enright, K. P., Lee, J. E., Culwell, A. C., Sonsini, L. S., Speirn, S. K., & Tuan, M. T.(Eds.).(2004).*Funding effectiveness: Lessons in building nonprofit capacity*. San Francisco, CA: Jossey-Bass.

Kretzmann, J. P., & McKnight, J. L.(1993).*Building communities from the inside out: A path toward finding and mobilizing a community's assets*. Chicago, IL: ACTA.

Kubisch, A. C., Auspos, P., Dewar, T., & Taylor, S.(2013).*Resident centered community-building—What makes it different? A report from the connecting communities learning exchange*. San Diego, CA: Jacobs Center for Neighborhood Innovation.

Leake, R., Green, S., Marquez, C., Vanderburg, J., Guillaume, S., & Gardner, V. A.(2007). Evaluating the capacity of faith-based programs in Colorado.*Research on Social Work Practice*, 17(2), 216—228.

Letts, C. W., Ryan, W. P., & Grossman, A.(1999). *High performance nonprofit organizations: Managing upstream for greater impact*. New York, NY: Wiley.

Light, P. C.(2004). *Sustaining nonprofit performance: The case for capacity building and the evidence to support it*. Washington, DC: Brookings Institution Press.

Marguerite Casey Foundation.(2005). *Organizational capacity assessment tool*.

McGuire, M.(2002). Managing networks: Propositions on what managers do and why they do it. *Public Administration Review*, 62(5), 599—609.

McNeely, J. (1999). Community building. *Journal of Community Psychology*, 27(6), 741—750.

Mitchell, R. E., Florin, P., & Stevenson, J. F.(2002). Supporting community-based prevention and health promotion initiatives: Developing effective technical assistance systems. *Health Education and Behavior*, 29(5), 620—369.

Nelson, G. B., & Prilleltensky, I.(2005). *Community psychology: In pursuit of liberation and well-being*. New York, NY: Palgrave Macmillan.

Owen, H.(2007). Open space technology. In P. Holman, T. Devane, & S. Cady(Eds.), *The change handbook: The definitive resource on today's best methods for engaging whole systems* (2nd ed., pp. 135—148). San Francisco, CA: Berrett-Koehler.

Owen, H.(2008). *Open space technology: A user's guide* (3rd ed.). San Francisco, CA: Berrett—Koehler.

Patton, M. Q.(1998). Discovering process use. *Evaluation*, 4(2), 225—233.

Plastrik, P., & Taylor, M.(2006). *NET GAINS: A handbook for network builders seeking social change*.

Preskill, H.(1994). Evaluation's role in enhancing organizational learning: A model for practice. *Evaluation and Program Planning*, 17(3), 291—297.

Preskill, H., & Torres, R. T.(1999). Building capacity for organizational learning through evaluative inquiry. *Evaluation*, 5(1), 42—60.

Rappaport, J.(1990). Research methods and the empowerment social agenda. In P. Tolan, C. Keys, F. Chertok, & L. Jason(Eds.), *Researching community psychology: Issues of theory and methods* (pp. 51—63). Washington, DC: American Psychological Association.

Reynolds, M.(1998). Reflection and critical reflection in management learning. *Management Learning*, 29(2), 183—200.

Rough, J.(2002). *Society's breakthrough! Releasing essential wisdom and virtue in all the people*. Bloomington, IN: 1st Books Library.

Saegert, S.(2005).*Community building and civic capacity*.

Scearce, D., Kasper, G., & Grant, H. M.(2009).*Working Wikily 2.0: Social change with a network mindset*.

Shirky, C.(2008).*Here comes everybody: The power of organizing without organizations*. New York, NY: Penguin.

Sobeck, J. L.(2008). How cost-effective is capacity building in grassroots organizations? *Administration in Social Work*, 32(2), 49—68.

Speer, P. W., Hughey, J., Gensheimer, L. K., & Adams-Leavitt, W.(1995). Organizing for power: A comparative case study.*Journal of Community Psychology*, 23(1), 57—73.

St. Luke's Health Initiatives.(2011).*TAP: Learning through networks*.

Sussman, C.(2008). *Building adaptive capacity: The quest for improved organizational performance*. Boston, MA: Management Consulting Services.

Trickett, E. J.(1984). Toward a distinctive community psychology: An ecological metaphor for the conduct of community research and the nature of training. *American Journal of Community Psychology*, 12(3), 261—279.

Venture Philanthropy Partners.(2001).*Effective capacity building in nonprofit organizations*.

Warren, M. R.(2001).*Dry bones rattling: Community building to revitalize American democracy*. Princeton, NJ: Princeton University Press.

第8章　社区组织

保罗·W. 斯佩尔，布莱恩·D.克里森
(Paul W. Speer，Brian D. Christens)

开篇练习

你是一个中年的房主，在26年的时间里你拥有一套住宅(在三个不同的城市)。在那段时间里，你从未提出过赔偿，但在最近4年你却提出了三次赔偿。第一次是在一场风暴中邻居家的大树被刮倒，砸坏了你的车库。第二次是大洪水，这次洪水对你居住的城市影响很大，毁坏了你家里的供暖和空调系统，以及地下室的部分地基。第三次是一场大冰雹破坏了你的屋顶和汽车的挡风玻璃，给你和邻居造成了严重的损失。针对每种情况，理赔员都检查了损坏情况并批准了索赔要求。每一索赔要求都与天气有关，并且这些事件也影响了社区其他人的生活。之后，你得到通知，保险公司已经减少了你索赔的范围。你的保险经纪人告知你，因为过度索赔你将无法从任何保险承运人那里获得保险。如果要获得保险，你就需要把保险率提高到原来的三倍。当问及此事时，你的经纪人告诉你，在社区中许多人跟你的情况相同。保险是集中社会资金共同抵御风险的方式，你逐渐意识到，保险的共同风险概念只不过是一个错觉，尽管保险在制度层面为个体提供了一种心理安全感，但保险是一种投资收益的来源，而不是一个风险分配的机制。当你意识到社区中有很多人的情况跟你相同时，你会采取什么措施来组织你的社区呢?

概述

社区组织是社区心理学家采用的一种重要实践方法。组织(organizing)是社区心理学家解决社会问题常用的干预方法，这些问题包括酒精和药物滥用、少女早孕、家庭暴力、暴力犯罪、经济适用房以及其他问题。尽管现在有很多不同的社区组织方式和方法，但这些方法的共同思路是让受社会问题影响的个体和社区参与问题的识别、分析和解决(Stoecker，2009)。与专家或政治家的观点不同，社区组织强调了受问题影响的个体和社区的参与，这一点与社区心理学家强调的民众参与、充权、社区意识和社会公平的观点是一致的(Maton，2000)。社区心理学的核心原则使社区组织成为一个自然的产物,用纽布勒(Newbrough)的话,就是"同时考虑到所从事的心理学和社区"的一个"拾得对象"(Newbrough, 1992)。本章首先描述了什么是社区组织,然后介绍了社区组织所需的胜任力,之后列举了社区组织在社区情境中应用的一个例子。接下来,本章阐明了社区组织的领域及其在实践中面临的挑战。最后,本章提供了关键术语以及更多的信息与培训机会资源。

概念性定义

社区组织(community organization)是指受到相同问题所影响的人们合作建立一系列问题解决方案所需的社会力量的过程。社区组织要认识到共同的关切问题或自我利益,因为需要改变的是社区情境或结构条件,而不仅仅是个体的行为(Maton, 2000)。社区心理学家要协助社区成员采取可持续的集体行动,获得改善社区条件所需的权力和资源。

概念性定义的主要特点

这一概念有几个关键部分与社区心理学实践相关。社区组织的第一个重要部分是受特定社会问题所影响的人群的合作,合作不仅仅是短暂偶然的聚集,而是建立一个可持续的、有凝聚力的集体。集体凝聚力的发展与"社区意识"的概念密切相关。

组织的第二个重要部分是受问题所影响的群体也是问题的解决者。这与倡议形成了鲜明对比,在倡议中个体和群体是代表他人而行动的。对于某些问题的解决,倡议是非常有价值的方法,尤其是对于那些不能为自己利益而奔波的弱势群体(如弱势儿童、老年人、智力障碍儿童)。与倡议相反,组织强调了直接受社会问题所影响群体的重要作用。组织认为,那些直接受特定问题所影响的人群最能够理解并找到问题解决的方案。在社区组织中有一个铁律(iron rule),认为人们永远不应该做其他人自己能做的事情(Cortes,1993)。因此,非常明确的是,组织要解决的问题必须是直接影响组织成员的问题;组织不会解决主要影响他人的问题,即使这一问题是非常有价值的。组织的这一观点与强调社区优势和发展充权的社区心理学价值观是一致的。

组织的第三个重要部分是发展权力。社会权力代表了影响他人行为和看法的能力(这与选举权、经济实力和军事力量不同),在社区组织中,社会权力被视为社会变革最基本的、必要的工具(Warren, 1998)。从组织的角度来看,社会变革不会通过经验的、理性的方式发生,也不会通过道德或基于价值推理的方式发生(Speer, 2008)。组织要重视经验和道德判断,认识到这一点是非常重要的,但这些并不足以产生社会变革。对于社区组织来说,发生变革的最重要因素是社会权力,而且组织的目标是在那些最受压迫的、被遗忘的和被剥削的群体中建立权力。组织的这个部分与社区心理学强调充权和社会公平是非常一致的。尽管这一观点可能被理解为挑战了社区心理学对研究的重视，但社区心理学强调的价值观与这一理解是一致的。

组织的最后一个重要部分是系统变革。社区组织认为，许多社会问题的解决需要受这些社会问题所影响的部分个体的改变。然而，与社区心理学的观点一样，社区组织认为社会问题实际上是不良环境和制度安排的产物。制度安排和社会系统的探索体现了一种生态观(见本书第3章)，这与社区心理学的观点是一致的。社会学家C.赖特・米尔斯(C.Wright Mills，1959)很好地阐述了组织所采用的这个视角，他指出：

> 不管个体是否意识到，一般社会中的人们会遇到他们不能将其转化为社会问题的个人困扰。他们并不理解他们环境中的这些个人困扰与社会结构问题的相互作用。

米尔斯(Mills)一直主张发展社会学想象(sociological imagination)——一种理解个体拼搏与有助于个人拼搏的社会条件和系统之间关系的能力。这一主张与社区心理学家实践的生态分析(Christens，Hanlin，& Speer，2007；Maton，2000)是一致的，也与对初级预防、一阶和二阶变革的理解是一致的。

胜任力及其发展

社区组织胜任力可以从几个分析层面上进行定义。组织始于人(Checkoway，1997)，在组织环境中，社区心理学家必须具备倾听、建立关系、质疑他人以及理解他人观点的胜任力。在分析的组织层面上，组织者需要培养的胜任力要适用于主动的、参与式的情境。适用于这些情境的胜任力包括建立共同领导力、发展责任制和培养鼓励参与的基本素质。在社区层面上，组织者必须具有一种与其他组织建立关系、质疑权威、理解权力、理解社区问题的生态或系统的分析能力。

不同分析层面上描述的胜任力涉及一些更重要的建立成功社区组织所需的胜任力。尽管目前已有很多社区组织的方式和方法，也有很多影响社区组织的历史人物(如Dorothy Day，A. Philip Randolph，Bayard Rustin，Fannie Lou Hamer)，但影响最大的是索尔・阿林斯基(Saul Alinsky)。阿林斯基最重要的观点是，社区组织是一个动态的、情境依赖的过程。阿林斯基(1971)强调，组织是基于一套原则进行的实践活动，而不是顺序的或线性发展的过程。阿林斯基对背景非常敏感——这符合社区心理学的生态学取向。

个体层面的胜任力

在个体层面上，参与社区组织不仅提供了一系列质疑社会权力的普遍看法的经验，而且还提供了对那种权力的情绪反应进行加工或反思的集体背景。弗莱雷(Freire，1970)将这个行为-反思过程称为“动态实践”(dynamic praxis)。在心理学层面上，充权是指一种促使领导胜任力发展的现象，也是一种影响政治和社区领域变革的信念。

社区组织技能

作为组织者的社区心理学家，有一些技能对发展个体在情绪和认知方面的充权过程是非常重要的。

倾听。首先，组织者必须能够倾听——这要求组织者对个体的质疑、信念和价值观要非常敏感。但是，倾听也要坦诚地对话。坦诚地对话是一个内在的挑战，能在不同种族、性别和阶层之间进行坦诚对话是一种非常重要的技能。倾听与社区心理学家强调的跨文化胜任力是一致的。然而，社区组织中的倾听比仅仅尊重和关注他人更难。组织者还必须善于质疑他人和激励他人，并将此作为倾听过程的一部分。

建立关系。一个组织者如何做到在质疑的同时对文化敏感包容呢？这就引出了另一种组织胜任力：建立关系。组织者必须能够建立一个诚实、信任、分享、同情、质疑和接纳的关系。建立关系正是组织者要做的事情。倾听是建立良好人际关系的关键，但一个好的倾听者并不足以组织社区。

质疑。无论是你正在倾听的对象还是你正在建立长期关系的对象，质疑他人都是组织中一个非常重要的胜任力。通常组织者要质疑的是分析、假设、看法或信念。质疑的目的是深入了解个体所遇到的问题原因，并深入反思与这些问题有关的价值观和社区立场。组织者质疑或激励的能力与组织者同个体建立的关系强度有关。组织者总在试图加深这一关系，组织者一般通过质疑来测试这种关系的意愿，从而“推动”或促进这种关系。质疑或挑战并不是一种恶意的互动，但它是直接的——经常是以深思熟虑的方式直接提出问题。有时，人们羞于直接提出问题——可能询问他们对社区发生的事情或环境的感受。有时，质疑可能会问及人们在特定环境中的所作所为及其原因。

明确自身利益。问题的质疑和争论会融入组织自身利益的概念。在关系建立的过程中，组织者要倾听他们要会面的个体的自身利益。自身利益并不是比别人更自私或目光短浅；在组织上，自身利益对个体来说是非常重要的事。组织者通过倾听谈话分享个体的故事、经验和优先考虑的事情，识别个体的利益。在分享中，人们交流他们所重视的事情——照顾年迈的父母、学校儿童的争斗、预防邻里犯罪。倾听自身利益可以使组织者理解社区的人们能够一起做的事情。自身利益可以通过倾听故事而加以确定。随着关系的发展，自身利益能够与价值观联系起来。组织者要关注价值观，因为人们会按照价值观行事。

最后，这些技能和胜任力必将融入组织者与社区成员的互动中。通过细心聆听，组织者识别个体的自身利益，并开始为组织的可持续发展建立必要的关系。组织者还必须具有质疑和激励的能力，以便社区成员能经常解决被压制的问题。质疑与关系发展的程度呈正比，而关系的发展又与倾听他人自身利益的能力有关。自身利益深刻地体现了价值观，这些价值观涉及家庭或儿童、经济安全、邻里稳定，或者具有意义的其他生活方面。

组织层面的胜任力

在组织层面，充权理论与社区组织相关，因为它涉及能够改变社区政策或举措的集体或组织权力的发展（Peterson & Zimmerman，2004）。充权是一个由特定情境或所谓的"充权组织"建立的过程（Peterson & Speer，2000；Zimmerman，2000）。例如，充权情境的一个特征是"机会角色结构"（Maton & Salem，1995），这指的是在鼓励个体参与的组织情境中获得适合的角色（Speer & Hughey，1995）。这些结构是组织的特质和特征，它体现了组织中正式职位或角色的数量、可获得性和安排，并且给组织成员提供机遇或机会来合作并建立关系，以及增强领导技能和胜任力。

在考虑社区组织所需的组织层面的胜任力时，组织充权理论阐述了三种组织充权成分：组织内充权、组织间充权和组织外充权（Peterson & Zimmerman，2004）。组织内充权（intraorganizational empowerment）是指组织的结构和功能特征（如机会角色结构）。组织的某些特征会引起组织内个体更多的参与和更大的发展。具有支持发展成员技能和胜任力特征的组织被称为"充权组织"（Zimmerman，2000）。在这里，组织者必须具备必要的技能和胜任力发展具有充权特征的组织环境。例如，一些组织工作不是选举组织中的正式官员，而是关注组织进程中所需的正式角色。然后，在每次会议中个体成员角色进行有意轮换，这是一种建设集体能力、培养不同部门成员的技能以及发展组织新会员的重要方法（Speer & Hughey，1995）。

组织间充权（interorganizational empowerment）指的是社区中组织间的联系。组织者要具备理解组织中行动者和机构的权力关系的胜任力。权力映射（power mapping）是一种描述实体间关系的特殊技术，这些实体对社区关切问题具有重要作用。在组织层面上，理解权力关系可以让组织者在战略上指导他们的行动和研究。例如，明尼苏达州的一个组织团体提出了一个重大的交通运输倡议，该项目通过研究有影响力的行动者制订交通政策，确保交通运输惠及低收入的有色人种社区。组织者与卫生专业人员、全国研究团体以及其他社区团体之间建立了密切联系，并成功促进了他们所寻求的变革（Speer，Tesdahl，& Ayers，2014）。最后，组织外充权（extraorganizational empowerment）指的是组织用以塑造或改变其所处的更广阔环境的方法和行动。对于组织者来说,组织外充权能改变社区系统长期存在问题和分歧的权力关系。如,堪萨斯市的一个组织团体在过去的几年中改变了制订和实施住房政策的城市系统(Speer & Christens, 2012)。

社区层面的胜任力

艾拉·伊斯科(Ira Iscoe,1974)是对社区层面胜任力分析进行详细说明的早期社区心理学之一,而且他还详细说明了合格的社区。伊斯科关注的是社区心理学家帮助权利被剥夺社区的方式。他非常重视社会阶层的问题,并认为社会心理学家需要尊重不同社区的价值观和优先处理事项。他也意识到,经济和物质的匮乏会引起社区成员的心理伤害以及无助感和绝望感。另外,伊斯科认为,给低收入和贫困社区充权会引起权力结构的紧张和矛盾。因此,伊斯科认为,关键胜任力是对贫困社区的优先处理事项和价值观的敏感性,对社区权力发展阶段的理解,以及对权力结构中社区充权阻碍的理解。最后,按照伊斯科的观点,合格的社区标准是阿林斯基所谓的"富人"和"穷人"之间的更大权力平衡的转换。

另一个社区心理学家肯尼斯·海勒(Kenneth Heller,1989, 1992)强调了社区层面上的干预。海勒认为,社区层面的核心胜任力包括集体力量的建设,对权力结构阻抗的准备,以及联盟的形成。如果社区心理学家要影响社区成员的生活质量,那么他们需要建立集体的力量。重要的是,要建立稳定且具可持续性的集体力量,需要培养社区意识。对于社区组织而言,社会力量建设和社区意识发展之间存在相互依赖的关系。与伊斯科一样,海勒认为集体力量的实施过程必将引发冲突。社区心理学家进行社区组织的一个重要胜任力是,理解这种必然性并发展解决——不是避免——冲突的技能。

来源:iStockphoto.com/EdStock.

图 8.1 社区组织会议或"行动"

最后,在社区层面的分析中,建立联盟的技能也是非常重要的。联盟发展是一个非常具有挑战性的过程。卡督逊、林霍尔姆、瑞安、布罗德斯基和萨克斯(Kadushin, Lindholm, Ryan, Brodsky, & Saxe, 2005)为联盟发展的社会结构障碍提供了一个非常重要的分析,社区心理学家必须有意识地发展强有力的联盟。建构联盟的一种重要胜任力是理解组织自身利益的能力。正如个人具有自身利益一样,组织同样具有自身利益。例如,许多组织都致力于扩展自身提供的服务、增加预算和获得工作认可。然而,那些联盟建立者并不考虑这些利益,而是聚焦于一个特定的目标,因为组织联合起来正是因为他们想要得到相同的结果(如更经济的住房、犯罪的减少)。另一个关键的胜任力是联盟管理。联盟不同于组织,联盟发展需要对联盟组织成员的组织形式和过程变化具有敏感性。与此相关,联盟管理需要反映特定组织成员的构成。胜任的联盟管理不仅仅是一个简单标准化的"罗伯特秩序规则"(Robert's Rules of Order)。组织的成员在许多方面有所不同——种族、阶层、地域范围、组织规模(预算、员工规模),胜任的联盟管理必须根据这些成员调整其功能,而不是采取一刀切的办法。

促进组织胜任力的培训、教育和经验

组织胜任力(organizing competencies)最好通过社区组织中的培训和经验获得。尽管大学的基础课程介绍了社区组织的历史、理论和模型——而且发展了胜任的社区组织者的一些技能——我们认为,在社区组织胜任力培养方面,这些并不能替代实际参与社区组织过程的事务。

目前在社区组织中有很多社区成员教育和培训的网络资源(见潜在资源的总结部分)。在某些情况下,学生和社区心理学家可以参加这些培训。最重要的是,我们会鼓励学生和社区心理学家通过参与社区组织探寻体验式学习,并将参与组织工作看作是学习的机会以及行为导向的研究和实践的场所。参与社区组织工作,会为上述的胜任力发展(识别个人和组织的利益、建立关系、质疑他人、增强组织)提供直接的经验。

例如,研究工作是发展许多胜任力的一种常见的组织环境。对于组织团体来说,邀请官员或专家就组织团体提出的问题进行访谈是非常常见的。访谈前,社区成员向官员或专家提出自己关心的问题。不同的社区成员会提出不同的问题,而且,问题答案的获得(不是困惑)可以发展个体的质疑技能。在研究会议中,细心聆听反应可以识别组织的自身利益。最后,组织团体向官员或专家展示自己的方式,为组织团体提供了与被邀请专家或官员建立关系的机会。这种参与方式提供了体验式学习的机会——不仅来自于参与所获得的直接经验,还来自于对组织团体的参与,因为它加工并解释了经验本身。

应用

在社区心理学发展中有很多社区组织实践的先例。罗杰·巴克(Roger Barker)对社区心理学的发展具有重要影响。巴克的生态心理学(1968)强调了社区情境和环境对个体行为发展的影响。与社区心理学的观点一样,通过关注环境对个人行为的塑造和约束,巴克的这一观点试图平衡对个人主义的过分强调。类似的,社区心理学的预防导向与社区组织对系统分析的关注是一致的,它强调寻求社会问题的原因而不是治理。组织工作常受到当权者的一个批评是,组织团体应该直接帮助解决遇到的问题(在施粥场工作以帮助饥饿之人,对药房进行纠察而不改变警察和法院的做法,建设人类家园而不改变经济适用房政策)。社区组织的观点与社区心理学的初级预防导向是非常一致的,都是在问题出现之前探讨引发失调的条件而不是问题出现后再进行处理,并且它们都认为二阶变革改变了问题的发生系统和结构,而不是让个体适应不健康的条件,这种变革是影响社会关切问题所需要的(Christens & Freedman, 2014)。

巴克的观点可以促进在社区心理学中实施系统分析,与此相同,社区心理卫生运动和脱贫大战重视所有内在成员的技能与能力,以及公民参与的重要性。社区心理学相关的实践胜任力要融入社区组织的实践中。

胜任力在现实世界中的应用

接下来介绍一个组织如何实践组织胜任力的例子,它与可卡因流行期间的组织工作有关。那时,许多工薪阶层和低收入的社区都面临着毒品贩卖、吸毒者、卖淫、犯罪、学校毒品以及其他不可容忍的环境。一方面,许多社区打电话给警察,但警察几乎没有反应。另一方面,这些社区却经常遭受高级警察的频繁拦截和搜索。一个社区的妇女曾多次要求警方对周围街道上的公然贩毒和吸毒行为采取措施,她不但没有得到警方的回应,还发现自己经常被警方的路障所阻拦,并被质疑、盘问、拦截并最终放行。其中一次阻拦仅是因为她的汽车尾灯功能失灵。

社区组织团体试图解决可卡因的流行问题,这是绝大多数社区成员关注的问题。为了开展这项工作,组织与警察、检察官、公共辩护律师法官以及监狱、学校、医院、治疗中心之类的机构举行了80次研讨会。他们发现,嫌犯至少两次秘密购买药物,法官才发放逮捕令。法官对这两次购买有严格的要求,因为他们过去发现警察有时会歪曲事实来获得逮捕令。在早前描述的那名女子所说的贩毒场所的案例中,警方承认他们知道这里是贩毒的地点,但却不能获得逮捕令。相反,警察设置路障试图找到毒品,但按照警方的说法,这些策略是无效的。这导致了一种反常的局面,公民受到警察现场驻守的侵扰越来越多,而这些警察的现场驻守不仅对犯罪问题的解决没有帮助，还给无辜公民带来了困扰，同时毒品交易却持续不减。

这是一个“毒品战争”意识形态盛行的时期。在整个研究过程中，组织工作的成员将不同机构的反应和这些机构对可卡因流行的不同应对方式放在一起分析。一些机构的行为单看是有意义的，但从系统上看，有些行为却适得其反，各行为间不协调，对可卡因流行病的处理没有远见。作为回应，组织努力推动地方机构间的全面协作，包括稽查、教育、预防和治疗。此外，组织反驳了“毒品战争”的叙述，并发展了所谓的“公共卫生流行病”分析。

组织努力的目标是通过当地不同机构提出一个更协调全面的方法来应对可卡因的泛滥。努力促进这些协调得到一些行动者的支持，但也会受到大多数官员的嘲笑。例如，在一次市理事会议员的会议上，一位议员在会后发表了对组织团体的看法。该议员称，组织团体应该纠察自己附近的贩毒窝点，而不是告诉理事会应该做什么。

当市长多次请求发展多个城市部门间的协调被拒后，团体机构决定调动他们的组织举行公开会议，呈现他们的分析结果，促使市长采取措施规划并协调全市的策略来应对可卡因吸食泛滥的问题。因为本次活动的筹备工作正在进行，组织团体会继续与官员会面。媒体开始报道基于组织团体分析的故事。之后，记者开始独立评论组织团体的观点。

作为一个质疑领导力发展的例子，报纸描述了一个女领导及其家人遇到附近的工人阶层吸食可卡因的经历。这则故事以综合的方式叙述了矛盾的政策和做法降低了她及家人的生活质量。其实，这个领导在一个著名的法律公司担任秘书。这个女领导在公司并不为人所知，但报纸报道这件事之后，她的故事成了公司的核心新闻。结果这个女领导被公司发现，并在工作中得到多方认可，包括在重要合作伙伴午宴上的特别致谢。律师及其他人在电梯或走廊上跟她的交流也越来越多，她的职场生活质量也得以提高。

然后，这个领导通过媒体调动组织工作的积极性，以得到更多的关注。对于那些不认识她的组织成员或社区组织员工，她开始推动组织团体让自己作为代表向媒体发言、与媒体接触。正如在组织胜任力这部分提到的，为了发展一个充权组织环境，领导角色必须在成员之间轮换，并且通过承担不同的领导角色鼓励发展新成员的技能。长期由一个人担任一个高调的工作会损害组织胜任力的发展。

因为组织工作要建立与市长的公开会议，很明显领导者要在组织过程中与媒体建立良好的关系。令人惊讶的是，这位领导没有放弃她对媒体工作的坚持。尽管这位领导的行为受到质疑，但她还是坚持做媒体工作。与这个女领导及其亲友的几次会谈后，组织者开始了解到这个女人的故事以及她在职场中的认可。组织者和其他几个领导关于她对媒体关系的坚持直接提出了质疑，指出组织的深层目标是建设组织力量，在组织力量建设中角色轮转的方式对新的领导发展具有重要作用。这个女领导变得愤怒，并不再参与该组织。

这个例子详细介绍了社区组织的工作问题以及组织发展对领导者个人发展的质疑，这个例子详细说明了胜任力如何付诸实践。领导者对组织发展提出质疑并不常见，但它说明了组织发展的一个教训。正如在胜任力部分中提到的，了解人们的自身利益对组织参与和领导力发展是非常重要的。然而，自身利益是可以改变的。对于在律师所工作的女领导来说，她的自身利益从改善附近的毒品犯罪转为在工作场合获得更多的自尊。重要的是，组织过程的价值观、组织的发展以及城市政策改变的效率会随着领导个人利益的变化而提高。对于组织者和其他领导来说，质疑领导的权力建设目标以及发展新领导的过程是一个艰难的、痛苦的过程。人们关注这一特别个体，并希望找到促使她受到媒体关注的可行方案。另外，当领导人在组织中的作用固化后，新领导人的发展就会停滞，组织对更广泛社区的开放性也受到限制，已有的领导会逐步变成控制和限制观点及参与的“守门人”。对个人行为的质疑是一种必要的组织胜任力，它让组织中的每个人都保持诚实，并对集体目标负责。

在社区层面上，关于可卡因吸食泛滥的工作说明了预防的价值，以及用系统方法理解社会问题的价值。特定的社会问题通常被认为是由单个的行动者或实体造成的。尽管这可能是个案，但进行一个更广泛的系统分析是社区层面上的一种重要胜任力。这个例子也说明了社区组织与社区心理学之间存在天然的契合。这一案例也证明了初级预防、公民参与、充权、系统变革和促进社区心理福祉的价值。

未来的方向

正如所有的社会组织和机构一样，社区组织领域也面临着巨大挑战。经济转型、全球化和新自由主义政策的根深蒂固，是组织面临最大的挑战来源。在应对这些挑战的过程中，组织必然在操作能力上面临更大的挑战(Christens & Collura, 2012; Orr, 2007)。在社区组织领域中，人们努力在不同区域水平上动员并构建力量(Kleidman, 2004; Osterman, 2002; Pastor, 2001; Warren, 2001; Wood, 2007)。此外，全州范围和全国层面的组织工作在逐渐兴起(Gecan, 2002; Swarts, 2007; Wood, 2007)。

在更大范围内构建组织力量需要有效的、可持续发展的新胜任力。其中一种胜任力是与重要行动者发展战略伙伴关系。尽管社区组织在地方层面上发展伙伴关系具有广泛的经验和知识，但更广泛的伙伴关系构建需要新型的组织伙伴。例如，合作伙伴可能在行政管理需求、技术能力、研究技能、专业知识以及不同地方的基层伙伴关系方面起到积极的支持作用。

未来，随着组织领域的发展，社区心理学家在支持发展组织领域所需的胜任力方面具有很大的空间。社会媒体和技术的使用将会变得非常重要，尤其是在低收入群体中，他们更偏好使用社会媒体获取问题。对于支持组织提高工作规模的能力而言，不同组织网络间的合作研究和支持是有价值的。需要注意的是，许多社区组织网络(PICO，Gamaliel，NPA，IAF，OFA，NOI)已经具备了这方面的能力。然而，随着更大规模的工作在组织成功中的作用越来越大，人们需要对实践和胜任力有更深的理解，以及范围更广的实践和胜任力。一个这样的理解是，不同地域的组织团体扩展网络如何在基于多样化生态背景的问题上进行合作。类似的，不同政治规模的运作必须整合不同的生态力量，在宏观、中观和微观层面上驱动行动者的利益。此外，在这种范围所应用的胜任力也需要其他领域的胜任力，如文化理解、管理、政策分析，以及群体过程。

总结

要点

• 社区组织是由一系列原则所驱动的动态过程，个人、组织和社区围绕这些原则行动并发挥作用。

• 组织同时探讨个人和集体的过程。

• 组织将社会力量理解为在解决社会问题中实现必要变革的重要成分。

• 组织需要发展强大，这需要有意发展鼓励参与的组织过程，并发展个体参与者的技能。

问题讨论

1.哪种社区心理学胜任力与质疑和鼓动的组织过程是有关的？

2.个人或组织的自身利益如何随着时间而变化？

3.你能描述一个你所经历的自身利益改变的例子吗？

关键术语和定义

社区组织(community organizing)：是指受问题所影响的个体和社区进行合作以分析问题，并运用社会力量来解决问题的过程。

组织外充权(extraorganizational empowerment)：改变影响社区的政策或系统的组织行动。

组织间充权(interorganizational empowerment)：组织间的关系、合作和联盟。

组织内充权(intraorganizational empowerment)：体现充权组织的内部功能和生存力的特征。

铁律(the iron rule):组织中的一个原则,即只要受社会问题影响的个体能解决那些问题,组织就会优先考虑这些个体的力量和责任。

权力映射(power mapping):识别社区组织中不同社区行动者和决策者的相对力量和位置的一种做法。

社会想象(sociological imagination):对社会结构力量如何在个体生活中表现的理解。

资源

推荐阅读

Alinsky, S. D.(1971).Rules for radicals: A pragmatic primer for realistic radicals. New York, NY: Vintage Books.

Wood, R. L., Fulton, B., & Partridge, K.(2013).Building bridges, building power: Developments in institution-based community organizing.

胜任力深入发展的活动建议

• 练习识别他人自身利益的技能。

• 检查你所属团体的组织过程。这些流程如何支持或阻碍成员的参与和技能发展?

自我探索或自我发展

• 思考一下你的自身利益是什么?——你是如何知晓的?思考一下你如何安排自己的时间以及所参与的活动——这是否与你的自身利益是一致的?

• 通过与朋友认真交谈练习你的倾听技能——在交谈中质疑人们为什么会那样行动或感受。在提出那些质疑问题时,你感受如何?

与胜任力有关的知识、技能和能力的评估

• 反思一下你所属的这个组织——你以什么方式对组织做出贡献?你带来了更多成员吗?你在某些能力上是领导者吗?你能把人们聚集在一起吗?你能让组织反思或重新考虑其行动吗?

参考文献

Alinsky, S. D.(1971). *Rules for radicals: A pragmatic primer for realistic radicals*. New York, NY: Vintage Books.

Barker, R.(1968). *Ecological psychology: Concepts and methods for studying the environment of human behavior*. Stanford, CA: Stanford University Press.

Checkoway, B.(1997). Core concepts for community change. *Journal of Community Practice*, 4(1), 11—29.

Christens, B. D., & Collura, J. J.(2012). Local community organizers and activists encountering globalization: An exploratory study of their perceptions and adaptations. *Journal of Social Issues*, 68(3), 592—611.

Christens, B. D., & Freedman, D. A.(2014). Community organization and systems intervention. In T. P. Gullotta & M. Bloom(Eds.), *Encyclopedia of primary prevention and health promotion* (2nd ed.). New York, NY: Springer.

Christens, B. D., Hanlin, C. E., & Speer, P. W.(2007). Getting the social organism thinking: Strategy for systems change. *American Journal of Community Psychology*, 39(3—4), 229—238.

Cortes, E.(1993). Reweaving the fabric: The iron rule and the IAF strategy for power and politics. In H. G. Cisneros(Ed.), *Interwoven destinies* (pp. 294—319). New York, NY: W. W. Norton.

Freire, P.(1970). *Pedagogy of the oppressed*. New York, NY: Continuum.

Gecan, M.(2002). *Going public*. Boston, MA: Beacon Press.

Heller, K. (1989). The return to community. *American Journal of Community Psychology*, 17(1), 1—15.

Heller, K.(1992). Ingredients for effective community change: Some field observations. *American Journal of Community Psychology*, 20(2), 143—163.

Iscoe, I.(1974). Community psychology and the competent community. *American Psychologist*, 8, 607—613.

Kadushin, C., Lindholm, M., Ryan, D., Brodsky, A., & Saxe, L.(2005). Why is it so difficult to form effective community coalitions? *City & Community*, 4(3), 255—275.

Kleidman, R.(2004). Community organizing and regionalism. *City & Com-*

munity, 3(4), 403—421.

Maton, K. I.(2000). Making a difference: The social ecology of social transformation. *American Journal of Community Psychology*, 28(1), 25—57.

Maton, K. I., & Salem, D. A.(1995). Organizational characteristics of empowering community settings: A multiple case study approach.*American Journal of Community Psychology*, 23(5), 631—656.

Mills, C. W.(1959).*The sociological imagination*. New York, NY: Oxford University Press.

Newbrough, J. R.(1992). Community psychology in the postmodern world. *Journal of Community Psychology*, 20(1), 10—25.

Orr, M.(Ed.).(2007).*Transforming the city: Community organizing and the challenge of political change*. Lawrence: University Press of Kansas.

Osterman, P.(2002).*Gathering power: The future of progressive power in America*. Boston, MA: Beacon Press.

Pastor, M.(2001). Common ground at ground zero? The new economy and the new organizing in Los Angeles. *Antipode*, 33(2), 260—289.

Peterson, N. A., & Speer, P. W.(2000). Linking organizational characteristics to psychological empowerment: Contextual issues in empowerment theory.*Administration in Social Work*, 24(4), 39—58.

Peterson, N. A., & Zimmerman, M. A. (2004). Beyond the individual: Toward a nomological network of organizational empowerment.*American Journal of Community Psychology*, 34(1/2), 129—145.

Speer, P. W.(2008). Social power and forms of change: Implications for psychopolitical validity. *Journal of Community Psychology*, 36(2), 199—213.

Speer, P. W., & Christens, B. D.(2012). Local community organizing and change: Altering policy in the housing and community development system in Kansas City.*Journal of Community & Applied Social Psychology*, 22(5), 414—427.

Speer, P. W., & Hughey, J.(1995). Community organizing: An ecological route to empowerment and power. *American Journal of Community Psychology*, 23(5), 729—748.

Speer, P. W., Tesdahl, E. A., & Ayers, J. A.(2014). Community organizing practices in a globalizing era: Building power for health equity at the community level. *Journal of Health Psychology*, 19(1), 159—169.

Stoecker, R.(2009). Community organizing and social change.*Contexts*, 8(1), 20—25.

Swarts, H. J.(2007). Political opportunity, venue shopping, and strategic innovation. ACORN's national organizing. In M. Orr(Ed.), *Transforming the city: Community organizing and the challenge of political change* (pp. 134－161). Lawrence: University Press of Kansas.

Warren, M. R.(1998). Community building and political power: A community organizing approach to democratic renewal. *American Behavioral Scientist*, 42(1), 78－92.

Warren, M. R.(2001). *Dry bones rattling: Community building to revitalize American democracy*. Princeton, NJ: Princeton University Press.

Wood, R. L.(2007). Higher power: Strategic capacity for state and national organizing. In M. Orr(Ed.), *Transforming the city: Community organizing and the challenge of political change* (pp. 162－192). Lawrence: University Press of Kansas.

Zimmerman, M. A.(2000). Empowerment theory: Psychological, organizational and community levels of analysis. In J. Rappaport & E. Seidman(Eds.), *Handbook of community psychology* (pp. 43－63). New York, NY: Kluwer Academic/Plenum.

第9章 建立和增强合作的社区伙伴关系

犹大·J.维奥拉,布拉德利·D. 奥尔森,苏泽特·弗洛姆·里德,
蒂芬尼·R. 希梅内斯,克丽丝蒂娜·M.史密斯
(Judah J. Viola, Bradley D. Olson, Suzette Fromm Reed,
Tiffeny R. Jimenez, Christina M. Smith)

开篇练习

本章关注的是建立并增强社区合作者之间的关系,这里的合作者主要是指社区里的心理学家以及在文化机构、政府和非营利机构的工作者。让我们从探索合作者关系建立开始练习,从专业社区工作的角度出发,将自己想象成一个在咨询机构工作数年的咨询师,你关注的主要内容是基于多领域交叉的社区研究及项目评估,如健康、教育、住房等。之前的项目评估客户(当地博物馆的教育主管)了解到你的社区关系并向你咨询求助,你意识到博物馆对于城市的大部分人来说并不是那么容易接近,博物馆的主要目标是扩展已有的观众群,并尽可能地与城市的多个群体产生联系。博物馆与学校和研究所的关系密切,但与社区人员的联系相对较少。该客户希望获得的帮助是,找出城市中的社区组织,并与之建立合作伙伴关系。

事实上,你的任务是加强"社区联络",请记住以下问题并阅读此章内容,看自己能否找到合适的方案。在社区伙伴关系建立的过程中,要成为一个有能力的社区联络者你需要哪些知识、技能和能力?为了实现这一目标,你如何建立伙伴关系?最后,在你的咨询任务结束后,你如何建立一个稳定的计划以保证社区客户能维持这些社区合作关系?

概述

首先本章定义了伙伴关系、合作,以及与发展咨询和评估伙伴关系最相关的社区心理学实践胜任力(即合作咨询、群体过程技能)。你在本章和其他章节将会看到,每一种胜任力都需要一系列广泛的知识、技能和能力,用来建立并维持有效的工作关系。接下来,本章介绍了伙伴关系建立的四阶段模型,这一模型源于我们在社区咨询和评估中的实践。我们的一些社区工作案例有助于解释技能应用中的问题、

关切、挑战和收获。结尾部分总结了本章的主要观点，对未来研究提出了建议，并提供了一些在线资源。

概念性定义

伙伴关系(partnerships)是指具有相同目标的两个、多个个体或组织之间为了找到彼此切实可行的解决办法而形成的一种动态的互助关系。伙伴关系也被看成是客户、社区、组织或专业人员之间通过不同的部门及学术体系建构起来的一种工作网络关系。合作(collaboration)是指社区伙伴形成的互利关系和过程。合作通过共担风险、共享资源、共同承担责任以及共享利益的方式进行信息交换、资源共享，并提高其他伙伴的能力以实现共同目的(Himmelman，2001；Wolff，2009)。

伙伴关系的核心是动态性，它还被一些研究者定义为具有共同目标的互动关系(Mumford，Zaccaro，Harding，Jacobs，& Fleishman，2000)。尽管目前并没有一个适当的方法建立伙伴关系，但我们相信，由知识、技能和能力构成的胜任力可以有效建立稳固的伙伴关系。除了胜任力，社区心理学从业者还重视权力共享和决策的合作取向(Kloos et al.，2010；Nelson & Prilleltensky，2010)。

新的伙伴关系可能带来不同的观点、政治关系、技术、能源、成员、资金、经验、专家、合作主人翁意识。伙伴关系有助于社区中代理机构的合法性建设，并且能够确保代理机构有效深入人群(National Council on the Aging，2003)。事实上，伙伴关系是实现群体或个体目标的工具和学习机会[Compassion Capital Fund (CCF) National Resource Center，2010]。伙伴关系需要动用不同的力量处理社区问题、协调资源使用、提高计划与执行的协作效率、减少重复劳动(Sofaer,1999)。

根据我们以往的经验，社区从业者首先要与一个组织建立关系，并深入发展与这个组织的关系。以开篇练习中的博物馆为例，如果要与社区的主要文化机构的教育部门(如自然历史博物馆、艺术博物馆、水族馆)进行合作，使其成为社区的一个联络点并将其扩展到更大的社区，通常社区从业者需要与个人、社区组织者、中小学、学区、大学、其他文化机构、政府和投资者建立伙伴关系。

每一个合作者和合作组织都有自身独特的历史、运行规则、兴趣和背景，这些都有助于我们了解合作者。不同组织间在规模、预算、资源(如时间、志愿者)和制度方面存在差异，这些因素会影响顾问或评估者与组织建立联系的方式。关系的强度以及与谁建立关系是重要的。例如，伙伴关系中拥有权力的守门人和决策者——或运用合作的领导力取向而达成共识——影响着伙伴关系的作用。

通过建立伙伴关系，地方政府及非营利组织的影响力也会提高。伙伴关系的动力学研究表明，通过长期灵活的方式，复杂伙伴关系的管理可以应对需求的变化(CCF National Resource Center,2000)。

大部分非营利组织的规模非常小，并且在资金上不占优势。因此，小的非营利组织可以通过协调与相关资助者的合作而获得更大的影响力。除了减少冗余外，这些伙伴关系也可以产生协同作用，增强每一个成员的作用（Wei-Skillern & Marciano，2008）。

总之，个人、组织和社区层面的伙伴关系是一个复杂的问题，每一层面的每种关系都存在不同的背景。根据这部分的知识考虑一下这些问题：你想了解博物馆资源以及潜在合作机构的哪些信息（多样性、政治关系、技术、能源、成员、资金、经验、专门内容、拥有感）？博物馆和社区组织之间的伙伴关系会产生怎样的变化？

实践胜任力

将社区心理胜任力嵌入从业者的心智、知识和技能的背景中是一件非常有价值的事情。社区心理学家在关注系统性（生态学分析水平）和多样性方面具有独特的优势。除了核心的研究和评估技能以外，我们的训练强调了能力建设、团体促进技能、数据收集能力以及合作过程的知识。知识和技能可以提高，但实际情况是复杂的，每一个咨询/评估项目都是不同的。一个项目可能增强了个体在合作组织方面的能力，而这种能力并不能很好地转化为与民选官员建立合作的能力。然而，合作咨询和团体促进是伙伴关系中的两个普遍的胜任力。

合作咨询

根据我们的咨询经验，在合作之初首先要了解的是合作对象的优势和专长。我们的确能在所评估的项目中获得一些经验，但还有些知识只能从长期而复杂的工作中获得。理解一个组织的文化、目标、规划及运作方式是非常耗时间的。我们以新的观点看组织发展，并以视觉模型、逻辑模型或报告的形式将其呈现出来，从而促进伙伴关系的发展。社区咨询的心理学家的最大优势是可以结交更多的合作伙伴。我们并不会给合作伙伴“充权”，但当伙伴关系以协同方式运行时，我们都会感到合作伙伴得到了充权。

合作咨询是用共享决策和反馈环路的方式帮助所有合作者实现目标和充权的一种咨询方式，合作咨询要花费更多的时间并进行交流而不是一种等级关系。共享决策和反馈环路贯穿于合作的不同阶段。协作能力包含了领导/管理技能、冲突解决能力、参与问题解决的能力以及帮助所有合作伙伴实现目标的能力。

合作不仅仅是一个“感觉良好”的术语，它与政府和私人公司中的层级关系处理方式并不相同。按照沃尔夫（Wolff，2009）的解释，合作使传统的无效的问题解决方式转向更有前途、可持续发展的问题解决方式。他认为，伴随着有效的合作，碎片化的问题解决方式会逐步转变为整体性的解决方案，同时常见的信息共享问题也会转变为更有效、更方便的交流。同时，重复性劳动也会转变为协同和合作性竞争。预防可以减少危机，但缺乏利益相关者参与的问题会转变为公民驱动的过程，而缺乏文化胜任力的问题会转变为文化相关的尊重取向。此外，过度专业化通过使用更多的正规和非正规的帮助网络得以改善，精神目标的缺失将重新与合作工作的目标和过程保持一致（Wolff，2009）。

格雷（Gray，1991）提出了合作取向的一些优点：（1）更全面分析社会问题，获得更高质量的解决方案的能力；（2）通过更多样的方法解决社会问题的能力；（3）更好地确保不同利益相关者的兴趣相同；（4）为与问题最密切相关的人提供解决方案，提高社区成员进一步合作的意愿；（5）提高不同利益团体的协作关系；（6）为未来伙伴关系的建立和发展提供基础。

不论是否有促进者、联络员或调解员，合作都可以发生。然而，社区心理学从业者能够有效地将个体聚集起来，帮助组织在特定会议背景下对话，从社区成员中获得启示，从而更有效地开展合作（见 Gray，第 7 章）。对伙伴关系的支持随着情境的不同而不同。马蒂西克、莫里－克洛斯、蒙西和怀尔德（Mattessich，Murray-Close，Monsey，& Wilder）研究中心于 2001 年总结了社区合作成功的五个重要因素：（1）合作伙伴之间相互信任和尊重；（2）合理搭配利益相关者代表；（3）成员之间具有凝聚力；（4）合作者认为合作有价值并看到参与的益处；（5）有能力并愿意妥协的成员。无论是确保代表权利还是鼓励妥协，一个试图提高这些条件的社区心理学从业者都要具有一套复杂的技能。在本章开始的例子中，如何将合作的方法运用到博物馆中呢？重新审视你对前文提出的这些问题的答案。如果有任何新的想法，请记下来。

团体促进

在协同合作中发挥咨询作用面临的挑战之一是，能够简单地知道需要团结什么人，以及如何管理一个新的团体。然而在伙伴关系中，更具挑战性的是，不可避免的冲突、焦虑、惰性或角色混乱。除了对团体成员和情境的了解，团体动力学知识也是重要的，它有助于评估与群体相关的所有情况。一些重要的团体促进过程技能包括：

- 多元决策：确保广大群众能参与到决策中，并能在安全环境下进行有益的对话；
- 人际沟通：有效地利用人际沟通技巧（如积极的倾听、释义、重构、挑战、进取）；
- 冲突分析：评估遇到的问题、成员的关切以及利益相关者的立场，以便更好地理解冲突和解决问题；
- 建立共识：促进和激励建立共识的过程；
- 促进：使用不同的技术手段（例如调解、访谈、叙事的使用）实现团体对话、规划和决策的目标；
- 危机干预：在适当情况下应用临床技巧解决那些阻碍进展的主要问题。

精通基础理论是非常有用的,它有助于了解团队如何工作。例如,团体动力是当今组织发展的一个基本领域(Lewin,1947),它是指发生在社会团体之间或内部的行为和心理过程。其他相关理论有团体凝聚力和社会认同理论(Dion,2000;Hogg,1992;Tajfel,1979),包括团体联系、团体认同以及团体内/外的关系。规范性社会影响(normative social influence)是指期望对团体和个体的态度及行为的影响(Crutchfield,1955;Latane,1981),社区意识(sense of community)也是团体关系中的一个重要因素,它是指个体感到自己与所在社区团体相互依赖的程度(Chavis & Pretty,1999;McMillan & Chavis,1986;Sarason,1974,1986)。

胜任力发展

在社区心理学方面除了进行理论培训外,我们还建议在团体决策和合作中习得重要的知识、技能和能力。这些培训有时是研究生课程的一部分,可以在大学的一些培训项目或学院中开设,尤其是那些开设团体决策课程的学院,或开设团体决策和团体关系相关基础课程(社会心理学、组织发展、组织领导力)的学院。

学术以外的培训来源

在相关的学术领域或学科中,专业组织通常会有团体促进技巧的工作坊、研讨会或培训班,棘手的对话、调解和谈判通常要用到角色扮演或学徒式学习方式(见美国评估协会、评估者研究所、美国公共卫生协会、美国心理协会、美国培训与发展协会)的技巧。

个体从业者或组织发展公司也会提供一些培训机会。一些社区组织能提供许多有价值的领导力培训,如微型全国网络、工业区基金会及其分支机构。我们建议使用那些促进合作、协作和对话的方法进行培训。培训的主题包括充权评估、操作性团体、肯定式问询、恢复性司法、和平圈、社区组织领导力、多样化培训。在本章结束的部分,我们会推荐一些伙伴关系、合作、团体促进和培训的资源。

阅读理论、出席研讨会、获得第一手的社区经验、倡议以及社区研究有助于不同主题的理解及技能掌握:冲突解决/团体内人际关系、社区组织和人类多样性。目前已有一些宣讲会、社区组织领导力培训以及和平圈提供的社区培训。

应用

如何将知识、技能和能力与伙伴关系的建立和维持结合在一起是一个非常有意义的问题,这有助于探索指导我们行为的模型,并将这些模型应用于现实环境。目前,伙伴关系建立可以分为不同的阶段。如塔克曼(Tuckman)提出的小团体发展的五阶段模型,包括产生初期、磨合期、规范期、表现期和解散期(Tuckman & Jensen,

1977),这在思考团体决策方面是非常有用的。另外,经典的社会组织发展和管理咨询提出了团队如何形成、互动、面对挑战、取得成功的模型。这些模型包括团体需求模型(Bellman & Ryan, 2009)、复杂性理论(Anderson, 1999)、行动研究(Lewin, 1947)、肯定性问询(Coghlan, Preskill, & Catsambas, 2003; Cooperider, Whitney, & Stavros, 2008)、组织变革理论(Rafferty, Jimmieson, & Armenakis, 2013)、系统理论(Checkland, 1981; Holland, 1992; Reynolds, 2008)和场理论(Lewin, 1947)。所有这些模型与理论更好地从不同领域理解了伙伴关系。下面概述的模型与我们的经验一致,比较实用,包括社区中的同伴关系建立、评估和咨询的基本阶段。

合作咨询和评估伙伴关系的四阶段模型

发展伙伴关系的四阶段模型包括:(1)寻求;(2)联系与谈判;(3)执行与维护;(4)结束与能力提升(见图 9.1)。尽管多阶段意味着线性发展,但这一过程基于早期阶段的迭代累加,并需调整以适应变化的情境和需求。首先,我们要以社区心理学家的视角探索客户咨询的价值观和假设,如关系建立和充权这样的价值观跨越了模型的所有阶段。接下来我们将以开篇练习中的例子详细介绍每一个阶段。

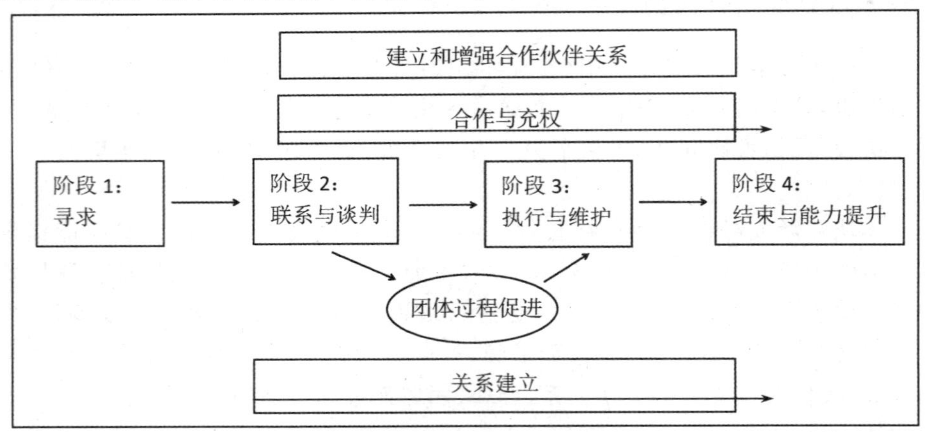

图 9.1　合作伙伴关系建立和维持的四阶段模型

客户咨询过程中的价值观和假设

伙伴关系是社区合作的一种关系,目前已有很多成功的伙伴关系模型。社区心理学为伙伴关系提供的参考在于用社区心理学的价值观指导客户咨询过程,包括建立和维持信任以及鼓励充权。合作会促进信息的公平及横向决策,这样会创造更多的权利,合作的目标是帮助合作者做出贡献,并使其具有团体成功感。作为社区心理学家,我们相信,合作者之间的真诚交流和合作能够使合作者逐步感到相互的依赖和尊重。这一过程也会对其他利益相关者产生积极的影响。另外,面对面或虚拟的经常性接触，对于维持活力、透明度和投资都是非常重要的。思考一下，在开篇练习中你的角色是社区联络者。你的角色是否要从博物馆的“社区联络者”转变为伙伴关系的咨询师，或成为其中的一个合作伙伴？

阶段1：寻求

寻求阶段始于探索潜在的合作者。需要的胜任力是人际技能、现存专业网络和研究智慧的使用。你需要快速评估合作者的组织优势，并决定什么项目、资源和关系能帮你实现伙伴关系目标。完成这些需要一系列初步调查，包括基于网络和个人的对话，以帮助建立伙伴关系并缩小潜在的合作者范围。寻求阶段可能与后期阶段重叠，并不断重新回到寻求阶段。第一阶段会在潜在合作者名单中找到一个临时解决方案，这些合作者将增加合作同伴的价值，并希望探索更持久关系的可能性。

挑战与机遇

寻求阶段也面临着很多挑战。一个简单的挑战是说服潜在合作者抽出时间见面，另一个挑战是认识这一领域的更多潜在合作伙伴，这有助于了解更多的社区资源。即使合作伙伴在最初没有出现，接下来你仍要继续与那些有共同目标的机构取得联系，同时增加自己的认识、关系网和社区的知名度。

在开篇练习中，博物馆与高校和科学俱乐部有很多联系，但与社区的机构联系较少，这些社区机构的服务对象正是你的目标。你联系上了十个机构，但答应见面的可能只有几个。你发现只有两个机构对合作感兴趣。你可能感到浪费时间，但现在其他八个机构可能变成你非正式关系网的一部分，为未来的工作奠定一定的基础。

询问/回答的问题

- 在地域或内容方面存在哪些组织？
- 伙伴关系的促进能带来哪些好处(经济或其他资源成本，如时间投入、信誉和信任)？
- 潜在合作伙伴的地理位置是否是重要因素？
- 一旦你确定了要接触的组织，需要考虑以下几个问题：

这些组织的负责人是谁？

在该组织中最好与哪个层次的人员联系(一线人员、管理人员、执行人员、董事会成员)？

当你做背景研究时，要探索合作组织的活动范围、声誉、结构、文化、价值观以及取向，还包括伙伴关系的历史以及过去合作的性质。

我们实践中的例子

作为博物馆、学校和社会服务机构的顾问，我们需要识别潜在合作伙伴和合作地点。地理位置上的接近通常是一个重要因素。我们曾经需要探索芝加哥南部和西部所有的社区公园，因为青少年组织要探索水体的生态系统。可以与博物馆合作的社区组织、街区公园和学校是合适的地点。我们对很短距离内的学校、公园或其他组织进行了研究，同时还研究了这些机构所服务的青少年数量，以及潜在合作伙伴是否对博物馆推出的能力建设培训项目感兴趣。

基于经验教训的实践建议

在寻求阶段需要使用现有的关系网，利用自己或客户组织的声誉。你需要毫不犹豫地打"冷电话"或发电子邮件，这并不如学习专业知识舒服。尽管这个电话可能很"冷"，但是如果提前做准备的话会更好地完成任务。你掌握的信息越多，不适合你接近的团队或合作组织就越少。

了解潜在的合作伙伴后，需要寻找匹配目标和协同效应。合作伙伴应该会带来一些你或你的客户都没有的资源。与合作伙伴达成协议之前，需要向潜在同伴重申自己的目标，这会使每一组织建立自己的优先事项和期望(Wild Rose Foundation，2001)。然而事先澄清的期望并不是一成不变的，每一团体都需要灵活的应对，而不能局限于自己最初的期望。

认识到合作伙伴之间的相互依赖关系是伙伴关系建立中非常重要的一部分。因此，让他人明白你在伙伴关系中的目的是非常重要的。社区心理学的实践工作需要与多类人群经常接触，包括各种同事、当前和过去的合作伙伴、分包商、客户和朋友。在寻求阶段，关系网中的人可能给你提供很好的建议。滚雪球的方法有助于你建立一个新的关系网，同时获得更多的建议。

阶段 2：联系与谈判

第二阶段的联系和谈判对于有效地建立伙伴关系也是非常重要的。最初的会面有助于同伴之间相互了解，了解彼此的价值观、文化、优势和挑战。合作者之间应该建立信任和承诺，确定每一个合作者的角色和义务，建立一个沟通和共事的基本框架。基于项目的不同，联系和谈判阶段中的伙伴关系可能是正式的，也可能是非正式的。尽管在随后的阶段中返回到最初的协议状态是非常常见的，但联系和谈判是以口头协议向前推进的，最终以合同结束。

挑战和机遇

这一阶段面临的挑战很多。不信任会导致合作中的抵制与阻抗，而不切实际的积极预期会导致目标设定过高。常见的一个挑战是竞争的优势项目以及参与者的时间和资源。

来源：iStockphoto.com/Clarkand Company.

图 9.1　联系与谈判对于建立有效的伙伴关系是至关重要的

这一阶段的机遇包括增强目标实现的力量感、增加资源（如，员工、时间和资金）以及结交更多拥有共同目标的人。战略、文化以及其他更有效的工作方式（如，规律性）通常出现在这一阶段。

询问/回答的问题

· 伙伴关系的建立对于目标群体（主要的利益相关者）有什么好处？

· 在过去的伙伴关系中经历了什么？哪些是好的？哪些是不好的？

· 作为合作伙伴你如何决策？其他合作伙伴会同意合作吗？你在伙伴关系中如何沟通交流？如何建立问责制？

· 在权力差异方面需要考虑的是：会议应该在何时何地举办？你应该带谁参加会议？应该邀请谁参加会议？潜在的合作机构只在工作时间运作吗？

· 在哪一方面需要进行组织调整？

· 你在哪个层面启动伙伴关系？

· 在领导力方面是否体现出了魅力、激情或可靠性的迹象？

· 合作伙伴对未来的能力建设是否充满希望？

· 是否需要使用协议备忘录或书面合同明确合作者的角色、义务以及责任保证体系？

我们实践中的例子

在博物馆的例子中，为了扩大博物馆支援者的多样性我们选择了三类不同的合作组织：第一类是学校系统中帮助联系学习者和项目参与者的学习服务办公室；第二类是给观众提供产品和培训的县级森林保护局；第三类是提供实习工作的社区发展协会。

尽管目标有重叠的部分，但不同组织之间是不同的。博物馆与每一团体是分别联系的，而不是将所有的团体放在一起。

学校办公室是结构化的，最初与学校的合作主要在参与者的资格标准和要求方面达成协议。在森林保护方面，这一阶段主要是了解每个机构的优点，并仔细考虑协同合作的机会。

社区发展组织伙伴关系需要花费大量的时间建立信任关系，并且在达成协议之前需要了解不同组织的文化。社区心理学从业者的角色是社区联系，他们要鼓励博物馆人员参与社区发展协会发起的活动，并花时间理解组织的优势和文化特点。

基于经验教训的实践建议

· 做你的研究：要了解对于每个合作组织来说最重要的是什么。利用各组织的目标继续对话，并找出能够加强关系、建立信任、发挥协同作用的关键点。了解组织过去的伙伴关系。这样有利于建立更深层次的伙伴关系，合作取得成功，减少失误。

· 建立一个新的伙伴关系时，需要全力以赴表现出最好的状态，然而非常重要的一点是在早期阶段不要过度承诺。开始时需要使用头脑风暴，实事求是地看到项目中可以兑现承诺的方面。需要提醒的是，一个组织很容易高估持续努力的决心和意志，因此需要考虑到潜在的障碍或竞争优势。非营利组织的执行人员可能遇到董事会成员的挑衅，而政府机构可能会因为不同部门的审批或法律协议的审查而降低效率。这些问题在合作计划的早期很少显现出来。

· 制订举行会议的基本规则。会议规则的制订要充分考虑不同的视角和文化以及时间问题，包括准时开始和结束会议并专心开会、共同负责议程的制订、延续时间以及主办和/或协办会议。

· 建议合作成员有对等权利的决策机制（即是合作性的）。

· 探索创新的交流模式（如，妇女的领导圈、深度对话、关键对话）。

· 明确伙伴关系建立的限制与局限，必要的时候针对这些局限重新制订战略。需要承认不同组织之间的宗旨和目标是不同的，并且政策与实践之间是脱节的。组织间政策和规则的结合需要了解组织自身的能力和每个合作者的能力。这需要花费大量时间来理解不同的文化规则、资源和能力。

· 如果一些会议后所有的合作伙伴都不愿意致力于这个过程，或者看不到伙伴关系的协作潜力，那么在更好的机遇出现之前你最好走自己的路。你的目标是与所有的合作伙伴达成高水平的承诺。如果做不到，最好考虑其他的合作伙伴。

· 进一步调查那些有助于实现目标的资源或规划，如地理资产测绘图、社区或街道概况。

· 伙伴关系如果形成了一个新实体，那么决策、角色以及问责的复杂性就会增加。这时建立一个备忘录是非常必要的。明确的程序和规则有助于所有成员理解如何决策和行事，并建立共同责任感。基于伙伴关系的形式和规模，明确的合同可以提供伙伴关系框架，也允许合作框架有一定的灵活性。

· 制订伙伴关系发展的时间表并做出具体而明确的承诺。如果没有权限做出承诺，就需要制订一个明确的时间表以获得决策者的支持。

阶段3：项目参与、实施和维护

模型的第三个阶段是伙伴关系的执行和实施阶段。计划在这一阶段已经制订好，但你需要重新回到谈判，以澄清或重建合作者的角色、责任和承诺。阶段2制订的规则通常在阶段3执行。这是评估伙伴关系有效性的典型时期，并且实施和维持阶段是最长的时期。

挑战和机遇

在阶段3中，为同一项目而工作的合作伙伴会感到轻松，而焦虑和恐惧主要源于合作伙伴是否能履行承诺。沟通在所有阶段中都是非常重要的，所有的合作伙伴都需要对项目中的挑战、小目标的完成以及计划执行中发生的变化有明确的认识。在实施和维护阶段中，沟通失败是合作成功的重要障碍。这一阶段的机遇也很多，合作伙伴将继续了解自己、合作伙伴及合作方式。随着新信息的增加，合作伙伴需要重新审视以前制订的计划。随着时间的推移，合作伙伴将会看到自己的劳动成果。

询问/回答的问题

改善伙伴关系需要不断回答以下问题：

- 如何通过伙伴关系互惠互利？
- 如何通过伙伴关系加强自身的实力？
- 如何通过伙伴关系提升合作伙伴？

组织伙伴不是唯一的利益相关者，因此伙伴关系如何运作会影响到其他利益相关者。

我们实践中的例子

咨询顾问通常有义务促进团体的持续发展。重新审视伙伴关系的优势、利益和小目标的达成有助于合作精神的延续。例如，定期开例会反思目前取得的成绩或工作进程是非常有益的。另外，关注细节用语如“我们”和“我们的”，这些用语会进一步促进积极地沟通。在博物馆和学校合作的案例中，人员变动率高和压力大的时期（即，测试期和预算期）是合作目标实现的主要障碍。因此，我们鼓励博物馆和学校的工作人员列出空闲的时间表。需要强调的是，即使在没有伙伴关系需要处理的特定时期，合作同伴之间的定期短暂的接触也是要继续维持的，不断的对话才能使问题得到迅速的解决。

基于经验教训的实践建议

- 正式或非正式地发展和维护伙伴关系的规则。这些规则提醒合作伙伴拥有共同的价值观，并且如果有必要可以修订这些规范。研究表明在一些规范中“我将”或“我们将”的表达方式会促进主人翁意识。定期积极地重申约定规范会增强合作关系成功建立的确定性。

- 经常检查以确保各方面都处于正常状态。
- 保持多方面的联系。当组织中有员工离职或重新分配职责时保持多层次的联系是有益的。
- 使用不同的沟通方式(如电话、电子邮件、现场亲自交流)。
- 致力于维持在合作伙伴组织中的存在,这意味着要参与合作伙伴的活动。保持这种存在方式有助于建立并维持与主要联系人、员工以及利益相关者的信任。
- 促进学习氛围。良好的学习氛围可以让合作伙伴从成功和失败中汲取经验教训以便后期修正。
- 勾画出随时间发展的工作流程图。可视化的规划能产生整体发展意识。
- 坚定地按照时间发展流程图开展工作,使用具体并具有时间敏感性的目标和提示物。当任务完成的时间超出预期时,要及时更新时间流程。
- 记录确保机构记忆(和机构伙伴关系记忆)的计划。
- 如果需要正式的形式,请使用备忘录来说明职责和义务。

阶段 4:结束与能力建设

人们对那些新倡议、新关系和新合作项目的热情往往要高于收尾项目或要终结的伙伴关系。选择何时结束合作伙伴关系要视情况而定,有时战略方向的变化或突然的资源短缺会导致伙伴关系的终结。理想状态下伙伴关系及项目的有效性要经常评估,当不能进行正式评估时,阶段性检查有助于评估长期维持伙伴关系的益处。

社区心理学从业者应该从长远的角度看待社区关系,并且要在有限的时间内尽力做到最好。能力建设是非常重要的,理想情况下能力建设在项目的每个阶段都会发生,但在阶段 4 中才被给予明显的关注和实施。

挑战和机遇

这一阶段的主要挑战是确定项目结束的时间和方式(如果不是伙伴关系本身)。组织学习通常发生在伙伴关系的活动停滞或能力建设核查较少的时候。

询问/回答的问题

- 伙伴关系什么时候进入暂时不活跃的状态?
- 在决策和领导力方面制订了哪些规则?
- 如何保证其他合作者的工作能全部完成?
- 伙伴关系是否达到了预期目标?
- 伙伴关系中出现了哪些不可预期的结果?是积极的还是消极的?
- 重建伙伴关系的可能性以及预期的好处是什么(如共同撰写新的基金项目)?
- 如何在伙伴关系中维护自己的利益?

· 从合作和伙伴关系中可以学到什么？

我们实践中的例子

在组织中，热情而坚定的个体通常会促成活动取得成功。除了性格以外，从长远来看，高质量的人脉关系是维持工作动力的重要因素。按照我们的经验，项目阶段的时间表有助于说明项目的结束时间。在一个项目中，我们与其他合作伙伴共同发展了一个咨询中心，专门为社区残疾人提供领导力培训项目。这个地区的所有残疾人组织都非常支持我们的项目。整个残疾人组织对于领导人培养方面都非常感兴趣，并愿意将自己的资源投入该项目（如，咨询委员会的时间安排、少量的资金投入）。这个咨询委员会长期讨论残疾人领导力的发展问题，并最终成了从合作伙伴那里获得咨询建议的良好平台。这也变成了一个发展高质量人际关系、维持博物馆工作成果的好机会。项目从一开始就要关注能力建设，项目的早期阶段详细说明了合作者如何基于自己的优势与其他合作伙伴共事。在项目结束的时候，每个合作者都会相信项目的能力建设自始至终都对个体和组织产生了积极的影响。合作中的共同价值观有助于进一步支持残疾人社区活动的发展。

基于经验教训的实践建议

· 关注关系建设的长期益处。

· 反思和评估会引起更有效的未来合作。个体或合作伙伴之间都需要反思，反思获得的远见及经验对未来合作是非常有用的，深入而全面的评估需要多个合作者的观点和看法。

· 多个项目可以在相同的伙伴关系中得以进行。因此，要致力于增强从当前项目到未来情境的知识可转移性。

· 要长期利用数据跟踪系统为利益相关者提供信息，评估伙伴关系的有效性。

· 合作伙伴之间公开坦诚的交流对每个合作阶段都是非常重要的。要从每个合作伙伴那里寻求真诚和直接的反馈。这样的汇报讨论要考虑伙伴关系的结束，告知每个合作伙伴未来的规划和工作。

社区合作伙伴关系的未来趋势

社区组织、教育文化机构和政府机关之间需要建立并维持有效的伙伴关系，这一领域日益受到关注（Stewart，2013）。随着现今资源的不断减少以及社会经济不公平的逐步扩大，社会公平发展需要更加关注合作而不是竞争。基金会和政府等投资者要扩大集体影响（collective impact），这是指不同组织部门使用相同的议程和成功评价标准一起解决特定社会问题的结果。项目评估是非常必要的，而集体影响的测量在整个领域中也日益受到重视。目前组织对自身的影响力并不满意，这需要人们具有促使组织有效合作的技能(Brown et al., 2012)。事实上,最近联邦提案建议书已经包括了集体影响的测量,如,美国教育部特殊教育项目办公室资助了有效合作和实践中心;精神卫生服务中心资助了儿童心理健康项目综合服务系统,从而建立当地、县和州范围的保健系统;美国司法部资助了安全未来和安全启动项目,这可以建立当地儿童与青少年干预的合作,从而使他们在学校中预防青少年犯罪。例如,来自卫生资源与服务管理局最近的征求意见书(RFP)写道:“为了使社区行动最大化,探讨健康的社会决定因素和发挥集体影响的机会,HS资助者将会支持社区健康、社会服务以及其他提供者和核心领导者之间的协调、整合及相互加强的活动”(美国健康与人类服务部,2014)。

集体工作通常以一个目标开始,在非营利组织、政府机关、学校、企业、慈善家、宗教团体和社区领导之间建立起一个网络联系,其中关键的社区领导要为目标的实现创建共同策略并协调集体活动。汉利布朗、卡尼亚和克雷默(Hanleybrown, Kania, & Kramer, 2012)列举了集体影响力的五个必要条件:(1)共同议程;(2)相同的评估系统;(3)相互促进的活动;(4)不断的沟通;(5)重要组织的支持。集体影响使用与其他社区合作者一致的方式解决社会、教育、经济和健康的问题,社区心理学从业者在集体影响的发展和测量方面具有重要作用。

总结

在社区合作中,社区工作者要扮演多个角色(如联络者、咨询顾问、评估者、研究伙伴)。建立和维持伙伴关系的能力在这些角色中是至关重要的。本章描述了建立和增强伙伴关系和合作的定义、益处和最佳实践,介绍了伙伴关系建立和社区心理学实践的核心胜任力并使两者联系在一起,还通过社区心理学从业者的角度提出了伙伴关系建立的四阶段模型。我们讨论了伙伴关系建立的每一阶段遇到的挑战和机遇,提出了需要回答的问题,列举了我们实践中的案例,并提出了成功完成每个阶段工作的建议。最后,我们讨论了有助于发展加强伙伴关系建立的培训建议,并介绍了未来探索这个主题和胜任力的资源。

问题讨论

1.伙伴关系与合作的相同之处和不同之处是什么?

2.社区成功合作的核心因素是什么?这些因素是否与你和你的社区经验产生了共鸣?为什么会这样呢?

3.团体促进技能有哪些?

4.描述合作咨询和评估的四个阶段。你觉得这一模型是否对你的社区工作或多或少有所帮助？

关键术语和定义

合作(collaboration)：社区伙伴形成的互利关系和过程。合作通过共担风险、共享资源、共同承担责任以及共享利益的方式进行信息交换、资源共享，并提高其他伙伴的能力，实现共同目的。

合作咨询(collaborative consultation)：用共享决策和反馈环路的方式帮助所有合作者实现目标和充权的一种咨询方式。

集体影响(collective impact)：指不同组织部门使用相同的议程和成功评价标准一起解决特定社会问题的结果。

冲突分析(conflict analysis)：评估遇到的问题、成员的关切以及利益相关者的立场，以便更好地理解冲突和问题解决。

危机干预(crisis intervention)：在适当情况下应用临床技巧解决那些阻碍进展的主要问题。

多元决策(diverse decision making)：确保广大群众能参与到决策中，并能在安全环境下进行有益的对话。

促进(facilitation)：使用不同的技术手段(例如调解、访谈、叙事的使用)实现团体对话、规划和决策的目标。

团体动力(group dynamics)：发生在社会团体之间或内部的行为和心理过程。

规范性社会影响(normative social influence)：期望对团体和个体的态度及行为的影响。

伙伴关系(partnerships)：具有相同目标的两个、多个个体或组织之间为了找到彼此切实可行的解决办法而形成的一种动态的互助关系。

社区意识(sense of community)：个体感到自己与所在社区团体相互依赖的程度。

资源

培训

促进合作和协作的方法培训有充权评估(Fetterman, Kaftarian, & Wandersman, 2014)、肯定性问询、恢复性司法、和平圈、世界咖啡屋、沙龙，或其他加强对话的方法。

不同组织提供了营利和非营利组织与政府机构合作的培训和工作坊(详细安排

见 www.independentsector.org/)。培训工作坊有一周 1 000 多美元的个人课程，也有一小时的免费网络研讨会。下面我们列举了一些具体例子。

团体促进工作坊：

1.肯定性问询中心

·对个体使用肯定性问询可以建立组织并产生积极影响。这一过程通常持续 4 天，包括学习过程、研究、原则、实践/优势建立、规划和实践/实习。

·包括认证、经验、聚焦关系。培训师和导师协助学习和技术演示。

2.450FAST 专业促进工作坊培训

·每月召开为期 5 天的研讨会。促进应用规范技术（FAST）是一个互动模式，可以收集共识、沟通和团体动力的信息。

·第 1 天包括促进技能学习和引导；第 2 天是技能加强和练习；第 3 天和第 4 天涉及方法论（如会议设计、促进、恰当提问）；第 5 天包括学生技能和实践、学生技能的评价以及改善技巧。

3.监狱观察项目

·监狱观察项目有一个针对监狱人员的恢复性司法、受害者/违法者的教育团体模型。

·这一项目包括 3 个阶段，持续时间为 3～5 天。

·阶段 1 包括项目的模型概述、受害者和出狱囚犯的演讲。阶段 2 包括小团体沟通、组织文化影响、如何在新的环境下开展项目、评估发展阶段。阶段 3 是培训师进行的培训、个案咨询和培训评估。

4.基于大学的团体促进认证研讨会（如芝加哥德保罗大学）

·这一研讨会以国际协调员和胜任力为基础，包括两个研讨会、两个选修讲座，以及一个年度研讨会。

·研讨会主题包括关系建立、团体过程、环境、有效结果和团队，还包括组织中的变革促进及其实践支持。

5.社会变革互动研究所

·研究所提供有助于团体问题解决、冲突解决和建立协议的策略和技巧的讲习班，持续 3 天时间。

·还提供促进种族公平工作的培训。

在线工具

1.第 1 章第 7 部分的社区工具箱，“致力于更健康的社区：社区伙伴关系、支持性组织和资助者之间的合作框架”。对做社区研究、社区咨询或社区健康服务的个体来说，这是必要的阅读内容。工具箱用简单明了的语言描述了其复杂的过程和交互的性质。如果你对这部分内容有疑问，可以使用“请教顾问”功能。

2.全国老龄化委员会:健康促进的伙伴关系分析工具。同时,也可以参考该委员会在附录C和D的内容。

3.安妮·E.凯西基金会从儿童福利机构的角度提供了一些伙伴关系建立的好方法,见他们的附录B“社区伙伴关系建立的自我评估概述”和附录C“社区伙伴关系发展阶段的标准”。

4.健康合作策略发展中心为合作伙伴提供了一些可下载的工具,可用以评估合作进程是如何发展的,该中心还确定了合作伙伴的具体领域,以便能够更顺利促进合作。

5. Torres, G., & Margolin, F.(2003). *The collaboration primer: Proven strategies, considerations, and tools to get you started*. Health Research & Educational Trust. 这一手册提供了评估工具、核查列表和合作模型,这有助于规划成功的伙伴关系。

6.弗吉尼亚卫生保健基金会2002年度报告的标题是《与众不同的十年》,该报告可以在基金会的网站上找到。

7.加拿大亚伯达野生玫瑰基金会提供了一个工作簿,标题是《在伙伴关系中工作:帮助发展和维持与社区机构和企业的伙伴关系的成功秘诀》。

推荐阅读

Bellman, G. M., & Ryan, K.(2009). *Extraordinary groups: How ordinary teams achieve amazing results*. San Francisco, CA: Jossey-Bass.

Bennis, W., & Biederman, P. W.(1997). *Organizing genius: The secrets of creative collaboration*. New York, NY: Perseus Books.

Block, P.(2008). *Community: The structure of belonging*. San Francisco, CA: Berrett-Koehler.

Gray, B.(1991). *Collaborating: Finding common ground for multiparty problems*. San Francisco CA: Jossey-Bass.

Wolff, T.(2009). *The power of collaborative solutions: Six principles and effective tools for building healthy communities*. San Francisco, CA: Jossey-Bass.

参考文献

Anderson, P.(1999). Complexity theory and organization science. *Organization Science*, 10(3), 216-232.

Bellman, G., M., & Ryan, K. D.(2009). The group needs model: A new tool for creating extraordinary groups.*OD practitioner*, 41(4), 45—50.

Brown, P., Green Brody, J., Morello-Frosch, R., Tovar, J., Zota, A. R., & Rudel, R. A.(2012). Measuring the success of community science: The Northern California Household Exposure Study. *Environmental Health Perspectives*, 120(3), 326—331.

Chavis, D. M., & Pretty, G.(1999). Sense of community: Advances in measurement and application.*Journal of Community Psychology*, 27(6), 635—642.

Checkland, P.(1981). *Systems thinking: Systems practice*. Chichester, UK: Wiley.

Coghlan, A. T., Preskill, H., & Catsambas, T. T.(2003). An overview of appreciative inquiry in evaluation.*New Directions in Evaluation*, 100, 5—22.

Compassion Capital Fund National Resource Center. (2010). *Strengthening nonprofits: A capacity builder's resource library*. Washington, DC: U.S. Department of Health and Human Services.

Cooperider, D. L., Whitney, D., & Stavros, J. M.(2008).*Appreciative inquiry handbook: For leader of change*. San Francisco, CA: Berrett-Koehler.

Crutchfield, R.(1955). Conformity and character.*American Psychologist*, 10, 191—198.

Dalton, J., & Wolfe, S.(Eds.).(2012). Competencies for community psychology practice: Society for Community Research and Action. *The Community Psychologist*, 45(4), 7—14.

Dion, K. L. (2000). Group cohesion: From "field of forces" to multidimensional construct.*Group Dynamics: Theory, Research, and Practice*, 4(1), 7—26.

Donors Forum & Wallace Foundation.(2010).*Fair and accountable: Partnership principles for a sustainable human services system*.

Fetterman, D. M., Kaftarian, S. J. & Wandersman, A.H.(2014).*Empowerment evaluation: Knowledge and tools for self-assessment, evaluation capacity building, and accountability*. Thousand Oaks, CA: Sage Publications.

Gray, B. (1991). *Collaborating: Finding common ground for multiparty problems*. San Francisco, CA: Jossey-Bass.

Hanleybrown, F., Kania, J., & Kramer, M. (2012). Channeling change: Making collective impact work.*Stanford Social Innovation Review*.

Himmelman, A. T.(2001). On coalitions and the transformation of power relations: Collaborative betterment and collaborative empowerment. *American Journal of Community Psychology*, 29(2), 277—285.

Hogg, M. A.(1992). *The social psychology of group cohesiveness: From attraction to social identity*. New York, NY: New York University Press.

Holland, J. H.(1992). Complex adaptive systems. *Daedalus: A New Era in Computation*, 121(1).

Kania, J., & Kramer, M.(2011). Collective impact. *Stanford Social Innovation Review*, 60.

Kloos, B., Hill, J., Thomas, E., Wandersman, A., Elias, M. J., & Dalton, J.(2010). *Community psychology: Linking communities and individuals* (3rd ed.). Belmont, CA: Wadsworth.

Latane, B.(1981). The psychology of social impact. *American Psychologist*, 36, 343—365.

Lewin, K.(1947). Frontiers in group dynamics I: Concept, method and reality in social science: Social equalibria. *Human Relations*, 1, 5—40.

Mattessich, P. W., Murray-Close, M., Monsey, B. R., & Wilder Research Center.(2001). *Collaboration: What makes it work?* (2nd ed.). Saint Paul, MN: Amherst H. Wilder Foundation.

McMillan, D. W., & Chavis, D. M.(1986). Sense of community: A definition and theory. *Journal of Community Psychology*, 14(1), 6—23.

Mumford, M. D., Zaccaro, S. J., Harding, F. D., Jacobs, T. O., & Fleishman, E. A.(2000). Leadership skills for a changing world: Solving complex social problems. *Leadership Quarterly*, 11(1), 23.

National Council on the Aging.(2003). *Partnering to promote healthy aging: Creative best practice community partnerships*.

National Resource Center.(2010). Partnerships: Frameworks for working together. *Strengthening NonProfits: A Capacity Builder's Resource: Part* 10.

Nelson, G., & Prilleltensky, I.(2010). *Community psychology: In pursuit of liberation and wellbeing* (2nd ed.). New York, NY: Palgrave Macmillan.

Rabinowitz, P.(2013). Coalition building I: Starting a coalition. In T. Wolff (Ed.), *The community tool box*.

Rafferty, A. E., Jimmieson, N. L., & Armenakis, A. A.(2013). Change readiness: A multilevel review. *Journal of Management*, 39(1), 110—135.

Reynolds, M.(2008). Response to paper "Systems Thinking" by D. Cabrera et al.: Systems thinking from a critical systems perspective. *Journal of Evaluation and Program Planning*, 31, 323—325.

Sarason, S. B.(1974).*The psychological sense of community: Prospects for a community psychology*. San Francisco, CA: Jossey-Bass.

Sarason, S. B.(1986). Commentary: The emergence of a conceptual center. *Journal of Community Psychology*, 14, 405—407.

Sofaer, S.(1999).*Working together, moving ahead: A manual to support effective community health coalitions*. New York, NY: Baruch College School of Public Affairs.

Stewart, S. D.(2013). United Way, Healthy Communities, and collective impact. *National Civic Review*, 102(4), 75—78.

Tajfel, H.(1979). Individuals and groups in social psychology.*British Journal of Social and Clinical Psychology*, 18, 183—190.

Tuckman, B., & Jensen, M. A.(1977). Stages of small group development revisited. *Group and Organizational Studies*, 2, 419—427.

U.S. Department of Health and Human Services.(2014).*Healthy Start initiative: Eliminating disparities in perinatal health. Funding opportunity announcement* (Announcement Numbers HRSA-14-121, HRSA-14-120, HRSA-14-122).

Wei-Skillern, J., & Marciano S.(2008). The networked nonprofit.*Stanford Social Innovation Review*.

Wild Rose Foundation.(2001).*Working in partnership: Recipes for success*. A project for Alberta [Canada] Community Development.

Wolff, T.(2009).*The power of collaborative solutions: Six principles and effective tools for building healthy communities*. San Francisco, CA: Jossey-Bass.

第10章　倡议和社会公平

雷纳德·A.杰森,克里斯托弗·R.比斯利,布朗温·A.亨特
(Leonard A. Jason, Christopher R. Beasley, Bronwyn A. Hunter)

开篇练习

当你在家看书时听到了敲门声,你打开门发现是几个苦恼的邻居。“这条街区的房子要变成清醒之家。”其中一个邻居解释道:“我们不希望吸毒人员居住在我们的街区。地产将会贬值,邻里也可能受到药物和犯罪的影响。我们需要加强与城市官员的沟通,以便让其支持曾经吸过毒或犯过罪的人员到我们这个中产阶级社区或其他城市的法案。”你有一个滥用药物的兄弟,他已经在自助团体的帮助下开始了新生活。你了解到为药物依赖患者提供康复家园并为精神疾病和发育不良个体提供社区住房是非常有益的。你相信让弱势群体融入社会环境中是非常重要的,而且也不同意你的邻居所说的观点——清醒之家(Sober house)将会增加社区中的吸毒和犯罪行为。你认为,康复中的人们应该有机会居住在一个安全、适宜居住的社区。

- 这是你想要倡议的问题吗?
- 你认为自己具备成功倡议这一问题的性格特质吗?
- 你认为要成功倡议这一问题需要哪些知识、技能和能力?
- 在你的城市中,你将如何规划康复家园建设的倡议工作?

概述

倡议对于社区实践来说是非常重要的,因为它将进一步促进从业者和他们的社区伙伴实现社会公平的目标(Maton, Humphreys, Jason, & Shinn, in press)。首先,当人们的努力指向使社会问题长期存在的变革系统时,倡议者就有可能促进社区心理学价值观的改变。倡议也有助于从业者和社区成员获取资源,降低服务人群的阻抗。这些努力可能会影响社会环境,因为他们创建了社区从业者、社区组织和政策制订者之间的对话平台,这有助于改进问题讨论的方式。非营利组织和公民行为联盟通常最接近问题,因为它们是政府官员和民众服务之间的桥梁。此外,当从业者成为给决策者提供知识、指导和动员活动的一种资源时,倡议就成为社区的一

项重要服务。最后，倡议也是社区心理学家和合作伙伴发展知识、技能和能力的机会。

本章指出了社区心理学实践中倡议和社会公平的基础。我们首先定义了倡议和社会公平，然后描述了倡议和社会公平所需的技能和能力，接着我们讨论了可以促进倡议和社会公平在社区实践中结合的培训、教育和实践机会。根据第一个作者杰森的经验，我们最后介绍了两个关于倡议策略促进边缘化群体社会公平的案例。

倡议和社会公平的定义

杰森(Jason)在2013年出版了《社会变革的原则》一书，书中描述了五个导向性原则，这形成了本章大部分综述工作的基础。社会变革的五大原则是：

1.制订一个清晰明确的二阶变革愿景(问题产生的变革系统)。

2.重点干预那些长期无权力、贫穷和受压迫的人。

3.与公民和组织合作创建联盟。联盟可以很好地处理权力滥用问题。

4.从长远来看，做事需要坚持不懈、耐心和意志，并长期维持变革承诺。

5.不断评估改进策略，找出最有效的变革方法。

概念性和历史性的定义

一般来说，社会公平(social justice)是指所有的个体、团体和社区都获得平等的待遇和机会。学者们认为广义的社会公平包括分配公平和程序公平。据此，分配公平(distributive justice)是指公平获得有形的物质，包括住房、医疗、教育和就业(Vasquez, 2012)，而程序公平(procedural justice)是指参与权力和决策过程的公平性，这决定了从这些资源中获益的对象。定义中包含了采取措施改变那些不公平的以及物资与服务获取受限的社会结构、政策和做法的内在动机(Goodman et al., 2004; Vasquez, 2012)。

研究者认为社会公平是社区心理学的核心价值观(Kloos, Hill, Thomas, Elias, & Dalton, 2012; Prilleltensky & Gonick, 1996)。通常，社区心理学家通过对促进弱势群体健康的预防和幸福感的干预策略而促进社会公平正义(Fondacaro & Weinberg, 2002)。尽管目前在促进社会变革方面的论述大多指向于研究和实践的整合(Fondacaro & Weinberg, 2002; Prilleltensky, 2001)，但社会公平在心理学中仍是有争议的，这是因为社会公平的价值观念是要求心理学家以社会和政治的立场来讨论社会问题，但是在某些情境中这一要求超出了心理学家的底线(Bradley, Werth, Hastings, & Pierce, 2012)。例如，2012年布拉德利(Bradley)及其同事发现，农村社区的心理学家认为倡议有争议的问题对个人生活和职业生涯产生了不利影响。这些心理学家报告说，他们的倡议降低了服务设施稀缺的社区提供心理健康服务的意愿。同样,社会公平也被批判为与传统科学的客观性相反的一种道德观念(Fondacaro & Weinberg, 2002)。然而,美国心理学会(APA)近年来不断呼吁在心理学的分支学科中要重点推动社会公平(Mays, 2000; Vasquez, 2012)。此外,美国咨询协会为那些从事社会公平倡议活动的咨询心理学家建立了一系列的指导方针(Lewis, Arnold, House, & Toporek, 2003)。

如果不能很好地理解社会政治系统的概念以及这些系统如何形成了影响个人、团体和社区的资源和机会不平等的权力差异,那么也就不能理解社会公平(Jason, 2013)。因此,朝向社会公平实践的早期步骤是对压迫或不同个体或团体的不公平待遇和资源获取的觉知。除了理解受压迫团体所遭受的限制以外,理解压迫对人类行为发展和幸福感的影响也是非常重要的。压迫的存在是因为个体和群体身份的差异。普里拉特斯基和戈尼克(Prilleltensky &Gonick, 1996)将压迫定义为:

一种以支配、从属和抵抗为特征的不对称权力关系的状态,其中处于支配地位的个人或团体通过对处于从属地位的个人或团体限制资源获取以及灌输恐惧或自我贬低的观念来行使自己的权力。

因此,压迫极大地影响了群体中个人的幸福感,因为群体中可获得的资源和权力是有限的。此外,统治集团常常通过限制权力和机会的获得来加强统治(Nelson, Prilleltensky, & McGillivary, 2001)。

压迫的形式包括种族歧视、性别歧视、阶层歧视、异性恋主义和年龄歧视,被边缘化群体中的个体受到其群体成员或社会文化身份的影响,会遭受到资源使用的限制以及权力和决策的不平等待遇(Crethar, Torres Rivera, & Nash, 2008)。例如,非洲裔美国人具有长期受到压迫和不平等对待的历史,他们曾经遭受过奴隶制、种族隔离和投票权受限的不平等对待。这种压迫被称为种族主义,因为不平等的待遇和权力分配完全是基于种族的。性别歧视是指男性和女性的不平等地位;阶层歧视是指生活贫困个体与其他个体之间的不同权力;异性恋主义是指异性恋者与其他恋爱形式认同之间的不平等地位,如女同性恋、男同性恋、双性恋或变性者(lesbian, gay, bisexual, transgender,LGBT);年龄歧视是指基于年龄的区别对待或资源获取的不公平。个体对权力较少团体的认同受限于他们的社会政治权力,因此,与其他优势个体相比,他们的机会也是有限的。应该指出的是,团体成员并不是相互排斥的,个体可以成为不同群体的成员,因此会遭受不同形式的压迫。

因此,社会公平是对压迫的一种反应,它需要个人、团体和社区的积极工作,包括转移权力,以及增加物质资源的分配(Prilleltensky, 2001; Vasquez, 2012)。在对社会公平的发展历史、社会政治基础充分了解的基础上才能进入核心阶段。倡议包括对社会政治环境的理解,以及个人、团体和社区对于建立和推动社会变革的热情。倡议包括社区心理学的价值观,如充权、公民参与、健康和尊重多样性(Maton, Strompolis, & Wisniewski, 2013; Nelson et al., 2001; Prilleltensky, 2001)。倡议的目标就是与个人、团体和社区进行合作来改变现有的社会结构、政策和做法，从而促进社会公平（Toporek，Lewis，& Crethar，2009）。社区心理学的倡议不只是一阶变革，即努力为个人消除不足和问题，同时忽略探讨这些问题的成因。社区心理学的倡议还涉及二阶变革，它关注的是不断变化的问题产生系统，而不是问题出现的表面症状，它不只是反应性应对，而是努力改变共同的目标、角色和权力关系（Seidman，1988）。

格莱德韦尔（Glidewell）在1984年讨论了倡议的历史，并指出倡议源于法律领域的辩护，它是指有经验的律师代表客户改变其生活的一个方面。这一过程不需要客户具有为自己辩护的技巧和能力（Glidewell，1984）。社区心理学家通过促进弱势群体公平地获得资源而促进倡议者角色的扩展（Rappaport，1981）。在这个意义上，倡议包括花费大量时间与客户建立长期的关系，支持客户自身的优势，以及建立客户社会改变的能力（Glidewell，1984）。这种类型的倡议工作目标包括为受压迫团体的利益服务，与客户分享权力，以及培养集体的行动。

按照格莱德韦尔（1984）的指导方针，倡议可以区分为以个人客户为中心的处理策略和大规模的政治运动。社会公平的个人处理方式是与客户一对一的工作，从而使他们更可能获得有形资源并使他们更可能做出选择（Burnes & Singh，2010；Lewis et al.，2003）。在这种情况下，倡议不仅可以帮助客户获得教育和就业的资金，而且还能为他们带来社会公平。

个人处在社会系统中，社区心理学家通常对个人的背景以及这一背景如何影响他的幸福感和生活经历比较感兴趣。通常，较大的社会政治系统变革需要与那些推动政治、程序、社会结构改革的团体共同合作才能实现（Toporek et al.，2009）。因此，社会公平的集体主义方法是与社区团体和团体成员建立合作关系。促进社会公平的特点包括共享权力和决策、倡议、充权和尊重多样性（Nelson et al.，2001）。

布拉德利（Bradley）及其同事于2012年对参与倡议工作的意愿进行评估提出了一些有益的建议。作为一个倡议者，其能力建设需要深入了解自己的价值观和特质，以及它们如何影响自己和自己与团体合作促进社会变革的能力。同时，你也要明确所期望的倡议角色，并意识到倡议角色可能影响你的性格和职业角色（Bradley et al.，2012）。倡议工作需要投入大量的时间，因此一个非常现实的问题是你愿意在手头问题上投入的时间。杰森（Jason）2013年提出倡议主题通常始于一个充满激情的个人兴趣，因为这种激情有助于维持那些需要长期承诺的倡议。

刘易斯（Lewis）及其同事在2013年确定了促进大规模公共政策变革的七种核心胜任力。这七种胜任力分别是：(1)确定政治干预的问题；(2)找出问题解决的办法；(3)寻找具有相同倡议目标的对象，并与之建立合作关系；(4)支持那些促进变革的联盟和组织；(5)与联盟合作提供变革需求的证据和数据；(6)与联盟合作游说立法者和其他决策者；(7)在个人、团体和组织间保持沟通顺畅，确保倡议与社会行为的目标是一致的。这些指导性建议强调了在政策领域中从事倡议活动所需的一些胜任力和策略。

总之，在进行社会变革的政治性倡议之前，首先要理解压迫相关的社会、历史、文化和政治背景。同时，还要确定压迫是通过什么方式影响弱势群体成员的，以及作为一个倡议者你将如何干预。倡议包括了一些社区心理学的核心价值观，如充权、公民参与、尊重多样性。倡议可以发生在个体关系中，也可以发生在团体和社区中，它需要广泛的技能和能力。当处理不公平的权力分配时，与社区团体及组织的合作是非常重要的，因为社区团体和组织具有引发结构性二阶变革的资源。另外，这些变革的发生通常需要长期的时间投入，而随着时间的推进，反馈和评估有助于工作的调整。这些技能和能力包括建立有效的关系、沟通和说服能力。当你试图驾驭复杂的社会系统为变革倡议时，按照自己的直觉行事也是必不可少的（Jason, 2013）。表 10.1 列举了成功倡议活动的 12 个关键成分（Cohen, Lee, & McIlwraith, 2012）。接下来将讨论这些胜任力。

表 10.1　成功倡议的 12 个关键成分（Cohen et al., 2012）

• 找出社区研究与行为协会（SCRA）及其他协会关于这一问题正在做的工作
• 为了获取更多资源和支持，与当地、区域和国家的协会进行协调沟通
• 在与他人沟通时，将自己看成是一个专业人士
• 了解一些你的询问对象，如他们在问题上的立场
• 了解他人所在情境的政策和程序
• 在会见利益相关者前，提供自己的背景信息
• 考虑对他人来说比较重要的事情，以便相互理解并有互惠感
• 书面和口头沟通要明确简洁
• 提出请求和提议
• 找到同意请求的方法，即使这么做似乎非常困难
• 跟进请求并遵循承诺
• 对他人进行倡议指导

胜任力和胜任力发展

胜任力

核心胜任力。在社区研究与行动领域的实践中，研究者已经确定了一些核心胜任力，包括：（1）合作和发展联盟；（2）社区发展；（3）社区组织和社区倡议；（4）公共政策的分析、发展和倡议；（5）社区教育、信息传播和社区建设意识（Dalton & Wolfe,

2012)。变革机构要与社区合作,从而了解社区的重要问题,并协助它们组织联盟。倡议也有助于发展有凝聚力的社区,并形成强大的政治力量。伴随着有凝聚力的社区和联盟的行动,社区从业者要围绕问题来分析现有的政策,并帮助其他人制订可执行的计划。最后,倡议者向社区宣传现有的政策,从而形成能力建设的行动策略意识,以建设变革活动的能力。下面我们将扩展这些胜任力,并介绍社区从业者应该具备的其他能力。

性情。倡议需要对社会公平的渴望,以及执行政策议程所必需的个人性情、知识、技能和能力(Trusty, 2005)。保罗·弗莱雷(Paulo Freire,1970)认为变革始于帮助人们确定问题,这些问题能引起他们的强烈体验,并让他们积极寻求解决的方案。首先,倡议必须致力于消除社会不公以及影响幸福感的障碍。这需要理解痛苦(Kiselica & Robinson,2001),意识到有些东西从根本上就是错误的,并具有奉献精神。然而,当变革开始实施以后,对社会公平的承诺仍然是非常重要的。当挑战变得难以克服时,承诺可以为工作的维持提供更多所需的能量。

倡议工作是由自信的理想主义而维持的,这体现于世界不仅能够而且将会变得越来越好的信念(Trusty,2005)。倡议者应该对未来有一个愿景。压迫会引起对未来的消极看法,削弱个体或集体对变革的信心。因此,倡议的作用是打破这种压迫的局限,并传达这种理想主义和信念。

倡议者必须依赖敏锐的直觉和强大的道德基础应对挑战和困境。公共政策充斥着阻碍变革的误导性信息、悖论和障碍。有时,深入理解问题的复杂性和细微差别是不可能的,因此倡议者通常需要依赖直觉去指导那些不确定的困境和紧急的决定(Jason, 2013)。有时必须在紧要关头抓住行动的机会。在这些情况下,倡议者相信自己的直觉有助于自身及社区组织减少矛盾信息的迷惑以及社会变革的阻碍。

同样,紧急行动和复杂情况对倡议者的灵活性和适应性提出了更高的要求。环境为变革的实践途径提供了线索,倡议者对这些线索做出反应,并从环境中学习。有时,工作系统的复杂性常常需要妥协,以使合作者和其他利益相关者感到满意。为了获得利益相关者在其他问题上的支持,在某些问题上的让步是必要的。此时,保持广泛的合作战略是非常重要的,而不至于陷入对长期目标影响不大的个人战斗中。

倡议者通常具有自主意识,这种自主意识与合作行为能达到较好的平衡。在倡议的早期阶段,如果没有其他团体或组织跟你有相同的变革热情,那么此次倡议可能是一个非常孤独的旅程。此时,自主意识和坚持己见的决心是非常重要的。对社会变革事业具有深层的兴趣是长期维持承诺的关键。在倡议过程中也会出现合作者没有积极性或不再支持的情况,这时倡议者为了开拓进取,必须相信自己的直觉,并相信变革是可以发生的。然而,这一自主意识必须与合作行为保持平衡。

最后,在长期的政策制订工作中,倡议者必须耐心、坚持不懈。例如,在本章的

第三部分，第一位作者杰森讨论了他建立学者和患者的合作团队来获得资助以调查慢性疲劳综合征(chronic fatigue syndrome,CFS)患病率的经历。在这个例子中，他讲述了关于CFS社区数据获取中的耐心和毅力，最终团队挑战了不可能的神话，对CFS的流行情况做出了详细的描述。变革通常需要对那些不愿改变现状的人施加持久的压力。因此，倡议者应该培养赢得小胜的耐力，以便维持他们的信心及他人对倡议的承诺。在今天日益紧张的环境中，倡议者和合作者实现目标的资源通常比较少，这一点尤其重要。纳尔逊·曼德拉(Nelson Mandela)是变革领域中的一个范例，他的社会变革工作主要发生在他在狱中的几十年，其间他建立了强大的社区活动网络反对南非苛刻的种族隔离制度。

知识。倡议可以发生在不同层级的政府、行政机关和社会系统中，包括立法机构、政府机构、组织和社区(DeLeon, Loftis, Ball, & Sullivan, 2006)。在这一过程中，社区心理学家和从业者的任务包括问题和政治前景的评估、倡议的宣传与教育、社区团体的组织、倡议成功所需的性格和行为的建模(Cohen et al., 2012)。例如，社区倡议者的工作包括评估问题的大小，确定有效的干预措施，并给其他从业者和组织参与机会(Cohen et al.,2012)。完成这些工作需要社区倡议者具有资源、政府流程、冲突解决、倡议模式和系统变化原则的全面知识(Trusty, 2005)。

重要的是，社区从业者必须具备试图变革的动力系统知识。动力系统包括主要的权力主体、行政机构以及公共政策的规则和程序(Mooney & Van Dyke-Brown, 2003; Moore, 2011; Trusty, 2005)。这些系统知识包括它们的历史、运行结构，以及生存之本(Mooney & Van Dyke-Brown, 2003)，相关的知识还包括相关实体的规则制订流程、规则记录的方式和地点、委员会对规则的监督，以及潜在新规则的公共评论程序(Mooney & Van Dyke-Brown, 2003)。同样重要的是，从业者需要了解立法程序，如从立法草案提出到新法律实施的路径(Mooney & Van Dyke-Brown, 2003)。例如，各委员会可以提出政策建议，但各委员会行使的权力却不同。因此，当权者会通过无关紧要的决定让级别较低的委员安抚不满的群体。所以，了解相关委员会的立法程序和权力可以让倡议者知道恰当的行为方式和决策的意义。

为了确定权力重新分配的配额和分析策略，倡议者除了要了解管理他们的利益相关者外，还需要理解这些流程以及政治系统的结构和功能。当要进行大规模的二阶变革时，再分配变得尤其重要，因为二阶变革关注的是问题产生的变革系统，而不是将问题的表现症状完全归因于个人。有时，协商权力的对象是意料之中的利益相关者，如政治家，有时这些权力代理人可能是意料之外的为人谦和的角色。谦逊的利益相关者在机构的长期任期内已经获得了尊重和承诺。因此，对社区和系统的规则和价值观的理解，可以让倡议者更好地了解正式和非正式的动力来源以及与权力分配相关的动态。

除了了解政治过程以外，倡议者还应该了解如何进行变革活动。强大的实体往往掌握着现状，并从现有政策中获益。研究这些数据并不是一个简单的事情，只有充满激情的承诺与持续的系统活动相结合才有可能引起政策的改变。倡议模型和方法可作为这种持续行动的指南。例如，倡议者首先要对倡议具有很强的意向，并找出一个他们感觉强烈的、可解决的问题，然后才能建立必要的知识和关系来制订行为规划(Trusty, 2005)。通过合作制订的规划，如果能成功就可以改变政策，如果失败而达不到预期的结果就需要重组。然而，不论是成功还是遇到阻碍，这一过程都没有结束。倡议者还应该评估变革过程中的成功与挑战，以加强未来努力的方向。此外，在倡议过程中，保持警惕也是非常重要的，它可以保证变革随时间的推移而持续进行，而不被社会趋势的变化所破坏。最后，这种学习可以在组织和社区中制度化，并可以通过指导长期进行下去，从而使其他人可以提前开展行动。

在倡议过程中，了解游说的策略和方法也是非常有用的(Mooney & Van Dyke-Brown, 2003)。倡议需要知道如何让重要的利益相关者认可自己的观点(Cohen et al., 2012)。例如，为政策游说的倡议者可以通过个人的关系或选民中的倡议支持者来接近政治家。游说的方式还包括在选举期间为政治家争取参选资格、帮助评估和执行政策，这类活动还包括为潜在的立法提供背景信息、费用分析，以及为代表提供资料汇总。如果这些工作还不够，倡议者还可以努力引起公众对问题的关注或动员社区的支持。公众意识的工作方式有很多，从给编辑写信到电视辩论或社区论坛。如果倡议者了解如何使用媒体、网络或其他手段(Kiselica & Robinson, 2001)，并且知道如何在当前政治优先事项中使用两党合作的条款与大众社交媒体互动(DeLeon et al., 2006)，那么他们引发的公众意识将会更加有效。试图影响政策的研究人员可以从复杂政治问题的整合以及与外行听众的交流中获益(DeLeon et al., 2006)。尽管政治决策通常并不以研究为基础(DeLeon et al., 2006)，但当研究结果与政治家或其他权力主体的观点一致时，它就是有价值的，并且能支持变革工作(Jason, 1991)。

游说的具体技术包括信件、电子邮件、电话、对政治家的访问、立法听证会上的发言以及与代表保持持久关系。地方游说的技术还包括出席城市市政会议和请愿活动，以获得该问题的选票。重要的是，倡议者要了解这些沟通方式的流程和策略以及人际因素对变革工作的影响。

社区倡议者还必须理解系统变革的原则(Kiselica &Robinson, 2001; Moore, 2011; Trusty, 2005)。系统变革(systems change)是系统运作方式的根本性改变。对于倡议来说，系统变革包括动力结构和决策分布的改变，它包括一个系统中的变化部分或行为序列。例如，倡议者可以促进政治家和选民之间的共同决策以使社区成员更大程度地参与政策。系统变革还包括系统部分之间交互作用的变化。在这种情况下，倡议者可以为更多的社区成员争取接近代表的机会。此外，系统变革还可以通过改变基础的政策选择改变社会。因此，倡议者可以发起新的卫生保健服务活动(Shinn, 2007)。最后，系统变革还包括不同的反馈渠道。例如，倡议者可以改变公民对立法机构反馈的流程。通过进一步理解这些原则，倡议者可以更好地开展二阶变革，改善那些产生问题或阻碍公民参与问题解决的基本结构。

表 10.2　游说的十条要求(Mooney & Van Dyke-Brown, 2003)

1.在事实、重要性、地位优势或其他方面永不说谎或误导
2.在不寻常的地方寻找朋友
3.永不切断与任何人的持久联系
4.不要攫取荣誉
5.说话算数
6.不要公开地游说那些坚持自己立场的反对者
7.随时关注和感谢那些曾经帮助过你的人
8.不要传播流言蜚语
9.做好你的家庭作业
10.全心投入

成功的倡议者往往善于随机应变，并为一个政策议程寻求盟友(Trusty，2005)。要做到这一点，社区从业者通常需要了解关于某一问题的潜在同盟(如，支持的区域、州和全国组织)以及如何与这些盟友建立合作关系。这一过程需要社区组织原则的知识，如怎样建立个人或组织间的社区网络以及如何在不同群体间达成一致，这部分内容在本书的第八章已经做了详细的描述。协同工作需要了解个人、团体、组织流程和干预策略的知识(Kiselica & Robinson, 2001)。例如，当为关键领域的利益相关者提供服务时，咨询流程的知识是重要的(DeLeon et al., 2006)。

社区倡议者还应该知道如何与利益相关者分享他们的知识。此外，倡议者应该了解到自我倡议的阻碍以及解决这些阻碍的方法。例如，在 HIV/AIDS 妇女中进行的倡议研究表明，她们参与决策的主要障碍包括情感顺从，因为妇女的边缘化地位而不被决策者所接受，以及被忽视(Bell，2005)。男性主导的社区决策通常只解决男性关注的问题，这些妇女感到自己在这种社区决策中遭到排斥。倡议工作也会因为生活环境的负担而受到阻碍，而倡议知识和技能的缺乏更加剧了这种情况。然而，扩大外展服务和建立自助团体可以减少 HIV/AIDS 妇女参与社区决策的障碍，降低隔离和无助感，同时增加她们的自尊、自我效能感、网络技能和倡议方法的知识(Bell, 2005)。

技能。虽然倡议知识可以很快获得，但倡议相关的技能习得却需要很长的时间。与变革相关的第一项技能是问题评估(Trusty, 2005)以及信息收集与分析(Moore, 2011)。倡议者应该具备评估社会发展趋势和发现不公平社会模式的能力。虽然一个问题表面上看起来可能是值得考虑的，但事实上未必如此，信息收集可以验证这一观察，并提供大量的证据。在这一过程中，倡议者应该运用分析技能来评估证据并确定观察方式。

一些信息并不是容易获得的，因此，对倡议者来说，发展新的评估和研究技能有利于产生支持变革工作的新信息。研究的应用范围可以从记录问题的严重程度及相关因素（下面将以 CFS 为案例详细说明）到干预效果的评估。研究也可以用于理解问题的深层意义，也可以评估当前使用工具的合理性。

所有的问题都不能脱离它们的社会文化背景，因此倡议者应该能够识别与问题和潜在应对策略相关的文化因素。例如，历史上最成功的社会改革家甘地(Gandhi)，为了对社会基础结构进行详细的分析，他自己要通晓文化、阶级、政治和宗教机构（Toit，1996）。运用这个评估，他可以根据人民的需求调整干预策略。他接纳不同宗教和政治派别的观点，并满足每一群体的需要。

一旦问题得到评估的支持，执行技能就变得非常重要。执行能力包括问题解决能力、组织能力（Trusty，2005）和管理能力（Moore，2011）。倡议者的重心从信息收集转向规划与执行。在规划阶段，倡议者需要具有设计多种问题解决策略的经验和技能。这一技能包括建立障碍情境，针对每一情境做出适当的解决方案。如果问题本身很复杂并涉及不同的行为情境，那么倡议者可以使用强大的组织技能来组织思想、物资和人员。在一个正在进行的变革活动中，倡议者可以利用管理技能来实施并变更策略，协调团体与组织的工作。

在变革工作中，为了与合作者和重要利益相关者建立良好的互动关系，倡议者应该具备良好的沟通能力（Moore，2011；Trusty，2005），这些能力包括言语和非言语的沟通技能（Kiselica & Robinson，2001）。在与掌权者的沟通中，倡议者应该简要地表达权威地位（Cohen et al.，2012），并明确表示他们不会被打败。倡议者还应该适当地安排沟通的时间，从而充分利用社会政治趋势以及合作者和掌权者的关系发展阶段。

正如本章前文所述，倡议活动往往充满了挫折。当把时间投入到变革工作中时，尤其是需要采取紧急措施的时候，家庭和其他人际关系可能会变得紧张。同时，倡议者的心理幸福感也会降低。因此，倡议者有必要关心自我，以维持良好的心理幸福感（Trusty，2005）。

倡议者还需要有能力提出有想象力的、具有新意的解决方案。通常，当在处理想维持现状的权力结构的时候，以富有想象力、出其不意的方式来应对权力掮客是有效的，这在索尔·阿林斯基(Saul Alinksy，1969)争取社会公平的组织运动中得到了体现。

能力。倡议者不仅需要知识和技能，还需要当下的执行能力。这种能力是先天人格特质与后天的技能精进的结合。与倡议相关的能力主要有策略、沟通和协作能力。就其本质而言，社会变革是一个战略过程，它始于明确问题和权力滥用而对传统思维进行的批判性思考。成功的倡议者在选择变革目标时需要考虑可用的资源以及社会运动成熟的时机。如前所述，大规模的二阶变革是非常复杂的，倡议者可能无所适从。在面对复杂问题以及看似无法克服的挑战时，成功的倡议者知道如何与盟友开展工作。类似的，倡议者和社区组织通常会设定比较现实的目标（DeLeon et al., 2006），并采取小的可管理的步骤，如了解目前环境中的问题。倡议者经常需要在挑战中工作，同时要保持一个长期的结构性目标。倡议者必须能够坚持不懈地维持他们对二阶变革的愿景。在这些持续性的工作中，倡议者可能有大量的机会，但是应该把重点放在最关键的变革工作上。

倡议者还需要能够理解他们的广泛的利益相关者，并与之沟通。然而，雄心勃勃的倡议者有时会忽视与反对变革人员的沟通。有时，双方可以通过对话和妥协来达成共同认可的解决方案。对话不仅需要理解手边的问题，还需要了解参与的人员与组织。在表面之下，这些实体还受到深层的价值观、偏见和假设的影响，倡议者必须承认和尊重这些事实才能更好地进行谈判（DeLeonet al., 2006）。这样做不仅有助于倡议者形成策略，而且在呈现问题和解决方案时还能说出反对者的观点。

那些掌权者有时愿意接受对话和妥协，但他们通常不愿意对重要政策妥协，除非受到具有影响力的联盟的挑战。持续的协同运动有益于对话或妥协，因为它能为社区局势控制提供额外的资源和机会。因此，社区的倡议者往往能够组织并协同结构性变革。他们能够成功地动员那些支持结构重构的社区力量。虽然民选官员有时会通过自上而下的策略进行一阶的干预，但社区倡议者可以让基层工作指向二阶的社会变革。这类变革的经典例子是20世纪50年代和60年代的马丁·路德·金（Martin Luther King Jr.），他使用了自下而上的联盟建设来争取公民权利。

来源：Ragesoss/Wikimedia Commons/CC－BY－SA－3.0.

图10.1　社会和平倡议的基层活动

为了给基层行动创造条件，倡议者要培养信任和开放的态度，以建立关注社会变革的有凝聚力的社区（Lorion & Iscoe, 1996）。合作往往始于不同背景的人，因此，倡议者可以了解到不同的观点，并通过妥协和共识过程建立长期的合作关系(DeLeon et al., 2006)。这需要倡议者理解他人，并且表现出移情、热情、具体化和宽容的能力(Ponzo,1974)。倡议者还需要具有思考他人优势和劣势的能力，以便想出让人们发挥作用的各种方法(Lorion & Iscoe, 1996)。这些社区的发展要经过一系列的社会政治阶段，从批判阶段到适应阶段，再到最终的解放(Watts & Abdul-Adil, 1994)。在这一过程中，变革代理机构能够帮助个人、组织和联盟度过这些阶段。

倡议和社会变革的过程有时会出现混乱和涣散的状态，而处于这些状态的倡议者可能不欣赏这一过程。社区心理学家很清楚他们的标准和价值，因此不会侵占那些倡议社区变革群体的权力。其中一个案例研究是康复家园的牛津房屋网络(oxford house network of recovery homes)。物质滥用心理卫生服务管理局的官员找过本章的第一作者，他希望使用作者的研究数据扩展牛津房屋项目。然而，他的结论是：牛津房屋组织是杂乱无章的，缺乏足够的基础设施和领导力。同时，他认为这些问题将会抑制该项目在美国的扩展，并提出让第一作者为项目扩展进行人员培训和监督。但是，如果一个研究者接手了牛津房屋组织的这一重要职能，那么这将背离第一作者与该组织之间民主运行的基本关系。来自于联邦政府的帮助不应该降低基层组织的权威或领导力，这正是这名官员想做的事情。

发展倡议胜任力的培训和经验

培训。上文所述的知识、技能和能力都可以通过培训和经验来培养。培训可以通过传统的工作坊、课程以及课外活动来进行。虽然独立的倡议工作坊主要由大学和社区组织开设，但这种工作坊也会在地方的、区域的、国家的以及国际的会议上举办。这些工作坊提供了了解倡议过程策略的机会以及实践基本技能的机会。例如，社区研究和行动协会(SCRA)双年会会议经常举办这样的工作坊。这些会议材料可以在 SCRA 网站的政策页面中找到。网络会议或其他的在线形式也有类似的工作坊。

正式的课程是学习倡议的过程和政策以及变革系统的另一种方式。例如，倡议课程通常可以了解政府系统和政策形成过程。倡议者也可以在这些课程中学习技能和技术。杰森(Jason et al.,2002)讲授了一个研究生课程，即让学生选择一个社会变革倡议者，调查他们已经完成的工作，然后在课堂上呈现自己从这些社区活动家身上学到的经验教训。然而，单独的倡议课程并不能为合作的建立和社区的发展提供所需的知识和技能。这些知识和技能可以通过咨询课程或社区组织课程学习，咨询课程强调了合作关系和能力建设，而社区组织关注的是联盟的建设。但这些课程并不能给社区成员提供成功倡议所需的知识和技能。类似的培训课程可以加强倡议者的充权和指导的能力。尽管因为时间、地理位置和资金的影响，能够参加课程培训的人并不多，但近年来流行的网络学习为倡议者提供了在线学习的机会，学习者可以按照自己的进度学习，并且学习成本也比较低。使用诸如大规模开放式在线课程模式的课程为倡议者提供了新的资源。播客可以通过 iTune 播放软件和其他应用程序提供一些免费课程的学习机会。

自主学习可以进一步发展倡议的知识和技能。本章结尾部分总结了一些倡议相关的网站，倡议者能从中找到更多相关的知识和技能，同时为有抱负的倡议者提供了一些参考书。然而，网站和书籍只能提供倡议过程的粗略知识，因为它们用线性而具体的方式描述倡议过程。倡议的细节和复杂性及其处理策略最好向有经验的倡议者学习。人们可以通过在线的社交网络会议中的人际交往找到有经验的倡议者。通过建立这些网络，有志向的倡议者不仅可以学到倡议的过程，而且还可以建立行动所需的资源，并在持续且有时繁重的工作中获得支持。

经验。工作坊、课程、课外学习和指导等培训只能为倡议者提供基本的行动基础；然而，经验对技能的改进和完善是必需的。研究生培训和从业者体验活动可以发展倡议能力。在研究生培训过程中，学生可以参与管理职责和参加研究生协会，以获得在需求、活动和请求维护方面的实践经验（Cohen et al., 2012），并且发展与不同利益相关者群体进行沟通并形成策略与联盟的能力。学生也可以通过起草政策论点摘要和评估报告的（实习）课程获得倡议经验。

从业者可以通过加入他人的倡议工作或小规模的变革活动来获得倡议经验。这一过程始于当地的问题并逐步发展为州和联邦的问题，由此从业者获得倡议的经验。有比现在开始变革更好的时机吗？变革工作可以通过写信、呼吁和游说当地、州和联邦代表的方式开始，同时也可以评估问题、形成政策论点摘要。当得到国际组织如 SCRA 的支持时，这些政策论点摘要可能变得更加重要，因为它是对快速发展的倡议活动的一个快速反应过程。第一作者杰森帮助撰写了一个关于康复家园的政策摘要。任何一个 SCRA 成员都能迅速向政策委员会提交一个快速反应摘要，该委员会将在几天内决定该摘要是否提升到执行委员会层面，这将决定 SCRA 是否支持该摘要。论点摘要可用于告知立法行动或诉讼案件，因此有志向的变革代理机构也可以向法院提出诉讼，以倡议与公平有关的行动。

通过向行为导向的组织提供咨询服务，社区从业者也可以获得直接的倡议经验。在发展了社会变革工作所需的知识和技能后，从业者可以开始组织社区行动以及培训社区成员练习倡议，并将这些技能教给其他成员。

行动中的倡议：倡议在现实世界中的应用

我们在这里描述了两个案例，以展示社区研究者如何运用倡议。第一个案例是有争议的疾病，称为慢性疲劳综合征（chronic fatigue syndrome, CFS），第二个案例是影响 2200 万（9%）美国人的酒精和药物滥用。

案例研究1:慢性疲劳综合征

许多健康保健的专业人士不断怀疑慢性疲劳综合征这种诊断的科学性和有效性。这种作为"雅皮士流感"(yuppie flu)疾病的社会建构导致健康保健服务者对有这些症状的人持负面的态度(Richman & Jason, 2001)。这对该疾病的患者产生了严重的负面影响。例如,格林、罗梅伊和耐特森(Green,Romei,& Natelson)1999年发现,95%的寻求医疗帮助的人报告有疏离感,70%的人认为他人将慢性疲劳综合征归为心理原因。特威姆娄、布赖德肖、科因和莱尔马(Twemlow, Bradshaw, Coyne, & Lerma, 1997)发现,66%的CFS患者认为医生的护理会让症状变得更糟。此外,20世纪90年代疾病预防控制中心(CDC)的研究表明,只有大约2万人有此种疾病。如果医护人员认为CFS主要是由精神症状引起的罕见疾病,医生则可能减少或曲解CFS患者的身体主诉。造成这种结果的原因可能是病人和医务人员之间缺乏信任和沟通。

CDC的研究者通过案例研究的方法对CFS的患病率进行了估计,其中医生要识别那些疲劳症状相关的病人。这些患者接受医疗检查从而被诊断是否符合CFS的标准(Reyes et al., 1997)。许多低收入群体没有良好的医疗环境,因此不包含在这一流行病调查中。此外,因为许多医师怀疑CFS的存在,所以不会将病人转介到CFS流行病的调查研究中。

从这些研究中可以看出,这种社会趋势是不公平的,它边缘化了一部分人群。芝加哥的一个研究团队想申请美国国家卫生研究所(national institutes of health, NIH)的资助来解决CFS患病率较低的问题,团队成员包括一个流行病学家、一个生物统计学家、一个治疗师、一个精神病医生、一个调查研究员、一个社区心理学家(第一作者杰森)以及他的学生,他们通过随机取样的方法进行了基于社区的初期研究。NIH的审查是非常重要的,而且他们认为,CDC的流行病研究在随机抽取的3万人中几乎没有发现CFS患者,所以调查者不会发现这类疾病的患者。因此,研究团队要制订新策略,来验证从问题评估中所收集到的信息。需要注意的是,需要更多的证据来说服他人相信该疾病事实上在社会中是存在的。为了反驳这一研究,在最大的CFS患者自助组织的资金支持下,第一作者杰森及合作团队在1993年进行了一个小规模的流行病调查,该研究随机对社区的1 000个样本进行了访谈(Jason et al., 1995)。为了确定这些人是否符合CFS标准,治疗师检测那些自我报告有CFS或CFS症状比较多的人,精神病医生对这些人进行访谈。这个研究团队对该疾病的诊断率大大高于CDC最初公布的比率。

凭借这些数据,该研究团队与NIH的项目官员接触,希望重新申请更大规模的CFS流行病调查的资助。然而,研究者们获悉NIH对CFS的流行病学研究并不感兴趣。尽管这是个挫折,但研究团队并没有停止,他们继续提交资助申请直到他们成功获得NIH的资助。在1995—1998年的基金资助的研究中，他们在大型社区的随机样本中筛查CFS症状，然后对具有CFS症状的人进行医学和精神病学的检测。在这样大型的研究中，研究者必须善于组织并实施自己的计划策略。运用研究者的研究和分析技能，样本中大约42%的人被诊断为具有CFS，拉丁裔美国人和非裔美国人的CFS患病率要高于白种人(Jason et al., 1999)。这项流行病学研究的结果说明，这种疾病可能影响了大约80万的美国人。女性、拉美裔美国人、中年人和中低社会经济地位的人患CFS的可能性更大。这一结果与中高阶层的白人妇女更易患CFS的观点是矛盾的。此外，样本中大约90%的CFS确诊患者之前并没有被医生诊断出来。最大的自助组织广泛公布的其他结果表明，与欧洲裔美国人相比，少数族裔的CFS患病率更高，并且CFS的患病率在高收入群体中并不高。倡议者使用这一研究反驳CFS是罕见"雅皮士流感"的观点。

当面对复杂问题或掌权者的时候，倡议者容易被打垮，此时可以一次关注一个小方面，因为具体的变化和成功是能够获取的。此外，因为基于社区的CFS患病率研究得到了广泛的关注，第一作者杰森被任命为慢性疲劳综合征顾问委员会的研究分委员会主席，他可以向美国健康与人力资源部长提供有关CFS的建议。在这个职务上，他有机会与那些掌权者灵活地交流研究结果，并致力于其他相关政策的问题研究，如对该疾病的污名化命名。

在这一案例研究中，专家和主要的CFS自助组织合作发展了一个二阶目标的清晰愿景，而且，该团队还致力于减少与这种疾病相关的污名。这种愿景是完好的，但该团队意识到那些看轻这一疾病的组织力量是强大的。为了改变对CFS的不合理归因，该团队必然会面对权威机构，如CDC。倡议的途径是通过联盟合作的方式收集并传播新的研究结果。合作可以克服变革的阻碍，为研究工作提供重要的资金支持。该团队还维持了长期的变革承诺，整个工作花费近十年时间。最后，研究者使用反馈的形式，定期与重要的参与者、社区伙伴以及患者自助组织交流研究结果。这些原则，尤其是对权力滥用的关注，对成功倡议都是至关重要的。

案例研究2：成瘾康复支持

对于许多物质使用障碍的人来说，治疗始于一个从体内移除物质的解毒项目。通常情况下，时间受限的治疗方案遵循这一原则。然而，随着资金的减少，这些项目也在精简。对于许多成瘾者来说，戒毒的效果并不持久，成瘾者会反复地在医疗服务系统中戒毒(Vaillant, 2003)。对许多成瘾者来说，他们缺失的是一个治疗后的支持性环境。牛津房屋网络(oxford house network)是一个康复家园组织的模型，它为药物滥用康复的人提供可负担的、安全的住处(Jason, Olson, & Foli, 2008)。这个自助组织在过去的20年里已经从18间牛津房屋发展到1 600多间。出租的独立家庭公寓可以容纳 6～12 人。超过 1 万人生活在这些康复家园中，这使它们成为美国最大的自助住宅康复项目。房屋是经济独立的和民主运营的，并没有员工存在。这是一个如何用多角度思维解决社会问题的例子。

2001 年，第一作者杰森在看哥伦比亚广播公司（CBS）的《60 分钟》时看到一个名叫保罗·莫洛伊（Paul Molloy）的人在谈论自己独特的创作。杰森对保罗的创作非常感兴趣，他找到了保罗并与之进行交流，而且扩展了在大学研究团队和基层社区组织之间的长期合作伙伴关系。在该项目启动之前，牛津房屋的代表和研究团队通过参加彼此会议的方式花了一年时间进行相互了解。为了给变革工作制订合理的计划，这类信息的收集是必要的。牛津房屋的成员帮助研究团队提出和调整访谈问题。收集完实验数据以后，还需要花几年的时间不断向联邦政府提交提案，以获得更多的资助研究牛津房屋项目的有效性。与 CFS 流行病研究获得联邦经费的资助类似，尽管会遇到很多挫折和拒绝，团队在这些倡议工作中还是要坚持自己的目标。同样，当出现问题时，研究团队必须找出克服障碍的策略。

该研究团队最终获得了一项联邦政府的资助，调查对象有 150 人，包括接受治疗的酒精成瘾患者以及在伊利诺伊州招募的其他药物滥用的治疗者。在对研究进行精心的组织安排后，一半调查对象被随机安排到牛津房子生活，而另一半接受标准而传统的出院后护理服务。每 6 个月对调查对象进行一次随访，总调查时间为 2 年。结果发现，相对于传统的出院后护理，在牛津房屋居住的人使用药物和犯罪的可能性都更小，并且找到了更好的工作（Jason，Olson，Ferrari，& LoSasso，2006）。这些结果说明，关于酒精和其他药物滥用问题，公共政策可以从更低成本、非医疗、基于社区的个人护理中获益。通过运用评估和分析技术，这些结果进一步证实了牛津房屋在成瘾康复方面的优势。

在牛津房屋组织的工作中，通过影响司法决策和州政策来支持牛津房屋组织扩展的机会很多。鉴于对成瘾患者的长期误解，一些社区反对与牛津房屋这样的家庭群体做邻居，并且尽力通过法律手段关闭这些家园。城市和乡镇通过的法律规定，一个房间里居住的无关人员超过 5～6 人就是违法的，而这条法律正好针对牛津房屋组织，因为该组织的房屋通常需要 7～10 个成员租赁才能支付起租金。NIH 资助的牛津房屋研究结果公布以后，律师找到第一作者杰森询问，是否需要帮忙解决一些城市和乡镇以居住无关人员超过 5 个为由关闭当地牛津房屋的纠纷。德保罗研究团队检查了一个国家级的牛津房屋数据库，并且评估了牛津房屋的居民数量如何影响居民的康复（Jason， et al.，2008）。他们发现，居住在 8～10 人大房子的居民犯罪率和攻击性行为都比较少。这一研究结果用于 5 个案件中，成功地反驳了那些以超过 5～6 个非相关居民居住为由关闭牛津房屋的控诉。再者，研究团队可以通过有效地交流研究结果来影响政治和社会趋势。当杰森为北卡罗莱州工作的几个律师提供了相关材料后，他收到了保罗·莫洛伊的一封信，其部分内容是：

> 这一争端已经持续了6年之久，该镇应该支付的律师费大约是105 000美元，同时应该向司法部门提交罚款。决策的关键在于您的研究显示大房子对康复居民更加有益。谢谢您再次彰显了理性和逻辑，让更多人受益。

为了呈现一些研究结果，德保罗研究团队还参观了伊利诺伊州的酒精和物质滥用部门。随后，负责人重启了一个100 000美元的贷款项目，其中4000美元贷款给牛津房屋组织用于康复家园的开放，同时伊利诺伊州决定雇用牛津房屋校友以开展修建新房屋的工作。倡议通过诸如牛津房屋组织的社区联盟进行，而且德保罗大学可以改变使制度长期存在的权力结构。自下而上的社会变革运动可以创立经济的、基于社区的、结构化的项目，它可以让人们重新融入社会。

显然，让成瘾患者离开物质滥用治疗环境或监禁到危险的而非支持性的环境，并且让他们常常处在绝望的居住环境中都是不可接受的。这就需要进行二阶变革，为这些处于弱势的公民提供新的环境。然而，只有通过与诸如牛津房屋这样的社区联盟进行合作，我们才能开始改变使一阶的治理制度长期存在的权力结构。自下而上的社会变革运动，如牛津房屋，能够帮助人们以低住房成本融入安全的社区中。德保罗研究团队已经与牛津房屋组织合作了20多年，他们认为，给物质滥用者提供住房和工作机会是非常重要的，这有助于他们重新获得生活的技能和基础。

非研究型倡议。我们对倡议和社会公平进行讨论的核心是，研究证据对支持社会变革需要的重要性。尽管如此，没有研究支持也可以进行变革倡议（Humphreys & Piot，2012）。我们认为，研究是社会变革倡议的基础组成部分，社区心理学家最好是发挥科学家从业者的作用，为倡议工作提供实证基础。牛津房屋研究者和组织的合作是两个团体共赢的一个好例子。显然，即使社区从业者没有研究的技能，但他们也可以进行有效的倡议，因为他们可以与拥有这方面技能的人进行合作。联盟中的每一成员都会为倡议工作带来不同的资源和经验，从而影响社会的变革。

倡议的未来趋势

倡议要不断适应于社会变革和通信技术。随着社会的发展，倡议会更加专门化和专业化。倡议者常在单个问题中承担管理角色，同时与其他组织和个人合作完成更大的目标任务。这些合作趋势包括变革机构的增加和非营利组织的全球化。随着时间的推移,监控倡议的有效性和成本也逐渐成为工作的重点。倡议的专门化、专业化、合作和评估将可能在未来持续下去。

倡议同样也要适应沟通工作的进步。长距离的沟通一度限于邮政和电话,但互联网技术的发展创造了更经济快捷的沟通方式。网站和电子邮件可用于合作者之间的沟通。近年来,社交网络的发展有助于保持人际间的沟通,同样倡议者也可以通过社交网络维持变革代理人之间的联系、信息获得和激励。最近,社交网络逐渐变得专业化,其主要兴趣在于增加社交媒体网站间的联络。对于倡议活动的新成员招募来说,这些社交网络也是非常有价值的资源。

社交媒体未来仍是变革工作的工具。最近的阿拉伯之春(Arab Spring)推翻了许多独裁者,社交媒体对此运动影响极大,它有助于动员青年人参与变革。然而,为了招募倡议者并传播信息,倡议合作者可能形成特定的社会网络,并融合其他的社会网络。最后,互联网通讯正进入一个后电子邮件时代,通讯渠道取决于手中具体的任务。例如,社交媒体常用于个人通讯,而电子邮件主要用于商业经营。作为趋势的一部分,组织正在采用协同项目管理工具进行组织和特定任务的通讯。虽然这些管理工具主要集中于商业项目,但未来也可能形成特定的倡议工具。与最近的商业管理工具一样,倡议项目工具可在线托管,并整合项目和利益相关者的交际工具。

最后,变革的性质和目标会随着时间的变化而改变。在应对近年来的全球金融压力中,倡议活动更强调使用更经济有效的办法解决社会问题。例如,我们的社会仍依赖 19 世纪治理犯罪和我们的教育系统的代价很高的制度方法。这些系统会随着时间而改变。变革的目标已经从关注全国问题发展到关注全球问题。在未来,变革工作将继续强调全球问题,包括人口过多、水和食物获取、国际流动、经济和技术差距、卫生保健以及全球变暖等问题。

总结

总之,社区从业者倡议采取政策措施解决不公平的权力、决策和资源分配问题。二阶变革工作要促进被压迫群体的解放。倡议过程始于核心价值观和动机的自我评估,这有助于维持长期的变革活动,自我评估之后是对问题及其背景信息的了解。联盟工作有助于应对那些维持现状的强大既得利益集团。在对成功和挑战的行为评估之前,变革过程是通过社区团体和组织的合作来推进的。对于社区倡议者和他们的社区伙伴来说,理解性情、知识、技能和能力不仅对自身的倡议工作是重要的,而且向未来的变革机构传递这些技能也是重要的。

表10.3　倡议的性情、知识、技能和能力

性情	知识
社会公平与幸福感的价值观 自信 自主与合作的平衡 紧迫性与耐心的平衡 坚持不懈的毅力 承诺 对人类苦难的理解 战略敏感性与判断力	资源 政府过程 冲突解决方案 倡议模型 系统变革的原则 倡议的模型和方法 个体和团体干预 媒体、互联网和其他通信技术 政治上优先考虑的事务与社会趋势 自我认识
技能	**能力**
合作 问题评估 组织 自我护理与应对 沟通 信息收集与分析 管理	识别问题 与他人相处 与不同群体合作 在复杂的环境中工作 采用别人的语言 倾听和建立共识 检测偏差 灵活性和适应性

问题讨论

1.什么是社会公平？为什么社会公平对社区从业者是重要的？
2.什么是倡议？在什么情况下，倡议对促进社会公平是有益的？
3.从事二阶变革活动需要哪些知识、技能和能力？
4.如何与社区组织合作应对权力滥用问题？
5.什么有助于倡议者和社区团体维持长期持续的工作努力？
6.你如何运用研究方法改进并完善你的倡议工作？

关键术语和定义

倡议(advocacy)：与当事人（个人、团体和社区）进行合作而改变现有的社会结构、政策和做法，从而促进社会公平。

分配公平(distributive justice)：公平获得有形的物质。

一阶变革(first-order change):努力为个人消除不足和问题,同时忽略探讨这些问题的成因。

压迫(oppression):不同个体或团体的不公平待遇和资源获取。

程序公平(procedural justice):参与权力和决策过程的公平性,这决定了从这些资源中获益的对象。

社会公平(social justice):所有的个体、团体和社区都获得平等的待遇和机会。

二阶变革(second-order change):主要关注不断变化的问题产生系统,而不是问题出现的表面症状。

系统变革(systems change):系统结构和运作方式的根本性改变。

资源

推荐阅读

1.议程、备选方案和公共政策。
2.游说伊利诺伊:你如何改变公共政策。
3.多样性和社会公平的教学。

促进胜任力发展的活动建议

· 指出你在倡议中感兴趣的5个问题。

○针对每一问题,填写倡议的自我评估工具。

○对于评分最高的问题,使用社会变革原则并围绕这一问题制订一个倡议规划。

○什么人、组织或机构可以参与倡议?

○有哪些可用的资源?

○变革活动的合理的工作时间框架是什么?

○预期的阻碍有哪些? 如何解决这些阻碍?

○为进一步发展和执行你的计划,你需要哪些倡议的知识、技能和能力?

○你从哪里可以获得额外的倡议培训资源?

○工作表。

○对与该问题的倡议有关的知识、技能和能力以及进一步发展的需求进行评估。

倡议的自我评估工具

对于以下的每一个部分,用从1～5的数字表示自己对该问题的同意程度,1＝我不同意，5＝我非常同意。然后计算你的总分。对于得分最高的问题，使用社会变革原则，制订一个直接或间接的倡议规划（参考促进胜任力发展的活动建议的第二部分）。

承诺

1.你坚决致力于这个问题吗？
2.你愿意付出巨大努力来实现这一目标吗？
3.你愿意花费多年的时间在这一问题上吗？
4.你是否有持续致力于这一问题的责任感？

重要性

1.你所列举的问题比你所做的其他问题都重要吗？
2.这件事对你来说有重要的个人意义吗？
3.你对此问题的解决有巨大的热情和渴望吗？
4.这是一个你投入大量时间思考的问题吗？

资源

1.你是正在处理你所选择问题的积极行动者团体或社区组织的一员吗？或者你与这些团体或组织进行合作吗？

2.你知道那些正在致力于这一问题或对此感兴趣的朋友、家人或同事吗？

3.你能获得解决这一问题的资源吗？资源被广泛定义为时间、精力、资金或材料。

4.你感到你有能力和信心处理你提到的这个问题吗？

参考文献

Alinsky, S.(1969). *Reveille for radicals*. New York, NY: Vintage.

Bell, E.(2005). Advocacy training by the international community of women living with HIV/AIDS. *Gender & Development*, 13(3), 70—79.

Bradley, J. M., Werth, J. L., Jr., Hastings, S. L., & Pierce, T. W.(2012). A qualitative study of rural mental health practitioners regarding the potential professional consequences of social justice advocacy. *Professional Psychology: Research and Practice*, 43(4), 356—363.

Burnes, T. R., & Singh, A. A.(2010). Integrating social justice training into the practicum experience for psychology trainees: Starting earlier. *Training and Education in Professional Psychology*, 4(3), 153—162.

Cohen, K. R., Lee, C. M., & McIlwraith, R.(2012). The psychology of advocacy and the advocacy of psychology. *Counseling Psychology*, 53(3), 151—158.

Crethar, H. C., Torres Rivera, E., & Nash, S.(2008). In search of common threads: Linking multicultural, feminist, and social justice counseling paradigms. *Journal of Counseling & Development*, 86, 269—278.

Dalton, J., & Wolfe, S.(2012, August 15). Joint Column: Education connection and the community practitioner. Competencies for community psychology practice. Society for Community Research and Action. Draft.*The Community Psychologist*, 45, 7—4.

DeLeon, P. H., Loftis, C. W., Ball, V., & Sullivan, M. J. (2006). Navigating politics, policy, and procedure: A firsthand perspective of advocacy on behalf of the profession.*Professional Psychology: Research and Practice*, 37(2), 146—153.

Fondacaro, M. R., & Weinberg, D.(2002). Concepts of social justice in community psychology: Toward a social ecological epistemology. *American Journal of Community Psychology*, 30(4), 473—492.

Freire, P.(1970).*Pedagogy of the oppressed*. New York, NY: Continuum.

Glidewell, J. C.(1984). Training for the role of advocate.*American Journal of Community Psychology*, 12(2), 193—198.

Goodman, L. A., Liang, B., Helms, J. E., Latta, R. E., Sparks, E., & Weintraub, S. R. (2004). Training counseling psychologists as social change agents: Feminist and multicultural principles in action. *The Counseling Psychologist*, 32, 793—837.

Green, J., Romei, J., & Natelson, B. J.(1999). Stigma and chronic fatigue syndrome. *Journal of Chronic Fatigue Syndrome*, 5, 63—75.

Humphreys, K., & Piot, P.(2012, February 27). Scientific evidence alone is not sufficient basis for health policy. *British Medical Journal*, 344, e1316.

Jason, L. A.(1991). Participating in social change: A fundamental value for our discipline.*American Journal of Community Psychology*, 19, 1—16.

Jason, L. A.(2013). *Principles of social change*. New York, NY: Oxford University Press.

Jason, L. A., Groh, D. R., Durocher, M., Alvarez, J., Aase, D. M., & Ferrari, J. R. (2008). Counteracting "not in my backyard": The positive effects of greater occupancy within mutual-help recovery homes. *Journal of Community Psychology*, 36, 947—958.

Jason, L. A., Najar, N., Porter, N., & Reh, C. (2009). Evaluating the Centers for Disease Control's empirical chronic fatigue syndrome case definition. *Journal of Disability Policy Studies*, 20, 93—100.

Jason, L. A., Olson, B., Ferrari, J. R., & LoSasso, A. T. (2006). An evaluation of communal housing settings for substance abuse recovery. *American Journal of Public Health*, 91, 1727—1729.

Jason, L. A., Olson, B. D., & Foli, K. (2008). *Rescued lives: The Oxford House approach to substance abuse*. New York, NY: Routledge.

Jason, L. A., Pratt, T., Ware, C., Chimata, R., Bangi, A., & Johnson, D. (2002). Social activists: Lessons for community psychology. *International Journal of Group Tensions*, 31, 103—122.

Jason, L. A., Richman, J. A., Rademaker, A. W., Jordan, K. M., Plioplys, A. V., Taylor, R., . . . Plioplys, S. (1999). A community-based study of chronic fatigue syndrome. *Archives of Internal Medicine*, 159, 2129—2137.

Jason, L. A., Taylor, R. R., Wagner, L., Holden, J., Ferrari, J. R., Plioplys, A. V., . . . Papernik, M. (1995). Estimating rates of chronic fatigue syndrome from a community based sample: A pilot study. *American Journal of Community Psychology*, 23, 557—568.

Kiselica, M. S., & Robinson, M. (2001). Bringing advocacy ccunseling to life: The history, values, and human dramas of social justice work in counseling. *Journal of Counseling and Development*, 79, 387—397.

Kloos, B., Hill, J., Thomas, E., Elias, M. J., & Dalton, J. H. (2012). *Community psychology: Linking individuals and communities*. Belmont, CA: Wadsworth.

Lewis, J., Arnold, M. S., House, R., & Toporek, R. L. (2003). *Advocacy competencies: American Counseling Association Task Force on Advocacy Competencies*.

Lorion, R. P., & Iscoe, I. (1996). Reshaping our views of the field. In R. P. Lorion, I. Iscoe, P. DeLeon, & G. R. VandenBos (Eds.), *Psychology and public policy: Balancing public service and professional need*. Washington, DC: American Psychological Association.

Maton, K. I., Humphreys, K., Jason, L. A., & Shinn, B. (in press). Advocacy and social policy. In C. Keys, M. Bond, & I. Serrano-Garcia(Eds.), *Handbook of community psychology*. Washington, DC: American Psychological Association.

Maton, K. I., Strompolis, M., & Wisniewski, L.(2013). Building advocacy and policy capacity: A survey of SCRA members. *The Community Psychologist*, 46, 13—16.

Mays, V. M.(2000). A social justice agenda. *American Psychologist*, 55(3), 326—327.

Mooney, C. Z., & Van Dyke-Brown, B.(2003). *Lobbying Illinois: How you can make a difference in public policy*. Springfield: University of Illinois at Springfield.

Moore, S.(2011). Can public-policy advocacy be taught? Or learned? *The Philanthropist*, 23(4), 471—480.

Nelson, G., Prilleltensky, I., & MacGillivary, H.(2001). Building value-based partnerships: Toward solidarity with oppressed groups. *American Journal of Community Psychology*, 29(5), 649—677.

Ponzo, Z.(1974). A counselor and change: Reminiscences and resolutions. *Personnel and Guidance Journal*, 53, 27—32.

Prilleltensky, I.(2001). Value-based praxis in community psychology: Moving toward social justice and social action. *American Journal of Community Psychology*, 29(5), 748—778.

Prilleltensky, I., & Gonick, L.(1996). Polities change, oppression remains: On the psychology and politics of oppression. *Political Psychology*, 17, 127—147.

Rappaport, J.(1981). In praise of paradox: A social policy of empowerment over prevention. *American Journal of Community Psychology*, 9, 1—25.

Reyes, M., Gary, H. E., Jr., Dobbins, J. G., Randall, B., Steele, L., Fukuda, K., . . . Reeves, W. C.(1997, February 21). Descriptive epidemiology of chronic fatigue syndrome: CDC surveillance in four cities. *Morbidity and Mortality Weekly Report Surveillance Summaries*, 46(No. SS2), 113.

Richman, J. A., & Jason, L. A.(2001). Gender biases underlying the social construction of illness states: The case of chronic fatigue syndrome. *Current Sociology* 49, 15—29.

Seidman, E.(1988). Back to the future, community psychology: Unfolding a theory of social intervention. *American Journal of Community Psychology*, 16, 3—24.

Shinn, M.(2007). Waltzing with a monster: Bringing research to bear on public policy. *Journal of Social Issues*, 63, 215—231.

Toit, B. M. D. (1996). The Mahatma Gandhi and South Africa. *Journal of Modern African Studies*, 34(4), 643—660.

Toporek, R. L., Lewis, J. A., & Crethar, H. C. (2009). Promoting systemic change through ACA advocacy competencies. *Journal of Counseling and Development*, 87, 260—270.

Trusty, J. (2005). Advocacy competencies for professional school counselors. *Professional School Counseling*, 8(3), 259—265.

Twemlow, S. W., Bradshaw, S. L., Jr., Coyne, L., & Lerma, B. H. (1997). Patterns of utilization of medical care and perceptions of the relationship between doctor and patient with chronic illness including chronic fatigue syndrome. *Psychological Reports*, 80, 643—659.

Vaillant, G. E. (2003). A 60-year follow-up of alcoholic men. *Addiction*, 98, 1043—1051.

Vasquez, M. J. T. (2012). Psychology and social justice: Why we do what we do. *American Psychologist*, 67(5), 337—346.

Watts, R. J., & Abdul-Adil, J. (1994). Psychological aspects of oppression and socio-political development: Building young warriors. In R. Newby & T. Manley (Eds.), *The poverty of inclusion, innovation, and interventions: The dilemma of the African American underclass*. New Brunswick, NJ: Rutgers University Press.

Watzlawick, P., Weakland, J. H., & Fisch, R. (1974). *Change: Principles of problem formation and problem resolution*. New York, NY: W. W. Norton.

第 11 章　在联邦政府资助项目中规划、实施和发展循证干预[①]

理查德·A.詹金斯
(Richard A. Jenkins)

开篇练习

你是一名社区心理学从业者，在一家地区性的卫生机构做顾问。该机构服务于你所在州的多个农业县，县里大多数的资源在县城镇，其中一个县有一所州立大学。这个机构最初是作为一个地区性的公共卫生行政部门，但最近被改组为该州卫生工作和公共卫生服务的一部分。目前，该机构包括心理卫生和物质滥用预防服务，这些服务以前是由分散在不同地域的其他机构来提供。来自这些前机构的工作人员只有一部分是在你的客户来源区里，并且他们的背景是治疗或社区支持项目。新改组的机构接受药物和酒精预防基金，但没有人在药物和酒精预防上有专长。在地区卫生机构做“预防”工作的人员主要在做儿童疫苗接种、艾滋病毒预防和生育控制等方面的工作。

州卫生部门现在不仅希望地区机构能提供药物和酒精预防服务，也希望这些服务能成为循证干预(evidence-based interventions，EBIs)。这样做的目的是期望州卫生部门资助的项目会比联邦基金资助的项目更加规范。该州以前就鼓励过 EBIs，但从来没有对它们提过资助要求。该地区正在进行一个药物滥用预防项目，该项目由警方采用教育方法进行推广。它建立在国家项目的基础上，但这个国家项目几乎没有显示出有效性，目前已根据当地情况对项目进行了调适，只是还没有进行评估。

---

① 奥吉·戴安娜(Augie Diana)、贝琳达·西姆斯(Belinda Sims)和劳里·迪沙尔姆(Lori Ducharme)对物质滥用预防项目资助和实施的注意事项提出了有用的建议。哈罗德·佩尔(Harold Perl)、威尔逊·康普顿(Wilson Compton)、盖亚·道林(Gaya Dowling)、杰克·斯坦(Jack Stein)和编辑们为这一章提供了有用的编辑评论。作者希望在此对他们表示感谢。

免责声明：所表达的观点仅是作者的观点，不是代表国家药物滥用研究所(National Institute on Drug Abuse)、国家卫生研究所(National Institutes of Health)、美国卫生和人类服务部(the U.S. Department of Health and Human Services)或美国政府的观点。

这个药物滥用预防项目因为只需要占用点课堂时间，所以成本低，受到了大多数学校董事会的欢迎。尽管警务人员实施这一项目时会感觉超出了他们正常的职责，但有些警察局长却很喜欢推广该项目。地区卫生机构主要关注成本以及实施新服务所需要的资源，但认识到从其他机构接手过来的项目是不适合的，并且未来不会有资格获得资助。

在这种情况下，你为了使项目获得支持，可以从哪里开始？你如何解决实施新项目的资源需求，特别是在人口相对分散的地方？你能采取哪些步骤以确保这些项目一旦开始就会持续下去？如果当前的干预比较受欢迎，你如何在社区为新的且未知的干预争取到支持？

来源：苏珊 · M.沃尔夫

图 11.1　美国首都，华盛顿特区

概述

本章将聚焦在实施(implementation)所需的胜任力上，实施是指在采用和整合 EBIs 时运用策略和在具体情境下改变实践的模式。这包括项目的规划和新干预方法的开发，以及实践中服务模式的改变。美国联邦政府资助的服务包括针对健康、行为或社会问题的预防、治疗和护理服务。从服务中获得的许多经验可以应用于联邦项目之外的领域(尤其是基础领域)和可能出现在国际环境中的类似问题上，特别是官僚结构与美国相似的国家。研究人员、决策者和社区服务提供者都认同 EBIs 是一种高效且有效的服务方式；不过，在一个领域里实际施行 EBIs 的过程并不简单。尽管在采用 EBIs 时可以从资助者那里获得激励和技术援助(technical assistance)，但在很多领域的实施仍然滞后[institute of medicine (IOM), 2000, 2009]。技术援助包括提供信息、指导、反馈和培训，以协助服务提供者制订战略计划或实施干预。因此,需要拥有多个领域的胜任力和充足的资源。

本章概述的是一些原则,而不是聚焦在具体的EBIs或EBIs实施中的具体细节问题上。为实施EBIs而提出的概念和框架往往反映了开发系统的特征和开发人员的角色(参见下面的"实施框架的演化")。因此,许多角色和任务都被确定,但这些角色和任务会因概念化和框架而有所不同(Damschroder et al., 2009; Powell et al., 2012; Rabin & Brownson, 2012)。本章将聚焦从业者最普通的角色、任务、必需的相关胜任力,以及最易识别的新EBIs的规划、实施(将干预落实到位)和开发的背景(见表11.1)。有时在实施之初就会进行新EBIs的开发,不过,新EBIs的开发倾向于从现有EBIs及其实施的情况中吸取经验教训,所以一般还是放在最后才进行。

表11.1总结了社区从业者最普通的角色和任务。有些从业者可能在联邦或州政府机构工作(如管理、规划或资助EBIs,评估EBIs的实施情况,或开发新的EBIs)。其他人可能在授权机构(enabling agencies)里工作,这样授权机构负责管理服务资源的提供与获取的政策。这样的例子包括心理卫生董事会或卫生部门(如,作为董事会或委员会成员,提供培训和技术援助)。服务提供者也可能受雇于向公众提供服务的提供者组织(provider organizations)。此外,从业者还可能独立工作或作为学术研究人员在某个或某些场所做一些咨询工作。

因为图表不能充分反映出所有的潜在角色、任务的复杂性,也不能充分反映出机构中存在的所有关系和在实施过程中存在的各种反馈机制。所以这里采用叙事而不是图解的方法,也会利用关系/情境而不是纯技术的讲述;确实,指导大多数框架的纯技术视角的局限性将会变得清晰。本章对每一步(EBIs的规划、实施或开发)都列举最简单的情况,并描述在这些情况下常出现的一些变化、从业者的常规任务和必需的胜任力。

本章首先概述联邦政府资助的服务体系中的EBIs资助、资源和系统情况。这些可为理解各种实施过程提供基础,并提供用于EBIs规划、实施和开发的结构和背景。之后是关于EBIs的实施计划(通常是在州或社区层面进行)、具体项目的实施情况以及开发新EBIs的讨论。本章主要是为培训社区心理学从业者而写,以及为那些有经验的但正在寻求优化他们从事EBIs的能力的从业者而写(将使用从业者来代替社区心理学中更长的术语)。不过,许多内容也适用于相关和重叠的领域,这将在本章的结束部分进行讨论(见"EBIs的规划、实施和开发:总结和社区心理学家与其他学科的思考")。

表 11.1　社区从业者的角色和任务

阶段	角色、任务和最常见的相关情境
EBIs 的规划	回顾 EBIs 和相关文献(F, EA, AC, I) 确定战略规划和收集数据(F, EA, AC, I) 为战略规划分析和解释数据(F, EA, AC, I) 为战略规划收集新数据(调查、快速评估)(F, EA, AC, I) 为战略规划分析和解释项目数据(F, EA, AC, I) 为战略规划收集新项目的数据(F, EA, AC, I) 与顾问团有关的组织发展工作(组织新的团体,帮助现有团体重组)(F, EA, AC, I) 用数据协助顾问团(F, EA, AC, I) 协助顾问团筛选 EBIs(F, EA, AC, I) 评估规划过程(F, EA, AC, I) 作为顾问团成员推进战略计划发展(AC, I) 作为工作人员推进战略计划发展(F, EA)
EBIs 的实施	回顾现有的 EBIs(F, EA, PO, AC) 管理 EBIs 的资助情况(F, EA) 制订 EBIs 的资助公告(F, EA) 为实施实践而制订指导方针(F, EA) 咨询外部的培训和技术援助项目(AC) 向管理人员/一线员工提供培训和技术援助(F, EA, PO, AC, I) 为实施过程和结果评估,开发监控系统(F, EA, PO, AC, I) 分析监测数据并评价实施质量(F, EA, PO, AC, I) 参与质量改进(F, EA, PO, AC, I) 监管诸如实施程序包、培训和技术援助的支持措施的发展(F, EA) 开发实施程序包(AC) 撰写资助计划书(PO, AC, I)
EBIs 的发展	回顾 EBIs 和相关文献(F, EA, AC, PO, I) 为新的或调适的 EBIs 制订资助注意事项(F, EA, PO, AC, I) 识别人群、方法和所解决问题的不足(F, EA, PO, AC, I) 设计新的或调适过的干预方法(AC, I) 撰写资助计划书(AC, I) 组织社区顾问团(AC, I)

注:F=资助者;EA=授权机构;PO=提供者组织;AC=学者;I=独立从业者

实施的定义

实施领域是用各种定义和框架来响应资助者、从业者和研究人员的需求(Damschroder et al., 2009; Powell et al., 2012; Rabin & Brownson, 2012)。本章用一种通俗易懂的描述来定义实施:将干预措施落实到位。这包含在面对新的情境和人群时,对干预进行调适,在各种服务提供场所和系统里进行传播,以及使干预质量与最初开发或实施 EBI 的情况不同时,随着时间得到改进并得到可持续发展的工具,如监控和技术援助。调适(adaptation)是指修改一个 EBI 使其适应于目标受众或环境的特定需求。当人群或环境与最初开发或实施 EBI 的情况不同时,这就尤其重要。传播(dissemination)是指积极努力地扩散 EBIs,以便它们能满足目标受众。调适和传播有时被视为与实施不同的概念,尽管它们本质上都是为了实施实践。这里把实施当作一个事务性的、各种系统内的社会变革过程,是从从业者的角度来看的。监控(monitoring)是指 EBIs 实施及其结果被观测的过程,以使这些数据为 EBIs 的执行和优化提供信息,并确定它们的效果。

循证干预的资助、资源和系统的结构

结构、参与人及他们的角色

EBIs 的规划、实施和发展都需要去了解卫生和社会服务提供系统是如何被组织和如何获得资助的,而资助的获得是有要求的。简单来说,为了进行一种特定类别的服务,联邦机构会向某个州提供资金。州政府管理这些资金并提供服务或者与当地的提供者组织签订合同,让这些组织去开展服务,但州政府会提供技术援助并对组织的工作进行监督。联邦资助者包括疾病控制中心(centers for disease control, CDC)、药物滥用与心理卫生服务管理局(substance abuse and mental health services administration, SAMHSA)和卫生资源与服务管理局(health resources and services administration, HRSA)。提供者组织可以是小型的单站点社区组织、全国各地志愿者组织网络(如青年男子基督教协会)、大型保健组织的分支机构和附属机构(例如,凯泽医疗机构;学术医疗系统,如克利夫兰临床基金会),以及市、县或区域性的公共机构。

有一些分类性(categorical)资金流支持特定条件下的服务(如,HIV 与其他性传播疾病)或特定的服务提供系统(如,HIV 预防与 HIV 的治疗和护理)。多个资金流可能是来源于单个联邦机构的不同部门。例如,疾控中心资助伤害预防和 HIV 预防,资金就来自机构的不同部门。州政府和地方政府经常会补充联邦资金,并可能是某些服务的主要资金来源，如那些不受联邦政府资助的项目(例如，为吸毒者提供注射器和针头交换服务以预防艾滋病)。也有一些联邦项目会直接资助单个的提供者组织，如诊所、学区和社区组织或这些组织的联盟。

无论受资助者是谁，联邦基金一般有多年的周期，会对所提供的服务的性质和范围提出条件。这些基金往往作为合作协议(cooperative agreements)进行管理，联邦资助者与州政府，或直接与提供者组织一起发挥重要的监督和技术援助的作用。合作协议是拨款机制，包括资助者实质性地参与事务，通常包括为了项目的实践而直接、主动地参与监督和技术援助，而不仅是定期地监控进度。基金要求通常包括在提供服务中使用 EBIs 的语言，以及定义这些 EBIs 的标准或纲要。获得资助的一个特定要求可能是 EBIs 被采用，或者期待 EBIs 代表着某种社区服务。联邦政府资助项目的指导方针和预期目标会随着时间而演化，经常会在实施和规划过程的研究基础上做出相应的调整。联邦机构有时会联合一些其他的，通常是有竞争力的基金会来补充他们正常的分类性资金，以帮助州政府引进 EBIs 或加强 EBIs 的采用。一些联邦机构会资助独立的技术援助中心，让中心为提供者组织的员工进行培训。技术援助中心通常为特定的 EBIs 提供培训，以及培训那些在识别、调适和实施 EBIs 过程中需要用到的技能。

州政府和联邦的官僚机构通常有并行的分类结构(如，CDC 的 HIV 预防项目与州卫生部门 HIV/AIDS 项目的相互影响)，因此，州政府加强了相关的机构(如，HIV 和性传播感染[STI]局)。联邦机构也已经开始加强一些项目和规划功能，在州级水平上做出一些协同的变化。例如，CDC 最近开始资助各州政府合并某些功能，如支持相关地区建立预防慢性疾病的疾病监测(surveillance)和数据系统(如，烟草控制、饮食和营养；CDC，2011)。CDC 和 HRSA 发布了建立流行病学文档的通用指南，以减少艾滋病预防(CDC)和艾滋病护理(HRSA)规划过程的重复(CDC & HRSA，2004)。

如前所述，州政府和地方政府经常补充联邦资金。州政府和地方政府的角色受到州法律管制，但不同州的法律会有所不同。可能会授权市、县或地区机构作为授权机构，如地区性的卫生行政区或县心理卫生董事会。这些机构会确立本地服务的优先级别，做出当地资助计划的决策，通常为 EBIs 提供大部分的监管和技术援助工作。州资助机构有时也作为主要的授权机构。州、市、县或授权机构都可以通过由公众投票的立法或征税手段来筹集资金。

州政府机构/当地的授权机构通常会有以利益相关者为基础的顾问团，这可能是资助者对服务项目规划的一项出资要求。利益相关者(stakeholders)可以是个人、团体、组织、会员或系统，他们影响组织的行动或受到组织行动的影响。这些团体可能包括小范围的参与者，如在药物滥用联盟的例子中的提供者组织的代表。在 HIV 预防或治疗和护理的社区规划团的案例中(CDC & HRSA，2004)，其成员是广泛的，包括服务提供者、倡导者、学术型研究者和服务消费者。这些顾问团的角色和组织可以很不相同，倾向于反映各州是如何管理这些服务的，以及联邦政府的资助要求和诸如社区行动主义模式这样的历史趋势等(Chung & Lounsbury, 2006)。

理解资助、资源和系统的胜任力

对项目的规划、实施或发展感兴趣的从业者需要知道：

- 资助的范围(即不同的资金流资助的规模和范围，资助的持续时间)。
- 资助要求，包括“证据”的定义，推荐的 EBIs 的纲要，以及
  - 选择 EBIs 的指导方针；
  - 受当地而不是联邦基金资助的项目及如何将它们整合到规划里；
  - 资助的机制(拨款、合同、合作协议)；
  - 资助公式(如，每个客户、每次服务、每次接触、按人收费的形式)。
- 资助者/授权机构支持培训和技术援助的活动，包括
  - 培训和技术援助的费用是由资助者和授权机构承担，还是由提供者组织承担。
- 资助者的规划和评估活动的财政支持。

在实施过程中，关于系统、资源和资助的信息几乎是从业者在实施过程中所有角色的基础。所有这些信息可以从州和联邦政府的资助公告里公开获取。这些信息、有关资助和技术援助详情的支持材料，以及那些受到支持或需要的 EBIs 案例都可以在网上找到。可获信息的特性和细节差异很大。从业者应该随访他们在不同资助系统(资助者、授权机构)的联系人和利益相关者，从而充分了解 EBIs 的可用资源以及资助的指导方针和要求。除了收集事实性的信息，从业者应逐渐熟悉资助者的预期目标、资源和系统的过程，这会有助于建立关系、理解角色和期望目标，并开始了解如何组织实施系统。

循证干预的规划过程

规划过程为从业者提供了各种各样的角色，并经常向他们介绍实施服务的系统。尽管规划的角色可能只是从具体干预的实地实施中抽取出来的几个步骤，但是规划却会影响 EBIs 的选择和最终的实施。通常，技术过程是制订规划，但很大程度上受到社会过程，如团体动态的影响，以及受益于对人的判断和对决策的理解(Jenkins et al., 2005)。这些社会和心理过程通常在资助指南里没有得到重视或只是单纯地列上而已。因此，本节包括这些领域的延伸，而本节内容的篇幅之长则反映了规划过程在从业者工作中的重要性。

规划过程的组成

规划过程通常有多个步骤来体现资助的指导方针和要求。当地授权机构做出的决定可能需要州政府机构的批准,州政府管理的联邦基金由授权机构使用。尽管主要的财政决策需要得到董事会的批准,但授权机构对资助项目会有内部的审查过程。根据资助要求,授权机构或州资助机构相关的顾问团可能起着纯粹的顾问作用,或者对是否批准或同意由州政府或授权机构制订的计划进行投票。

EBIs的规划通常始于所需的综合数据、社区的当前响应,以及项目应该解决的问题。这通常被描述为差距分析(gap analysis),因为它表明"差距"(需求未被满足或未被服务好)应通过新的服务或修改现有的服务来得到解决。为解决这些未被满足或未被服务好的需求,在可用的EBIs、EBIs的适用人群或环境以及EBIs有效性(effectiveness)(在现实条件下应用EBIs时所取得的显著的预防或治疗效果的证据)指标的基础上,将这些数据和差距分析整合到一个计划里。这通常被称为战略性计划(strategic plan);在过去,这通常被称为逻辑模型(logic model)。这一"逻辑模型"的术语仍然是有用的,因为战略性计划旨在为差距分析如何利用现有数据及选择特定的EBIs提供信息,以及测量这些EBIs的效果,并提供一个有逻辑性的、循序渐进的解释。战略性计划的持续时间根据资金流做出改变,但通常会预期这一工作将达数年之久。

战略性计划通常作为向资助者申请资助的基础,以及在资金到位后提交年度进展报告时作为年度进展报告的基础。资助者可能会规定具体的数据构成或使用一个特定的基于数据的算法来指导计划,但总体结构倾向于在各资助者和各资金流中是通用的。一些项目建立起战略性计划模型,并在社区层面上整合规划和实施,如社区护理(Hawkins & Catalano, 1992)。它们也一直试图通过计算机决策支持系统(decision support systems)使这个过程机制化,这可以帮助决策者在多个方案中做出选择来解决问题;然而,这种方法有其局限性,如对EBIs的支持研究的性质进行分级(Sorensen, 2011)。

战略性计划/逻辑模型方法的一个假设是,这一计划应该反映一种变革理论(theory of change),即解释EBIs将如何改善问题并有相关联的支持性数据。变革理论应该整合一些核心要素(core elements)(即,必要的构成元素),以及导致更好结果的已知因素,如降低风险的因素和增强保护性的因素。例如,使用降低性行为风险的EBIs应该导致HIV病例的减少(IOM, 2000)。同样,强调保护性因素的儿童早期干预,如养育或课堂行为,应该影响后来的药物使用和滥用情况(IOM, 1994, 2009)。

项目规划的顾问团取向

规划过程可能涉及与资助者、授权机构和提供者组织的代表们一起工作，或者与他们中的一个董事会相互一起进行规划，但通常规划都会用到顾问团(advisory group)。从业者可能直接与这些顾问团一起工作或者与这些团体商议需要做的具体工作。规划的顾问团取向在联邦政府资助的项目里已经有很长的历史，这可以追溯到20世纪60年代的扶贫项目(Gans, 1973; Moynihan, 1969)。而且，它也经常使用联邦政府以外的资金流，如社区经济发展(Milligan, Coulton, York, & Register, 1999)和土地使用规划(Steinmann, Smith, Jurdem, & Hammond, 1977)。

由于顾问团通常是规划过程所需的一部分，资助者通常会对顾问团的组织和功能提供指导方针和资源(如，CDC的HIV预防社区规划)。这些团体应该与基层，或由底层发展而成的团体或是从现有联盟中发展而来的团体(例如，药物滥用联盟发展成"无毒社区"团体)形成对照。这一区分很重要，因为在一个规划过程里，一个定向的顾问团的角色、承诺和参与，可能在与基层团体的动员过程里所见到的非常不同。顾问团的角色以及这些角色如何与战略性规划过程所期望的数据驱动过程相协调常常是不明确的。顾问团成员通常感到，数据驱动过程支持预先确定的结果，特别是在数据有限的情况下或者是在呈现方式脱离主要规划目标的情况下尤其如此。

用于循证干预规划和决策的数据

从业者在规划中的作用往往包括用各种方法处理现有的数据(识别数据源、聚合、分析/解释数据)或收集新数据。也可能会要求从业者帮助分析数据以制订计划(在资助者、授权机构或服务提供组织的层面上)或撰写资助计划书(在服务提供组织的层面上，帮助他们申请基金以提供循证干预)。在某种程度上，资助者可能会指定规划过程中所用的数据，而联邦资助者提供数据算法来指导数据的使用。简单地说，数据来源包括人口普查或其他人口数据，疾病监测、人口动态统计或其他强制性的报告数据，以人群为基础的调查数据、项目数据、资源汇编，以及与评估和成本效益(cost-effectiveness)相关的数据。后者指的是与干预结果相关的成本估计(劳动力、材料、管理费用)。表11.2总结了常用的数据源，并且这些也是特定EBIs的研究数据。

表 11.2　EBIs 规划过程中常用的数据构成

·人口数据，如具有人口和地理特征的人口普查数据 ·本地的疾病监测数据（报道的病例，如 HIV、性传播疾病或结核病等可能相关的疾病） ·向政府机构报告的其他数据（不同的州对数据的要求会有所不同） 　　·基于强制性报告的数据（如，多种形式的虐待、犯罪数据 ） 　　·基于自愿报告的数据（如，自杀、吸毒过量的数据 ） ·人口动态统计数据（即，出生人数、死亡人数和死亡原因）·项目数据（通常来自公众资助的服务提供系统：例如，住院、急诊服务、心理卫生中心的用户、青少年或成年人个案，在法院或社会福利监督部门内的人数） ·能够识别问题领域，以及风险或保护性因素的人口调查数据（见“资源”） ·社区资源的清单和绘图数据 ·项目和现有项目成本效益的评估数据（通常是为特定的干预措施而收集的，或在特定类别干预的项目数据的基础上做出的区域性基础评估）

有效的规划面临一个重要又常见的问题，即本地数据的可用性（Mrazek, Biglan, & Hawkins, 2003; Rugg et al., 2000）。本地数据有许多的局限性，最常见的包括：

·数据规模不但小而且往往缺乏流行病学的重要群体（如，年轻的黑人男同性恋者，他们是新的 HIV/AIDS 病人中的最大群体；CDC，2012 ）。

·本地数据，如人口动态统计数据、疾病监测和其他报告数据，可能受到保密性担忧的限制，这限制了那些少量病例的人口统计或地区性分类。

·项目数据通常受限于公共资金资助的设施，这在公共部门相对较小或只是稍微相关时是一个限制。

·人口普查数据可能分解成小的地理区域，这虽然有用但已过时。

·以人群为基础的调查数据有时会为各州和较大的市或县提供细目列表，但数据抽样和保密性可能会限制可用的数据。

·通常在重复的横向基础上而不是纵向上做调查，对州或地方而言，那些纵向调查通常没有足够的样本量。

·哨点数据（如，急诊部门抢救的吸毒过量病人人数）可能有助于追踪趋势，但这可能只反映了特定类型的问题或群体，以及可能是滞后的而不是趋势的现时指标。

·某些如精神障碍或无家可归的数据通常是有限的或不存在的，而这些可能会增加一系列问题的风险性。

·通常缺少项目评估和现有项目的成本效益数据或它们的有效性也是有限的（如区域性或全州性的服务数据可能不能完全反映成本或单个项目的有效性）。尽管可能从一些指标，如项目数据、监测、病例报告，来推断项目的效果，但这些数据的性质使评估某一项目的效果变得困难。

与单个数据源相关的局限性可能会被数据整合的问题所混淆。根据他们抽样的目标(在以群体为基础的数据情况下)或进入他们数据收集范围的人群(在监测或项目数据的情况下)，不同的数据源可能会或可能不会重叠。各机构之间共享的数据不能定期地协调可能是个问题。例如，药物使用机构和公共卫生机构通常没有定期地共享数据，尽管共享数据对某些领域，如 HIV 或病毒性肝炎的预防可能很重要。数据管理系统的不兼容性、报告的要求及数据构成的不同会导致数据的共享变得复杂。

通常是在大城市地区的基础上创建本地的数据库(data warehouses)来解决数据整合的问题，并且大多数是通过城市研究所的国家邻里指标伙伴关系(www.neighborhoodindicators.org/)而进行。这些指标通常包括人口动态统计数据、人口普查数据和本地犯罪或入学情况的报告数据。这些数据通常是地理编码，能够使不同的数据相互分层，一些数据库允许削减和分析一些简单的在线数据，如交叉表。联邦机构支持一些示范项目来发展公共卫生数据库，如 CDC 的 OASIS 项目(Gaffga, Samuel, Stenger, Stover, & Newman, 2009)，这些项目包括性传播疾病、肺结核和其他地理编码格式的数据，州或当地的卫生部门一直在支持这些项目。

解决数据差距和局限性

如果资助者或授权机构有资源去做一次或定期的调查(Mrazek et al., 2003，提供了一个框架)或进行小规模的、多重方法的快速评估(Beebe, 2001)，那么就可能填补一些本地数据的差距。在规划过程中，从业者最常做的事情之一就是进行这些数据补充性研究。这些研究可能包括记录当地的需求、提出改进现有项目的方法/提供数据，以使 EBIs 能适应人群、环境或其他发生在本地的重要情况。这些研究也可能有机会改进数据收集系统，项目数据质量上的改进有助于监测 EBIs 的实施和通知规划过程。

循证干预规划的数据：数据局限性的影响

理想情况下，规划和评估过程应该是由数据使用来驱动数据收集。不幸的是，规划往往依赖于因其他目的而收集得来的数据，如管理或疾病监测，并且收集补充性数据的机会往往有限。即便在更好的情况下，数据使用也未达到最佳标准(Weiss, 1980, 1998)。参与规划过程的决策制订者通常很少接触研究课程，如本科生的研究方法课程，或者在从业者培训项目里也只有一门研究课程，甚至有些人完全没有接触，特别是那些可能参加顾问团的社区成员。而提供数据的研究人员，如州流行病学专家和学术研究者，除了提供数据表或技术报告，他们往往没有例行地参加规划活动，并且对这些数据如何被使用可能也了解不多。数据提供者、使用者和规划过程之间的不匹配,以及数据本身的局限性,使得联邦项目里规定的功利化(utilitarian)取向在实践中变得复杂起来。功利主义认为,一个人在现有数据的基础上可以使潜在利益最大化,并使潜在危害最小化。

不确定条件下的决策:重要的下一步

现有数据的差距和通常的规划背景被特维尔斯基(Tversky)和卡尼曼(Kahneman)(1974)描述为"不确定性下的决策"。决策者被期望能够整合各类数据,但这些数据会受限于他们从主要规划任务中获取信息的能力,这解释了"不确定性"。数据是必要的,但不足以促进循证的规划过程和政策,这一观点众所周知(Hammond,1996),而根本性的问题,如帮助非研究型人员对更多可研究的问题进行研究框架的设计和帮助研究人员了解数据如何用于规划,却罕有得到解决(见,"推荐阅读"中试图解决这些问题的案例研究)。

在不确定条件下,决策往往会依赖于个人的偏见或捷径,这限制了对可用数据的讨论或扭曲了其意义(Kahneman, 2011; Tversky & Kahneman, 1974)。常见的偏见包括倾向于不予考虑、不支持经验或先验信念的数据。决策时常走的捷径包括认为传闻的信息比真实的更具代表性,或采用最先合意的决策性选择而不是评估所有可能的选择。另外,人类记忆的基本过程也可能导致偏差。因此,如果数据是生动的、是最近或重复呈现的,或是能被整合到对问题现有的理解里,那么这些数据就更容易被回忆起。

顾问团在制订决策时所带来的额外挑战使决策中个人层面的问题更加复杂化。顾问团里那些最直言不讳或最有影响力的人可能会支配决策(Plous,1993)。尽管团体内的分歧可能是建设性的,可能会防止意见被忽视或不被考虑的"群体思维"(Janis & Mann, 1977)这样的社会动态,但也可能会存在相互竞争的议题或世界观,如研究型人员和非研究型人员有不同的视角(Weiss, 1980)。然而,在实践中很难创建和保持一种可以提出和考虑不同意见的氛围(Cherniss & Deegan, 2000; Kreuter, Lezin, & Young, 2000; Roussos & Fawcett, 2000)。除了他们必须要做出的计划性决策,顾问团也需要发展自己的内部组织、程序和政策,这很费时,但对顾问团实现其强制性的使命却是必不可少的(Cherniss & Deegan, 2000; Dearing, Larson, Randall, & Pope, 1998)。这些过程的指导方针往往不够充分,并且它们的重要性常常被资助者或授权机构低估,直到问题变得明显才会被重视。

识别和选择要实施的循证干预

EBIs 的选择可能是战略性计划过程一个明确的结果,或可能是在确定干预类型或其他要求时,提供者组织对识别干预或其他要求的战略性计划做出的回应。被资助者对研究证据的定义,以及以这些定义为基础,通过综合现有研究而形成的 EBIs 纲要,越来越影响着 EBIs 的选择。一些纲要受效能证据驱动,而另一些纲要则受有效性结果的驱动。大多数纲要会定期更新。这些纲要的例子包括 SAMHSA 的国家循证项目和实践登记册(national registry of evidence-based programs and practices, NREPP)和 CDC 的 HIV 预防干预纲要。在这些纲要中,某些(但不一定所有的)干预可能会有实施程序包的支持。程序包通常为实施干预和培训实地员工提供材料,并提供公开的信息以及与核心要素、适用人群和支持研究有关的信息。这些实施程序包通常由 EBIs 的发起人或他们的合作者所开发,并可从发起人或第三方供应商那里获取。

如果以资助者为基础的纲要尚未被提出或它们的严谨性受到质疑,那么就会有由专业组织(Flay et al., 2005)、基金会资助者或专家小组编制的其他纲要。也有像致力于编写这类纲要的科克伦合作(cochrane collaboration)这样的组织编写的权威性综述。特别是,科克伦所使用的标准日益推动着其他人编制纲要时需采用的方法的发展。最后,可能有一些重要的学术文献综述用于指导特定的干预类型。

一旦确定权威性的汇编符合资助要求,就可以进行 EBIs 的选择。EBIs 的选择应与规划数据一致,并且应该从人群、资源、提供服务的方法和服务提供者背景等方面来体现 EBIs 的适用性。随着规划过程的推进,提供者组织应该雇用一线的提供者和他们的主管,这样他们就可以了解规划过程的驱动因素,并确保这些一线提供者可以告知 EBIs 的选择情况和实际的执行情况。不幸的是,与一线人员的磋商通常处理不佳,并且这种磋商往往以一种自上而下的方式发生。由于不是所有的 EBIs 都有实施程序包,并且也不是所有 EBIs 实施程序包都被资助者通过培训或技术援助的方式进行支持,所以这些支持的可用性对 EBIs 的最终选择也很重要。缺乏现成的技术援助往往由从业者的参与来填补这一缺口,这将在下面“EBIs 的实施”中进行讨论。

从业者的角色、任务和相关的胜任力

规划是从业者日常工作的一部分,从业者受雇于资助者和授权机构或是在提供者组织的管理部门工作。对学者或从事咨询工作的独立从业者而言,规划往往是进入实施工作的切入点,而研究生经常参与和规划相关的任务,如数据分析或进行需求评估。从业者任务种类多样,而且范围也很宽泛,从简单的文献综述或数据分析任务到更加复杂的数据整合或重组顾问团。公共或项目数据的二级分析和填补数据缺口的小型补充性研究也都是很常见的,这些用于协助合并规划数据和撰写报告。表 11.1 是一个总结,说明了从业者在一个宽泛的角色范围内可以做的任务。

当资助者、授权机构或提供者组织要求从业者做一项具体的项目,如对 EBIs 做一个文献综述时,角色和关系是最简单的。这类任务有明确的技术要求,如关于 EBIs 具体范围的知识,明确谁正在寻求援助,以及为关系设置一个端点。当然,还有一些其他的义务包括考虑受影响人群的最佳利益,现有研究的完整性,以及进行这

一工作的从业者的个人能力。当涉及相对开放的关系时，如向授权机构提供战略性计划与进度报告的技术援助，或是在规划过程中涉及多个参与方，如顾问团、授权机构或资助者的时候，角色就会变得比较复杂。开放的关系可能需要定期地重新商议，根据谁正在提供资金、谁在接受服务以及人员或团体是如何互动的，需要多个参与方一起来阐明关系。在复杂的情况下，从业者需要理清义务和关系，并明确这些事务所涉及的各方人员。

规划任务很容易变得复杂，因而经常需要决策等领域的专业知识，但这些领域很少有实践性的标准。有关在不确定条件下做决策的大量描述性文献导致个体层面上的干预很少，并且大多数个体层面的干预没有显示出有效性。比起过去，在实地工作的人员已经变得更加乐观，认为有能力克服这些挑战(Kahneman, 2011)。但毕竟可用的专业知识有限，并且这一领域的许多学术工作依赖于实验室任务；另外，其他方法的普适性又较差。因此，为弥补这些差距，在诸如态度改变和行为改变原则的社会和行为研究中，去接触相关但广泛的基础领域是有价值的。决策研究中获得的知识有助于识别不确定性的存在及不确定性带来的后果(如，直观推断和偏见)，也有助于开发挑战它们的方法(例如，提供多种角度，新颖性关键点的重复，将材料分解成更小的有顺序的步骤以加深对材料的理解)。与顾问团过程相关的研究没有聚焦在决策和数据使用的本身，但确实能够提供有用的、在某种程度上是普遍的指导，以说明使团体功能变得更好的因素(Foster-Fishman, Berkowitz, Lounsbury, Jacobson, & Allen, 2001; Kreuter et al., 2000; Roussos & Fawcett, 2000)。

对从业者的常规要求包括收集新数据或提供技术援助(如分析性的或解释性的援助)，以充分利用可用的东西。这经常发生在试图将数据整合到"战略性计划"或需要对这些计划的基金资助申请做出响应的背景下。这些任务需要有关特定数据(如，测量、抽样、普遍适用性)的技术性知识，以及需要了解如何使用数据以满足资助者的规划要求。因此，广泛的规划过程的知识(见，"EBIs的资助、资源和系统的结构")是必要的。正如所强调的，从业者关注数据用户及他们处理数据的知识和经验都是重要的，尤其是在规划的背景下。也需要关注规划过程中提供数据的研究人员的视角，因为他们通常对数据如何用于规划目的的了解有限，以及需要担忧在规划过程中数据可能会被其他各方误解的可能性。

对任何涉及规划过程的任务来说，接触规划过程、观察规划过程的机会以及与重要的参与者互动的机会都是必要的，并且在深入数据任务之前就应该做到这些事情。观察和识别行为模式的能力受益于接触人类学方法以及接触团体过程的相关领域，如组织发展和团体动力学。在个人层面上，承认人类在回忆和合并大数据上的能力是有限的，对数据使用有情感和态度上的障碍，以及环境的影响，如环境规划的时间压力和特点，这些都是很重要的(Kahneman, 2011)。

规划过程本身一直是研究的主题，然而，这一研究演化的方式往往是其使用的障碍。大部分研究是描述性的研究，很少有系统性的研究，其中大部分使用非实验的设计。研究最常发生在一个新规划过程的早期，当面对新要求并且顾问团也是第一次组建时，就会限制研究的价值，因为要考虑随着时间的推移，规划过程将如何演化。研究也倾向于具体到特定的资金流及其特定的要求，这意味着会忽略先前来自其他资金流的研究，并且意味着当启动一个新的规划项目时，是资助者和授权机构在“白费力气做重复工作”。因此，从业者应该关注广泛的文献，而不仅仅关注那些与分类性资金流相关的研究文献。

需要做一些工作来组织和综合与规划过程相关的研究。特别是，一些文献综述都集中在利于帮助集体功能的问题上(Cherniss & Deegan，2000；Foster-Fishman et al.，2001；Kreuter et al.，2000；Roussos & Fawcett，2000)。然而，它可能很难找到案例材料来使这些概念变得更具体。许多案例材料的内容出现在技术报告的灰色文献里，技术报告可以从资助者们或他们的顾问那里获得。这种材料已经开始迁移到网络，虽然它的寿命通常是有限的。尽管这些材料强调规划过程和顾问团的形成，但也有一些关于顾问团是如何发展和改造自身的例子(Dearing et al.，1998)，在“推荐阅读”里包含两个相关的案例研究，它们作为一期特刊，发表在 *AIDS & Behavior* 杂志上。

规划任务的事务特性，如与顾问团和董事会进行合作，为把研究与相关培训(如，文献回顾、需求评估)和管理培训及以项目为焦点的咨询进行整合提供了良好机会(Caplan，1970；O'Neill & Trickett，1982)。这也有参与社区动员的机会。因为各种各样的实体和各种相互关联的任务，从业者在规划过程中的角色(见表 11.1)可能会变得复杂。

总的来说，参与 EBIs 规划通常需要了解资助者的要求以及完成这些要求的要素，如数据要素、EBIs 的纲要以及顾问团。在为差距分析、EBIs 选择和战略性计划的发展而进行数据整合时，既需要技术性技能，又需要了解不确定环境下决策如何使规划过程产生偏差。技术性技能包括组织发展技能、咨询技能，以及在复杂的组织环境下与各个参与者建立工作同盟的能力。规划提供了一个很好的范例，即一个看似技术性的通常逐步安排的任务，是如何需要在许多领域中具有广泛的基础技能，并有能力在复杂的事务关系背景下使用它们。

循证干预的实施

许多一开始对项目实施感兴趣的从业者发现自己更多的是参与到诸如规划的初步工作。这个初步工作对将项目落实到位是有价值的，有效的规划应该包括针对特定的环境和场所选择可行的项目来实施。规划也应该促进提供者组织为 EBIs 提供组织性支持，预测资源需求，如培训和技术援助，并为监控系统、质量改进和 EBIs 的可持续性等提供基础。利益相关者关心的问题，尤其是来自一线服务提供者的问题，以及在规划中表达的问题，这些可能会很好预测将在项目实施过程中显现出来的问题。虽然也会讨论大规模实施需要考虑的事项，但本部分将主要侧重于在单一的环境下实施 EBIs 的简单案例。可用的资金资源和服务提供系统会极大地影响实施实践（见，“EBIs 的资助、资源和系统的结构”）。

实施实践的演化

实施实践的现状包括一系列有时让人费解的概念和框架。每种方法通常都有自己的术语，尽管在其他的方法里会发现概念和框架有大量的重叠。特定的实施方法和在任何一个资金流中用到的术语，都反映了过去或现在的资助要求以及提供者组织的习惯和服务提供者的优势专业。为了项目可以持续获得资助，从业者需要理解和尊重这样的背景和它的重要性，同时广泛借鉴可能有助于创造性解决实施问题的方法。

实施实践的演化是因为意识到研究出版物对正在实施的服务的影响往往是有限的（IOM，1994，2000，2009）。这个领域开始关注一线提供者及其主管，并始于 EBIs 的人工操作和手册相对随意的分布（通常只按要求提供）。这种方法的局限性很快变得明显，而且正式的以手册为基础的培训项目与 EBIs 手册更系统的分布结合在一起就变得普遍起来。后来，简单的手册被替换为综合的程序包，里面包括手册、员工培训和公共教育的材料，而且也可以获得各种形式的技术援助。

培训和技术援助方法已经从围绕手册的单次培训项目，发展到与实时的技术援助相整合以提供指导、反馈和强化的培训项目。培训过去主要是干预开发者的职责，但现在可获得的技术援助通常来自资助者、授权机构/高级员工。从单次亲自面授的方法到那些包括以电话和信息技术为基础的方法，技术援助的形式得到了发展。不幸的是，这意味着技术援助有时是由许多各种矛盾的来源提供的，这常常会导致较差的沟通和协调。尽管核心要素的保留仍然重要，人们也更加认识到 EBIs 可能需要适应环境、人群和其他的当地条件，但是这就将产生 EBIs 自身的问题（见“核心要素”）。

实施框架的演化

在实践中，EBIs 的实施水平相对较低而且实施的质量也参差不齐，这导致了对“什么在起作用”的研究，而且，从这点来看，也产生了指导和监督实施的框架。这项研究往往会推动着前文所述的实施交付中的变化。另一个主要的推动力是由医学研究所做出的权威评论（IOM，1994，2000，2009）。这些评论往往会得出相似的结论，这可能解释了各种框架的一些相似性。特定的资金流或特殊类型的环境也影响了一些框架。格拉斯哥的 RE-AIM 模型(Belza, Toobert, & Glasgow, 2007)是从测量卫生保健机构的实施维度中演化而来的,而为了物质滥用预防项目的当地实施,调适和实施成为霍金斯(Hawkins)和卡塔拉诺(Catalano)(1992)的"社区护理"系统的组成部分。该领域已发展到一个阶段,不仅有文献综述(Damschroder et al., 2009; Powell et al., 2012),还有"对综述的评论"(Rabin & Brownson, 2012),这是试图确定实施模型的常用术语和特征。

资助者可能会更强调某个实施框架,特别是那些根源于一个特定资助者的项目,然而,熟悉各种框架是非常有用的。个别框架的优点和缺点很可能有它们各自的根源,并且一些模型可能在某些领域会更有优势,如测量或更关注科研-实践合作的模型。一些资助者可能会使用一种最初源自多个框架的方法,而且,有原始来源的知识将更符合资助者的要求。

大多数的实施框架都聚焦在识别那些影响实施的阻碍因素和促进因素上。这些框架可能以一线的服务提供者(培训、对具体干预措施的响应)、组织问题(对 EBIs 的领导和支持、资源、具有类似项目的经验)、文化因素(组织文化、服务提供者的文化背景和目标人群的成员)/目标人群的个人喜好为中心。早期的工作主要集中在一线的服务提供者,而最近的模型已经包括组织和文化因素,以及诸如资金、政策和技术支持系统的结构/系统性因素。随着时间的推移,框架往往会越来越复杂,因为有更多的因素被确定,并且会认识到资助和服务提供系统内的各个行为者之间有更多的交互作用。有一个例外是万德斯曼和同事们的"到达结果"(Wandersman, Imm, Chinman, & Kaftarian, 2000),这是从物质滥用和心理卫生服务部(SAMHSA)的技术援助项目发展而来的,并试图简化方法以解决与单个 EBI 的需求、选择、适应、整合、监控和质量改进有关的问题。

切实落实循证干预方法

选好干预方法后,提供者组织需要开始确定如何将 EBIs 整合到他们的环境里。这可能涉及对他们提供服务的特定形式(以办公室为基础;外展服务;家庭、群体或个人提供),他们的客户(社会文化或临床的考虑),或诸如人员、空间和工作时间等问题的适应。

核心要素

研究普遍支持核心要素的保真度(fidelity),即当在新的环境下实施 EBIs 时,干预的核心要素被保留的程度,这对维护项目的有效性很重要(Dusenbury, Brannigan, Falco, & Hansen, 2003)。因此,在任何调适的情况下,都必须考虑到核心要素,尽管有很多因素会使情况变得复杂。通过干预,核心要素被充分说明的程度会有很大的不同。一些干预高度结构化,有着清晰的概念基础,而另一些干预根据实际内容而被自由设计。对结构化程度不高的干预进行调适可能会出现问题,除非该 EBI 的行为改变原理的基础是清楚的。不同核心要素的相对重要性通常没有经过严格的调查，而个别 EBI 的开发人员常常以非系统的方式确定核心要素。这种方式特别是在各种国际移民组织（IOM）的报告和其他评论强调核心要素的重要性之前制订的干预措施中尤为常见。在这些情况下，核心要素通常事后在"理性"或经验的基础上才被确定。这并不稀奇，因为干预的开发者会基于后续研究或实地的经验而改变对核心要素的想法。

核心要素的确定可能需要一定量的"侦探工作"，并由提供者组织和从业者判断合作方是谁。诸如美国国家药物滥用研究所的分类法（NIDA，2003）等方法可能会有帮助。谁是合作方分类法把核心要素分解成结构（受众、设置）、内容（信息、技能）和交付（环境、特殊特征）。对概念框架和行为改变理论的考虑也是重要的，因为这些通常是干预方法所固有的，并可能驱动交付方法。以个人、家庭和小群体为目标的 EBIs 通常利用社会学习原理（Bandura，2001），比如技能建设、态度改变方法（例如，理性行动理论/计划行为理论；Ajzen，1991；Fishbein & Ajzen，1975），而这些方法可能是互补的。基于网络的干预方法可能包括社会影响方式，如态度、规范和行为的扩散（Kelly et al.，1991；Rogers，2003）。一种解码核心要素的手段是越来越多地将中介/调节分析（Fairchild & Mackinnon，2009）融入检测概念框架元素的干预试验中。对不同的环境或人群，某些 EBIs 已经做出适应，但研究论文中对如何做出适应的描述有限，所以从业者应该联系研究人员获取更多的细节。一些干预方法已经用不同的交付形式进行了评估（如，护士 VS. 辅助人员家庭访视健康计划；Olds et al.，2002），尽管这经常发生，但实际上并没有进行系统的评估。

当一个特定的 EBI 的核心要素没有可用的系统评估时，可以用相关的研究来进行干预，它们在概念基础、交付方法、活动类型或结果上是相似的。在大量主题领域的干预可能会针对类似的诸如情绪管理的健康行为，或利用一些像技能发展这样的常见方法，这些方法来自于广泛使用的理论根源，诸如社会学习理论。因为环境和交付方法的相似性，各种 EBIs 也有共性（如，在社区里交付的辅助性专业人员 VS.办公室环境下的专业人员）。因此，EBIs 的知识应该超越那些受机构或资金流支持的干预的狭隘范围，尽管从业者应该了解最适用的 EBI，包括任何可得的材料和技术援助。

重塑循证干预：两个案例研究

了解核心要素的反面就是了解 EBIs 的重塑是如何发生的。维尼盖斯（Venigas）、高（Kao）和罗萨莱斯（Rosales）（2009）描述了在相对最佳的条件下，如何重塑预防 HIV 的干预方法。这发生在一个资源相对充足的背景下，有多个 EBIs 可用，并且支持性的指导和一揽子的 EBIs 和技术援助项目都是可获得的。在这个例子中，预调适的干预资源对维持核心要素是至关重要的，但仍然存在许多实施障碍。根据服务提供者以往的经验和早期发生的一些项目中断的负面经验，采用某些 EBIs

还是会遇到一些阻力。对文化和语言方面的考虑,以及与组织提供的其他服务相互整合,这些都可以指导 EBIs 的重塑。在某些情况下,国家和地方的资助者会增加他们的要求,其中包括一些活动,这些活动是原始的 EBIs 所没有的。对调适过的干预方法进行的预试验通常表明,干预所需的时间由最初创立为单次的干预变为现在多次的干预,这需要额外的保持策略。开发人员已经确定某些干预方法的改变是不恰当的,在这种情形下,仍实施某些干预方法,但在干预指南、可用的监控和结果系统的基础上,却很难知道这将如何影响结果。

在马里兰州和马萨诸塞州,谢伊等人(Shea, Callis, Cassidy-Stewart, Cranston, & Tomoyasu, 2006)从国家卫生部门的角度,对一些与维尼盖斯等人(2009)相同的 EBIs 的实施进行了研究。这些人还发现了与 EBIs 的核心要素不一致的实施实例,他们将这些与可获得的培训和支持材料的差距联系起来。精确实施一些 EBIs 过于昂贵,或者提供者组织认为一些 EBIs 不适合目标人群。很多 EBIs 要比它们的替代项目昂贵,如传统的外展服务或教育,并且,EBIs 需要更多目标人群的参与。有限的资源阻碍了新 EBIs 的可用性。尽管有这些障碍,但详细协议及与 EBIs 相关的材料,以及促进项目改进与问责的结果监测系统的出现,都被视为支持采用这些 EBIs。非常明显的是,这两个州也拥有坚决致力于以研究为基础的预防项目的领导力。

实施的实际局限性

这些案例研究说明了在现实中实施 EBIs 可能会遇到的一些障碍,当从业者与提供者组织一起工作时,不管是作为顾问还是雇员,都会遇到这些障碍。即使有制度支持和资源来促进循证实践,仍可能会出现差距。当干预不合适且又没有办法使其适应当地环境时,就可能被摒弃。成本、本地服务的整合,以及随着时间的推移而增加的新要求,都可能会对精确实施产生系统性障碍。过去相似的干预经验和早期的失败是一些其他的障碍,而结构性支持,如监控系统、培训的准备和技术支持又可能有限制。适应是一个问题,适应的模型,如温古德和迪克莱门特(Wingood & DiClemente, 2008)的 ADAPT-ITT 方法往往更适合研究环境,尽管它们在实践环境中可能有启发价值。

从业者的角色、任务和相关的胜任力

从业者有很多机会将 EBIs 付诸实践,并将 EBIs 整合到各种环境里。这些最常发生在与提供者组织磋商或是在资助者或授权机构提供技术援助的背景下,但可能会有许多不同的角色和背景(见表 11.1)。从业者也可能为资助者或授权机构担任项目管理工作并开发政策、指导方针和监视系统,或进行实施相关的研究。在学术界的从业者也可能参与实施过程的评估,并为现有 EBIs 的实施开发配套产品。实施实践可能包含在一个项目环境下,将单个 EBI 落实到位,或是在一个大区域内的不同环境下,传播和实施一个或多个EBIs。

在某种程度上,实施的实践任务和角色会有变化,这取决于从业者是否受雇于资助者或授权机构,与之相反的是作为提供者组织的成员或独立的从业者(见表11.1)。尽管如此,所有这些角色中的从业者都可能被要求为EBIs提供培训和技术援助,以及可能参与监控系统的开发或监控数据的分析。无论角色如何,都需要了解正在实施的EBIs的特性和所有支持它的材料(如,实施程序包、手册、培训和客户信息资料)以及相关的研究。熟悉性应该包括对核心要素的理解、这些核心要素如何被推断出来、它们如何与相关的过程(如,培训、技术援助和监控)关联,以及以往任何为实施这些EBIs做出的努力。

可能会有一个详细的框架来指导从业者在工作环境中实施EBIs;然而,他们也应该熟悉其他的框架,最近出现了大量的综述性文献(Damschroder et al., 2009; Powell et al., 2012; Rabin & Brownson, 2012),这会有助于熟悉过程。熟悉其他的EBIs也是件值得做的事情,尤其是当其他的EBIs与你感兴趣的EBIs明显相似时。这是特别有用的,毕竟从业者对感兴趣的EBI的知识是有限的,授权机构/提供者组织根据核心要素、不同环境和人群做出的调适也只能提供部分知识。EBIs的纲要可以帮助识别这些同源的干预方法,并且如果选择的EBIs明显不起作用,那么EBIs的纲要也有助于识别替代方案。在实施中,综合理解行为改变原理以及特别关注用于你感兴趣的EBIs的那些原理,都会有益于你扩展知识和技能的领域。这是特别重要的,因为从干预开发者那里得到的关于核心要素的信息是有限的。有关实施系统的知识也很重要,包括资助要求或当地的政策,而这些要求或政策可能会以显著的方式导致干预方法的重塑。

在资助和授权机构中的技能组合通常会很好利用他们现有的政策和他们彼此的关系或他们与提供者组织关系的性质。另一方面,实施程序包的开发和技术援助受益于广泛的知识和技能,以及对如何在实践中提供服务的熟悉度。监测和结果评价系统的开发工作同样也需要努力,尽管开发工作可能会利用到那些已被资助者或授权机构因为其他目的而使用过的数据收集工具。

在从业者与提供者组织的直接合作中,他们会发现自己需要去了解组织在各水平上的实施情况,即使他们的工作主要集中在某一个水平上。例如,与项目经理合作开发一种组织政策用于监控实施,这需要去了解执行该EBI的服务人员的经验,以及接受该EBI服务的消费者的观点。努力帮助一线提供者调适一种EBI,这可能会更有效地了解到很多方面,包括组织是如何支持该EBI的采用和调适,采用过程需要多少一线提供者,以及是否有政策支持领导使用EBI等。作为一个服务提供者,之前的经验可能是可用的,特别是曾经接触过的不同的环境,尽管有一些先前的提供者可能因为太受过去经验的限制反而不能充分理解别人的经验。

最近的研究表明,组织性因素,如领导力、主管的支持,以及与提供者组织的互动，对 EBIs 的成功实施很重要（Asgary-Egan & Lee，2012；Damschroder et al.，2009；Torrey，Bond，McHugo，& Swain，2012）。进入实施阶段的从业者通常是与个体的服务提供者合作。技术援助的大部分资源仍适合这些服务提供者，并且根据个体服务提供者（如自我效能、相似干预的经历、先前群体的经验）而通常使问题概念化。在个体服务提供者水平上，频繁地将问题概念化会使问题变得更加复杂，并涉及作为一个集体的提供者/组织中不同水平之间的关系，这是几乎没有进行调查研究的实施的一些方面。可能会选择那些不太需要一线服务提供者意见与建议的 EBIs，并且在对 EBIs 调适时可能也不会考虑他们对目标人群的了解程度或过去类似的干预经验。监控保真度或监控结果的工作可能是新颖的，并被视为员工的绩效计量而不是作为反馈和质量改进工具。实际上在某些情况下，监控工具可能是员工评价的一部分，而这种局限性需要与管理人员一起来解决，特别是在一种 EBI 与过去活动相背离的情况下。

可能还存在一些其他的问题，通过这些问题，从业者可能会发现自己是在处理基于组织的实施问题。此外，他们和组织不同层面的人员合作以找到问题的解决方案。对员工的培训需求，以及为适应特定的环境，干预方法需要被调适到何种程度，合作双方可能会有分歧。组织中领导层对 EBIs 承诺可能很难传播给组织中的其他人。也可能组织内早已存在某些问题，这些问题反映了某些影响因素，如一个大型组织里的等级制度和官僚主义，或一个小型组织里魅力型领袖的局限性。从业者需要准备如何快速评估组织的问题，以及如何以促进组织发展和项目实施为目标的方式进行干预。对组织问题的关注可能需要重新商议协商关系，因为这种协商关系最初是建立在有限目标的基础上的，如向一线提供者提供 EBI 的技术援助。如果从业者最初担任资助者或授权机构的顾问，而提供者组织依赖该资助者或授权机构的资助，那么，接受这样的改变可能是困难的。

在多个环境中实施 EBIs 会将许多在单一环境下出现的问题混合在一起。多种环境常常转化为不同的组织氛围、资源的变化，以及客户群和提供者之间有更大的多样性。调适与核心要素的保真度随着多种环境而变得更加复杂，那么精心设计的监测系统就会变得更重要。在多个环境里实施 EBIs，定制的技术援助就尤为重要，并且通常会比单次的培训或手册的分配产生更好的保真度（Kelly et al.，2000）。不幸的是，用于这一目的的资源可能是有限的，特别是很少有机会当面了解员工和他们工作场所的组织特征以及他们的特殊需求。当资源随着提供者组织和个体的服务提供场所的不同而变化时，从业者需要在资源匮乏的环境里填补这些缺口，如培训、技术援助，或案例咨询上的缺口。以技术为基础的技术援助日益普遍，并且通过广泛可用的技术而变得更加可行，如 Skype（一种网络即时语音沟通工具）；然而，技术问题仍然常见，而且使用一些低技术的方法，如电话会议，可能还是必要的。

一般来说，实施需要彻底了解资助者的要求、EBIs 的相关纲要，以及可获得的支持，如实施程序包（packages）、培训和技术援助。可能会要求从业者将支持范围扩展到资源有限的提供者组织，或要求从业者帮助较大的组织更好地跨场所使用资源。保持 EBIs 核心要素的保真度可能需要做判断和调查，以确立真正的核心要素是什么，以及如何修改干预措施可以不丢失保真度。这包括调查那些不同但结构或概念相似的 EBIs。开发监控系统通常是必要的，而这些也需要涉及核心元素。实施还需要根据组织的使命、服务提供模型，以及组织不同层面的个体需求来了解实施 EBIs 的环境。对此，用于组织发展和协商的技能，与具体 EBIs 相关的技术知识和技能，以及 EBIs 的原理知识都是必不可少的。

开发新的循证干预

开发新的循证干预的总则

通过试点工作或临床试验（测试 EBIs 效能、有效性或调适适宜性）中的专业性/支持性角色，社区从业者在培训中经常参与新 EBIs 的开发。这项工作通常受研究机构，如美国国家卫生研究所（NIH）的资助；主要资助服务的机构，如疾病防治中心（CDC）或健康资源与服务管理局（HRSA）也可能对新的或调适的 EBIs 的研究工作进行资助。偶尔，资助者为了干预方法可能会有具体的申请要求（requests for applications，RFAs）；不过，通常是通过基金公告（特别是来自像 NIH 这样的主要研究资助机构）提出这些要求。开发可能被视为一个"最前面的"步骤（在实施之前），但在大多数领域，甚至是在许多 EBIs 进入该领域之后还在继续开发新的干预方法。先前开发的 EBIs 常常作为出发点，而许多新的 EBIs 试图填补现有干预的缺口，或试图用新技术来调适 EBIs。为新的人群或环境而调适现有的 EBIs，这一现象日益变得普遍，并为如何在新背景下实施 EBIs 提供了一些原则和一个重要的实施途径。所有这些方法都需要广泛理解 EBIs 的现有研究并考虑下一步的实施。

当前 EBIs 的资助指南不应排除新干预方法的开发，新干预方法应走出现有交付方法或理论的范围，尽管许多研究人员对超出目前资助范围的实施还比较谨慎。技术激发了新的干预方法，并且采用信息技术方法（手机短信、基于网络的社交网络、互动视频、虚拟现实）对不同的健康和社会条件（如，戒烟、增加营养、减少 HIV / STI 性风险行为）做了许多试验。不过，目前尚不清楚如何将这些干预方法整合到现有的环境和资金流里，这对记录新项目的建立和维持资源需求，以及确定实施成本效益估计的方法都是重要的。平价医疗法案（www.hhs.gov/healthcare/rights/law/index.html）可能会促进新的干预方法，这不仅是因为它将提供新的服务收入来源，而且也因为它可能重塑服务和它们与卫生保健系统的关系，特别是在以前服务没有涉及卫生保健（如，物质滥用预防）的情况下。

从业者的角色、任务和相关的胜任力

新 EBIs 的开发应该借鉴行为改变理论、研究设计、方法学和测量中的基本技能。对环境，尤其是特定问题的保护或风险性的情境因素进行综合考虑也是必要的。旨在通过不同资金流实施的干预应该考虑目前受到支持的干预的资助指南，尤其是关注标准。从业者应审查证据的标准和满足这些指南的 EBIs（来自纲要或其他来源），并要特别注意那些基于人群、环境或可用的 EBIs 形式的那些差距。这些指南将影响研究设计和结果变量。就了解现有 EBIs 的局限性而言，经历现有的 EBIs，特别是现场实施是有帮助的。

监督地方、州或联邦项目的咨询人员可以帮助评估这些资助要求是如何随着时间演化的，而这种演化可能会影响到新的 EBIs。例如，CDC 对预防艾滋病的资助要求越来越聚焦在那些符合具体证据标准的项目上，而国家卫生部门经常在 CDC 之前就启动这些政策。向联邦政府的研究资助机构，如 NIH 和主要的基金会，提交新 EBIs 的研究基金申请时需接受同行评议，同行评议通常包括有 EBIs 实施经验的评审家。在评估新的研究提案时，这些评审家可能会考虑资助指南和实施的实践性方面（如，核心要素、人工操作的可行性、常见的提供者组织资源）。因此，向担任同行评议的研究人员和研究资助机构负责项目的工作人员咨询都是有价值的。

新 EBIs 的开发人员需要考虑如何确立干预方法的核心要素，并使用合适的方法来证实它们的中心性，如，中介/调节分析（Fairchild & Mackinnon, 2009）或能对那种解聚研究进行成分分析的研究设计。新的临床试验设计有希望帮助告知在资源受限的环境或有着复杂问题的人群中如何实施干预措施。这些临床试验设计调查可以优化干预方法或能测试不同的组合和干预的结果（Collins, Murphy, & Strecher, 2007）。此外，还应该考虑提供者组织在调适 EBIs 时面对的问题，这样核心要素才可以具体化，循证才是有可能的。研究资助者和同行评议者通常期望，这些清晰的直接链接到过程和结果评估测量的概念模型可以作为测试核心要素的一部分。这在引进新的诸如文化适应性或服务模式改变的要素时尤其如此，如从面对面变化到在线。在研究的初期阶段有目标受众的参与，而利益相关者则参与整个研究过程。而且，开发新 EBIs 和实施调适的研究，逐渐期望用近似于 EBIs 最终使用的人群和环境测试干预的方法。

研究资助者和许多学术型研究人员坚持研究的逐步模式，先通过试点和效能研究识别风险/保护性因素，然后再进行有效性试验（IOM, 1994）。现在更关注实施问题的早期识别（Glasgow, Lichtenstein, & Marcus, 2003），并且，一些领域，如 HIV 预防，强调用效能数据作为采用 EBI 的主要依据，而不是等待大规模的有效性试验。其他与 EBIs 采用相关的因素，如成本效益，在效能研究中也日益被期待。所有的这一切都需要重视传统的理论测试和比较干预设计，并且更加重视干预方法的最终用

途和用户，以及资助者和授权机构所期待的研究证据的类型。

总结和结论性评论

循证干预的规划、实施和开发：总结和社区心理学家与其他学科的考虑事项

希望本章已经阐明了从业者的角色、任务，以及将 EBIs 付诸实施或开发新的 EBIs 所需的胜任力。显然有许多技术和监管方面的注意事项，而这些事项存在于重叠的系统中，系统包括资助者、授权机构和提供者组织。许多框架和概念已被发展到可获取实施过程，但往往不能获取技术的背景或资助要求、不同系统的文化。它们也倾向于忽视服务提供者和消费者的经验，以及提供者角色的发展和专业人员决定服务提供的方式。从业者需要意识到这些背景和情境因素，同时关注到人们和组织的即时需求。资助者、授权机构、从业者、组织员工和顾问团成员往往能敏锐地意识到技术、监管或形成他们世界的专业/文化因素，但这可能受益于一个从业者能够带来的更大绘景。同时，从业者需要认识到，工作是发生在社会性、事务性情境中，循证实践的必要性是唯一要考虑的事情，即使这样，它的必要性也经常被更切身的问题所替代。

本章主要是为社区心理学从业者的专业发展而写；然而，这里的角色经常被其他学科的人充当。这些学科与社区心理学有相当大的重叠，如应用人类学、应用社会学、公共健康行为和社会科学、健康教育、应用通信、教育评估、社区护理和社会福利。

社区心理学强调了比个体和他们的直接环境更加复杂的分析水平，但社区心理学家可能会找机会利用基础心理学的技能或其他心理学分支学科的特点，如行为改变理论、判断和决策研究、测量以及研究设计的基本概念。其他学科的从业者可能也发现自己正在借鉴该学科的基础知识和使他们能够在复杂环境中工作的应用知识。例如，应用社会学家可能利用调查方法及角色与地位的概念化，而应用人类学家可能利用归纳调查、聚焦社会组织，以及使用各种定性方法和分析工具。受过公共卫生培训的人可能会发现公共卫生实践和流行病学的基础工作很有用，而在社会福利学科内，系统和社区的定位可能特别重要。在理解提供者视角、筹资和报销实践、服务提供场所组织，以及进行干预的日常细节方面，作为临床医生接受培训的从业者(如，临床/社区心理学家、社会工作者、护士、健康教育者)也会利用他们的临床经验。特别重视项目管理的学科，如社会福利，也可能发现那些技能做出了独特的贡献。

EBIs 的规划、实施和开发可能会利用从业者在职业培训、自己的专业领域或其他的生活经历中学到的很多知识，而不是反映任何学科都会教的简单技术性技能。

相反，在这些领域内工作需要一个人有多学科的观点，对技能和调查的新领域持开放态度，且不受到学科身份和最初训练的限制。最后一个注意事项是，在 EBIs 规划、实施和开发过程中，早期的直接经验是至关重要的，并有机会用那种经验来更宏观描绘这项工作发生的背景。

回到开端

本章的开篇练习提供了一项不愉快的任务，即帮助一个地区卫生机构在资源受限的环境下实施预防毒品和酒精滥用的 EBIs。首先要考虑的问题是 EBIs 是否可用，这也许是最容易回答的问题。这个问题有大量的文献(如，NIDA，2003)，并且州政府提供了指导；也有许多可以选择的 EBIs，虽然只有少数几个能获得州政府或联邦政府的技术援助的支持。也可以从 SAMHSA 的 NREPP 纲要和 NIDA 的综述中获得这些项目的信息。

为开始实施 EBIs 而建立社区支持和获取资源比确定新项目更具挑战性。目前的项目是廉价的，易于实施，并受到一些利益相关者的欢迎，但不是每个实际进行干预的人员都喜欢当前的这个项目。在搜索围绕毒品和酒精预防的 EBIs 的不同社区动员的方法中，咨询人员了解到 PROSPER，它是药物和酒精预防项目的循证规划、选择和实施的一种综合方法(Spoth，Greenberg，Bierman，& Redmond，2004；Spoth et al.，2013)。PROSPER 已经在该地区城镇中更小型的社区里进行了测试，并利用政府赠地州立大学的合作推广人员，对社区的各种问题提供技术援助(最初在农业，但最近进入与儿童发展有关的领域)。PROSPER 为实施需求评估提供工具，也可以被用来测量人口水平的结果，并且 PROSPER 试验支持列入州政府名单的干预。此外，PROSPER 强调高保真的实施，并专注于与学校的伙伴关系，这些也被视为资产。

其他州也进行 PROSPER 试验，尽管 PROSPER 与一些州政府合作，但在这名从业者的州中却没有积极的合作。即便如此，当这名从业者与州政府物质滥用机构里的人联系时，他们有兴趣尝试这种方法，并且他们曾做过有相似要素的项目，即社区护理(Hawkins & Catalano，1992)。该州也有兴趣发展一个正式的 PROSPER 合作。

这名从业者采用 PROSPER 模型来组织当地的团队，其中包括学校董事会和执法机构，在社区为预防物质滥用而实施 EBIs。尽管一些利益相关者对他们现有的项目感到高兴，但他们认识到，未来该项目将不会获得资助，而且致力于新项目将符合他们和他们社区的利益。

这名从业者雇用了当地大学的一些相关教员，还找到了一个对儿童发展感兴趣的当地推广服务的机构。这所大学不是政府赠地机构(这是合作推广服务的基础)，但这不妨碍与该大学合作的当地机构去推广服务。为组织项目，寻找数据收集的资源和进行需求评估，这名从业者开始会见来自州政府的技术援助人员和当地的利益相关者。因为这对卫生机构来说是一个新的方向，并且即时的资助是有限的，所以他们决定集中在两个县，而不是所有的县。这些县有不同的人口和资源，并被认为是良好的起点。各方都很关心经费情况，尽管他们已经能够从其他的 PROSPER 场所获得成本信息。试点地区的学校确定愿意提供从 PROSPER 清单中所选择的干预的教师。大学的合作伙伴自愿帮助分析需求评估，员工培训将来自正常的培训资金，而技术援助将是日常的州基金的部分功能。

采用一个结构化的包含评估材料和受资助者支持的干预清单的实施程序包，可以增加新干预方法有良好开端和精确实施的可能性。合作推广服务的运用以及利益相关者的参与，可以增加该 EBI 一旦被实施就能持续的可能性。从业者的下一步可能是帮助收集和分析评估数据，以及帮助利益相关者在众多受支持的 EBIs 中做出选择，对当地的调适能保持核心要素的保真度。从业者之后的任务可能包括与技术援助提供者进行合作，以确保保真度或协助质量保证过程或结果评估。

问题讨论

1.社区有现成的循证干预吗？

2.为什么有那么多的实施模型？为什么它们是如此复杂？

3.为什么数据驱动的规划过程没有导致更多的循证服务？

4.确保循证服务得到恰当实施和维持的最好方法是什么？

5.为有效实施循证干预，必需的技能是什么？

关键术语和定义

调适(adaptation)：修改一个 EBI 使其适应于目标受众或环境的特殊需求，尤其是在人群或环境与 EBI 最初被开发或先前被实施的情形不同的情况下。

分类(资助)(categorical funding)：为特定类别的服务提供资助，这通常由资金用于提高(如，儿童福利)或改善(如，HIV 预防)的条件而决定。“类别”也可能是一个特定类型的提供明确服务范围的服务提供场所(如，社区卫生中心)。

合作协议(cooperative agreement)：包括资助者实质性地参与事务的拨款机制，通常包括为了项目的实践而直接、主动地参与监督和技术援助，而不仅是定期的监控进度。

核心要素(core elements)：EBI 的“积极成分”，它包括行为改变的潜在机制以及诸如结构、内容和服务提供的特征，并且它应该在对新的环境或人群进行调适和实施过程中被保留下来。

成本效益(cost-effectiveness):对与干预相关的成本(劳动力、材料、管理成本)如何与它可测量的结果相关联,以及资金是否超出由于干预而产生的新成本的估计。一种新的干预通常会与现有的服务,或者与没有提供服务的情况进行比较,没有提供服务是与成本(即,监禁或其他形式的制度化的成本;与患病相关的医疗费用;与度量相关的成本,如伤残调整生命年(disability-adjusted life years,DALYs)或质量校正生命年(quality-adjusted life years,QALYs)有关的。

数据库(data warehouse):数据的中心存储库,它是通过将一个或多个不同来源的数据整合到一起而创建的,如,卫生部门的人口动态统计或疾病监测数据,人口普查数据,以及来自如法院、社会服务机构或医院的数据项目数据。数据库通常存储当前数据和历史数据,并使它们可用于分析。它们可能在如邮政编码或人口普查区的地理编码基础上合并数据。

决策支持系统(decision support system):广义上是一种帮助如管理者或顾问团的决策者在多个方案中做出选择来解决问题的资源。该系统帮助决策者使用他们可用的数据来选择使用基于人群、环境或预期结果的算法的干预。

EBIs 传播(dissemination of EBIs):积极努力地扩散 EBIs,以便它们能到达目标受众。这涉及分发包括手册和支持性培训材料的手册或“包”,以及对可能提供 EBIs 的专业人员进行培训。

有效性(effectiveness):干预在现实条件下应用时取得显著的预防或治疗效果的证据。如,诊所、学校或社区组织的服务提供者所进行的干预。

授权机构(enabling agency):负责管理服务资源的提供与获取的政策的机构。例如,心理健康委员会或药物滥用委员会、地方当局,或学校董事会。这些机构通常是以州法律规定的方式组建起来的,并响应州当局和他们的资助要求,尽管他们可能有权通过税收在本地筹集资金。授权机构提供 EBIs 实施的近端监督和技术援助。虽然州政府通常履行这个职责并且是当地提供者组织的主要资助者,但这里强调的是当地授权机构。

保真度(fidelity):当在新环境下实施 EBI 时,尤其是当 EBI 被调适于不同于过去使用的环境和人群时,干预的核心元素被保留的程度。

差距分析(gap analysis):一个常见的通过分析相关的数据(如,流行病学数据和来自于现有服务的项目数据)而识别未被满足或未被服务好的需求的规划过程。这是规划和选择 EBIs 以解决未被满足或未被服务好的需求的基础。

实施(implementation):使用策略以采用和整合循证的健康干预以及在具体情境下改变实践模式。在这里这个术语的使用包括在实施中的调适和传播,而一些评论家会将其中的一个或两个过程看作是与实施过程不同的。

监控(monitoring):EBIs 实施及其结果被观测的过程,以便这些数据为优化这些 EBIs 提供信息,并确定 EBIs 效果如何及为什么会有效果。监控系统是一套标准化的监控措施。

提供者组织(provider organization):向公众提供服务的组织。它在规模上可以从一个在单一场所运作的小型社区组织,到一个大型的如学校系统的当地组织,再到提供各种服务的组织,如,医院或社区精神卫生中心或医疗保健网络。

利益相关者(stakeholder):影响组织行动或被组织行动影响的个人、团体、组织、成员或系统。受 EBIs 实施影响的服务提供者或提供服务的机构的管理者都可以被认为是利益相关者。利益相关者也包括支持 EBIs 所服务人群的那些人以及消费者。其管辖范围包括提供服务的机构或实体的民选官员也会被认为是利益相关者。

战略性计划(strategic plan):一个在特定的分类资助机制下引导 EBIs 实施的综合计划。它通常整合各种数据来定义本地服务的缺口(流行病学数据、项目数据)并作为选择 EBIs 来解决这些缺口的基础。该计划通常包括监控 EBIs 的实施并观测它们的后果。

公共卫生监测(surveillance in public health):对特殊状况的发生情况进行持续观察的过程。这可以通过自愿或强制性地报告那种状况(如,HIV 病例)的发生情况而实现。监测也可以通过定期的、基于人群的健康状况以及风险或保护性因素的发生情况的调查而进行。

技术援助(technical assistance):提供信息、指导、反馈和/或培训,以协助服务提供者制订战略计划或实施干预。技术援助有时与培训形成对比,它可能更多的是一种经常性的、事务性的关系,与培训相比较会更加简短;然而,培训活动,如教学研讨会,经常被归入技术援助里。

变革理论(theory of change):逻辑模型或战略性计划的一种成分,它详细说明了一种状况得到改善的过程或者变化被与该状况相关的风险或保护性因素所影响的过程。EBI 的选择应该反映与变革理论相一致并探讨特定因素和状况的干预方法的使用。

功利化(utilitarian):在规划背景下,在分析现有数据的基础上,使潜在利益最大化并使危害最小化的概念。这意味着手上要有足够且合适的数据,并且数据可以用来以一致的方式、在条件未被满足的情况下来确定具体的后果。

资源

推荐阅读

医学研究所有关 EBIs 实施的有影响的研究的报告:

Institute of Medicine.(1994). *Reducing risks for mental disorders: Frontiers for preventive intervention research*. Washington, DC: Author.

Institute of Medicine.(2000). *No time to lose: Getting more from HIV prevention*. Washington, DC: Author.

Institute of Medicine.(2009). *Preventing mental, emotion, and behavioral disorders among young people: Progress and possibilities*. Washington, DC: Author.

实施多方法快速社区评估的有用介绍：

Beebe, J.(2001). *Rapid assessment process: An introduction*. Walnut Creek, CA: Alta Mira.

决策研究的有用概述：

Kahneman, D.(2011). *Thinking, fast and slow*. New York, NY: Farrar, Straus and Giroux.

Plous, S.(1993). *The psychology of judgment and decision making*. New York, NY: McGraw-Hill.

采用干预规划的顾问团取向的文献综述：

Roussos, S. T., & Fawcett, S. B.(2000). A review of collaborative partnerships as a strategy for improving community health. *Annual Review of Public Health*, 21, 369—402.

Kreuter, M. W., Lezin, N., & Young, L.(2000). Evaluating community—based collaborative mechanisms: Implications for practitioners. *Health Promotion Practice*, 1, 49—63.

来自致力于与社区规划团体和提供者组织进行合作以增加使用用于规划目的的数据的案例研究的论文。这些论文(除了 Mejia et al .之外)都发表在 *AIDS & Behavior* 杂志上的一期特刊里：

Amaro, H., Conron, K. J., Mitchell, E. M. H., Morrill, A. C., Blake, S. M., & Cranston, K.(2005). HIV prevention community planning: Challenges and opportunities for data-informed decision-making. *AIDS & Behavior*, 9(Suppl. 2), S9—S27.

Batchelor, K., Freeman, A. C., Robbins, A., Dudley, T., & Phillips, N. (2005). A formative assessment of the use of behavioral data in HIV prevention in Texas. *AIDS & Behavior*, 9(Suppl. 2), S29—S40.

Batchelor, K., Robbins, A., Freeman, A. C., Dudley, T., & Phillips, N. (2005). After the innovation: Outcomes from the Texas Behavioral Data Project. *AIDS & Behavior*, 9(Suppl. 2), S71—S86.

Batchelor, K., Freeman, A. C., Robbins, A., Dudley, T., & Phillips, N. (2005). A formative assessment of the use of behavioral data in HIV prevention in

Texas. *AIDS & Behavior*, 9(Suppl. 2), S29－S40.

Jenkins, R. A., Cranston, K., Robbins, A., Amaro, H., Morrill, A. C., Batchelor, K., . . . Carey, J. W.(2005). Improving the use of data for HIV prevention decision making: Lessons learned. *AIDS & Behavior*, 9(Suppl. 2), S87－S99.

Jenkins, R. A., Robbins, A., Cranston, K., Batchelor, K., Freeman, A. C., Amaro, H., . . . Carey, J. W.(2005). Bridging data and decision making: Development of techniques for improving the HIV prevention community planning process. *AIDS & Behavior*, 9(Suppl. 2), S41－S43.

Mejia, R., Jenkins, R. A., Carey, J. W., Amaro, H., Morrill, A. C., Krech, L., . . . Cranston, K.(2009). Longitudinal observation of an HIV Prevention Community Planning Group(CPG). *Health Promotion Practice*, 10, 136－143.

Morrill, A. C., Amaro, H., Dai, J., Dunn, S., Blake, S. M., & Cranston, K.(2005). HIV prevention community planning: Enhancing data－informed decision making. *AIDS & Behavior*, 9(Suppl. 2), S55－S70.

关于实施的文献综述，包括术语和模型：

Damschroder, L. J., Aron, D. C., Keith, R. E., Kirsh, S. R., Alexander, J. A., & Lowery, J. C.(2009). Fostering implementation of health services research findings into practice: A consolidated framework for advancing implementation science. *Implementation Science*, 4, 4－50.

Powell, B. J., McMillen, J. C., Proctor, E. K., Carpenter, C. R., Griffey, R. T., Bunger, A. C., . . . York, J. L.(2012). A compilation of strategies for implementing clinical innovations in health and mental health. *Medical Care Research and Review*, 69, 123－157.

Rabin, B. A., & Brownson, R. C.(2012). Developing the terminology for dissemination and implementation research. In R. C. Brownson, G. A. Colditz, & E. K. Proctor(Eds.), *Dissemination and implementation research in health* (23－51). New York, NY: Oxford University Press.

与实施标准有关的被广泛引用的论文：

Dusenbury, L., Brannigan, R., Falco, M., & Hansen, W.(2003). A review of research on the fidelity of implementation: Implications for drug abuse prevention in school settings. *Health Education Research: Theory & Practice*, 18, 237－256.

Flay, B. R., Biglan, A., Boruch, R. F., Castro, F. G., Gottfredson, D.,

Kellam, S., . . . Ji, P.(2005). Standards of evidence: Criteria for efficacy, effectiveness, and dissemination. *Prevention Science*, 6, 151—175.

一个被频繁引用的 EBIs 文化适应模型:

Wingood, G. M., & DiClemente, R. J.(2008). The ADAPT—ITT model: A novel method of adapting evidence-based HIV interventions. *Journal of Acquired Immune Deficiency Syndromes*, 47(Suppl. 1), S40—46.

循证干预的纲要

卫生保健质量,国家临床指南中心(主要涉及生物医学的筛查和治疗机构)。

CDC 的 HIV 行为循证干预的纲要(预防和治疗配合度)。

坎贝尔合作(Campbell Collaboration)。这是更好地了解科克伦合作的一个社会/行为科学的对应部门,它征求评论并为编译和综合教育、社会福利等方面的有效干预的信息提供资源。

科克伦合作进行干预的权威点评,但不是所有都是生物医学方面的。科克伦进行评论的一般取向已经被政府机构和专业组织所采用。

National Institute on Drug Abuse.(2003).*Preventing drug abuse among children and adolescents: A research based guide for parents, educators and community leaders*(*2nd ed.*). Bethesda, MD: Author.(上述文献的删节版本)

美国预防服务专责小组建议(主要筛查生物医学条件的预防和早期干预,尽管未来的指南可能会包括行为健康)。

堪萨斯大学社区工具包链接最佳实践的数据库。

TA 项目的例子:

支持 HIV 预防的美国心理学会行为和社会科学志愿者项目(受 CDC 资助)。

CDC 的 HIV/STI 国家预防网络培训中心网络。

SAMHSA 的预防技术合作申请。

堪萨斯大学社区工具包(规划、实施和开发 EBIs 的资源,定位为一般的工具而不是那些针对特定条件或疾病的工具)。

实施的入门课程的视频和 PPT(NIH 关于健康的传播与实施的行为和社会科学 2012 培训机构办公室)。

实施的综合系统的例子:

社区护理(华盛顿大学社会发展研究小组;致力于阻止物质滥用和精神障碍的 EBIs 实施项目,包括测量、手册、项目描述和其他资源)。

国家公共卫生伙伴关系绩效标准项目(一个质量改进的框架,但并不是与 EBIs 的实施特别相关;为规划和评估提供样本文件)。

促进增强心理弹性的学校—社区—大学伙伴关系(PROmoting School-community-university Partnerships to Enhance Resilience，PROSPER；一种始于爱荷华州立大学和宾夕法尼亚州立大学的伙伴关系，建立在基于学校的物质滥用预防干预实施的早期工作的基础上，具有保真度，并利用大学一社区的合作，包括合作推广服务以及其他的州资源）。

活动建议

• 参加你所在州或大城市区域的顾问团的一次公开会议，如药物滥用联盟（预防）、瑞恩·怀特委员会（艾滋病治疗和相关服务），或一个预防艾滋病的社区规划小组。这些可以通过简单的网络搜索加以确定。

• 参加一个授权机构，如一个县的心理健康董事会、地区性卫生管理局、物质滥用机构或市/县卫生部门的一次公开会议。这些可以通过简单的网络搜索加以确定。

• 对包括你所在州或当地的一个战略计划或相关文件进行网络搜索。例如，关键词为“战略计划”“ 物质滥用”，那么你所在的州将做出州计划；关键词为“预防HIV”，那么你所在的州将提供该州的 HIV 预防计划；像纽约和洛杉矶这样更大的城市也将会有计划。

• 自愿成为一个授权机构的当地顾问团的成员。在参加完一次公开会议后，很有可能成为顾问团成员的机会将变得明显。

参考文献

Ajzen，I.（1991）. The theory of planned behavior. *Organizational Behavior and Human Decision Processes*，50，179－211.

Asgary-Eden，V.，& Lee，C. M.（2012）. Implementing an evidence－based parenting program in community agencies：What helps and what gets in the way? *Administration and Policy in Mental Health*，39，478－488.

Bandura，A.（2001）. Social cognitive theory：An agentic perspective. *Annual Review of Psychology*，52，1－26.

Beebe，J.（2001）. *Rapid assessment process：An introduction*. Walnut Creek，CA：Alta Mira Press.

Belza，B.，Toobert，D. J.，& Glasgow，R. E.（2007）. *RE-AIM for program planning：overview and applications*. Washington DC：National Council on Aging Center for Healthy Aging.

Caplan, G. (1970). *The theory and practice of mental health consultation*. New York, NY: Basic Books.

Centers for Disease Control and Prevention. (2011). *Prevention and Public Health Fund Coordinated Chronic Disease Prevention and Health Promotion Program Department of Health and Human Services Centers for Disease Control and Prevention. CDC-RFA-DP*09-9010301*PPHF*11.

Centers for Disease Control and Prevention. (2012). Estimated HIV incidence in the United States, 2007—2010. *HIV Surveillance Supplemental Report*, 2012, 17(4).

Centers for Disease Control and Prevention & Health Resouces and Services Administration. (2004). *Integrated guidelines for developing epidemiologic profiles: HIV prevention and Ryan White CARE Act community planning*. Atlanta, GA: Authors.

Cherniss, C., & Deegan, G. (2000). The creation of alternative settings. In J. Rappaport & E. Seidman (Eds.), *Handbook of community psychology* (pp. 359—377). New York, NY: Kluwer Academic/Plenum.

Chung, K., & Lounsbury, D. W. (2006). The role of power, process and relationships in participatory research for statewide HIV/AIDS programming. *Social Science and Medicine*, 63, 2129—2140.

Collins, L. M., Murphy, S. A., & Strecher, V. (2007). The Multiphasic Optimization Strategy Trial (MOST) and the Sequential Multiple Assignment Randomization Trial (SMART): New methods for more potent health interventions. *American Journal of Preventive Medicine*, 32, S112—S118.

Damschroder, L. J., Aron, D. C., Keith, R. E., Kirsh, S. R., Alexander, J. A., & Lowery, J. C. (2009). Fostering implementation of health services research findings into practice: A consolidated framework for advancing implementation science. *Implementation Science*, 4, 4—50.

Dearing, J. W., Larson, R. S., Randall, L. M., & Pope, R. S. (1998). Local reinvention of the CDC HIV prevention community planning initiative. *Journal of Community Health*, 23, 113—126.

Dusenbury, L., Brannigan, R., Falco, M., & Hansen, W. (2003). A review of research on the fidelity of implementation: Implications for drug abuse prevention in school settings. *Health Education Research: Theory & Practice*, 18, 237—256.

Fairchild, A. J., & Mackinnon, D. P. (2009). A general model for testing mediation and moderation effects. *Prevention Science*, 10, 87—99.

Fishbein, M., & Ajzen, I.(1975).*Belief, attitude, intention, and behavior: An introduction to theory and research*. Reading, MA: Addison-Wesley.

Flay, B. R., Biglan, A., Boruch, R. F., Castro, F. G., Gottfredson, D., Kellam, S., . . . Ji, P.(2005). Standards of evidence: Criteria for efficacy, effectiveness, and dissemination.*Prevention Science*, 6, 151—175.

Foster-Fishman, P. G., Berkowitz, S. L., Lounsbury, D. W., Jacobson, S., & Allen, N. A.(2001). Building collaborative capacity in community coalitions: A review and integrative framework.*American Journal of Community Psychology*, 29, 241—261.

Gaffga, N. H., Samuel, M. C., Stenger, M. R., Stover, J. A., & Newman, L. M.(2009). The Oasis Project: Novel approaches to using STD surveillance data. *Public Health Reports*, 124(Suppl. 12), 1—4.

Gans, H. J.(1973). *More equality*. New York, NY: Parthenon.

Glasgow, R. E., Lichtenstein, E., & Marcus, A. C.(2003). Why don't we see more translation of health promotion research to practice? Rethinking the efficacy-to-effectiveness transition, *American Journal of Public Health*, 93, 1281—1287.

Hammond, K. R.(1996).*Human judgment and social policy*. New York, NY: Oxford University Press.

Hawkins, J. D., & Catalano, R. F.(1992).*Communities That Care: Action for drug abuse prevention*. San Francisco, CA: Jossey-Bass.

Institute of Medicine.(1994).*Reducing risks for mental disorders: Frontiers for preventive intervention research*. Washington, DC: Author.

Institute of Medicine.(2000). *No time to lose: Getting more from HIV prevention*. Washington, DC: Author.

Institute of Medicine.(2009). *Preventing mental, emotion, and behavioral disorders among young people: Progress and possibilities*. Washington, DC: Author.

Janis, I. J., & Mann, L.(1977). *Decision making: A psychological analysis of conflict, choice, and commitment*. New York, NY: Free Press.

Jenkins, R. A., Cranston, K., Robbins, A., Amaro, H., Morrill, A. C., Batchelor, K., . . . Carey, J. W.(2005). Improving the use of data for HIV prevention decision making: Lessons learned.*AIDS & Behavior*, 9(Suppl. 2), S87—S99.

Kahneman, D.(2011).*Thinking, fast and slow*. New York, NY: Farrar,

Straus and Giroux.

Kelly, J. A., Somlai, A. M., DiFrancisco, W. J., Otto-Salaj, L. L., McAuliffe, T. L., Hackl, K. L., . . . Rompa, D.(2000). Bridging the gap between the science and service of HIV prevention: Transferring effective research-based HIV prevention interventions to community AIDS service providers. *American Journal of Public Health*, 90, 1082—1088.

Kelly, J. A., St. Lawrence, J. S., Diaz, Y. E., Hauth, A. C., Brasfield, T. L., Kalichman, S. C., . . . Andrew, M. E.(1991). HIV risk behavior reduction following intervention with key opinion leaders of population: an experimental analysis. *American Journal of Public Health*. 81, 168—171.

Kreuter, M. W., Lezin, N., & Young, L. (2000). Evaluating community-based collaborative mechanisms: Implications for practitioners. *Health Promotion Practice*, 1, 49—63.

Milligan, S., Coulton, C., York, P., & Register, R.(1999). Implementing a theory of change evaluation in the Cleveland Community—Building Initiative: A case study. In K. Fulbright-Anderson, A. C. Kubisch, & J. P. Connell(Eds.), *New approaches to evaluating community initiatives: Vol. 2. Theory, measurement, and analysis* (pp. 45—85). Washington, DC: Aspen Institute.

Morrill, A. C., Amaro, H., Dai, J., Dunn, S., Blake, S. M., & Cranston, K.(2005). HIV prevention community planning: Enhancing data-informed decision making. *AIDS and Behavior*, 9(Suppl. 2), S55—S70.

Moynihan, D. P. (1969). *Maximum feasible misunderstanding*. New York, NY: Free Press.

Mrazek, P., Biglan, A., & Hawkins, J. D. (2003). *Community-monitoring systems: Tracking and improving the well-being of America's children and adolescents*. Fairfax, VA: Society for Prevention Research. Retrieved from http://www.preventionresearch.org/CMSbook.pdf

National Institute on Drug Abuse.(2003). *Preventing drug abuse among children and adolescents: A research based guide for parents, educators and community leaders* (2nd ed.). Bethesda, MD: Author.

Olds, D. L., Robinson, J., O'Brien, R., Luckey, D. W., Pettit, L. M., Henderson, C. R., . . . Talmi, A.(2002). Home visiting by paraprofessionals and by nurses: A randomized, controlled trial. *Pediatrics*, 110, 486—496.

O'Neill, P. I., & Trickett, E. J.(1982). *Community consultation*. San Francisco, CA: Jossey-Bass.

Plous, S.(1993). *The psychology of judgment and decision making*. New York, NY: McGraw-Hill.

Powell, B. J., McMillen, J. C., Proctor, E. K., Carpenter, C. R., Griffey, R. T., Bunger, A. C. . . . York, J. L.(2012). A compilation of strategies for implementing clinical innovations in health and mental health. *Medical Care Research and Review*, 69, 123—157.

Rabin, B. A., & Brownson, R. C.(2012). Developing the terminology for dissemination and implementation research. In R. C. Brownson, G. A. Colditz, & E. K. Proctor(Eds.), *Dissemination and implementation research in health* (pp. 23—51). New York, NY: Oxford University Press.

Rogers, E. M.(2003). *Diffusion of innovations* (5th ed.). New York, NY: Free Press.

Roussos, S. T., & Fawcett, S. B.(2000). A review of collaborative partnerships as a strategy for improving community health. *Annual Review of Public Health*, 21, 369—402.

Rugg, D. L., Heitgerd, J. L., Cotton, D. A., Broyles, S., Freeman, A., Lopez-Gomez, A. M., . . . Page-Shafer, K. (2000). CDC HIV prevention indicators: Monitoring and evaluating HIV prevention in the USA. *AIDS*, 14, 2003—2013.

Shea, M. A., Callis, B. P., Cassidy-Stewart, H., Cranston, K., & Tomoyasu, N.(2006). Diffusion of effective HIV prevention interventions-Lessons from Maryland and Massachusetts. *AIDS Education and Prevention*, 18(Suppl.), 96—107.

Sorensen J. L. (2011). From Cat's Cradle to Beat the Reaper: Getting evidence-based treatments into practice in spite of ourselves. *Addictive Behavior*, 36, 597—600.

Spoth, R., Greenberg, M., Bierman, K., & Redmond, C.(2004). PROSPER community-university partnership model for public education systems: Capacity-building for evidence-based, competencebuilding prevention. *Prevention Science*, 5, 31—39.

Spoth, R., Redmond, C., Shin, C., Greenberg, M., Feinberg, M., & Schainker, L.(2013). PROSPER community-university partnership delivery system effects on substance misuse through $6\frac{1}{2}$ years past baseline from a cluster randomized controlled intervention trial. *Preventive Medicine*, 56, 190—196.

Steinmann, D. O., Smith, T. H., Jurdem, L. G., & Hammond, K. R. (1977). Application of social judgment theory in policy formulation: An example. *Journal of Applied Behavioral Science*, 13, 69—88.

Torrey, W. C., Bond, G. R., McHugo, G. J., & Swain, K. (2012). Evidence-based practice implementation in community mental health settings: The relative importance of key domains of implementation activity. *Administration and Policy in Mental Health*, 39, 353—364.

Tversky, A., & Kahneman, D. (1974). Judgment under uncertainty: Heuristics and biases. *Science*, 185, 1124—1131.

Venigas, R. C., Kao, U. H., & Rosales, R. (2009). Adapting HIV prevention evidence-based interventions in practice settings: An interview study. *Implementation Science*, 4, 76.

Wandersman, A., Imm, P., Chinman, M., & Kaftarian, S. (2000). Getting to outcomes: A results-based approach to accountability. *Evaluation and Program Planning*, 23, 389—395.

Weiss, C. H. (1980). *Social science research and decision-making*. New York, NY: Columbia University Press.

Weiss, C. H. (1998). Have we learned anything new about the use of evaluation? *American Journal of Evaluation*, 19, 21—33.

Wingood, G. M., & DiClemente, R. J. (2008). The ADAPT-ITT model: A novel method of adapting evidence-based HIV interventions. *Journal of Acquired Immune Deficiency Syndromes*, 47(Suppl. 1), S40—S46.

第 12 章　充权评估和社区心理学：改善人类境况的一致的价值观和原则

大卫·M.费特曼
(David M. Fetterman)

开篇练习

一个受州卫生部门资助的烟草预防倡议聚焦在预防少数族裔使用烟草上。该倡议包括一系列对戒烟项目和烟草预防活动的策略，如建立无烟公园、教育年轻人以及影响立法。受资助者由 20 个不同的社区组织组成，包括教会、医院和非营利社会服务组织。以前也有做过这方面的工作，但这些组织为了资金而相互竞争，并且无意相互合作或交流。

最初，项目在这个州执行得很不均衡。只有少数组织是富有成效的，而大多数机构并不能够完成目标。此外，也没有系统地记录项目的进展或完成情况。因此，与其他立法资助的工作相比，它们就处于弱势。

这个机构负责整理这些单个组织的特邀提案以评估这一倡议，并挑选出一名评估者来进行评估，因为该机构了解到他会使用充权评估的方法。什么是充权评估？它如何符合社区倡议的需要？你如何实施一个充权评估？充权评估者需要的胜任力是什么？这种评估面临的挑战是什么？在这次评估中，技能有多重要？卫生部门如何描述整个倡议，从而监督其进展？考虑到这种分散的人才和资源配置，哪种结果是现实的？

概述

充权评估在全美和全世界进行了实践，从巴尔的摩到圣地亚哥，从澳大利亚到日本。它已被应用于多种情境，包括斯坦福大学医学院(Fetterman, Dietz, & Gesundheit, 2010)，阿肯色州烟草预防项目(Fetterman, Delaney, Triana-Tremain, &Evans-Lee, 2014)，美国土著保留地(Fetterman, 2013)，惠普公司的 1 500 万美元的数码村倡议(Fetterman, 2013, 2014)，美国国家宇航局的喷气推进实验室的火星探测车原型(Fetterman & Bowman, 2002)，以及南非的乡镇和棚户区。

本章从定义充权评估开始，并列出充权评估的十项指导原则。挑选一些充权评估的原则，用以强调充权评估和社区心理学的相似性，包括：包容、能力建设、评估和充权。这些充权评估原则和社区心理学价值观是协同一致的。本章对充权评估者和社区心理学家的相似性进行了简短讨论，对这些互补角色所需的一些胜任力提供了额外见解。本章还通过总结充权评估所需的知识、技能和能力，深入探索了充权评估的胜任力。本章以案例结束，阐明了这种方法的效用和所描述的胜任力的重要性。

充权评估：定义

评估通常是指对某件事的数量或价值做出一个判断。充权评估（empowerment evaluation）是指采用评估的概念、技术和结果来促进完善和自我决定（Fetterman，2001）。在这个强调结果的定义的基础上，充权评估进一步被定义为：

> 一种旨在增加成功完成项目的可能性的评估方法，这种方法：(1)为项目利益相关者提供工具，用于评估项目的计划、实施和自我评估；(2)主要把评估作为项目/组织的计划和管理的一部分。（Wandersman et al.，2005）

充权评估：指导原则

充权评估被称为一种运动，这在范围和深度上需要一些指导方针，用以：(1)使概念和方法更加明晰；(2)指导这个领域的从业者。充权评估有十项指导原则（Fetterman & Wandersman，2005），具体是：

1.改善（improvement）：帮助人们改善项目成绩，并在那些受社区项目影响的人们的生活中取得预期结果。

2.社区所有权（community ownership）：在充权评估者的帮助下，社区利益相关者控制并拥有这一评估。

3.包容性（inclusion）：利益相关者和来自不同层面的工作人员都参与项目的规划和决策。

4.民主参与（democratic participation）：社区成员以一种公开和民主的方式参与规划和评估，这是基于一种信念，即如果具备合适的条件，人类就能做出理智判断和行动。

5.社会公正（social justice）：社区成员、项目员工以及评估者做出承诺去解决社会不平等，共同致力于公平，从而平等地分配资源、机会、义务以及议价能力。

6.社区知识(community knowledge)：社区成员的专业知识是宝贵的，用于报告项目的规划、决策制订和评估内容。

7.循证策略(evidence-based strategies)：循证策略，或传统的研究和学问，这被用于报告项目实践(和评估)情况。

8.能力建设(capacity building)：社区成员和工作人员学习并采月新项目和评估技巧(以加强他们的交流)。

9.组织学习(organization learning)：利用数据来报告组织的决策并改善组织实践，同时发展一种反思性的组织文化。

10.责任(accountability)：共同承担对结果和后果的责任。

这些原则体现了对人们及其自我决定权利的尊重。充权评估者尊重社区知识，因为它是理解许多概念的基础。与一些以社区为基础的评估者相反，充权评估者重视循证策略。充权评估者认为，没有必要仅仅因为某些研究是弊大于利就不分好坏地全盘否定它们；另外，也没有必要白费力气地做重复工作。所以，充权评估者是务实的。如果存在有用的知识、技能或能力，它们就应该被开发和使用——不管是以社区为基础还是以研究为基础。

充权评估不是中立的实验。尽管它的特点是诚实、清晰和透明，但它在改善人类境况和帮助人们自助上有偏差。充权评估者认为，人们应该负责他们自己的评估。最真实有效的方式之一是人们发展自身的能力。人们通过做而学习。充权评估者也没有放弃他们的责任。他们作为批判性的诤友，帮助引导以社区为基础的评估，使事情得到严格执行。

在组织水平上，充权评估有助于组织学习(组织的自我反思、系统的调查以及行动；Fetterman, 2005)。社区和工作人员发现，它是一个有吸引力并富有启发性的过程。社区和工作人员与充权评估者共同促进组织学习以取得好的结果。对社区成员、工作人员、资助者、决策者和评估者而言，在一天结束时有一些相同的问题：你做这件事了吗？你做了你所说的要去做的事情了吗？你对社区有预期的影响吗？这是一些指导充权评估者的核心原则。

在其他利益相关者参与评估的背景下，在实施充权评估之后，充权评估原则和社区心理学之间的关系会变得更加清楚。

评估的利益相关者参与取向和社区心理学：与充权评估的相容性

利益相关者参与评估的取向是合作的、参与式的及充权评估取向的。它们与社区心理学是相容的。不过，评估者在每种取向中担任着显著不同的角色，这对社区心理学家有应用意义。例如，评估者在合作性评估中负责评估。参与性评估者共同负责评估。在充权评估中，社区和工作人员负责评估，充权评估者作为一个批判性诤友，更像是促进评估过程而不是负责评估过程的社区心理学家（本章后面的内容会详细讨论批判性诤友的作用）。充权评估是为能力建设而设计，并是唯一明确地用于促进自我决定的方法。充权评估者的作用（控制在社区或参与者手里）和这一取向（促进自我决定）的价值定位使得充权评估成为社区心理学家最一致的取向。

充权评估和社区心理学：一致的价值观

充权评估根源于社区心理学和行动人类学，这在一定程度上解释了两者之间许多的相似性（Fetterman，1996）。充权评估旨在帮助人们自助。它重视主位或局内人的现实视角。它尊重社区知识。充权评估将评估的工具放于社区成员手里以帮助他们监督和评估自己的表现。这一评价性的监督用于帮助人们追求梦想，实现目标并产生实际的结果。

社区心理学家同充权评估者一样，尊重自治、独立和个人（及社区）的成长。同充权评估者一样，社区心理学家重视包容、参与、合作、能力建设、评估和充权。此外，还有一个共识：没有人能够充权他人。人们必须充权他们自己。在这一点上，充权评估者和社区心理学家都努力创造一个有利于人们充权自己的环境（见《社区心理学手册》，Rappaport & Seidman，2000）。

充权评估者的原则和社区心理学的价值观和原则是一致的，这体现在社区心理学家的胜任力上。一些充权评估原则已被挑选出来以强调充权评估和社区心理学的相似性，包括：包容性、能力建设、评估和充权。它们旨在共同帮助改善境况。

包容性

包容性和参与性是充权评估和社区心理学的指导性原则。优势和力量来源于整个社区庞大又多样的人才群体的集体参与（Wandersman & Florin，2000）。通常在数量上具有优势。此外，包容性和参与性形成了一种主人翁意识和对社区倡议后果的责任感。包容性和参与性也是能力建设的基础。

能力建设

能力建设是一种支持而不是一种施予。充权评估和社区心理学致力于帮助人们自助。社区成员从实践中学习，一旦他们获得新的技能和胜任力，他们就能更好地绘制未来的蓝图，从而变得独立而不是依赖他人。

评估

当我们真正地反思我们是如何做到现在的工作和家庭地位时，我们不得不承认这主要是因为评估。无论我们何时何地开始这个旅程(我们的基准),我们必须有一个我们渴望实现的梦想(目标)。我们也必须明确,朝着那个目标的合理进展是什么(基准)。我们认真地比较我们的成就(实际表现)和这些基准,来确定我们是否一直在这条路上,并能否使我们梦想成真。在中途需要改正一些错误,有时会改变目标自身,这就是监测和评估。同样的数据驱动决策、自我监测和评估,都被充权评估者和社区心理学家提倡用于社区。

充权

充权评估者和社区心理学家合作搭档成为社区领导者和指导者,而且,最重要的是通过鼓励社区成员自己的事情自己做,帮助社区成员学习如何做事。充权评估者通过提倡使用自我评估来监督和评估表现来促进能力建设。这种经验性的、终身学习的方法往往促使人们在舒适区以外参与活动。这是真正学习发生的地方,也是充权和可持续性发生的地方。

充权评估者：角色

充权评估者和社区心理学家不对任何人充权。不过,他们创造了一种有助于人们充权自身的氛围。他们在帮助推动充权的过程中所起的作用惊人的相似。在充权评估中,批判性诤友(critical friends),如前所述(Fetterman, 2009)是这类项目的朋友。然而,他们对项目成绩是高度批判性的,因为他们想要这个项目得到执行并取得期望的结果。充权评估者尽心尽力地参与并关切项目结果,以及帮助建立一个可靠的反馈系统来指导社区决策。

齐默尔曼(Zimmerman,2000)描述了社区心理学家在充权活动中的作用。他强调,在这个过程中,社区心理学家和充权评估者的角色是相似的：

> 一种干预方法的设计、实施和评估的充权取向重新定义了专业人员与目标人群的关系角色。专业人员的角色是一种合作者和促进者,而不是专家和顾问。作为合作者,专业人员通过他们的文化、世界观和生活阅历来了解参与者。专业人员和参与者进行合作而不是拥护他们。专业人员的技能、兴趣或计划不是强加给社区的,相反,专业人员会成为社区的一种资源。这种角色关系表明,专业人员做什么事情将取决于他们与其合作的特定环境和人们,而不是取决于那些预先决定的可以用于所有场合的技术。虽然人际评价和评估技巧是必要的,但它们如何应用、在何处应用以及应用于何人,不能自动地被假定为是诊所中的来访者的心理治疗师的角色(pp.45—45)。

来源：戴维斯 M.费特曼

图 12.1　在一项充权评估中，费特曼博士作为批判性诤友，和社区成员共同成为综合性社区倡议活动的一部分。

充权评估者和社区心理学家通过建模和简略阐述这种方法背后的哲学，为包容性、能力建设、评估和充权设定基调。特别是，他们帮助建立一种积极的学习氛围，在这种氛围中，尊重所有利益相关者的观点，征求各方的意见和建议，引导对话以鼓励那些建设性的、改善导向的评论。他们采用一种有吸引力的、非假设性的、非评判性的和支持性的沟通风格。这样，利益相关者可以舒心地公开谈论问题和表达所关心的事情。充权评估者和社区心理学家可以让团体成员想起他们共同拥有的事物，包括长期目标、梦想和愿望(见 Cox，Keener，Woodard，& Wandersman，2009，充权评估者的雇用指南)。

充权评估：知识、技能和能力

下面，根据知识、技能和能力对充权评估者的基本胜任力进行归类。

知识

- 评估的基础
- 充权评估的理论、原则、概念和步骤

实施充权评估需要评估的基础知识。这包括学习如何共同创建一种变革和行动理论(James，2011)，以及开发一种逻辑模型或至少是一种推理性的系列程序。换句话说，评估者应该学习如何做决定或帮助社区为他们自己做决定，如果他们从 X(基线)开始做 Y(干预)，这是合乎逻辑的，并可能产生 Z(一种后果)。学习如何实施访谈、开展调查、分析数据和汇报结果也是重要的。

除了评估的基本背景，有关评估的利益相关者参与取向的具体知识也是需要的，如合作性、参与性和充权评估。学习与充权评估相关的理论、原则、概念和步骤将使充权评估和社区心理学的协同作用最大化。

可以通过阅读充权评估的教材、章节、文章和网页来获取这类知识。此外，也可以通过参加一个正规教育项目、参加工作坊以及（在一个有经验的评估者的督导下）参与一项评估，来学习评估知识和技巧。例如：

充权评估书籍

Empowerment Evaluation：Knowledge and Tools for Self-assessment，Evaluation Capacity Building，and Accountability（Fetterman，Kaftarian，& Wandersman，2014）

Empowerment Evaluation in the Digital Villages：Hewlett-Packard's $15 Million Race Toward Social Justice（Fetterman，2013）

Evaluation for Improvement：A Seven-Step Empowerment Evaluation Approach for Violence（Cox，Keener，Woodard，& Wandersman，2009）

Empowerment Evaluation Principles in Practice（Fetterman & Wandersman，2005）.

Foundations of Empowerment Evaluation（Fetterman，2001）

Empowerment Evaluation：Knowledge and Tools for Self-Assessment and Accountability（Fetterman，Kaftarian，& Wandersman，1996）

充权评估文章

Fetterman，D. M.（2009）. Empowerment evaluation at the Stanford University School of Medicine：Using a critical friend to improve the clerkship experience. Rio de Janeiro：*ENSAIO：Avaliação e Políticas Públicas em Educação*，17（63），197—204.

Fetterman，D. M.，Dietz，J.，& Gesundheit，N.（2010）. Empowerment evaluation：A collaborative approach to evaluating and transforming a medical school curriculum. *Academic Medicine*，85（5），813—820.

Fetterman，D. M.，Rodriguez-Campos，L.，Wandersman，A.，& O'Sullivan，R.（2014）. Collaborative，participatory and empowerment evaluation：Building a strong conceptual foundation for stakeholder involvement approaches to evaluation [Letter to the editor]. *American Journal of Evaluation*，35（1），144—148.

Fetterman，D. M.，& Wandersman，A.（2007，June）. Empowerment evaluation：Yesterday，today，and tomorrow. *American Journal of Evaluation*，28（2），179—198.

网站资源

充权评估博客：http://eevaluation.blogspot.com

合作、参与和充权评估网页
脸书(Facebook):合作、参与和充权评估页面
维基百科(Wikipedia):充权评估

技能

- 人际和沟通技能
  - 当与个人谈话时,要尊重个人的情感和敏感性;要对文化差异和某些细微差别敏感
- 团体促进
  - 确保每个人都有机会发言和做出贡献
  - 缓和矛盾,并鼓励建设性的对话
- 建议团体重视数据收集、分析和报告
  - 管理团体,并根据数据收集、分析和报告的系统性和严密性,以及与每个工作阶段有关的伦理来引导团体
- 创造安全的、自我批评的和建设性的环境
  - 构建建设性的批评模型;诚实而有策略地交流和对话
- 培养组织学习
  - 帮助团队成员生成有用的数据,并用这些数据来影响组织决策

技能和知识携手前行。充权评估者的技能要求包括:人际交往、沟通、团体促进、研究和评估的技能。充权评估者也可以作为“辅导员”和“批判性诤友”。批判性诤友要能够创建心理上安全的环境来促进公开对话和自我批评。批判性诤友也需要知道如何帮助人们使用数据以影响决策和培养组织学习。通过参加正规教育项目、工作坊和充权评估,可以学到很多技能。此外,一个指导者或同行能够在技能的获得、发展和精炼等方面,提供无价的指导和反馈。例如:

研究生课程

评估的研究生课程聚焦于合作、参与和充权评估。开设该课程的大学有:克莱尔蒙特研究生大学、斯坦福大学、圣何塞州立大学、查尔斯顿大学、阿肯色大学、南卡罗莱纳大学、南佛罗里达大学和北卡罗来纳大学。

工作坊

美国评估学会(american evaluation association,AEA)每年都有充权评估的工作坊。AEA网站上也有在线的网络研讨会。联合国儿童基金会(UNICEF)的充权评估网络研讨会记录也可以在线获得。

讲座

美国评估学会、UNICEF 和克莱尔蒙特大学的电子图书馆拥有包括充权评估的幻灯片、博客海报、交流记录和其他的电子学习活动产品。

可以在线获得一门充权评估的课程。这是对这种方法的快速展示，在 5 分钟内讲述 20 张幻灯片。

美国评估学会的充权评估幻灯片。

UNICEF 的充权评估幻灯片。

克莱尔蒙特大学的充权评估讨论会，迈克尔斯科里文和迈克尔巴顿是批判性诤友。

能力

- 社会文化胜任力
- 激励（团体）
- 培养拥有权和承诺
- 帮助人们执行计划
- 持续性学习

除了正式的培训，非正式的经验性训练也很有用，特别是有关充权评估能力的训练。充权评估者需要通过参与来显示出社会文化的胜任力。这是尊重这个社区的一种形式。在指导者、批判性诤友或学识渊博的同行或同事的指导下，充权评估者通过在多元化的社区工作，可以得到最好的学习（更多信息见第 4 章）。在充权过程的不同阶段，充权评估者也需要能够激励团体，尤其是当热情消退时。充权评估者需要成为一名教育者和助手，帮助人们发展、执行和评价他们的项目或活动。充权评估者也需要承诺终身持续性学习。每个人在充权评估中互相学习，这并不是线性或单向的教化。在发展充权评估能力时，一些经验值得考虑，包括：

经验性

就充权评估者的能力和经验对评估者进行访谈。

参与一项正在进行着的充权评估。

执行力训练

雇用一个有经验的充权评估辅导员或批判性诤友，在充权评估中进行培训、批判和督导。

促进

促进的培训或经历是重要的。应该重点学习如何帮助一个团体建立起它的目标，而不是为其创设目标。充权评估者应该在不具威胁性的社区事件中练习促进技巧。他们也应该参与依赖促进技能的项目——向有经验的促进者学习。

相关的培训活动

参加跨文化的体验活动(美国国内或国外)。与多元文化的团体合作,有助于充权评估者发展、完善和提高自身的能力,并增强自身在多元文化背景下的工作质量。

参加人种学或定性导向的实地工作。这是在为社区工作评估的复杂性和不确定性做准备。它也有助于评估者学习如何运用关键的能力:采取一种非判断性的导向,倾听在位或内部人士的观点或实际经历,将数据置于背景中进行理解,以及花时间融入你的合作伙伴的生活中。

这些胜任力以及所推荐的为发展和增强这些胜任力的培训机会的基本原理,在置于具体的案例背景中时才更具有意义。

充权评估:案例

充权评估已经成功应用于许多不同的环境。运用充权评估方法的案例包括:惠普公司的 1 500 万美元的数码村倡议,斯坦福大学医学院和阿肯色州教育系统。不过,阿肯色州的烟草预防充权评估也被用来强调特定的充权评估胜任力。

充权评估方法的运用

在惠普公司的 1 500 万美元的数码村倡议中,用充权评估来跨越社区不同肤色人群的数字鸿沟。根据美国联邦通讯委员会(FCC)的负责人介绍,其中有一个数字村叫作部落数字村(由 18 个部落组成),在乡下建起了一个最大的未经当局许可的无线系统。他们还操作一台数字印刷机。这些成功的企业帮助这些部落与外界沟通,并建立一个稳定的地方经济(Fetterman, 2013, 2005)。

充权评估用于帮助斯坦福大学医学院课程的评估和转换。内部量度(internal metrics)说明了充权评估的效果在统计学上的显著程度。外部量度(external metrics)也支持该方法的效用。应用充权评估会产生更大的制度性反思,这导致一种循证决策的模型,并扩展了学生、教师和辅助人员进行合作来改进和完善医学院课程的机会(Fetterman, Deitz, & Gesundheit)。

这种方法也被用来帮助阿肯色州的学校摆脱学业困境,提高数学和读写的标准化考试成绩(Fetterman, 2005)。在充权评估之前,阿肯色州学校学生的成绩逐步下降,导致州府接管了整个学区。在阿肯色州,另一个涉及全州的倡议是关注烟草消费。充权评估帮助以社区为基础的组织减少阿肯色州的烟草消费,节省的医疗费用超过数百万美元。这一案例强调了充权评估的效用和特定的胜任力。

烟草预防干预：强调充权评估胜任力

本章开头介绍了阿肯色州的烟草预防倡议。在这个导论性练习中，该倡议提出了一些如何进行最佳评估的问题。这一案例回答了其中的许多问题。

如前所述，阿肯色州的烟草预防计划由 20 个来自全国各地的受资助者组成，包括各种以社区为基础的组织，如宗教机构、医院、学校和戒烟中心。起初他们是一个独立的、相互竞争的机构联盟。他们没有为共同目标、共享数据，或进行评估而合作的经验。

烟草预防计划选择充权评估来帮助联合这些团体，并为他们实现目标提供所需的工具。当他们致力于建立一个共同的使命：帮助少数族裔社区减少他们的烟草消费的时候，需要选择一位批判性诤友来促进团队的讨论。然后，辅导员或批判性诤友会指导他们对工作进行讨论。有些人认为他们的工作很顺利，但其他人的自我评估就没有那么好。辅导者要求提供证据来支持他们的评级。这就使得一些人怀有戒心；然而，大多数的受资助者发现，与过去的那些以未被证实的立场、个人意见和政治操纵为特点的经历相比，这是一个令人耳目一新的方法。

在对个体机构工作进行一次对话后，他们评估了作为一个团体的工作。这是他们第一次认为他们属于一个团体。最初，他们并没有高度认为他们是一个统一体，但很快在受资助者之间就建立起一种他们作为一个团体而做事的主人翁意识。

批判性诤友有助于在讨论中从自我评估转换到未来计划。这个团队提出目标以改进他们的工作和具体的策略，并提出了可信的证据。例如，当他们在讨论工作质量时，如果相互沟通是一个问题，那么目标就是改善沟通，这是未来计划的一部分。提高沟通的策略与自我评估过程中提供的证据相关联。例如，如果沟通不畅的原因是因为他们没有一个团队会议的议程，那么添加一个议程就会被认为是一种策略。同样，如果他们认为用电子邮件和视频会议来沟通还不够的话，那么可以建议增加和更有效地利用一些通信工具，以及在社区安装电子公告板。建议的证据包括：议程的使用，增加电子邮件和视频会议的使用，以及电子公告板的安装。批判性诤友会证实某些证据形式的价值，并质疑其他证据形式，提出在那些情况下的替代证据。

这为他们对日常工作进行更具实质性的讨论搭建了舞台。他们有评估他们工作的工具：创建无烟公园，与相似的群体建立联盟，促进戒烟热线（如果一个人想戒烟就可以拨打的电话），并影响关于预防吸烟政策的立法。他们用这些工具来创建一个协同合作的氛围，在很大程度上取代了过去那种以独立和竞争精神为主导的群体互动。例如，当提出创建无烟公园时，他们最初认为自己难以做到。然而，作为新成立的团队的一部分，他们意识到，他们的命运依赖于团体中的每个人，即便他们的联系最弱（因为我们为立法部门汇总了受资助者的数据）。现在团队成员不再是互相竞争，而是相互分享他们最有效的策略。一位受资助者说，她招募学生到选定的公园里捡烟头，带他们参加市议会，然后让他们用象征性的烟头袋以增强他们对政策变革的请求——禁止城市公园里的所有吸烟行为。其他人在听说了她的故事后，会在自己的社区里分享，并最终成功地在全州复制这一策略。

一旦这个团体确立了他们的目标，帮助他们监控进度就很重要了。这个团体在充权评估者的帮助下，确立了他们的基线水平（这个乡村有 0 个无烟公园）、目标（每年 12 个无烟公园）和基准点（每个季度 3 个无烟公园）。这个团体将他们实际完成的数据（每个季度他们能够建立的无烟公园）输入到这个评估板，并与基准点和目标进行比较。批判性诤友促进团队对进度的讨论，并在中途修正某些选项。

努力的结果是显著的。这个团体大约 95%的机构能够在疾控中心推荐的干预地区里完成每年的任务，包括创建无烟环境，如无烟公园。此外，受资助者学会了信任这个过程并同意将他们的数据分享给其他多个地区。例如，一旦受资助者联合起来，他们帮助许多少数族裔青年停止使用烟草，这将为全州节省超过 9 000 万美元的医疗费用。该团体还同意共同努力来提高少数族裔的评估技能，并应用于烟草预防。他们提出成立阿肯色州评估中心。这一提议已在州众议院和参议院获得通过，并由州长签署成为法律。这只是评估性合作取得的一小部分成果。

胜任力

烟草预防充权评估强调了许多胜任力。它们可以根据知识、技能和能力类别来加以组织。

知识

辅导者或充权评估者需要评估的基本知识以帮助团队用基线、目标、基准点来监控他们的预期表现和实际的工作表现。然而，他们也需要一种特定的充权评估知识来帮助人们使用工具去监控和评价自己的工作表现。（见附录，在这个案例中采用的充权评估的三个步骤：任务、评估状况和规划未来。）

技能

充权评估者也说明了在这个烟草预防倡议中的多种技能。他们说明了与不同的社区参与者、赞助商和员工进行合作时他们的人际交往和沟通技能。当受资助者提出的证据形式不太理想时，他们必须坦诚沟通，但又是具有建设性的。帮助团体在他们的使命、工作表现的评价以及未来计划上达成共识时，促进技能也是关键的。

充权评估者展示了方法学上的专门知识，并建议团队关注数据的收集、分析和报告。在规划未来时，该团队必须收集相关数据，分析并报告数据，以确定他们的策略是否可行。这一过程的自我批判阶段需要建立和维护一个安全的环境，以促进开放的对话。充权评估者鼓励团队将他们实际的表现数据与他们的目标和基准点进行比较，以促进组织学习。这些信息允许个体成员相互学习，并使整个团队能够监控他们的进展情况。

能力

烟草预防的例子也强调了充权评估者所需要的多种能力。在一个有着不同肤色群体的社区里，与经济上的弱势群体进行合作时，文化敏感胜任力是至关重要的。无诚意或不敏感将会破坏整个倡议。在鼓励员工和社区成员发动这一倡议时，以及在正常的组织性失望、未达到基准和心理挫折而导致热情减退时，充权评估者的激励能力是至关重要的。此外，在鼓励项目员工和社区成员监控他们自己的表现时，激励能力也是十分关键的。

批判性诤友通过鼓励受资助者负责自己的项目和实施他们自己的评估（而不是通过为他们做一些事情来形成他们的依赖性），从而帮助他们全身心地投入这一倡议中。持续学习的能力可能是这个充权评估中最重要的能力之一。评估人和受资助者不断去学习如何最好地监控和评估他们的表现。政治和经济格局是不断变化的，这需要不断地适应环境。此外，每年的客户、项目工作人员和资助者是变动的，这需要新的策略和举措。每年会推出新的预防和戒烟策略，这需要持续学习以了解特定干预措施的优势和劣势。

有更多的案例说明了这种方法在现实世界的可操作性、实用性和有效性（Fetterman，2001，2009；Fetterman，Kaftarian，& Wandersman，1996；Fetterman & Wandersman，2005）。它们还对充权评估者所需的胜任力提出了额外的见解。

总结

当社区心理学家的优势与充权评估者的知识、技能和能力相匹配时，可以产生一种重要的协同作用。它们是相同社会结构的不同部分，都致力于包容、能力建设、评估、充权，以及改善人类境况。它们联系在一起时，可以帮助社区修补已经裂开的伤口，并编织出希望、韧性、自力更生和自我决定的华丽“挂毯”，从而营造更健康的家庭和更繁荣的社区。

问题讨论

1.什么是充权评估？为什么它是社区心理学家特别有用的一种评估方法？

2.你如何在你自己的个人和职业生活中使用这一方法？

3.在充权评估方法中，批判性诤友起着什么作用？

4.在一个团体或社区里，你如何培养自我决定？

5.在促进社区拥有权上，你如何看待自己的角色？谁应该受到约束？

6.你如何内化和制度化评估？

7.在这个工作中，你如何确保质量和严谨？

关键术语和定义

批判性诤友(critical friends)：是指导评估的辅导者和促进者，他们帮助利益相关者自身对项目进行评估以改进成绩。他们是项目的朋友，但对项目成绩是高度批判性的，因为他们想要这个项目得到执行并取得期望的结果。

充权评估(empowerment evaluation)：采用评估的概念、技术和结果来促进完善和自我决定。充权评估者认为评估由项目工作人员、项目参与者和社区成员控制。但是，充权评估者不放弃自己的责任，并且让社区本身进行评价。他们作为批判性诤友或辅导者来帮助监控这个过程，并使之是严谨的、回应的和关联的。

参与式评估(participatory evaluation)：参与式评估者共同控制评估。参与式评估的范围从项目工作人员和参与评估者议程的参与者，到参与一项由评估者和项目工作人员共同设计与实施的评估。

资源

推荐阅读

Cox, P. J., Keener, D., Woodard, T., & Wandersman, A. (2009). *Evaluation for improvement: A seven step empowerment evaluation approach for violence prevention organizations*. Atlanta, GA: Centers for Disease Control and Prevention.

Fetterman, D. M. (2013). *Empowerment evaluation in the digital villages: Hewlett-Packard's $15 million race toward social justice*. Stanford, CA: Stanford University Press.

Fetterman, D. M. (2014). Hewlett-Packard's $15 million digital village: A place-based empowerment evaluation initiative. In D. M. Fetterman, S. Kaftarian, & A. Wandersman (Eds.), *Empowerment evaluation: Knowledge and tools for self-assessment, evaluation capacity building, and accountability*. Thousand Oaks, CA: Sage.

Fetterman, D. M., Delaney, L., Triana-Tremain, B., & Evans-Lee, M. (2014). Empowerment evaluation and evaluation capacity building in a 10 year tobacco prevention initiative. In D. M. Fetterman, S. Kaftarian, & A. Wandersman

(Eds.), *Empowerment evaluation: Knowledge and tools for selfassessment, evaluation capacity building, and accountability*. Thousand Oaks, CA: Sage.

Fetterman, D. M., Dietz, J., & Gesundheit, N.(2010.)Empowerment evaluation: A collaborative approach to evaluating and transforming a medical school curriculum. *Academic Medicine*, 85(5), 813—820.

Fetterman, D. M., Kaftarian, S., & Wandersman, A.(2014). *Empowerment evaluation: Knowledge and tools for self—assessment, evaluation capacity building, and accountability*. Thousand Oaks, CA: Sage.

Fetterman, D. M., & Wandersman, A. (2005). *Empowerment evaluation principles and practice*. New York, NY: Guilford.

参考文献

Cox, P. J., Keener, D., Woodard, T., & Wandersman, A. (2009). *Evaluation for improvement: A seven step empowerment evaluation approach for violence prevention organizations*. Atlanta, GA: Centers for Disease Control and Prevention.

Dalton, J., & Wolfe, S.(2012). Joint Column: Education connection and the community practitioner. *The Community Psychologist*, 45(4), 7—14.

Fetterman, D. M. (1996). Empowerment evaluation: An introduction to theory and practice. In D. Fetterman, S. Kaftarian, & A. Wandersman(Eds.), *Empowerment evaluation: Knowledge and tools for self-assessment and accountability*. Thousand Oaks, CA: Sage.

Fetterman, D. M.(2001). *Foundations of empowerment evaluation*. Thousand Oaks, CA: Sage.

Fetterman, D. M.(2009). Empowerment evaluation at the Stanford University School of Medicine: Using a critical friend to improve the clerkship experience. *Avaliação e Políticas Públicas em Educação*, 17(63), 197—204.

Fetterman, D. M.(2013). *Empowerment evaluation in the digital villages: Hewlett-Packard's $15 million race toward social justice*. Stanford, CA: Stanford University Press.

Fetterman, D. M.(2014). Hewlett-Packard's $15 million digital village: A place-based empowerment evaluation initiative. In D. M. Fetterman, S. Kaftarian,

& A. Wandersman (Eds.), *Empowerment evaluation: Knowledge and tools for self-assessment, evaluation capacity building, and accountability*. Thousand Oaks, CA: Sage.

Fetterman, D. M., & Bowman, C.(2002). Experiential education and empowerment evaluation: Mars Rover educational program case example. *Journal of Experimental Education*, 25(2), 286—295.

Fetterman, D. M., Delaney, L., Triana-Tremain, B., & Evans-Lee, M. (2014). Empowerment evaluation and evaluation capacity building in a 10 year tobacco prevention initiative. In D. M. Fetterman, S. Kaftarian, & A, Wandersman (Eds.), *Empowerment evaluation: Knowledge and tools for selfassessment, evaluation capacity building, and accountability*. Thousand Oaks, CA: Sage.

Fetterman, D. M., Dietz, J., & Gesundheit, N.(2010). Empowerment evaluation: A collaborative approach to evaluating and transforming a medical school curriculum. *Academic Medicine*, 85(5), 813—820.

Fetterman, D. M., Kaftarian, S., & Wandersman, A.(1996). *Empowerment evaluation: Knowledge and tools for self-assessment and accountability*. Thousand Oaks, CA: Sage.

Fetterman, D. M., Rodriguez-Campos, L., Wandersman, A., & O'Sullivan, R.(2014). Collaborative, participatory and empowerment evaluation: Building a strong conceptual foundation for stakeholder involvement approaches to evaluation [Letter to the editor]. *American Journal of Evaluation*, 35(1), 144—148.

Fetterman, D. M., & Wandersman, A. (2005). *Empowerment evaluation principles and practice*. New York, NY: Guilford.

James, C.(2011). *Theory of change review: A report commissioned by Comic Relief*. London, UK: Comic Relief.

Rappaport, J., & Seidman, E.(Eds.).(2000). *Handbook of community psychology*. New York, NY: Kluwer Academic/Plenum.

Scriven, M.(1998). Empowerment evaluation examined. *Evaluation Practice*, 18(2), 165—175.

Sechrest, L.(1997). Book review of empowerment evaluation: Knowledge and tools for self-assessment and accountability. *Environment and Behavior*, 29(3), 422—426.

Wandersman, A., & Florin, P.(2000). Citizen participation and community organizations. In J. Rappaport & E. Seidman(Eds.), *Handbook of community psychology*. New York, NY: Kluwer Academic/Plenum.

Wandersman, A., Snell-Johns, J., Lentz, B. E., Fetterman, D. M., Keener, D. C., Livet, M., . . . Flaspohler, P.(2005). The principles of empowerment evaluation. In D. M. Fetterman & A. Wandersman(Eds.), *Empowerment evaluation principles in practice*. New York, NY: Guilford.

Zimmerman, M.(2000). Empowerment theory. In J. Rappaport & E. Seidman (Eds.), *Handbook of community psychology*. New York, NY: Kluwer Academic/Plenum.

附录

充权评估练习

任务。用共同的事情召集一个小组。要求他们描述他们的目的或任务。让他们其中的一个人在每个人面前的海报纸上写下关键的短语。花一个小时来进行这项练习，并将海报贴在墙上显眼的位置。

评估状况。下一步，要求这个小组列出与完成任务相关的最重要的活动。在他们列出20个或更多的活动后，给他们每人5个圆点。请他们投票给自己认为最重要的活动，他们需要作为一个小组来进行评估。他们可以把所有的5个点放在一个活动上或均匀地分散出去。一旦他们把自己的圆点放在海报的活动清单上后，就开始计算每项活动的圆点数目。最上面的10个活动(获得最多的圆点数)应该写在海报的一张单独表格里(类似于Excel电子表格)。为每个人要创建足够多的行和列，以评价该小组如何做好每一项活动。

然后，要求每个小组成员对活动进行从1(低)到10(高)的评级。确保他们把名字的首字母写在每一列的上边，这样你就可以拜访他们以进行对话。一旦所有的评级都写在海报表上，就可以计算不同活动和下面每列的平均值。然后寻找一个总均值非常高或非常低的活动。选择一项评分值变异非常大的活动。询问他们为什么给这个活动评分很低。例如，如果他们对"沟通"给了3，那么就问他们为什么给3，并让一个同事记录这个回答。也要问他们为什么没有给1或2，并说明这个活动肯定也有积极的方面(建立优势)。然后问组内的另一成员为什么他给了"沟通"高的评级。他提供的证据可以在充权评估过程的下一步用到。你不必使这一小组精疲力尽。一旦他们开始放慢速度，就要停下来。

规划未来。最后，请小组选择三项他们希望去做并改进的活动。如果"沟通"是其中之一，请他们详细说明这一活动的目标(例如，改善沟通)。然后问他们会使用什么样的策略来改善。这些策略可以借鉴他们在第二步评估状况练习中提供的证据。例如，如果他们说，他们给"沟通"一个低评的原因是因为他们从来没有议程，那么一项策略就可以是开始创建议程。此外，要询问小组有什么可信的证据表明该策略是可以实施和行之有效的（例如，创建一个议程，并且小组的调查表明议程可以改进团体沟通）。

在真正的充权评估中，个人将在他们下一个常规的工作会议上，被委派负责汇报他们的活动进展。这内化了评估，并成为团体或组织的计划与实施的一部分。

第13章　传播和可持续性：改变世界并坚持下去

苏珊·M.沃尔夫，路易斯·G.托纳茨基，本杰明·C.格拉汉姆
(Susan M. Wolfe, Louis G. Tornatzky, Benjamin C. Graham)

开篇练习：创新U

这已是经济大规模衰退的第三年，来自两党的国家立法者正在寻找解决方案并和议长与机构的工作人员进行合作，寻求解决方案。由于立法者不满受资助者的傲慢，所以一项减少开支的计划对立法者特别有吸引力。联邦政府拨给大学研究项目的经费已超过400亿美元。国会议员怀疑研究项目对经济的积极影响。受到经济衰退的影响，许多大城市的市长需要国库对福利项目的救济和警察部门的支持。令人惊讶的是，在会上有一小群大学管理层和一些著名的营利性技术公司的首席执行官都认为，一些大学在促进技术创新和巧妙地将专利技术转换为真正的创业公司、财富创造和就业机会等方面效果显著。因为这些技术创新直接源于教授们的研究。在激烈的讨论中，一些人指出斯坦福大学和谷歌之间的关系就是一个例子，但其他人认为斯坦福是一个特例，它的文化和历史不能被轻易地复制。尽管其他人提出了更多的案例，但会上仍没有定论，而参会者在他们的飞机离开里根国家机场前，去了华盛顿市中心的鸡尾酒会以抚慰他们的失望情绪。他们的谈话中不断出现的一个主题是："如果我们能够复制出斯坦福的模式，那么我们就能够解决经济问题。"最终，这个讨论到达了州长的层面。州长们不但想要弄清楚自己州的大学所拥有的优势，还想要阻止他们最好的和最聪明的年轻人离开，阻止年轻人流向加利福尼亚州或北部和东部的城市(Tornatzky, Gray, Tarant, & Howe, 1998)。为获得斯坦福大学和其他成功的大学做出的同样成绩需要采取哪些措施？这种成功如何能传播给其他大学？在这种环境下，他们会采取哪些措施来支持这些工作？

概述

本书第11章提及了如何开发、实施和传播联邦政府资助的项目。然而，许多社区心理学从业者正在联邦经费资助以外的领域开发新的项目、政策和方案。还有一

些例子，比如在开篇练习中提到的其他人正在资助那些做着有用事情的个人和机构。本章的重点是传播(我们如何采取“能起作用的措施”，并系统地传播它)和可持续性(一旦传播，我们如何维持下去)。

尽管概念也适用于政策和更大的倡议，但本讨论的主要焦点将在项目层面。我们将从定义重要的相关概念开始，然后描述传播和可持续性胜任力是什么(包括举例)，提供关于如何发展胜任力的信息，再讨论传播和可持续性的未来。

在这一章，我们的许多例子将不限于社区心理学从业者做的典型项目(如贫困、心理卫生)，而是会延伸到某些领域，如技术创新和商业，目的是鼓励社区心理学从业者将他们的胜任力扩展到我们社区心理学很少参与的领域。例如，已有社区心理学家冒险进入公司职场(Bond, 2007)、技术革新(Tornatzky & Fleischer, 1990)等领域，并且让大学在促进社区影响上发挥作用，在就业和商业扩张上也发挥作用(Tornatzky & Rideout, 2014)。在这些领域应用社区心理学实践胜任力的时机已经成熟，并且这些领域有利于促进社区心理学在新的问题领域内进行学习和实践。我们将独立解决一些其他问题，包括社区心理学如何有区别地定义自身，如何与其他实体和学科合作，并希望在提高生活机会和社会幸福上发挥更大的影响。

概念性定义

埃弗雷特·罗杰斯(Everett Rogers)从农业创新的传播来推断，于1962年出版了关于传播的开创性的教科书《创新扩散》(*Diffusion of Innovations*)。社区心理学的传播模型是在罗杰斯的早期工作、哈夫洛克(Havelock,1971)在教育领域的工作，以及后来的费尔韦瑟(Fairweather)、托奈特兹基(Tornatzky,1977)、费尔韦瑟和戴维森(Davidson,1986)的工作基础上形成的。最近的工作是以逐渐发展起来的传播和实施科学领域为基础的——这是对想法如何在广泛多样的情境中进行宣传的研究，它内在地要求采用生态学的视角(Ruzek & Rosen, 2009)。

传播(dissemination)是指为了改变或影响实践或政策，对利益相关者这个目标群体进行有意且系统的干预分布(Chambers, Ringeisen, & Hickman, 2005; Lomas, 1993)。传播科学不是简单地研究如何最好地传播一个好想法，而是一个复杂的过程。在这个过程里，有效的策略被扩散在复杂的系统内，包括对具体的社区、社区组织、诊所或其他“实地”环境宣讲普遍性和独特性特征。通过这种方式，传播科学强调一种在不同环境和服务条件下促进采用循证项目，同时保持关键项目成分的精确性的能力。

以复杂的方式思考环境，社区心理学对此是有经验的(Trickett, 1996)。也就是说，有关传播的文献用了众多特定但往往产生混淆的术语，需要对该领域用到的相似术语进行区分。扩散(diffusion)就是这样一个术语，不同于传播，它指的是一个更普遍的，通常不是有意的扩展创新(Schoenwald, McHugh, & Barlow, 2012)。传播可能最常与实施配对，并且常常被混淆。实施(implementation)是指“使用策略来采取和整合循证的健康干预方法，并在特定环境下改变实践模式”(Chambers, 2009)。传播和实施的概念在特定的背景/环境下会相遇，传播科学研究的是，我们如何帮助宣传并使独特的环境做好创新的准备；而实施科学则考察特定的情境性变量和过程，因为它们会影响干预方法的采用和整合。

就如社区研究和行动协会(SCRA)定义胜任力一样，定义实践胜任力的任务组(Dalton & Wolfe, 2012)扩展了实践胜任力的定义，这包括社区教育、信息和建立公众意识的传播。信息沟通的传播方面包括社区成员间分享知识和参与各组对信息、创新扩散(包括采用培训和技术援助)和社会营销等方面的对话。

虽然没有普遍公认的定义，项目实施的可持续性(sustainability)指的是“前期的资助终止后，对目标受助者的活动和福利仍在延续或紧接着又开始实施一个新的项目”(Scheirer, 2013, p.e1)。一个相关的术语是可持续性能力(sustainability capacity)，它是指允许一个项目利用资源来有效地实施和维持项目的结构和过程(Schell et al., 2013)。作为一种胜任力，可持续性指的是一种“确保项目的可持续性(如，通过最佳实践管理、社区购买、保障资金和法规遵从)”的能力(Dalton & Wolfe, 2012)。

我们大多数人进行着实践、干预或研究活动，这些活动的单位多半是项目。本章从这个视角来主要考察传播和可持续性，同时也会合并其他的维度，包括研究结果的合并、政策的影响和其他在各种生态水平上的分析/干预活动。

一个项目(program)可以被定义为一组指向共同目标的资源和活动(Newcomer, Hatry, & Wholey, 1994)。通过项目的视角探索可持续性面临的复杂挑战，有助于聚焦社区心理学家能做些什么以最大化地发挥项目的影响。然后，我们将探讨几个具体的例子，即这里描述的项目成分如何应用于现实世界的例子。

传播和可持续性：知识、技能和能力

传播

在实践中进行传播需要知识、技能和能力(knowledge, skills, abilities, KSAs)，它们主要依赖于使用的框架、所采取的途径和正在传播的内容。社区心理学家早期开发和采用的模型在今天仍被经常使用，它扩展了罗杰斯(1962)的创新扩散模型和哈夫洛克(1971)的传播评论。这种系统的方法主要被用来传播费尔韦瑟(Fairweather)和托奈特斯基(Tornatzky)(1977)描述的项目，并且涉及一个四阶段模型：接近(approach)、说服(persuade)、激活(activate)和扩散(diffuse)。最近的一个模型是万德斯曼(Wandersman)和同事们在2008年提出的交互系统框架(interactive systems framework, ISF),这个模型结合了前文提到的实践模型和以社区为中心的模型的各个方面。而最近的另一个模型是桑德勒(Sandler)在2007年提出的,该模式将传播、权力和公正的理论整合到一起,并且符合社区心理学的价值观和目标,这在本书的序言中有所描述。

接近、说服、激活和扩散模型

创新(innovation)即由一种情境性的新知识衍生出来的工具、人工产品或器具,人们由此扩展他们的环境并与环境互动。在传播创新之前,应该评估它的准备状态。在启动接近阶段之前,对这种创新是否有实际效果的证据应该确定以下标准:这种创新需具有规模化的能力(如项目的材料、服务和支持);清晰的成本信息是可获得的;监控和评估工具是准备好的。同样重要的是,创新是否有一个明确定义的模型来确保实施的精确性(implementation fidelity)。如果满足了这些标准,就可以准备传播这种创新了。这个阶段的KSAs就是项目开发、实施和评估所需的那些内容。

为了创建将成为项目基础的变革理论,项目开发所需的知识是一种对文献的专家水平的综合理解。换句话说,要充分理解可以解释为什么这件事应该导致另一件事的机制。基金会、研究中心和其他一些人提供了丰富的资源来帮助组织创建变革理论,如阿斯彭研究所的《社区建立者变革理论入门:理论发展的实用指南》(Anderson, 2005)。

在这个阶段的技能包括项目策划、项目管理、逻辑模型或相似的框架开发、预算编制、基金申请、研究和项目评估技能。能力包括发展和领导一个团队来开发和实施项目(通常是跨学科)的能力,以及如果社区心理学从业者也是开发和实施团队的成员时,在保持客观性的实施和评估能力。它要求始终牢记你的工作对象——受助者,并且要确保你所做的一切都是为了他们的最佳利益,以及从这个角度看,确保做出的所有决定都是与是否去传播或维持该项目有关。

接近阶段(approach phase)。接近阶段是指潜在的目标人群从没有创新意识转向意识到创新。它可以采用一种个人的方法,即创新的提倡者亲自接近目标人群并通过在会上与团体或个人分享直接的信息让大家知道创新。间接的接近方法包括利用其他媒体如大众传媒(电视、报纸)、团体接近(工作坊、专业会议)或发表专业文献。

从历史上看,研究人员将许多已经完成的工作发表为专业文献,并在专业会议上报告,而目标受众参加这种专业会议的可能性很小。因此,那些由研究人员产生的丰富知识和实践并不比大学图书馆有用(Kreuter & Bernhardt, 2009)。主要用于沟通、创新的扩散和社会市场营销KSAs是必需的(Dalton & Wolfe, 2012)。沟通可能需要用到一种教育性的方法以便为社区成员提供信息。它也可能需要不同团体之间通过磋商、公开演讲或社区论坛、写社论或利用社会媒体，或通过新闻发布会和公共服务公告来进行对话。

在学术界产生和发表的沟通信息要求社区心理学从业者有转化的技能和“讲两种语言”——学术和实践的能力。以社区为基础的组织专业人员和社区成员可能想要知道你的沟通是有证据和理论基础的，但他们对细节不感兴趣。这些信息是重要的：项目可以为受助者做些什么，它将花费多少，它能否满足他们的需求，以及它是否与他们的社区文化相关。如果要有效地沟通这些信息，社区心理学从业者首先需要考察这个项目在多大程度上是真正适合这个社区并满足其需求的，包括从业者对动机的自我检查，即向这个特定社区沟通这个具体项目的动机。

如果一个社区心理学从业者要用到创新的扩散方法，它将需要系统地识别利益相关者和他们的利益以及根据它们而修改信息的策略。它也可能需要提供能力建设的培训和技术援助。在整个过程中，社区心理学从业者需要 KSAs 来评估传播的过程和结果。这种评估应该包括信息的使用和对利益相关者的需求和利益进行重新评估，以便根据需要来修改项目(Dalton & Wolfe, 2012)。

克罗伊特尔(Kreuter)和伯恩哈特(Bernhardt)在 2009 年描述了一种利用商业模式的营销和分配系统的方法。创建研究型产品意识所必需的 KSAs 是客户调研和划分、包装，以及促销。费尔韦瑟(Fairweather)和戴维森(Davidson)在 1986 年建议实验性地测试不同的方法以确定哪种方法可以更好地服务目标人群。KSAs 包括知道如何研究各种人群的相关特点，了解如何用能吸引不同受众的方式来准备和包装信息、项目或政策，各种推广技巧的知识。它也需要知识来实验性地测试传播策略和确定它们的有效性。

说服阶段(persuasion phase)。这个阶段是指目标人群从意识到创新的状态转向决定是否采纳创新(Fairweather & Davidson, 1986)。采纳决定是“用户从没有这种创新到有这种创新的这一过程的重点”(Wolfe, Fleischer, Morrell, & Eveland, 1990)。在这一阶段需要有研究目标人群的能力和适当剪裁信息的能力。为匹配目标人群，说服的风格、内容和倡导者的合法性是至关重要的。

在各种处境下理解潜在的角色和人际动力学是至关重要的。首先，重要的是要知道守门人(gatekeepers)是谁(即控制可能用于决策过程的信息数量和内容的个人或团体)。培养与守门人的有效关系并说服他们来推动这一进程是一个必要的步骤。为了将创新推向守门人，不仅要使守门人允许信息进入，而且要使其积极地支持变革。创新拥护者(innovation champion)或倡议者是致力于获得变革支持的人，拥有这些人是重要的，特别在有创新破坏者(innovation assassin)或试图维持现状的人努力破坏这一过程时尤其如此。

在项目采用过程中出现的三个核心行为是：(1)定义一个问题或确定需要变革的事情；(2)搜索解决方案和寻找解决问题的方法；(3)选择潜在的替代方案(Wolfe et al., 1990)。包含在这个过程里的是战略性的财务成分、人际关系成分和政治成分。被提议的变革提议需要符合目标团队的战略使命。本章的一位作者见证了太多的事例,一个组织为争取资助去做一个项目仅仅是因为可以获得资助,即使项目并不符合该组织的使命或其他服务。经常是在组织接受资助并实施项目之后,他们才意识到他们一无所获。其结果是,他们不再继续申请资助,因而这些社区就失去了这一服务。

为探讨人际成分,建立关系的主要技能是促进信任和理解。为建立这样的关系,社区心理学从业者需要在与目标群体互动时做到真诚,并且努力在更深层次上对目标人群形成一种理解。它还要求,加深的理解应该表明当这种创新对目标人群不太适合时,社区心理学从业者愿意做出重大的调整,识别更加合适的创新,诚实地面对这种创新对某些特定人群而言存在的沟通问题,并愿意离开。关于政治成分,在关系构建的过程中,社区心理学从业者也需要了解竞争的议程、采用这种创新后谁将受益最多、采用替代创新方案或维持现状时谁将受益更多。

激活阶段(activation phase)。在这个重要的阶段里,创新从采纳转向实施。社区心理学从业者用 KSAs(见本书第 11 章中描述的实施所用的 KSAs)促进实施,也需要能够评估精确性、支持调适和评估结果。即使是循证创新,每一次它们在新的环境或新的人群中应用时,也必须利用最严格可行的策略和可用的资源对它们进行评估。

扩散阶段(diffusion phase)。在这个最后的阶段里,目标人群通过在自己的组织内部扩展创新或说服其他团体或组织采纳创新而传播创新。在这个阶段,社区心理学从业者的角色将是技术顾问,即鼓励和监督传播,确保模型核心成分的精确性得以保持,以及评估在每次新实施中得以继续。社区心理学从业者也可以帮助目标人群发展传播战略,以及在接近和说服阶段帮助这些额外的潜在采纳者。与咨询和组织能力建设相关的 KSAs 请参见本书的第 7 章内容。

在有效地传播和促进创新项目的实施时,面临的问题之一是这些必要的行为并不总是有利于以大学为基础的社区心理学从业者的学术生涯。回到开篇练习里提及的一个实例。合著者托奈特斯基参与定义大学可复制的"最佳实践"已有十几年,并鼓励在"现实世界"里进行技术性的创新和产生经济影响。这些努力产生的结果正通过免费邮件、网络发帖(www.innovation-u.com)、磋商以及负责实施最佳实践和政策的个体的简报而得到积极的传播。这包括接触到的大学领导、州和地方政府的官员和政策社群(Tornatzky & Rideout, 2014; Tornatzky, Waugaman, & Gray, 2002)。这种信息的语言和风格强调可读性,而不是学术浮夸。但出版这一类型的信息(非同行评审)并将其提交给观众的做法,对大学的终身教职和晋升是没有帮助的。对不在学术环境中的社区心理学从业者来说,其他的约束,如竞争的优先权和主管的指导,可能会禁止其长期参与企业。

交互系统框架

交互系统框架是为项目、政策、过程和原则的传播而开发，统称为“创新”（Wandersman et al., 2008）。它的价值在于能够识别和处理在不同层面上传播创新的复杂性，并为理解这个系统、功能和关系提供了一个结构，而在传播和实施过程中，系统、功能和关系都是可操作的。这个框架由三个系统或三组活动构成。首先，**预防合成和转化系统**（prevention synthesis and translation system）提取有关创新的信息并准备实施它们。相关的KSAs是指在感兴趣的领域里，现有的研究知识、综合研究的技能以及转化它的能力，所以它是可以理解并可以应用的。这些技能与接近阶段所需的技能是相同的，本章前文已对此做过描述。这个过程的关键是识别并清晰地定义创新的核心要素或特征的能力，创新的特征关系着它的有效性和专家对创新基础理论的理解。理想情况下，社区心理学从业者需要协作的技能以便与有意向的受众一起工作，并产生出最终可被用户理解和可应用的信息。

第二个系统是**预防支持系统**（prevention support system），它支持那些在实践中实施创新的人员的工作（Wandersman et al., 2008）。这个系统包括为最终用户提供具体创新的信息和一般能力建设（general capacity-building）的支持信息。为支持特定的创新，社区心理学从业者需要培训技能、提供技术援助和指导/咨询。在假设运转良好的组织将会更好地支持创新的基础上，一般能力建设包括加强组织的基础设施、提高技能和增强组织的动机。一般能力建设要求有评估组织需求和生产力的技能、理解组织文化的技能、理解组织支持创新程度的技能、了解和利用组织变革方法的能力以及资源开发的技能。

第三个系统是**预防输送系统**（the prevention delivery system），即创新在这个领域里得以实施的系统（Wandersman et al., 2008）。这可能发生在一个组织、社区、州范围内或发生在国家层面。在个体层面，这个系统需要有教育、创新（或者一种类似的创新）的经验和动机来实施。在组织层面，领导力、项目目标、承诺、规划、实施和评估的技能、氛围、结构和创新特定的因素都是至关重要的。

在这个阶段，社区心理学从业者所需的KSAs，包括本书第11章中描述的与实施有关的那些内容。社区心理学从业者也需要有了解组织背景，以及了解它如何适合或不适合一项具体的创新或了解创新的一个核心特征的能力。在社区层面，社区心理学从业者需要有评估社区的需求、资源、领导力、参与度、社区意识的KSAs，并且愿意和能够直接干预社区的问题。在组织社区、建立社区合作以及形成前面章节中描述的跨文化胜任力时需要许多的KSAs，这些KSAs也会在社区层面上实施创新时用到。一个与现场实施相关的重要问题是长期的生存和支持问题。如果一个创新的系统现在能有效工作，那么它就能在以后数年里潜在地产生增值的结果。为了长期的生存和可持续性，社区心理学从业者需要有超越口头服务的能力并致力于提供长期的支持。

传播和权力与公正的理论

为了与社区心理学的价值观和目标相一致，传播实践必须运用批判心理学(critical psychology)的视角来解决以社区为基础的实践和以实证为基础(循证)的实践之间的紧张关系(Sandler, 2007)。在不平等的结构中，项目和政策的可以使这些结构合理化。在大多数情况下，传播文献和与循证实践相关的文献都忽视了解决结构性不公平的问题。进一步说，循证实践的传播主要是“专家”自上而下地确定社会需求和解决方案。

从批判心理学视角来传播实践的社区从业者需要深刻理解、识别并洞察结构性不公平的能力，以及发展解决结构性不平等实践的能力。以社区为基础的实践体现了这种视角，桑德勒(Sandler)对这种实践模式的成分进行了描述。第一，传播和实施团队的组成必须包括这个社区。在绝大多数情况下，一种创新的传播是创新从一个专业人员转移到另一个专业人员的过程，而且随后为了正面临这个问题的那些人而实施创新，但在这个过程中没有或很少有来自于受影响的个人或社区的意见和建议。桑德勒认为这是家长式作风(paternalism)和剥夺权利(disempowering)的专业化服务。它更多的是为专业人士的需求服务，以创造就业机会和维护他们的权力关系。在传播创新的过程中，社区心理学从业者可能起着促进全员参与和社区融入的作用。这必须通过焦点小组或访谈得到他们更多的意见和建议，以提倡他们全面参与董事会、委员会和获得充分的决策权。这样的 KSAs 可能包括社区领导力、宣传和辅导技能、群体动态知识、干预的能力，或以一种确保全体社区成员融入的方式来领导社区的能力。

桑德勒(2007)的第二个深刻见解是处理来自以市场模式的运作社会服务和教育部门的服务碎片化问题。为了减少碎片化，采用和实施创新项目的团队必须包括社区内所有相关组织的代表。例如，当在学校里实施以解决孩子社会需求为目的的项目时，实施团队应该包括来自心理卫生、医疗保健、社会服务、药物滥用和其他的与家庭和儿童有关的机构的专业人员。目标是为了创造一个更全面的该方法，机构之间是合作而不是竞争，是对社区成员的包容，以及是为了发展边缘化的(marginalized)家庭领导力的。专业的合作伙伴必须超越他们的个人使命，并且是以一种能融合他们各自不同的专业知识的方式来采用项目或倡议的使命。对社区心理学从业者而言，需要用到的 KSAs 是如本书第 9 章所述的建立伙伴关系所需的那些内容。

第三个深刻见解与传播尤其相关，是各社区的当地资源和机构有差别(Sandler, 2007)。当外来者，如大学和国家项目的工作人员，正在向社区传播创新时，外来者与当地的机构之间有一个内在的权力差别。以一个团队组成框架为基础，外来者经常决定包括哪些组织和个人，将哪些合法化并排除哪些人，而这个团队组成框架是在预先外预先被确定的，并没有考虑到当前这个社区的具体情况。根据桑德勒(2007)的观点，这些团队往往会再次产生分层的、种族的权力动力学，服务提供者是白人，而服务接受者是有色人种。调适的自上而下取向很少体现本地服务提供者和项目受助者的专业知识。

与传统的自上而下传播模式相关联的局限性是这些模式继续维持了专家和受助者之间的鸿沟，并且不承认社区内也有专业人才；他们假设种族或族裔的所有成员都是相同的，需要做出相同的调适，他们忽略了每个具体社区独特的动态和挑战。要克服这些局限性，需要实施团队有真正的文化代表。社区心理学从业者所需的 KSAs 包括跨文化胜任力相关的那些 KSAs，见本书第 4 章所述。社区心理学从业者必须能够轻松地讨论敏感话题，如种族和族裔，能够促进各团体包容那些在历史上没有被完全接受的观念。真正的社区包容需要促进一种文化的转换，通过对专业人员进行培训和社会化，以一种促进专业人员与服务对象之间相互权力关系的方式来与个体进行有效合作。它还需要社区心理学从业者指导和发展传统上被边缘化的当地社区成员，使他们能够充分地接受他们的新角色和权力关系。但最重要的是，由于专业人员习惯处于主导地位，而一直以来社区成员就接受他们的权力被剥夺的境况，所以在专业人员和社区成员之间的鸿沟上架起桥梁，将需要对作为社区合作者的新角色的助人的专业人员进行培训和重新社会化，使他们作为社区合作者来帮助人，并严密监管以确保他们不会破坏充权过程。

来源：苏珊 M.沃尔夫

照片 13.1　可持续性：确保延续

可持续性

社区心理学从业者应该对整个项目的开发、实施和传播等这些过程的可持续性做出规划。无论是作为增值(value-added)还是作为商业的一种新方式，如果发现一个项目、政策或其他的改变是有效的，最终的目标应该是让它一直工作。通常在实践中，可持续性应该是传播过程的一个重要目标。识别出项目或政策的哪个成分能很好地预测结果的持久性，以及如何获得可持续性能力，这些对可持续性的目标都是很重要的。随着项目成分（参与者、治疗或大事活动、背景）变得更加复杂和难以管理，可持续性将变得越来越困难。

需要花费几年或十几年的时间来解决一个问题、理解各种成分，尝试用不同的解决方案或一个方案的不同版本来确定相对的效果，然后再用很多年的时间使结果得到广泛应用，期间获得的知识累积是很有价值的。无论是试图治愈一种致命性的疾病、形成低能耗的个人交通方案，还是综合治理都市社区的暴力问题，途径都趋于相似。接下来将描述这个过程是如何展开的。

理想和不够理想环境下的可持续性

费尔韦瑟称之为实验性的社会创新(Fairweather & Tornatzky, 1977)或其他所简称的现场实验或准实验，目前还没有替代方法。这些实验方法假定从意识到问题到确认项目的解决方案将是一个漫长的过程，项目的解决方案可能包括所有以下的内容，但不一定是按照这个顺序：

· 观察一个问题和它的过程以及那些能解决这些过程或减轻不良后果的特别事件。

· 对问题、它的过程和潜在的解决方案，或单个地点（如一个具体的社区或城市）的影响因素进行更具结构化的和焦点化的案例分析。这可能包括需求和资源评估、案例研究或其他定量、定性和混合的方法以加深对手头问题、它的相关动态和潜在解决方案的理解。

· 开发测量仪器并采用方法得当的程序，跨环境检测问题及相关的现象（如混合建模），通过相关统计进行梳理，这可能是潜在的解决方案。

· 设计一种结构性的干预方法，然后在某个地点以某种形式测试它。

· 用一系列相关的实验或准实验进一步测试这种干预方法和它的成分，测试每个成分是为了确定它的相对影响，并在确定“起作用的成分”后形成一个对成分有着清晰定义的模型。

· 选择出与核心成分相关的材料和指南，以促进精确性的保持，并识别出在每种环境下哪些可能是适合调适的，以及定义可能调适的边界。例如，出版一本实施手册，清楚地描述每个核心成分是什么，以及为保持精确性必须一直做的事情是什么？同时也描述什么样的调适是可接受的？

· 在许多地方和环境里复制这种干预方法，并付出多年的努力去持续地评估它的影响。

· 指导手册的创建、实施、复制和传播是为了解决问题，手册里面需考虑到对潜在解决方案的描述。

如果上面的概述近似项目开发的路径，为什么我们没有经常见到它呢？事实上，我们确实在比社区心理学探讨的问题更重要的问题领域中相对经常地看到它，并在其背后花费了大量的资金、人力和时间。以医疗、制药和手术器械项目的开发为例，开发人员需要花费数年的时间进行真正的实验研究。如果这样的创新是成功的，它们将非常有益于社会，并让开发人员有所回报。可惜的是，在社区心理学惯常解决的典型项目中不常出现这样的情况。

上文描述的这种持续多年的过程，对不管是身处学术环境还是实践环境中的社区心理学从业者来说，都是一个相当大的挑战。身在学术环境的社区心理学从业者需要每年发表三到四篇经过同行评议的期刊文章。每 4 年出版一本书，这个时间接近一种社区心理学创新的长期孵化、实施和验证过程，而这种创新对社区心理学从业者谋取终身教职或晋升并没有什么价值。此外，通过长期的社区合作而进行的研究和社会创新会延长论文或学位论文的时间（Stamatakis，Norton，Stirman，Melvin，& Brownson，2013）。由于发展这样的社会创新是一个漫长又昂贵的过程，所以社会心理学从业者很少能在学术界以外的环境中找到支持发展社会创新的工作。

可持续性的挑战

通过该项目在可接受影响的水平上能实施多长时间，可以更好地衡量项目创新的有效性（尤其是在一个公众投资下降的时代背景下）。这取决于项目可持续性的领域。回答这个问题需要大量的投资和耐心，而且它很难被回答。如果是这样，在项目发展和验证上的沉没成本可能会有一个更好的公众回报，因为这些项目经常是从联邦或州机构那里获得公众投资的。然而，如上所述，纵向项目的效果验证往往不符合学术或实践生涯，并且说来奇怪，它有时并不在联邦机构或其他的项目开发资助者的耐心、利益和预算优先事项之中。

此外，社区心理学从业者经常致力于有资助时间限制的项目和倡议。如果这些项目是在一个更大的组织或一个非营利的社区组织背景下实施的，当资助基金终结时，该项目就几乎没有持续的可能性。基金资助项目通常是对现有服务的附加或增强。在某些情况下，组织可能从这个项目中看到了增值，如果他们有资源，至少会保留一些成分。通常，这样的项目是由组织实施操作，但这些组织是小本经营，并不能维持哪怕只是项目的一个成分。

在斯切尔（Scheirer，2005）关于可持续性的文献综述里，她发现保障基金或其他资源经常被援引为可持续性的最大挑战。想获得长期的资助来支持和维持项目系统性的开发、实施和传播可能会存在阻碍。资助者希望在投资后的第一年就看到积极的产出，没有留下试验或连续发展的空间。新项目发展和验证涉及一个漫长过程，而资助者很少资助这个漫长的过程。

本章的作者之一最近在做的两个项目受到了 18 个月的资助，用以形成一个社区联盟并提供服务，服务还需产生可衡量的产出。经过 18 个月，他们已经全面实施该项目并解决了项目的一些缺陷，这时资助就终结了。在这个具体的实例中，项目结项数月后，该州发布了一个新的提案要求，它要求用一种完全不同的方法，这与目前所用的方法大相径庭，以至于没有组织再次去申请资助。有个组织维持了该项目，而另一个组织从上级组织那里获得了资助，可以暂时地得以继续。为针对和减少一个具体的问题而做出系统的活动计划，前文提及的情况对活动的可持续性就是额外的挑战。致力于可持续性的社区心理学从业者需要有资金流及运作它们的知识，需要有驾驭这种系统的技能，以及需要有制订和实施行动计划的能力，以确保“起作用的项目”能够持久。

斯切尔(2005)发现组织背景和受这种背景影响的组织内外部人士会对可持续性产生重要的影响。项目与组织的使命和程序的适配性，以及项目为了这种适配性而加以修改的程度都是很重要的。随着这个项目的初次采用，出现的领导和拥护者也很重要。向内外利益相关者说明该项目益处的能力，包括保障资源的外部组织支持和持续性的动员支持，也是重要的。

可持续性的解决方案

斯切尔(2005)基于自己的发现提供了一些建议，从而使开发人员在地方层面上增加项目延续的可能性。首先，她建议他们选择与组织的使命和文化相关的项目，以增加从上级管理层那里获得支持的可能性，所以需使该项目适合工作人员的技能和工作负荷。对社区心理学从业者而言，它暗示组织评估的技能是必要的，以获得对组织使命、文化、资源和日常运作的全面了解。此外，深入了解项目及其对目标组织的适应性也是至关重要的。如果在项目采用和实施阶段这种适应没有被最大化，那么可持续性将受到影响。

社区心理学从业者进入项目后，如果被要求增强一个已被采用和实施的项目的可持续性时，他可能就需要一些技能来调适现有的项目，在一定程度上增加可持续性的可能性。斯切尔的第二个建议是，为适应组织背景，从业者对项目做出的修改必须保持核心要素，这些核心要素有助于原设计的有效性。

第三个建议(Scheirer, 2005)是识别和支持一个在可持续性规划中发挥领导作用的项目拥护者。他可能与最初支持采用和实施项目的拥护者是同一个人，或可能需要确定或发展一个新的拥护者。社区心理学从业者可能会承担这个角色，这将需要领导力技能。另一种选择是让一个重要的利益相关者承担这个角色，并促进他的领导力、沟通和项目宣传技能的发展。社区心理学从业者需要有识别这样一个人的能力，识别这个人有能力提高这些技能并能承担领导的角色。理解组织的政治是很重要的，以免在设立组织成员时使他们遭遇失败或影响他们的就业状况。它也要求社区心理学从业者在活动中理解组织和外部利益相关者之间的动态，因为外部利益相关者也许能更有效地支持项目的可持续性。

斯切尔(2005)的第四个建议是，扩大外部利益相关者在促进项目可持续性的潜在作用。她建议，项目要惠及不同群体的利益相关者(内部和外部的)，在整个设计和实施阶段就公开这种实惠。通过调查和焦点小组，收集项目参与者的反馈意见，并且顾问委员会也要包括参与者，这时就需要有跨文化胜任力、项目评估的方法以及建立包容性社区伙伴关系的能力。形成一个积极的联盟，或参与现有的联盟会形成一个可以凝聚资源和政治性支持的支持性团体。这需要具有发展联盟和发展社区伙伴关系的技能，这种技能在本书第 9 章已被描述。项目设计应该包括联系其他的以社区为基础的组织并服务于他们利益的机制。

最后的建议是需考虑将项目制度化作为组织的核心业务，而不是保持它作为一个独立的项目。这个项目应该从软性货币转换到硬性货币，并成为上级组织预算周期的组成部分。这可以随着拨款周期逐步完成或一次性就完成，也许这取代了旧的商业经营方式。为完成这个项目，预算制订和规划技能需要与整体战略规划技能相结合，社区心理学从业者可以在促进战略规划的过程中发挥作用，将该项目纳入到更大的计划，并确保组织将战略规划过程和预算规划过程绑定在一起。对会计、财务系统和战略规划的了解是有帮助的。

将项目活动构建到现有员工的工作内容里可以促进项目的制度化。参与项目维持的新员工越少，项目生存的可能性就越大。同样，将现有的物资和技术合并到项目里，并在各个活动中分享它们以降低成本。尽可能在组织内交叉培训员工，从而使项目技能成为专业标准要求的一部分，将在面对人员流动时可促进可持续性。最后，包括组织性管理文件中的项目，如政策和程序，将进一步使项目制度化（Yin，1981）。用到的 KSAs 包括商业和管理实践的知识及发展商业管理的技能。

促进发展的教育、培训和经验

教育

大多数硕士和博士水平上的社区心理学项目会提供和传播与可持续性相关的 KSAs。除了为此类工作提供基础的生态理论，他们还提供社区研究和项目评估的培训。在其他系旁听一些课程，包括社会和组织心理学、管理学、公共卫生和通讯，也是有用的。团体过程、组织心理学、组织评估、市场营销、沟通和管理等这些课程都会提供有用的知识。

为传播和可持续性提供技能教育的另一个领域是商学院，它专注于创业精神。正如本章前面所述，在社区心理学从业者工作的环境中，很少有支持漫长的开发、传播和维持社会创新过程的环境。最近的趋势表明，创业可能对女性从业者而言是一个特别有利的途径。尽管全国的趋势表明，女大学生人数在高校日益增长成为多数，且经常会取得更好的平均成绩，在学校和职场也都是最能干的团队领导者和管理者，但在创业经济中（如新的初创企业、天使和风险投资、技术密集型企业）她们的代表性显得不足。这不是因为能力，而是因为她们做出的选择。诸如考夫曼基金会

(www.kauffman.org/)这样的组织针对社会创业提供了工具和培训，这可以补充在商业、工程或生命科学课程中所学的内容。在创业教育中，一个更有趣的趋势(和积极的结果)是合作课程和课外学习机会的急剧扩大。也就是说，不要只是阅读和讨论创业，而是要通过无信用的竞争、参与企业的成长、跟随现实生活的企业家实习，边做边学。另一个重要趋势是将创业教育的地点从商学院转移到了工程学院和其他学科的学院。一个有趣的问题是，为商学院学生讲授必要的工程知识是否更容易，或反之亦然。

额外培训

虽然数量很少，但确实有一些传播和实施方面的专业培训资源，如，圣路易斯大学和华盛顿大学的一个联合合作组织，即预防研究中心所提供的那些培训。此外，每年都有几个传播和实施科学的全国性会议(参见“资源”部分)。此外，从业者通过专业性的发展机会，如工作坊和继续教育课程，可以获得很多对传播和可持续性有用的培训机会。例如，写作作为一项核心的技能，可以通过工作坊和额外培训变得娴熟。对不同的受众来说，想学习如何写作，写作的工作坊是很有用的，它也能帮助你更清晰地向公众传达你的信息。尽管本章的一位作者一直被人告知是一个好作家，但当她为政府工作时，仍会被强制性规定(连同整个办公室)去参加一个写作工作坊。现在她建议，每个专业人员都应该参加这样的工作坊，因为写作是一种技能，可以在整个职业生涯中不断得到完善。

发展写作技能应包括参加资助计划书写作工作坊。能够得到资助是传播和可持续性的基础。能够撰写资助计划书不但有助于传播和可持续性，而且作为一个优秀的资助计划书撰写者，也能帮助社区心理学从业者获得一个社区或组织的准入。资助计划书写作技能应包括学习如何撰写大型的联邦资助计划申请书、完成州资助申请书及撰写基金会的基金申请书。每一个都有一组很不相同的技能。

传播涉及信息共享。参加工作坊可以精炼演讲技能，而准备有吸引力的材料(例如，图形、小册子)可以允许社区心理学从业者创建演示文稿和书面材料来吸引广泛的观众。熟练掌握各种演示和发布软件就能利用更多的工具。经常有培训项目和工作坊，可以学习有效地使用这些工具所有的特性。

联盟发展另一个获得参加工作坊机会的领域是通过专业协会和其他组织而获得的。在第 9 章可以找到更多关于如何发展这种胜任力的信息。政策和宣传是一些其他的技能，社区心理学的学生们报告称，他们不是总能在研究生课程里学到这些技能，但可以通过研习班和其他专业性发展机会学到这些技能。更多关于发展这种胜任力的信息可以在第 10 章中找到。

最后，作为社区心理学从业者，我们喜欢认为自己具有跨文化胜任力，但在这个领域持续参加工作坊和其他的培训总是有用的。本书的第 4 章提供了关于跨文化胜任力和如何发展它的信息。参加当地的工作坊有多个目的。第一，即使你已经具有跨文化胜任力，这样的工作坊也可以起到提醒和复习的作用。第二，参加这样的工作坊是有帮助的，因为提供这样的工作坊是为了帮助当地专业社区理解他们正在接受的有关这个主题的信息，并确定在多大程度上为下一步——与社区的真正合作做好准备。另外，对话和评论的本质是为当地社区的种族、族裔和文化视角提供更多的见解。

经验

因为传播和可持续性需要多种 KSAs，所以经验是无可替代的。可以通过实习、有偿就业和利用当志愿者的机会来获得经验。如果你想培养一种技能，发现你的社区里有一个人可以作为榜样，就去寻找一种可以和这个人一起工作的方式，在这种方式下学习这种能力是可能并可行的。作为倡议者进行志愿服务或实习，在真正擅长并乐意指导的人的指导下，可以学习到在各种环境下支持项目和政策所需的 KSAs。

为了获得管理项目、实施新举措与管理员工和志愿者的经验，最常发生的情况是要求你进入一个较低职位的环境，并且你要努力向上以获得机会。如果你走过他们走过的路，你将会更有效地说服他人在这个环境下采用项目或政策。为了实施你正在传播的项目，管理项目的经验会让你提出有关技术援助方面的见解。在组织里工作过并经历过各种棘手之事，这可为促进可持续性提供有价值的背景信息。

参与组织与联盟及其他合作工作，为观察和驾驭各种人际和政治气氛紧张的局面提供了机会。以学生身份或通过实习来获得这种经历，会提供保持安静和观察的安全时机，因为没有人会期望你提出解决方案或管理政治。为了从这些经历中学习，要努力识别那些善于处理政治气氛紧张的局面与分歧的人，同时要善于建立联盟，并在面对最具挑战性任务时，保持积极性。一旦你识别出他们，要观察他们的沟通方式和策略使用上的细微差别。

应用

本章的这部分将呈现两个案例。在第一个案例中，比尔·费尔韦瑟(Bill Fairweather)的工作对漫长的创建社会创新过程及其随后的可持续性所需的传播过程提供了见解。第二个案例是其中一个作者在撰写本章内容时遇到的一系列事件。它提供了一个在以社区为基础的组织背景下，联邦资助项目可持续性遭遇挑战的实例。

费尔韦瑟社区小屋的传播

一个传播和可持续性的典型例子是比尔·费尔韦瑟和同事们在方法论上的重要历史性工作。这些努力导致了一个经实验验证过的项目，它能使慢性的精神病住院病人在所谓的现实世界里获得某种安全程度上的相对自由。费尔韦瑟(1980)和同事们围绕以医院为基础的真实实验，用了25年多的时间，聚焦于住院精神病人中的团体问题解决，紧接着又做了一个用时10年的实验，该实验将那些过程延伸到以社区为基础的生活和工作环境里，它被称为社区小屋(community lodge)。这反过来又使那些康复者多年来可以在社区里的经济、社会和个人方面得到维持和发展。对那些不熟悉工作主体的人，你应该将项目想象成是为有精神障碍的人而创建的一个非常有效的创业农场。

这是一个涉及多年基于现场试验和错误、数据收集和分析，并导致一个模型项目的过程。这里所说的是，许多问题都很重大，并且一些项目解决方案是意义深远的，这些证明了时间和资金层面的正当性。有抱负的新从业者参与与费尔韦瑟及其同事所做工作相类似的项目，通过评估、设计和学习来思考传播与可持性问题，能够从中获益。

在他们的《创新和社会过程：一个全国性的实施社会技术的实验》书中，托奈特兹基(Tornatzky)、费格斯(Fergus)、阿弗涅(Aveliar)、费尔韦瑟(Fairweather)、弗莱舍(Fleischer)(1980)描述了多年的研究结果，其中包括一个国家级实验，该实验是为了比较各种技术援助的策略以促进实施和采纳费尔韦瑟社区小屋，还包括服务提供者们确定他们从事创新工作能力的一些研究。为充分了解最有效的传播方法，需要进行一系列的研究，这些研究最终发现，大部分传播创新的工作行不通。这期间主要用到的KSAs是那些与开展以社区为基础的研究相关的KSAs，以及那些与接近—劝说—激活—传播阶段相关的KSAs。他们的调查结果包括：

1.为确保建立一个对等的创新网络，协助、鼓励或支持是必要的。网络往往有地理上的约束和其他方面的限制。例如，退伍军人管理医院会将他们的对等网络局限于联邦系统。

2.通过信息通讯和平面媒体来传播创新被认为是无效的。然而到今天，许多在研究和实践中学习到的内容仍以期刊、报告、简报和会议的方式传播。

3.即使许多组织采用一种创新，如果创新没有达到合理的制度化水平并且不是合法的，也就不会被支持，它可能不会持续下去。

4. 提供工作坊和现场访问可能不足以确保全面的实施和可持续性。一种更集中的、接地气的方法和拥有足够的用于支持创新的资源可能是必要的。

可持续性和健康启动计划

施特尔茨纳(Stelzner)和维尔克维兹(Wielkiewicz)在这本书的第3章里描述了受联邦政府资助的健康启动倡议作为一个生态模型用以减少社区之间婴儿死亡率差距的案例。这个项目始于1991年，当时只有15个项目，而到了2010年已达到104个项目。这个项目已经发展了很多年，本章共同作者沃尔夫从1994年开始间歇性地做这个健康启动项目，所以有机会观察到项目的演化。在要求确立问责制之前，健康启动项目的第一阶段就已经实施了。当地的评估是需要的，但是评估者的作用只是简单地描述项目已经做了什么，服务了多少人。向社区提供资金，并让社区决定如何使用。一个要求就是他们需要组成一个相关各方的“联盟”来合作降低婴儿的死亡率。

作者在那时所做的项目是用钱去资助预防未成年少女怀孕的项目，这是一个提供产前教育的项目，并对未成年母亲、低体重婴儿中心、孕妇和新妈妈的交通服务、家长救助、家访护士和男性健康风险降低服务（如教他们使用避孕套）给予支持。每年这个项目都会发布一个提案请求，并对各社区组织提交上来的最佳提案进行资助。虽然这听起来像是一个随意的方法，但它反映了那时服务资助的复杂程度。

1998年前后，美国健康和人类服务部（department of health and human services，DHHS）和健康资源和服务管理局（health resources and services administration，HRSA）召集一群当地的评估者一起讨论开发普适的结果标准和引入一种被称为“逻辑模型”的新工具。评估者们坐下来讨论了几天，确定可以测量哪些指标以表明这个项目已经取得成功（除了在降低婴儿死亡率上面）。如果没有一个变革的理论“模型”，这基本上就是一个不可能完成的任务。因为根本的问题是每个社区做的事情不同，所以它就像试图在比较苹果和橘子的区别。

在接下来的几年内开始推出健康启动项目2.0。这个版本的倡议向受助人提供了明确的指导方针和期望，包括核心的服务和核心的系统要求，但仍允许有当地的适应性和灵活性。要求受助人报告一组绩效指标的进展情况，该绩效指标是为所有受HRSA资助的妇幼医疗保健项目而开发的。在这一时期，对项目的资助水平相同，没有增加他们的配额。项目经理用到与实施相关的KSAs。作为当地的评估者，合著者沃尔夫根据每个站点的请求和需要承担着多种角色。这些角色包括评估活动（如焦点小组、调查、肯定式问询）、合作开发当地卫生系统的行动计划、促进战略规划和员工发展工作坊、联合开发技术援助，并帮助撰写基金申请提案以扩大或提高服务，而每个角色根据手头的任务需要一组不同的KSAs。一些技能包括促进、评估设计、联合开发、资助计划书写作、项目发展及合作。

不过健康启动2.0项目的要求有了一些变化，要求项目用相同数量的资金做更多的事情和有更多的绩效指标，该模型一直运行到2013年底，这时HRSA公布了竞争性申请健康启动3.0的提案要求（request for proposals，RFP）。这一次他们改变了策略。

首先，在前几年，现有的健康启动项目接受了他们申请的优先事项，并且大多数项目保留了5年的资助周期。现有项目的这一轮申请将不再接受优先级点。尽管一直有绩效指标来评价他们对项目所做的工作，即在HRSA资助期后，他们能促进该项目可持续性的程度，但是，大多数项目仍然不认为他们实际上必须要考虑这一点。其次，为了增加集体的影响和实施循证的成分，该模型发生了改变并有了一些额外的要求。新模型里需要有社区组织和社区成员组成联盟的技能。基础项目的资助水平保持相同，实际上最大的资助额也少于一些项目已收到的资金数目。再次，可以在三个不同的水平上选择应用项目。第一个是最基本水平的项目，类似于他们已经在做的。这一水平的项目资助力度最大，但也低于项目中那些大部分项目正在接受的资助水平。第二个水平要求一些额外的活动，包括搜集更多的数据、分析更多的成分及服务更多的项目参与者。有十个项目将获得这一水平的资助。除了前两个水平所要求的，第三个水平要求项目承担一个区域性和国家性的领导角色。每个水平增加了项目所需服务的参与者人数，并且要求实施父亲项目，而所服务的父亲并没有包含在日益增长的被要求的参与者数量之中。

提案上交后不久，当项目正在等待其命运时，HRSA 为一个可持续性的计划（他们称为过渡计划）发送了一组指南。要求项目回答一系列的问题，如果它们：(a)申请体现资助缩减的水平；(b)没有受到任何资助，但仍计划继续进行部分或全部的服务；(c)没有受到资助并计划停止服务；(d)在一个不同的项目领域里受到资助。问题包括：他们如何规划项目的各阶段，是否把服务转向另一个组织，是否有收尾过渡的资助来源，以及是否完成一份最终的当地影响报告。

在发布这个 RFP 时，合著者沃尔夫是四个健康启动项目的当地评估者，其中有三个项目决定再次申请资助，有一个项目决定不再继续服务。这个不再继续服务的项目的上级组织是天主教会，由于它将不能充分实施多产的生命计划和平价医疗法案，所以该组织做了一个合理的决定，即不再申请资助。因为考虑到这些局限性，这个项目将没有竞争力。幸运的是，在这种情况下，当地的主要关注妇幼健康的公共卫生学院决定接收这个项目并提交了基金申请。现有项目的工作人员奉献了无数的时间，与大学教员合作撰写提案并分享他们的经验。在这个例子中，这个项目至少可以确保另一个 5 年的可持续性。为什么？因为承办组织发现另一个组织愿意申请这个基金，并且合作分享它对该项目的知识和经验，以及给予转让该项目的许可。

提案上交后，作者做的另一个项目的上级组织决定不再主持该项目。它与资助机构联系并撤回了这个申请，然后告诉项目的工作人员准备停止它。理由是这个特定的项目不符合他们的使命和其他的服务，受资助的资金（10 多年里都不会有改变）不足以完成项目的要求。在这种情况下，组织不能将项目转手给另一个组织，所以这个城市将完全失去这种服务并且项目中也没有可持续的成分。

这个健康启动的例子说明了服务和项目经常被提供给社区以解决社会问题的方式。提案要求被发布后，以社区为基础的组织申请资助，如果资助被批准，他们的服务期就为 3～5 年。到这个服务期结束时，RFP 可能是也可能不是新的，社区可能会或可能不会申请服务，提案可能会也可能不会被批准。值得注意的是，尽管联邦资助机构有一项与可持续性相关的绩效指标，但并没有为一份可靠的可持续计划发布要求或指南，没有可提供的技术援助，也没有完成项目的实际计划。项目为指标设定了自己的目标，大多数设定的目标相对较低，HRSA 也没有做更多的推动。项目已经被资助多年，虽然员工们内心知道可能会失去资助，但仍然没有做好准备措施（尽管当地的评估者有敦促）。新 RFP 将资助更少量的项目，这意味着一些已经存在十几年的项目将停止，几乎没有成分得以持续，而他们的社区也将会失去有价值的服务。因为健康启动倡议从未投资过严格评估过程，它并没有作为一个循证项目被接受，这进一步影响了社区吸引资金以保留项目或其成分的能力。

健康启动的例子为思考能够做些什么来确保可持续性提供了材料。如果你是一个在项目中处于次要作用的社区心理学从业者，那么你将做些什么或者你能做些什么？在这个例子中，社区心理学从业者通过审查和评论草案、撰写需求评估、编写评估计划、协助撰写项目提案，为发展社区影响力提供指导，帮助选择服务地区，并建议项目最适合申请的水平。作为一个外部的合作伙伴，如果申请资助不成功，组织将做些什么，她对此几乎没有发言权。

在这里关于应用胜任力的教训是什么？社区心理学从业者可以走的路有两条。第一条是采用费尔韦瑟模型，全心全意解决问题，工作的重心是系统地开发一种革新的、可复制的和可持续的解决方案，如社区小屋。值得注意的是，许多密歇根州立大学研究费尔韦瑟模型的博士毕业生采用了这条途径。例如，丹尼斯·格瑞（Denis Gray）很早就参与了美国国家科学基金会（national science foundation，NSF）的工业大学合作研究中心的项目，并用了 35 年多的时间来改进评估实践，识别项目提升的途径，以及传播所学到的内容。换句话说，他长期致力于倡议工作，包括研究问题和收集数据、发展政策性替代方案来解决问题，然后倡议政策变革，如杰森（Jason）、比斯利（Beasley）和亨特（Hunter）在第 10 章中所描述的。

可能采取的第二个方向是超越“项目”发展以解决问题的根源。例如，有越来越多的证据表明，种族歧视的压力持久地造成了白人和黑人之间的健康差距。项目不会解决这个问题。该解决方案将需要长期、系统地识别和消灭成为惯例的种族歧视，而种族歧视普遍存在于我们的学校、司法系统、工作场所中，甚至在我们的医疗护理里。这条途径的一个潜在缺点是，假定的因果关系和可能提供切实改善生活机会的项目之间的联系往往很弱。它可能导致无法进入问题环境的核心，是在做无用的工作。

传播和可持续性在社区心理学实践中的未来

在社区心理学实践中或者在整个社会创新的领域中，对传播和可持续性的关注相对较少。产生于大学和政府领域内的传播和实施科学的兴起可能会遇到宣扬自上而下取向的风险。这为发展更好的策略和胜任力留下了大量空间。在讨论为什么会这样和我们对此能做什么之前，我们需要进一步地讨论项目复制（program replicates)这个术语。在本章前面的部分，我们描述了为理解和希望定量地验证关键的项目活动和产生结果的活动的需求。一个有趣的研究文献指出，部分或虚假的(faux)复制不会对客户或参与者产生同样积极的结果。布莱克利(Blakeley)、埃姆肖夫(Emshoff)和罗伊特曼(Roitman)(1984)的工作很好地说明了社会和教育项目，表明偏离原始模型项目的程度与积极结果的减少是相关的。

斯切尔(Scheirer，2013)聚焦在与健康相关的干预方法上，并对复杂性与干预范围之间的联系以及可被完全复制和持续的可能性都进行广泛的评论。实际上，你可能花很多时间来提升复制的可能性，但如果没有聚焦在具体的实践和与项目积极结果相关的程序上，结果可能是不可靠的或是灾难性的。所以，表面上的重复，可能会获得"可持续性"，但许多都将是虚假的复制，结果是脆弱的。

有时，一些项目或组织功能是嵌入在一个更大的组织背景中的，并与预期的结果有明显差异，却很难分清因果变量的潜在影响。换句话说，在设置A、B、C和D下取得了一些好的结果，但尚不清楚结果为什么会比在设置E、F、G和H条件下好。根据经典的研究设计，我们可能需要建立一个匹配而随机的实验设计来了解是什么影响了什么。然而，这可能对以兔子和老鼠为对象的实验是容易的，但对实验单元大得多的问题来说，它通常是不可行的。

回答这个问题和其他类似问题是很棘手的。首先，相关的活动和变量不容易局限在一个组织的轨迹里。尽管所有研究型大学都有一个叫作技术转让办公室(technology transfer office，TTO)的地方，在这里会发生大量的传播，但一些最相关的行为却是发生在别处，如教师的研发部。在同一机构，不同部门的领导和院长对期望用在传播和可持续性上的时间经常有广泛的意见分歧。有时在终身教职评估标准上，也会正式或非正式地出现这种分歧。此外，大学高层领导——校长、教务长、科研副校长的变动，常常会伴随着对教员是否应该追求创新这一观点的变化。

一些传播创新的相关行为会发生在大学组织的背景之外，当TTO人员和外部利益相关者之间的关系很密切时，就会形成一种有趣的因果关系。或者尽管从人数来看，我们的TTO有很多员工，但各个TTO员工的相关知识背景不同或者他们是否会从事社会技术转移的情况不同，这些社会技术可能对投资带来很少或新的回报。例如，在过去的十几年里，如果TTO的领头人已经启动了两家公司，或者在社会技术转移的情况下，曾经在非营利性的社区环境里工作过，他或她可能会更好地劝告和鼓励其他人。它也似乎是这样一种情况(至少是一个工作假说)，即在这方面做得好的大学往往有校长作为拥护者，并创建一个有回报的组织文化。最后，在一个师生人数众多且有着高预算的大学里，几乎不可能为做实验而停止现有的项目。

有很多出现这种情况的项目和问题环境，特别是在探讨社区心理学常见的实践领域以及我们在本章最后将倡导的更具扩展性的系列问题时亦是如此。社区是一个混乱的场所，会发生很多事情，我们却很难去处理它们。

通常，创新的开发者和传播者想要追踪许多项目案例，并记录一些符合期望的定量结果，而且——最重要的是——在具有效果的事件或项目活动中纵向记录所发生的事情。实际上，根据是否有序数量度，她或他能够并应该去做一些平行的案例研究来看看可以梳理出什么内容，而且这可能与不同地点和环境下出现的结果差异是有关的。

这被认为是在测试反事实事例(counterfactual case)。也就是说，试图识别哪些定性的现象可能会转化为一种可定量的指标，这对我们感兴趣的结果会有重要的作用，并且在实施和传播研究中更支持混合方法的设计(Palinkas et al .，2011)。这意味着要仔细分析组织样本中的非常丰富的描述性事例，在我们感兴趣的结果中找到那些有明显因果关系的变量(如在本例中的研究数量)，并整理出有关实践、政策、文化价值观有关的证据，以及与感兴趣的结果有关的证据。

将定性的信息转化为可数量化的东西对验证一些感兴趣的结果是非常实用的。但是定性分析和描述的价值超出了刚刚描述的情况。在总结性统计中表达一个复杂的社区或组织项目的细微差别真的很难。有效果的定性项目实例越多，社区项目就越值得投资。

举一个其中一个作者已关注了 20 多年的例子，它近似于本章的创新 U 的例子，说实话，这真不是“假的”。也就是说，大学鼓励教师发明、保护那些发明，并“转化”那些发明来成立新公司，由此会产生财富/工作，并且社会有更多的途径来实现繁荣。虽然这一工作主要是在硬技术方面进行，但社会科学也可以从这类关于社会技术转移和可持续性的方法和经验教训中获益。

有关可持续的项目的文献可能更关注未来(可持续的项目的特点是什么)，然后证明长期可持续性是可达到的。最近丹尼斯・格瑞(Denis Gray)和他的同事们(Gray，Sundstrom，Tornatzky，& McGowen，2011；Gray，Tornatzky，McGowen，& Sundstrom，2012)一直在进行一系列的案例研究，想看看项目的可持续性是否有预测因子或事后解释。

在 20 世纪 80 年代早期，美国国家科学基金会(NSF)发起并支持了一个聚焦于“产业”项目的部门，目前仍有一些项目在继续。它被称为产业-大学合作研究中心(industry-university cooperative research centers，IUCRC)项目(www.nsf.gov/eng/iip/iucrc/网站上有这个项目的更多信息)。最重要的是，在 20 世纪 80 年代，经过 1～2年的试验运行后，大部分的项目特点和程序被锁定。此外，从项目启动开始，已经有一个年度的过程-结果评价研究数据收集的项目，该项目受美国国家科学基金会项目的监督。由临时的政策/实践研究项目补充，这些研究项目解决公司成员、NSF 和参与的大学感兴趣的一个问题。在 20 世纪 90 年代，出版了一本项目实践和政策的书，该书从那时起就成为项目的手册。每个中心都指派一个与 NSF 有独立协议的中心评估员，从大学和产业工作人员那里收集技术和个人态度。现在那个数据集包含了30多年的结果和过程，并且从数据中发掘想法，以调整项目的程序和方法。

在过去的5年里，有机会可以观察到这一类型项目创新的可持续性。成立于20世纪80年代的中心，仍有许多中心还在运行，并仍执行IUCRC项目中最原始的部分，有更多预算的项目只来自会员公司，并期待在许多最初创立项目的员工退休或死亡之后，项目仍能继续。因此，在一次适度公开的投资后，许多中心作为产业合作而坚持下去，这对公司具有显著的积极作用。

最近，一个受NSF委托的为期2年的研究探索了许多早期的中心为什么或如何能得以生存并运行良好。在上面引用的著作中详细总结了这一研究结果，其中一些研究结果引人注目。这群“长期维系者”(long-term sustainers)开发出了非常好的方法来引领连续性和转化。所有这些都是对相关产业伙伴的全国性或国际性转移的响应，而且项目策略也相应被调整了。例如，大型钢铁从主要是北美产业到成为一种国际性的产业，中心相应地进行了转移。所有的长期维系者增加了他们的项目取向，除全员决定项目(all-members-deciding-on-projects)模型外，他们还有不同的合作模型供公司选择。

这是一个很好的项目创新范例，在研究结果的基础上，从一开始，项目创新就被明确地模式化和结构化，这样关键的操作性和结构性变量能随着时间而维持下去，并且不断发展的结果和过程变量被密切监控。它持续发展了30多年。这里有社区心理学的潜在课程。

虽然社区心理学实践在某种程度上往往是跨学科的，但我们的合作通常涉及与我们自身相类似的学科，如公共卫生和社会工作。本章分享的例子和课程来自商业和工业。未来，社区心理学从业者可能从与社会科学领域以外学科的人的交往中获益，如物理学家、工程师、城市规划师、平面设计师和英语主修生。

以市场营销领域为例。企业让民众相信，对儿童和所有期待变成迪士尼公主的小女孩来说主要成分是糖的谷类食品是安全的。多年来，我们一直在关注这一现象。我们大声呵斥企业的贪婪以及企业为获利而对小孩洗脑的行为。我们并不承认他们发现了非常有效的方式来影响思维以及他们本质上都是说服科学的大师。未来，有抱负的社区心理学从业者通过培训进入市场营销领域，如参加营销课程或在企业营销部门实习，这些可能有利于更好地将丰富的知识融入社区工作中。

正如健康启动项目例子中阐明的那样，社会创新的未来不在于政府资助的5年计划。而在于创造更多的“程序式”解决方案，即评估正在做什么，哪些在起作用，哪些不起作用，然后寻找取代不符合创新的方法。我们不是要开发出普通的一年内要服务200人的项目，而是需要去解决社会问题的根源。这也将需要致力于大量的如杰森(Jason)、比斯利(Beasley)、亨特(Hunter)在第10章里所描述的那些变革。它将需要一个范式转换，即从改变人们的个体取向转向改变环境和系统的系统取向。

最后，尽管社区心理学通常很少关注传播方法以及很少做一些能促进可持续性的工作，但传播和可持性是一个值得更多关注和开发的领域。当我们发现一些有效并且可以对我们的世界产生重大影响的成果时，我们需要考虑的是我们有义务去传播和维持它。如果乔纳斯·索尔克(Jonas Salk)发现并开发了脊髓灰质炎疫苗，但他在某个非著名的杂志上发表这一成果，又继续研究其他的东西，将会发生什么情况呢？如果查尔斯·德鲁(Charles Drew)从未分享他从血浆中分离红细胞的方法，而是在某个鲜为人知的区域会议上报告它，将会是怎样？虽然我们所做的不是“拯救生命”的医疗实践，但社会创新以同样宝贵的方式潜在地拯救或改变着生命。未来社区心理学从业者在开发和实施项目或主张当地政策创新时，可能会考虑拓展他们的工作，包括致力于传播和维持“起作用的工作”。他们也会考虑寻找一个允许他们实施研究的工作环境，这将促进我们对有效传播和可持续性实践的理解。

总结

要点

· 在传播一个项目或政策之前，确定和清楚地定义核心成分是重要的。

· 成功的传播需要一个系统的、长期的、可实际操作的方法，并注重被传播的创新的特征与采纳和实施它的社区或组织的特征之间的匹配。

· 从一种创新被概念化那刻起，就应考虑创新的可持续性，并且可持续性应该体现在设计、实施和传播过程中。

· 创新是改变现有的结构并设置在政策里，而项目是制度化实践的附属物，所以创新要比项目更具可持续性。

· 我们对有效传播和可持续性的战略仍然知之甚少，在这一领域有很多工作要做。

· 传播和可持续性实践将受益于更多跨学科的方法，包括进行社会科学之外的培训与合作。

问题讨论

1.你很想减少你所在社区的贫困问题。你会采取哪些步骤来开发一种创新的解决方案，并传播和维持它？

2.通过考察当前资助社会创新的系统(如，政府和基金会拨款)，能够做哪些不同的事情来促进社会创新的传播及其可持续性？

关键术语和定义

激活阶段(activation phase):创新从采纳转向实施的阶段。

接近阶段(approach phase):潜在的目标人群从没有创新意识转向意识到创新的阶段。

批判心理学(critical psychology):挑战主流心理学中那些有助于维护不公正的政治、经济和其他社会结构的假说和实践的各种方法。

扩散(diffusion):通过有意或无意的方式在广泛系统中进行实践或自然现象的分布。

扩散阶段(diffusion phase):目标人群通过在自己的组织内部扩展创新或说服其他团体或组织采纳创新而传播创新的阶段。

传播(dissemination):为了改变或影响实践或政策,对利益相关者群体进行有意而系统的干预分布。

守门人(gatekeeper):控制可能用于决策过程的信息数量和内容个人或团体。

实施(implementation):"运用来采取和整合循证的健康干预方法的策略,并在特定环境下改变实践模式"(Chambers,2009)。

实施保真度(implementation fidelity):干预或项目被有意履行的程度。

创新(innovation):人们通过情境性地开发和介绍由知识衍生出来的工具、人工产品和器具,从而扩展他们的环境并与环境互动。

创新破坏者(innovation assassin):试图影响决策者以拒绝创新的人。

创新拥护者(innovation champion):致力于获得变革支持的倡议者。

说服阶段(persuasion phase):目标人群从意识到创新的状态转向决定是否采纳创新的阶段。

预防输送系统(prevention delivery system):创新在这个领域里得以实施的系统。

项目(program):一组指向共同目标的资源和活动。

可持续性(sustainability):"最初时期的资助停止后,对目标受助者的活动和福利仍在延续或紧接着又开始实施一个新的项目"(Scheirer, 2013, p. e1)。

可持续性能力(sustainability capacity):允许一个项目利用资源来有效地实施和维护项目的结构和过程。

资源

经典书籍

Fairweather, G. W., & Davidson, W. S. (1986). *An introduction to community experimentation: Theory, methods and practice*. New York, NY: McGraw-Hill. [见第 11 章，传播的实验取向模型。]

Fairweather, G. W., Sanders, D. H., & Tornatzky, L. G. (1974). *Creating change in mental health organizations*. Elmsford, NY: Pergamon. [这本书描述了系统评估社会变革过程的首个全国性的实验。它提供了作者关于在美国把小屋社会传播到 255 家心理卫生医院的研究的案例。]

Tornatzky, L. G., Fergus, E. O., Avellar, J. W., Fairweather, G. W., & Fleischer, M. (1980). *Innovation and social process: A national experiment in implementing social technology*. New York, NY: Pergamon.

参考文献

Anderson, A. A. (2005). *The community builder's approach to theory of change: A practical guide to theory development*. Washington, DC: Aspen Institute.

Blakely, C. H., Emshoff, J. G., & Roitman, D. B. (1984). Implementing innovative programs in public sector organizations. *Applied Social Psychology*, 5, 87—108.

Bond, M. A. (2007). *Workplace chemistry: Promoting diversity through organizational change*. Lebanon, NH: University Press of New England.

Caroll, C., Patterson, M., Wood, S., Booth, A., Rick, J., & Balain, S. (2007). A conceptual framework for implementation fidelity. *Implementation Science*, 2(40). Retrieved from http://www.implementationscience.com/content/2/1/40

Chambers, D. A. (2009, January). *Dissemination and implementation research in health: An overview of PARs* 06-520, 06-521, 07-086. Paper presented at the 2nd Annual NIH Conference on the Science of Dissemination and

Implementation: Building Research Capacity to Bridge the Gap from Science to Service, Bethesda, MD. Accessed at: http://obssr.od.nih.gov/news_and_events/conferences _ and _ workshops/DI2009/02 _ Speaker% 20Presentations/Plenary/Opening_Day2_Chambers.pdf

Chambers, D. A., Ringeisen, H., & Hickman, E. E.(2005). Federal, state, and foundation initiatives around evidence-based practices for child and adolescent mental health. *Child & Adolescent Psychiatric Clinics of North American*, 14(2), 307—327.

Dalton, J., & Wolfe, S.(Eds.).(2012). Joint Column: Education connection and the community practitioner.*The Community Psychologist*, 45(4), 7—13.

Fairweather, G. W.(Ed.).(1980).*The Fairweather Lodge: A twenty-five year retrospective*. San Francisco, CA: Jossey-Bass.

Fairweather, G. W., & Davidson, W. S. (1986). *An introduction to community experimentation: Theory, methods and practice*. New York, NY: McGraw-Hill.

Fairweather, G. W., & Tornatzky, L. G.(1977).*Experimental methods for social policy research*. New York, NY: Pergamon.

Fox, D., Prilleltensky, I., & Austin, S.(2009).*Critical psychology: An introduction*. Thousand Oaks, CA: Sage.

Gray, D. O., Sundstrom, E., Tornatzky, L. G., & McGowen, D.(2011). When triple helix unravels: A multicase analysis of failures in industry-university cooperative research centers.*Industry and Higher Education*, 25(5), 333—345.

Gray, D. O., Tornatzky, L., McGowen, L., & Sundstrom, E.(2012).*Research center sustainability and survival: Case studies of fidelity, reinvention and leadership of industry/university cooperative research centers*. Arlington, VA: National Science Foundation.

Havelock, R. G.(1971).*Planning for innovation through dissemination and utilization of knowledge*. Ann Arbor: Center for Research on Utilization of Scientific Knowledge, Institute for Social Research, University of Michigan.

Kreuter, M. W., & Bernhardt, J. M.(2009). Reframing the dissemination challenge: A marketing and distribution perspective.*American Journal of Public Health*, 99(12), 2123—2127.

Lomas, J.(1993). Diffusion, dissemination, and implementation: Who should do what? *Annals of the New York Academy of Sciences*, 703(1), 226—237.

Newcomer, K. E., Hatry, H. P., & Wholey, H. P.(1994). Meeting the need for practical evaluation approaches: An introduction. In J. S. Wholey, H. P. Hatry, & Newcomer, K. E.(Eds.), *Handbook of practical program evaluation* (pp. 1—10). San Francisco, CA: Jossey-Bass.

Palinkas, L. A., Aarons, G. A., Horwitz, S., Chamberlain, P., Hurlburt, M., & Landsverk, J.(2011). Mixed method designs in implementation research. *Administrative Policy Mental Health*, 38(1), 44—53.

Rogers, E. M.(1962). *Diffusion of innovations*. New York, NY: Free Press.

Ruzek, J. I., & Rosen, R. C.(2009). Disseminating evidence-based treatments for PTSD in organizational settings: A high priority focus area. *Behaviour Research and Therapy*, 47(11), 980—989.

Sandler, J.(2007). Community-based practices: Integrating dissemination theory with critical theories of power and justice. *American Journal of Community Psychology*, 40, 272—289.

Scheirer, M. A.(2005). Is sustainability possible? A review and commentary on empirical studies of program sustainability. *American Journal of Evaluation*, 26(3), 320—347.

Scheirer, M. A.(2013). Linking sustainability research to intervention types. *American Journal of Public Health*. doi:10.2105/AJPH.2012.300976

Schell, S., Luke, D., Schooley, M., Elliott, M., Herbers, S., Mueller, N., & Bunger, A.(2013). Public health program capacity for sustainability: A new framework. *Implementation Science*, 8(1), 15.

Schoenwald, S. K., McHugh, R. K., & Barlow, D. H.(2012). The science of dissemination and implementation. In R. K McHugh & D. H. Barlow(Eds.), *Dissemination and implementation of widence-based psychological interventions* (pp. 16—42). New York, NY: Oxford University Press.

Stamatakis, K., Norton, W., Stirman, S., Melvin, C., & Brownson, R. (2013). Developing the next generation of dissemination and implementation researchers: Insights from initial trainees. *Implementation Science*, 8(1), 29.

Tornatzky, L. G., Fergus, E. O., Avellar, J. W., Fairweather, G. W., & Fleischer, M.(1980). *Innovation and social process: A national experiment in implementing social technology*. New York, NY: Pergamon.

Tornatzky, L. G., & Fleischer, M.(Eds.).(1990). *The processes of technological innovation*. Lexington, MA: Lexington Books.

Tornatzky, L. G., Gray, D. O., Tarant, S. A., & Howe, J. E.(1998). *Where have all the students gone? Interstate migration of recent science and engineering graduates*. Research Triangle Park, NC: Southern Technology Council.

Tornatzky, L. G., & Rideout, E.(2014). *Innovation U 2.0: Reinventing university roles in a knowledge economy*. Research Triangle Park, NC: Southern Growth Policies Board.

Tornatzky, L. G., Waugaman, P. G., & Gray, D. O.(2002). *Innovation U: New university roles in a knowledge economy*. Research Triangle Park, NC: Southern Growth Policies Board.

Trickett, E. J.(1996). A future for community psychology: The contexts of diversity and the diversity of contexts. *American Journal of Community Psychology*, 24(2), 209—234.

Wandersman, A., Duffy, J., Flaspohler, P., Noonan, R., Lubell, K., Stillman, L., Saul, J.(2008). Bridging the gap between prevention research and practice: The interactive systems framework for dissemination and implementation. *American Journal of Community Psychology*, 41, 171—181.

Wolfe, S. M., Fleischer, M., Morrell, J. A., & Eveland, J. D.(1990). Decision processes in technological innovation. In L. G. Tornatzky & M. Fleischer (Eds.), *The processes of technological innovation*. Lexington, MA: Lexington Books.

Yin, R. K.(1981). The case study as a serious research strategy. *Science Communication*, 3(1), 97—114.

第14章　21世纪社区心理学的教育和实践生涯[①]

苏珊·D.麦克马洪，蒂芬妮·R.希梅内斯，
梅格·A.邦德，苏珊·M.沃尔夫，艾伦·W.拉特克列夫
(Susan D. McMahon, Tiffeny R. Jimenez, Meg A. Bond, Susan M. Wolfe, Allen W. Ratcliffe)

社区心理学实践的教育

社区心理学家超越个体焦点，并整合社会、文化、经济、政治、环境和国际影响来促进健康以及在个人和系统水平上进行充权。我们从事以行动为导向的研究来促进社会的公平和行动，影响公共政策，为充权而努力。我们受平等的价值观驱使，尊重文化和多样性，支持个人和社区的优势。我们努力在语境中理解行为，减少压抑，防止伤害，通过多学科的科学探究和协作来提升幸福感。我们立志确保与社区心理学相一致的观点，如认识到环境、文化和语境的重要性，并将其编织成我们社会的织物。作为一个领域，我们需要重视让社区心理学家为锚定在这些价值观中的广泛角色做好准备。我们也需要明确，在准备让学生接受各种类型的教育项目中，这种培训是如何与就业机会相关联，以及学生们如何提高他们的技能并在社区心理学领域从事有意义的事业。

我们会在本章探索多种类型的教育项目，并对我们在每种水平上——本科生、硕士生和博士生，面临的目标和挑战进行评论。我们检验项目培养出来的实践胜任力，及作为一个领域我们如何提高社区心理学实践胜任力的教育。然后，我们转向探索社区心理学家可以工作的各种环境，例如学术、医疗保健和健康促进、非营利和以社区为基础的组织、教育、政府、社区规划和经济发展、刑事司法、基金会、社区发展、研究和评估、咨询和商业，并综述了寻找和申请职位的策略以及提供了岗位资源。最后，对未来的发展方向和增强我们领域的教育机会和知名度提出了建议。不幸的是，聚焦教育/工作机会的研究还有不足。因此，除了回顾现有的文献，我们也会总结我们个人的知识和经验。

---

① 注：苏珊D.麦克马洪，蒂芬妮·R.希梅内斯，梅格·A.邦德是本章教育部分的主要作者，而苏珊M. 沃尔夫和艾伦·W. 拉特克列夫是本章生涯部分的主要作者。

有哪些类型的社区心理学教育项目?

社区心理学有各种教育学位项目。虽然大多数是在承认我们需要预备能从事各种职业和能在各种环境下工作的学生这一基础上创立的,但这些项目强调实践胜任力的程度有很大的不同。大多数社区心理学的项目是在硕士或博士水平上,包括一些社区实践胜任力的训练水平。然而,社区心理学的本科教育也对学生了解该领域并发展实践胜任力提供了一个重要的途径,实践胜任力对以社区为基础的组织是很有用的。

本科生教育

虽然社区心理学在大学生的价值观、实证研究和胜任力等方面都有很大的价值,但有社区心理学本科课程的高校相对较少。而那些有社区心理学本科课程的大学通常也是一门单一的课程,并被包括在更广泛的心理学课程中。只有少数的学院和大学会让多个课程集中在社区心理学或会提供更集中的研究,从而使覆盖的知识面更广更深入,可以明确授予社区心理学本科学位(见 http://www.scra27.org / what-we-do/education/academic-programs)。拥有一个社区心理学的学位,学生就能去应用所学的知识和技能,这些知识和技能是学生们通过在实地工作期间学习了一系列课程而获得的。他们在实地工作的时间不止一个学期。这些有指导性的实用经验会培养符合市场需求的胜任力,对准备攻读研究生和获得就业机会都是非常有用的,特别是伴有以社区为基础的组织支持。

除了学生的切实利益之外,学校扩大本科生课程的覆盖面,可以为职场培养出有效的贡献者,从而促进了学院和大学使命的实现。一项对 160 所四年制本科院校的领导的调查显示,大多数领导(91%)表示他们的最高目标是让学生们准备在全球和当地的经济中取得成功,以及更普遍地成为知识渊博的、有用的公民[association of american colleges and universities(AACU),2011]。此外,一项对 305 位雇主和 510 位应届毕业生的调查显示,两组人的大多数都认为,应该更强调通过实习或实际操作的经历来帮助学生发展将知识和技能应用于现实环境的能力(AACU, 2006)。在评估潜在的新员工时,雇主最重视团队合作的技能、与其他不同团体的人合作的能力、批判性思维和分析推理的能力、有效的口头和书面沟通的能力。社区心理学教育包含了所有这些胜任力,而相关的实地工作提供了在现实世界中与不同群体的人来实践这些技能的机会。

自从社区心理学成立以来,许多社区心理学家将实地工作的经历纳入他们的课程,而现在实地工作的类型在“服务性学习”的背景下也受到了更多的关注(Campus Compact, 2012)。服务性学习的指导原则与社区心理学的核心价值观及胜任力是一致的，如尊重多样性、生态分析、社会行动目标及合作(Reeb, 2010)。服务性学习运动重视社区经历可以为学生提供发展技能的机会(Olney, Livingston, Fisch, & Talamantes, 2006)和了解当地机构各种解决社会问题途径的机会(Bringle & Steinberg, 2010)。特别是，参与社区心理学的服务性学习，发现可以培养学生更密切地认同自己的传统，观察积极的社区反应，更多地参与低收入社区的活动，出席会议，以及申请攻读社区心理学和相关领域的研究生学位(Davidson, Jimenez, Onifadee, & Hankins, 2010; Keys, Horner-Johnson, Weslock, Hernandez, & Vasiliauskas, 1999)。

因此，在这个日益多元化的社会和全球经济的趋势下，社区心理学本科生专业和项目的发展可能是以一种令人叹服的方式来满足学生、大学和雇主的需求。此外，还有利于我们这个领域重视倡导扩大本科阶段的覆盖面，包括逐渐完善教科书的内容范围以及在广泛的社区环境中创造机会。

硕士学位项目

社区研究和行动的硕士项目被框定为社区心理学、社区社会心理学、临床社区/咨询，以及社区研究和行动的跨学科项目。在全世界不同的国家里，包括美国、波多黎各、加拿大、墨西哥、秘鲁、阿根廷、智利、委内瑞拉、萨尔瓦多、澳大利亚、新西兰、英国、意大利、西班牙、葡萄牙、希腊、埃及、巴勒斯坦、南非、日本和马来西亚(更多信息见 http://www.scra27.org/what-we-do/education/academic-programs/)大约有 45 个硕士项目。比起本科生项目，硕士项目力图包括更密集的理论一实践一体化内容，并且许多项目包括一个重要的实践焦点和密集的实习经历。虽然经常有项目强调行动研究，但硕士和博士项目之间的主要区别是博士项目往往涵盖更先进的数据分析和研究方法(Dziadkowiec & Jimenez, 2009)。硕士项目根据是否有硕士论文研究的要求而有所不同，但大多数没有像博士项目那样强调要进行独立的研究(即学位论文)。

硕士水平的教育经常被视为低于博士学位的教育(甚至在心理学协会里也是受压制的少数；Hayes-Thomas, 2012)，在许多国家，硕士项目代表着最典型的研究生项目。有很多关于硕士水平项目的培训，它与社区心理学的价值观同步，尤其会明确强调理论与实践的结合。虽然一些攻读硕士学位的学生是因为有一个追求博士学位的长期目标才进入这样的项目，但大多数学生都一直在为社区心理学的实践工作做准备。在一些大学里，硕士学位以胜任力为基础，这强化了对实践的重视，而且它也与博士项目有所不同，因为后者强调的是理论和“新知识的产出”。

多种交叉趋势使硕士项目有着非常良好的社区基础，是社区心理学培训的另一个重要的优先事项。硕士项目往往能吸引来自周围社区，尤其是公立大学的不同学生。一般来说，全日制录取的硕士生可能要少于博士生，当地的一些呼吁可能与这个发现有关。与每年有60%的博士修读完全部的课程相比较，大多数领域都只有32%的硕士研究生修读完全部的课程(R. Brown, 2011)。许多兼职的学生被雇用为全职(和43%的博士生相比，硕士生大约为70%)，因此，许多学生已经锚定在当地的社区组织中。此外，硕士项目会使更多的毕业生在毕业后留在本地。由于大多数从这些项目毕业的学生正在寻找应用型职位，他们不太可能像那些有学术愿望的学生那样全国性地寻找工作机会。这些动态共同增加了当前学生与当地深刻理解并重视社区心理学学位的组织领导者联系的机会。

博士项目

社区心理学博士项目一般包括先进的理论、实践和综合研究的胜任力，并且让学生为多种职业做好准备，包括学术、公共政策、咨询和其他实践导向型职业。有46个社区研究和行动的博士项目，它们是社区、临床社区或跨学科的，并且跨越不同的国家，如美国、波多黎各、加拿大、澳大利亚、新西兰和马来西亚(http://www.scra27.org/what-we-do/education/academic-programs)。大部分的博士项目是在美国并且主要关注研究，但世界各地的博士项目对实践胜任力的强调程度有所不同。我们认为实践胜任力对所有项目和学生都很重要，甚至是对打算进入学术界的学生。

博士教育的传统历来强调通过一些特定领域的和以指导为基础的研究机会来发现和产生新的知识(Austin & McDaniels, 2006)。在更传统的博士项目里所强调的胜任力(如研究、写作、统计、以社区为基础的参与式方法)虽然非常适合于未来成为专业学者，但也适用于各种以社区为基础的职业类型，因为在这些职业中，写作和批判性分析技能是很重要的(例如，一个组织的执行董事、作家、评估顾问)。然而，在过去的十年里，博士教育接受了更广泛的关于学生目标、博士培训和实际生涯所需技能之间匹配程度的详细审查(Golde &Dore, 2001; Walker, Golde, Jones, Conklin Bueschnel, & Hutchings, 2008)。学校为了解决这些问题，设计了诸如《卡内基博士学位倡议》(carnegie initiative on the doctorate)的举措来增加博士教育的经验以更好地支持学生的职业需求和兴趣，比如在一个学科内发展一种专业认同(见 http://gallery.carnegiefoundation.org/cid/)。

对社区心理学研究和行动中的博士教育也无例外地进行了一定程度的审查。一些较新的博士项目聚焦于行动研究和当地的影响，以解决学生各种以实践为基础的职业目标和当地社区的需求。这些项目正在寻求创新的方法来使学生和以实践为基础的指导形成连接，并正在学习机构以外的经验。然而，某些方法学工具在博士项目中被重视和讲授的程度是变化的，这取决于项目机构的学术价值和维持这一项目的教学人员的专业知识(Braxton, Luckey, & Helland, 2002)。

实践胜任力在许多社区心理学生涯都是有价值的，并且学术生涯里的这些胜任力能让学生为多层面的培训(如，本科、硕士、博士)做好准备。总之，在本科、硕士和博士水平上的项目会提供一系列的教育机会。这些项目在各地有所不同，并且提供的胜任力也随着国家、机构、水平、价值观和参与培训者的专业知识而发生变化。

社区心理学项目目前培养哪些应用型胜任力？

当我们考虑社区心理学所有的教育水平，以及在多种职业环境中社区心理学家的独特身份时，几个问题就会出现：提供哪些教育机会可以让学生为应用社区心理学实践胜任力的职业做好准备？作为一个领域，为帮助学生获得就业和成为高效或成功的社区心理学从业者，我们在培养学生需要的胜任力上做得如何？在本节，为了回答这些问题，我们回顾了过去十年里从教育项目收集来的调查结果。

过去的调查在评估社区心理学实践教育上的取向不同，但都有助于全面了解我们领域的研究生教育情况。2005 年，一个项目负责人做了探索性调查，揭示了社区心理学实践教育的四个优先领域，强调以社区为基础的干预、生态或社区/系统的视角、与不同的社区合作，以及以社区为基础的研究（Gatlin，Rushenberg & Hazel，2009）。几年后，在 2008 年，一个硕士和博士项目负责人做了调查来评估项目强调实践胜任力的程度，并确定了 13 种核心胜任力（Dziadkowiec & Jimenez，2009）。2011 年，奈格尔（Neigher）和拉特克利夫（Ratcliffe）调查了社区心理学家对研究生培训和某些技能精通程度的看法，他们发现课程倾向于注重以社区为基础的应用研究、评估、评价、生态学系统理论、干预措施，以及项目的规划和发展（80%～90%的调查对象是这么回答的）（Neigher & Ratcliffe，2010；Ratcliffe，2011）。这些研究的结果表明社区心理学的培训是培养各种独特的技能并加强熟练程度以使学生对各种职业做好准备。此外，许多社区心理学的研究生项目更倾向聚焦于社区的干预和研究，而很少提供机会来学习其他的社会和社区变革的方法。不过，在社区心理学所有的高等教育项目中谨慎地推广这些调查结果是重要的，其中一个原因是因为大多数受访者是来自美国的项目。此外，硕士和博士水平的培训结果没有被分别记录，并且博士项目的调查对象多于硕士项目，这两个事实进一步使解释复杂化。

为了解决先前调查存在的一些局限性，最近的一项调查试图从研究生的角度更细致深入地理解硕士和博士项目中研究生教育的实践胜任力（K. Brown，Cardazone，Glantsman，Johnson-Hakim，& Lemke，2014）。2014 年的报告采用道尔顿（Dalton）和沃尔夫（Wolfe）（2012）总结的 5 个胜任力领域和 18 种社区心理学实践的核心胜任力，调查了毕业生对实际接受的核心胜任力教育的看法，与他们愿意接受这种培训的程度进行比较。总的来说，结果表明，与他们当前所接受的教育相比，学生们感兴趣的是获得更多的实践胜任力教育，但这些差异会因项目类型而有所不同。

更具体地说，结果表明，在 18 种核心胜任力的每个领域里，硕士项目的学生认为他们正在接受的教育只是略低于他们想要接受的，而博士生的实际经历远远低于他们的期望。在这些评定(rating)中，硕士和博士研究生都偏爱他们的教育，包括参与式行动研究的课程、项目开发和项目评估；尤其是硕士生也表达了对充权相关话题的强烈兴趣。学生在 4 分量表上对胜任力教育的覆盖范围进行评定：(1)完全不涉及；(2)接触(exposure)；(3)经验；(4)专业知识。总的来说，来自这两种类型项目的学生认为，他们的项目提供的是所有 18 种核心胜任力的接触水平的教育。虽然这两种项目类型都强调项目评估，但硕士和博士学生的经历有一些差异，硕士项目里更强调伦理反思实践和生态学视角。而与硕士项目相比较，博士项目更注重以研究/数据为焦点的胜任力，如参与式行动研究。这两个项目水平上的学生都表达了所有核心胜任力的教育需要高于接触水平的愿望(即实际的经验)。并且似乎还有这样的现象：学生在项目里的时间越长，对项目中多种核心胜任力实际教育范围情况的评分就越低，这也许表明了他们的失望或是当他们面临毕业时他们更加渴望有更多的集中训练。

我们从这些调查数据中窥见了一些可以解决的差距，可以确保刚要开始工作的社区心理学家为他们寻求的各种职业做好准备。例如，2014 年的调查数据表明，在研究生教育中通常不能获得胜任力的经验。一些学生未达到的学习目标包括一些胜任力，如资源开发、咨询和组织发展、社区发展、预防和促进，以及大小团体过程。此外，虽然我们能够提供机会，让学生接触到这些不同的胜任力领域，但应该注意的是，获得深度经验或成为技能专家需要大量的时间和努力，而且任何一个研究生教育项目都不可能提供所有胜任力的专业知识。

我们如何增加发展社区实践胜任力的教育机会？

在社区心理学领域，主要有两种方式可以促进社区心理学家做好参与解决当前现实社会问题的准备：(1)跨水平的教育项目通过创新策略能够增加核心胜任力的覆盖面；(2)社区研究和行动协会(SCRA)通过增强清晰表述、传播、扩展服务范围和合作来拓展我们对这个领域的意识。根据这两个框架，我们对两个目标提出了一些想法。

项目策略

采取多管齐下的方法培养学生所需要的一系列实践技能，社区心理学项目能够从中受益。首先，本科生与研究生的教学人员可以进一步检验由社区心理学实践委员会(community psychology practice council)发展的核心胜任力(http://www.scra27.org/what-we-do/practice)，在学生和教员投入的基础上、反思他们项目目前提供的胜任力，优先考虑哪些领域最适合他们具体的项目，然后建立优势和处理薄弱环节。之后，他们应该明确地说明他们可以对潜在的学生提供些什么。

第二，项目可以增加实地学习的机会，为发展在现实世界工作所需的胜任力，实践经历不可替代。增加有指导的实地工作的机会，追踪人们进行实践的情况，以及发展社区伙伴关系，都可以增加当前学生的培训和发展机会。理想情况下，这些实践经历应延长到超过一个季度或一个学期的课程，以促进长期参与和了解一个系统的历史、轨迹、与其他社会实体的关系，以及促进对服务选区/群体的了解。允许反思的时间和结构化机制也需要被建构到经验里。

第三，研究生项目可以考虑创建一个实践轨道或为特定职业岗位而设计个性化教育。这些方法包括指引学生获取心理学系之外的一些课程和经验，以及获取以社区为基础或以政府为基础的机会。

第四，教育项目可以为当地社区心理学从业者建立更强的纽带。通过允许学生与从业者同事们搭档（通过志愿者工作、实地工作/实习课、实习或实习工作），我们可以为学生增加现有的向该领域经验丰富的专业人员学习的机会。学生还可以通过协助各种任务（如文献综述、数据分析、项目领导）为从业者提供资源，这取决于学生的技能水平、时间承诺以及需求。这些不同的模型提供了相互学习的机会，可以帮助从业者解决一些在应用型职业中存在的障碍（Jenkins，2010），同时也为学生提供了重要的联系。

第五，从以实践为基础的生涯角度来看，社区心理学项目可以考虑一些场所。在这些场所里，社区心理学家可能不是明显合适的人，但他们的观点和技能在促进健康社区发展和社会正义上是有价值的。项目可以与产业合作，探索社区心理学的胜任力将如何帮助组织参与全球市场的竞争。例如，有各种各样的公司希望具有更强的社会意识，而一个社区心理学家将很好地符合这一目标（见 Bond，2007，制造企业中的社区心理学工作的例子）。项目也可以考虑他们能够与其他类型的营利组织和以社区为基础的组织（如图书馆、博物馆、州与国家公园）建立起当地（和不完全是当地）的联系，由于这些组织并不是明确的以为人类服务为导向，所以项目可能不会直接想到这一点。有意与各种组织建立合作伙伴关系可能会给我们的学生和毕业生带来一些创造性的机会。鉴于日益全球化的趋势，与我们国际同行联系和在其他国家及国际组织创建实地工作的经验，都可以促进学生经验的增加和核心实践胜任力的发展。

社区心理学高等教育的潜在优势之一——无论是硕士还是博士水平——能够追求各种职业选择，但学生们仍然关心取得社区心理学学位后他们将能做些什么工作。培训项目的教师和工作人员需要做好培养、沟通和营销胜任力的工作，学生在职场需要这些胜任力进行高效工作，自信地做出他们的职业选择，并对雇主具有市场价值。对从事解决现实问题的、跨学科研究的相关要求日益增多，而我们社区心理学的价值观，我们在多层面产生积极变革的宗旨，以及我们的实践胜任力可以补充这些相关要求。一些教育项目可以提供专业的培训经验(Sarkisian & Jimenez,2011),并非所有项目都需要做全部的事情,但这些项目应该清楚能提供什么服务。所有项目可能受益于对实践胜任力在他们的项目中被讲授的程度,以及受益于他们的研究生培训如何使未来的社区心理学家为各种实践角色做好准备的反思。

我们领域的策略

SCRA致力于采用多种策略来促进教育实践,并还有额外努力的空间。例如,上述所讨论的调查结果导致了对需求的识别,并将这些需求与社区心理学教育项目目前提供的内容相比较。为解决这个差距,我们需要进一步清晰地阐明胜任力或原则,从而使我们的领域有特色。传播信息和日益重视这些核心胜任力会有助于传达什么是社区心理学的特色。如果我们对我们所做的和我们培养的胜任力更具有目的性,学生们就可以更加清楚地了解他们接受的教育,并以他们希望发展的特定胜任力为基础来确定他们的选择。

我们可以通过几个策略来提高学生、雇主和公众对社区心理学的理解和认识:(1)在本科、硕士和博士水平上创建更多的项目;(2)增加与地方和国家组织的外联工作以提高组织对我们的胜任力及其与他们组织工作适合度的认知;(3)更有效地利用技术和社交媒体,以提高该领域良好工作的知名度,如通过视频说明示范项目、对社会问题的公开演讲、优先考虑社区心理信息的搜索引擎和在线课程;(4)与其他组织创建更多的联系——在心理学和有相似价值观的相关领域;(5)寻找机会介绍自己是社区心理学家,并简要说明该领域和我们所做的事情。这些努力可能会有助于发展和加强我们的教育项目和扩大服务范围,并可以为我们的毕业生创造工作机会。

SCRA还需要继续识别有效的方式,以包括和解决社区心理学从业者对社区心理学出版物、会议和专业组织的需求(Jenkins,2010)。一旦接受社区心理学训练的人成为全职的从业者,虽然比较困难——但仍然重要——就要去寻找有意义的方式来与这个领域保持联系。应用型智慧可以进一步增强我们对如何能最好地促进社会变革的理解,但该领域有失去这种极好的应用型智慧的风险。

SCRA教育项目委员会(council of education programs,CEP)和SCRA社区心理学实践委员会(community psychology practice council)的特别合作旨在解决重视核心胜任力以及把教育项目与有技能的社区从业者联系起来的双重目标。例如,一个联合工作小组成立于2012年并获得SCRA的资助,这样一来,社区心理学从业者可以咨询美国开罗大学和太平洋研究生院(pacifica graduate institute)相对较新的研究生项目。咨询的目标是帮助评估和规划这些教育项目,以及在开发这些项目时特别重视社区心理学胜任力。这些工作有助于把实践胜任力周全并创造性地融入进新的项目。

SCRA 在推动实践教育上的另一个创新性努力是最近成立了专业发展委员会(professional development committee)。该委员会的使命是支持和促进所有 SCRA 成员的专业发展。专业发展委员会最近采用了五个目标:(1)计划和实施 SCRA 暑期学院,暑期学院将作为双年会的会前工作坊,以及在没有年会的年份里,暑期学院就是单独的学习机会;(2)计划和实施线上学习的机会;(3)计划和实施一个导师制项目来服务学生,以及服务 SCRA 成员的早期、中期与后期的职业生涯;(4)在每年的美国心理学会会议上提供优质的项目;(5)识别和公布由 SCRA 与其他来源提供的专业发展机会。这些策略可以为教育和就业提供宝贵的信息与联系。

实践导向的社区心理学生涯

不倾向于做学术职业或不确定自己职业道路的学生经常会问:"我有一个社区心理学学位能得到什么样的工作?"在本章的这一部分,我们将描述社区心理学家能做的工作类型和每种类型的工作所需的胜任力。正如本章的第一部分所讨论的,社区心理学和相关胜任力的介绍可以始于本科、硕士或博士水平。学生可以在指导者帮助下创建他们的教育经验并开始定位他们的职业兴趣。我们现在转向帮助有志向的和当前的社区心理学家去看到一系列可获得的应用型的职业选择,并转向提供各种环境下所用到的胜任力的信息。我们还确定了一些步骤,社区心理学家可以采取这些步骤来为他们感兴趣的工作做好准备,做好找工作的准备,寻找到适合自己的兴趣和胜任力的工作,并申请和得到这份工作。了解更多社区心理学职业的信息参见麦克马洪(McMahon)和沃尔夫(Wolfe)的书。

在以社区为基础的环境里,就业广告很少说:"寻找一名社区心理学家。"在求职面试时,雇主经常问的一个问题是:"什么是社区心理学?"然而,仔细看看许多工作职位的技能要求,发现许多雇主实际上正在寻找一个有着社区心理学胜任力的人,他们只是不知道它而已。不过,有越来越多的雇主认识到,在规划、实施和评估政策与项目时,采取综合的、预防性的、生态的或系统的方法是重要的。在具有挑战性且多元化的环境下,需要有实施技能将理论、研究和政策的优先事项付诸行动。雇用有社区心理学技能的个体会增加价值,并在广泛的就业范围上也是划算的,尤其是如果求职者也有与其他专业人员和居民合作取得成绩的经验时。

由拉特克利夫(Ratcliffe)和奈格尔(Neigher)(2010)提出的社区心理学价值主张是一个向潜在雇主介绍社区心理学的工具。它描述了社区心理学家可能拥有的对许多行业的雇主都是有价值的多种素质和胜任力,并强调社区心理学家所具有的是行业中最常用到的胜任力。本书的第 2 章提供了价值主张的更多细节和实例。社区心理学家在找工作时,可以用这些文件作为工具来帮助他们在求职信、简历和面试中概要性地呈现他们的胜任力。换句话说,它有助于回答好"什么是社区心理学?”这一问题。

社区心理学从业者的工作场所

准备从事一种职业的第一步是获得一些想法,即什么类型的工作可能会很好地适合社区心理学从业者的兴趣和胜任力。社区心理学从业者的工作环境是广泛的,表14.1提供了一些最常见的工作机会的原始清单。然而,这个列表并不是详尽无遗的,因为有无数的应用环境适用于社区心理学胜任力的发挥。此外,随着不断变化的经济、技术和全球趋势,适合社区心理学工作的新环境将不可避免地出现。

卫生保健和公共卫生

社区心理学家可以在医疗中心、医疗保险公司或其他与医疗保健相关的机构中找到工作。需要采取更多合作的方法使医疗保健随着平价医疗法案(affordable care act)的通过惠及民众,医疗法案认为在这些环境里工作,对社区心理学实践胜任力的需求日益增长。采用一种生态学的角度是非常有用的,可以努力促进最佳保健和疾病预防。大多数大型的医疗中心有人口医学部门,该部门为拨款、战略规划、社区与环境的监控提供统计数据。

医疗机构,包括医院和社区诊所,经常依靠拨款来资助所需的服务、研究和示范项目。所以,他们需要那些了解更广泛的社区背景和多个利益相关者需求的熟练的资助计划书的写手们。当项目被资助,他们依靠个人去实施、管理和评估这些项目。医疗中心负责教学和研究,需要个人具有良好的研究和合作技能,以协助医学教员和住院医生进行规划、收集和分析数据。健康保险公司雇用的分析师能够应用研究和统计学的专业知识,使收集来的大量数据变得有意义。公共卫生部门是拥有社区心理学相关技能的人的另一个选择。像规划、项目管理、基金管理、社区外联、服务协调、预防和控制机构以及评估中的职位,可能都适合社区心理学从业者。

社区心理学从业者通过与在这些环境工作的个人建立网络联系,通过个别机构和专业协会网站(如美国公共卫生协会)在互联网上发布招聘广告,以及社区心理学从业者通过群发短信,社区心理学从业者都可以找到与医疗保健相关的工作。许多医疗保健机构为学生提供了实习机会,这是另一种获得宝贵经验的方式,也是成功的第一步。在项目开发、实施和管理、预防和健康促进、资源开发(特别是基金申请写作)、领导和指导、咨询和组织发展、合作和联盟发展、社区教育、信息传播和建立公众意识等方面,社区心理学胜任力可能是有用的或必要的,这取决于职位和环境。公共卫生、流行病学和卫生政策的课程也是有帮助的。公共卫生学院有时会在某个特定焦点上提供认证项目,如社区保健或母婴保健。

表 14.1　工作场所、胜任力和技能[1]

<table>
<tr><th rowspan="2">工作场所</th><th colspan="2">社区心理学实践胜任力</th><th rowspan="2">其他的培训/技能[4]</th></tr>
<tr><th>初级[2]</th><th>二级[3]</th></tr>
<tr><td>卫生保健/ 公共卫生</td><td>· 社区研究方法
· 项目开发
· 项目实施
· 预防/健康促进
· 资源开发
· 资助计划书写作</td><td>· 领导/指导
· 合作
· 联合开发
· 社区教育
· 信息传播</td><td>· 公共卫生
· 流行病学
· 卫生政策
· 公共卫生学院的认证
· 战略规划</td></tr>
<tr><td>非营利组织机构和以社区为基础的组织</td><td>· 项目评估
· 需求/资源评估
· 资源开发
· 资助计划书写作
· 项目开发
· 项目实施
· 项目管理
· 组织发展
· 合作</td><td>· 建立联盟
· 社区教育
· 信息传播
· 社区领导
· 小型/大型团体过程</td><td>· 实习
· 志愿者工作
· 预算
· 财务管理
· 人员管理
· 报告
· 战略规划</td></tr>
<tr><td>教育场所</td><td>· 社区研究方法
· 资助计划书写作
· 项目开发
· 项目实施
· 项目评估
· 需求/资源评估</td><td>· 组织能力建设
· 信息传播
· 合作
· 政策分析
· 资源开发
· 组织发展</td><td>· 统计数据
· 教育政策
· 课程开发
· 管理
· 战略规划</td></tr>
<tr><td>政府</td><td>· 社区研究方法
· 需求/资源评估
· 项目评估
· 项目实施
· 项目开发
· 政策分析
· 可持续性/传播</td><td>· 信息传播
· 组织能力建设
· 资助计划书写作</td><td>· 公共卫生
· 流行病学
· 社会工作
· 公共管理
· 政治科学</td></tr>
</table>

续表

工作场所	社区心理学实践胜任力		其他的培训/技能[4]
	初级[2]	二级[3]	
刑事司法机构	· 项目评估 · 政策分析 · 组织能力建设 · 发展联盟 · 项目实施 · 项目开发	· 信息传播 · 预防 · 社区教育 · 资源开发 · 资助计划书写作 · 咨询 · 社区发展	· 刑事司法 · 法律
基金会	· 项目评估 · 项目开发 · 项目实施 · 资助计划书写作 · 社区领导力	· 预防和健康促进 · 社区和组织能力建设 · 社区发展	· 预算 · 财务管理 · 慈善事业
社区发展、环境与国际组织	· 项目评估 · 资助计划书写作 · 组织和社区能力建设 · 发展联盟 · 传播/可持续性 · 需求/资源评估 · 项目开发 · 项目实施 · 资源开发 · 政策分析	· 小/大团体过程 · 信息传播 · 预防和健康促进 · 社区发展 · 社区领导	· 环境问题 · 国际性发展 · 语言 · 公共管理 · 政治科学 · 维和部队或其他国际组织
研究和评估公司	· 社区研究方法 · 资助计划书写作 · 项目评估 · 需求/资源评估 · 政策分析	· 信息传播 · 咨询 · 信息传播	· 高级统计 · 数据管理 · 数据库开发 · 项目管理

续表

工作场所	社区心理学实践胜任力		其他的培训/技能[4]
	初级[2]	二级[3]	
咨询	·社区研究方法 ·项目评估 ·资助计划书写作 ·组织和社区能力建设 ·需求/资源评估 ·传播/可持续性	·社区发展 ·政策分析 ·发展联盟 ·小/大团体过程 ·信息传播 ·合作	·预算 ·财务管理 ·商业头脑 ·高级统计 ·数据管理 ·数据库开发 ·项目管理 ·报告 ·模糊容忍度
商业、 技术、 创业	·社区研究方法 ·项目评估 ·组织能力建设 ·需求/资源评估 ·小/大团体过程 ·信息传播 ·合作	·社区开发 ·政策分析 ·预防和健康促进	·组织心理学 ·工商管理硕士 ·企业家精神 ·内容/产生特定的知识
学术、 非教学人员	·社区研究方法 ·需求/资源评估 ·项目评估 ·资助计划书写作 ·项目开发 ·项目实施	·政策分析 ·项目管理 ·社区教育 ·信息传播 ·社区领导 ·小/大团体过程 ·资源开发 ·咨询 ·组织发展	·项目管理 ·预算 ·财务管理 ·人员管理 ·报告

[1] 了解生态系统、社会文化胜任力，专业判断和伦理是所有这些场所需要的胜任力。它们是社区心理学从业者胜任力的标志性组合。

[2] 这是个体在所选择领域工作时可能需要的其他培训和技能。

[3] 这是个体在这个领域工作时必须要发展的技能。

[4] 这是将提高和扩大个体在所选择领域机会的技能。

《社区心理学家》2010 年夏季刊重点描述了三位目前在医疗机构任职的社区心理学从业者：(1)丽贝卡·李(Rebecca Lee)在休斯敦大学医学中心进行健康的生态学决定因素的研究；(2)戴维·劳恩斯伯里(David Lounsbury)在纽约斯隆·凯特琳研究所进行癌症预防和控制研究；(3)威廉·奈格尔(William Neigher)是新泽西州大西洋健康战略规划总监(Neigher, Lounsbury, & Lee, 2010)。在医疗机构工作的其他社区心理学从业者包括 D.凯·泰勒(D. Kay Taylor)，她目前是密歇根州弗林特市赫尔利研究中心的主任，她的职责包括规划、实施和评估以社区为基础的健康计划。苏珊·沃尔夫(Susan Wolfe)之前在帕克兰健康与医院系统担任项目经理。作为项目经理，她管理过一个服务于怀孕少女的项目、一个服务于药物滥用的孕妇的项目和县级的强奸危机干预中心。她也开发和实施了一个随机对照试验设计，用以评估对新父母进行两种不同的家庭访问模式的效果。

非营利机构和以社区为基础的组织

非营利机构和以社区为基础的组织(community-based organizations，CBOs)为社区心理学家提供直接在社区工作和锻炼一系列胜任力的机会。这样的组织，包括很多大型知名的机构，在当地有分支机构，如女孩公司(girls, inc)、男孩与女孩俱乐部，以及一些小型的当地组织，如家庭暴力庇护所或食品分发处最常为青年、家庭和其他个人提供服务。大多数 CBOs 依靠政府补助或基金会对他们的部分或全部资助，所以需要能撰写资助计划书和评估项目的人。对大多数的 CBOs 来说，为获得资助并能高效地工作，他们需要与其他的 CBOs、用户和其他利益相关方进行合作以服务他们的用户/选民。大多数 CBOs 会有一名执行主管，负责监督整个组织并承担一系列其他的职责，这取决于具体 CBOs 的大小和组织的复杂性。除了担任高管的职位，社区心理学家还可以担任的职位包括助理、项目经理、社区组织者、倡议者、项目评估者和为非营利机构撰写资助计划书的写手。

社区心理学胜任力的适用性取决于组织的使命和目的。社区心理学所有的胜任力是潜在相关的，具体取决于某些因素，如组织的大小、类型、历史、在其他 CBOs 网络内的位置，以及取决于社区心理学家的具体角色。在 CBOs 里工作的个人往往身兼数职，所以明智的做法是发展多种胜任力为这类组织的工作做准备。社区心理学从业者可能被聘来做项目评估，然后发现还需要有其他的胜任力，如联盟建设、资源开发或项目设计。CBOs 里的项目评估一般需要了解项目的开发、实施、管理和传播。最后，社区心理学的生态学视角包括了解社区的需求和社区网络，以便维持一个资助已到期的项目中有价值的成分。

发展在非营利组织工作的胜任力可以从学术课程开始，通过在这个领域的接触和经验，这些胜任力会得到进一步的发展。在本科生和研究生教育阶段以及早期职业阶段的实习和志愿者机会是大有裨益的。这样的机会可以让学生接触到非营利部门和一个具体的 CBOs 环境，这样他们能看到第一手的信息：用到了哪些胜任力，这些胜任力被如何应用，以及有哪些就业选择。对那些想要学习如何在一个非营利组织或 CBO 工作的人来说，已经在这类环境里工作过的社区心理学家就是一个巨大的资源。《社区心理学家》第 2012 期里，杰拉尔·丁·帕尔默（Geraldine L. Palmer）分享了她作为非营利组织执行主管的经验信息。除了这样一个高层职位所需的领导力技能之外，她还运用了社区参与、政策和倡导中的胜任力，以及识别、选择和实施适用于特定场所和社区的循证模型的能力。在非营利场所积攒了多年的工作经验后，克里斯·柯伯特（Chris Corbett，2012）已经可以担任助理、研究者、倡议者、评估者和资助计划书撰写者。道恩·亨德森（Dawn Henderson，2012）在非营利场所作为志愿者用到了她的评估技能。以上的例子说明，社区心理学从业者在非营利组织里可以担当很多角色。

在国际性的非营利组织里工作可能需要会说和会写一门外语的胜任力。受雇于国际组织通常需要经验和接触。当参加非政府组织（nongovernmental organizations，NGOs）时往往要有文化和政治上的敏感性，为获得当地有意义的准入和培养信任关系，许多非政府组织已经花费了数年的时间。许多社区心理学家通过在和平护卫队服务或在救济组织的志愿服务获得了宝贵的经验。有两位社区心理学家是和平护卫队的志愿者，他们是格洛丽亚·莱文（Gloria Levin）和莎伦·约翰逊-哈基姆（Sharon Johnson-Hakim）。疾病预防控制中心和大型研究机构有时提供国际工作的机会。找到导师及与其他在海外工作的人建立网络联系也可能是一个进入国际组织的途径。美国评估协会有一个国际性的跨文化评估专题兴趣团体，拥有超过 950 名分布在世界各地的成员。美国公共卫生协会（APHA）有一个国际卫生部，它的会员是由对国际性卫生工作感兴趣的公共卫生专家组成的。这些见于本章的资源部分。

教育

学校在孩子的发展中起着关键的作用，是一个与社区里近乎所有家庭都有关系的环境。在履行其对社区服务的角色中，许多学校会开发项目，并为预防和干预项目寻求资助。许多学校的工作涉及家长，并接触到本地的其他社区成员。许多学校资助的项目要求有评估。大多数学区依赖于有统计学背景的人来帮助他们理解收集来的大量数据（例如，考试成绩，对教师、家长和学生的调查，出席率）。

在过去的几年里，教育工作者一直利用更精密的统计分析工具，以从他们的数据集里得出最有意义的结果，如增值模型（Sanders & Horn，1998）。这些分析需要高水平的统计学理解和分析技能。获得资助可以开发出更多的循证教育和社会项目，这需要某些胜任力，如，项目开发、资助计划书写作、项目实施，以及项目评估。学区需要有社区组织和联盟胜任力的人来发动社区和家长参与的积极性。生态系统的思维、独特的方法学研究工具(例如,社会网络分析),以及组织能力建设是一些额外有用的技能和胜任力。

在学区工作的社区心理学家作为研究和评估部门的分析师,他们有机会参与各种项目,包括学校改革的评估、新的倡议,和为无家可归的学生服务的项目。苏珊·瑞尔-斯皮诺(Susan Ryerson-Espino)曾在芝加哥公立学校的研究部门工作,而苏珊·沃尔夫(Susan Wolfe)在沃斯堡独立学区评估部门工作。其他人则在一些如战略和规划、家长参与和学生服务的部门工作。

政府

在政府的不同水平——市、县、州、联邦政府,有许多机会运用社区心理学的实践胜任力。在联邦政府水平上,已有社区心理学从业者受雇于各种机构,包括政府问责办公室(GAO);美国卫生和人类服务部(DHHS),包括监察长办公室(OIG)、评价和检查办公室(OEI)、美国疾病控制和预防中心(CDC)、美国农业部(USDA)、国家卫生研究院(NIH),以及国家药物滥用研究所(NIDA)。还有很多其他的机构。

州政府有卫生和人类服务部门、老年人服务部门、公共安全部门和教育部门,仅举几例。市和县也有一些如公共卫生和社会服务的部门,可以受益于从业者拥有的胜任力。黛比·斯塔恩斯(Debi Starnes)是一名社区心理学从业者,当选会员并服务于亚特兰大市议会12年,还担任了亚特兰大市长的政策顾问(Starnes,2004)。

许多政府相关的职位要运用社区心理学的实践胜任力。联邦政府的机会往往是各种工作职位,如“健康科学家管理员”“资助专家”“项目专家”或“项目分析师”。研究和项目评估的胜任力是关键。然而,这些职位也需要有开发和实施循证预防和干预项目,政策分析和开发,理解如何规划可持续性,以及信息传播的胜任力。在州和地方水平上,最常需要的社区心理学胜任力也会有不同,重点是要满足当地的需求。因此,在许多情况下,采取跨学科的方法是关键。例如,有必要用其他学科的信息和资源,如公共卫生(例如,流行病学、生物统计学)、社会工作、企业管理或公共管理来识别最适合工作的工具。

获得联邦就业机会的一个途径是在研究生院找到实习机会。对那些住在华盛顿或设有地区办事处的城市附近(波士顿、纽约、费城、亚特兰大、芝加哥、达拉斯、丹佛、堪萨斯市、三藩或西雅图)的学生来说,他们有很多全年实习的机会。州、市、县也可能提供当地实习的机会。当州、市、县没有提供这些机会时,也可以有一些其他的方式:研究生项目顾问可以采取一种学者参与的方式来帮助创造机会,为所有参与互利合作而努力的人提供一个双赢的机会。另一个途径是与在政府单位任职的个人建立网络联系并细读相关招聘网站上的招聘广告(如,www.usajobs.gov)。许多社区心理学家已经或目前供职于政府单位。例如,理查德·詹金斯(Richard Jenkins)(CDC和NIDA)、格洛丽亚·莱文(Gloria Levin)(NIH)、凯利·金尼颂(Kelly

Kinneson)(USDA)、特蕾萨·阿姆斯特德(Theresa Armstead)(CDC)、卡洛琳·费斯(Carolyn Feis)(GAO),以及苏珊·沃尔夫(DHHS OIG)。

社区规划和发展组织

社区规划和发展可被视为"宏观社区心理学",这里充满很多机会来影响社区公民的健康、安全和人际关系的质量。在当地,这种机会包括城市规划、建筑和房地产开发。在州级水平上,社区心理学家可以在社区/经济发展部门、生态和立法事务部门工作。具有政策规划和开发方面的知识和技能可以为申请者打开工作的大门。

20 世纪 60 年代,唐·克莱因(Don Klein)将社区规划和发展引入社区心理学。他和詹姆斯·劳斯(James Rouse)在马里兰州哥伦比亚新规划的社区里联合主办了一场工作坊。劳斯详细描述了规划、设计,以及过渡性治理过程,促进了哥伦比亚的发展。那个时候,大约只有十几位社区心理学家出席,并且在社区心理学家之间很少听说有人正式受雇于社区规划和发展组织。

然而,社区规划和发展为社区心理学胜任力的应用以及为与规划发展专业部门的合作提供了肥沃的土壤,因为有很多与城市设计、环境特征,以及人类尊严和运作关系有关的信息(Montgomery,2013)。某些社区心理学胜任力在这些领域里是可以兼容的,如生态学视角、文化和跨文化胜任力以及社区包容和合作伙伴关系,这些可以增加社区规划和发展的价值。正如大部分的社区和社会变革胜任力一样,所有的社区和组织能力建设胜任力也可以在特定情况下用于社区意见与建议的产生。参与性的和人口统计学的社区研究结果有助于加强(或反驳)已提出的发展计划。也就是说,政治过程的意识和慰问也是很有帮助的。

最近的 SCRA 邮件列表查询发现,正式在社区规划项目工作的情况只有四例。阿尔·拉克特利夫在一家建筑公司担任顾问,进行了一个主要人口的需求评估,这是市、县和当地联合劝募会的综合性人类服务促进计划的一部分。阿莱格拉·威廉姆斯从马萨诸塞州大学-洛厄尔社区心理学项目毕业,并随后作为一名街道规划师受雇于洛厄尔市。安德鲁·威廉姆斯最近与景观设计师有一些合作,并作为倡议者参与抗议当地公共住房局在联邦应急管理局(FEMA)标明的洪泛区建设公共住房的计划。迈克尔·莱姆克完成了在威奇塔-塞奇威克县城区规划部门高级规划分部的实习,他致力于自行车和行人的问题。他的工作涉及一些不同类型的项目,包括资助计划书写作、年度报告,以及与其他部门(包括警察、工程、公园和休闲)的合作项目,并帮助提高社区的参与性。戴维·查维斯的"社区科学"公司在波士顿的办公室雇用了一名城市规划师。目前,范德比尔特大学提供社区发展和行动的硕士学位,其他大学可能也有类似的学位。

刑事司法机构

执法和劳教组织希望找到一些可以帮助他们更好地保护和服务社区的方案，他们尤其希望与邻近社区形成更有效的伙伴关系来防止犯罪，并找到有效的替代监禁的方案。基本的社区心理学价值观包括生态学（系统）视角、社会文化和跨文化胜任力，以及社会包容/合作伙伴关系，这些与当前执法思想密切相关，因为领导者正在寻求方案以解决那些长期恼人的问题。

执法和劳教的官员意识到为取得积极的结果，联盟建设、相互指导和确定共同的目标是很重要的。他们有兴趣研究和开发出最佳的有助于积极解决问题的实践方案，并有兴趣用有意义的方式来向首位响应者和社区公民呈现研究结果。他们重视培训和咨询，数据收集和解释，人口数据应用于预防性巡逻，有针对性地干预社区，及时反馈，结果评估以及加强应对措施的培训技能。

对那些有兴趣在执法和劳教部门工作的人而言，他们需要学习和了解存在于执法机构内部的文化。不同的组织有明显的文化差异，并且执法机构是独特的，表现在执法和劳教的工作需要时间和信用以及双方信任的构建上。由于执法和劳教机构的价值观可能无法完全符合社区心理学的价值观，所以在这个环境工作的人们就应该准备好体验这一转变，去验证这份工作是不是很好地适合他们，并学习驾驭它，同时忠实于自己的价值观。参加几次司法部门的“搭车行动”（ride-along），找出部门内关键的规划人员，并结识指挥人员，这将使从业者了解到关切的问题。学生可以打听实习的机会，并提出一个需在实习过程中完成的提案，教师可能邀请一些人在社区心理的课堂上演讲。执法和劳教部门都是“以解决方案为导向的”，并且愿意考虑合作以改善效果。

基金会

有关各种胜任力的专业知识，如生态学视角、充权、社会文化和跨文化交际胜任力、伦理、反思性实践、项目开发、实施和管理、预防和健康促进、社区和组织的能力建设，包括社区的领导和指导、资源开发、项目评估、社区发展、社区教育、信息传播和构建公共意识，是所有有益于基金会的技能。

一个基金会的基本功能是利用资源促进公益事业和提高社区公民的生活质量（Meyers，2011）。社区心理学家已经找到诸如制订项目的官员、总裁和首席执行官这样的职位。他们描述了这类职位的好处，如有能力去调配资金和专业知识，尝试用新的想法来支持社会变革，并有能力影响各领域的以预防为导向的系统变革（Meyers，2011；Usher & Meissen，2011）。安妮特·里克尔之前就职于一家大型基金会，担任项目制订官员，后来离开，并为支持那些将来成为数学和科学教师的学生们成立了自己的基金会，为学生们提供资金和指导（Rickel，2011）。

有兴趣为基金会工作的社区心理学家可以在研究生阶段就寻找实习的机会。许多大型基金会提供奖学金及其他博士后和早期的职业机会。在慈善事业的报纸上和基金会网站上可以找到空缺的职位和与职业相关的描述。细读这样的广告可以了解工作机会和胜任力要求的范围,有助于引导技能的发展。

研究和评估公司

希望把职业定位在研究和评估的社区心理学家可能会在一个研究或评估公司找到工作。有几个大型公司与联邦政府有大量的合同,并聘请个人作为分析师、统计人员、调查专家、项目经理和研究人员来从事健康、人类服务、社会和经济政策、教育和其他项目等方面的工作。拥有统计和研究方法、项目管理、了解政策的胜任力,以及能够向政策制定者解释研究结果都是必要的。

一些公司为研究生提供实习机会,这是一种获得经验的途径。由于公司的规模,它们也有入门级的职位和培训;在研究生阶段获得的经验(例如,做过大型研究项目的工作)足以达到入门要求。许多工作需要一个硕士或更低的学历,学到知识对求职是有帮助的。例如,如果他们有一个部门主要负责解决医疗保健问题,有这个领域的具体经验将是一个优势。

咨询:独立工作或成立咨询公司

咨询是社区心理学家的另一种选择。虽然有些人选择独立工作,但其他人会冒险出去并成立更大的公司。戴维·查维斯和凯因·李(Kien Lee)创立的社区科学提供了研究和评估、评估能力建设和学习系统、社区倡议支持和系统设计与实施、会议和工作坊、以社区心理学的价值观和原则为基础的其他服务。吉姆·埃姆肖夫(Jim Emshoff)和黛比·斯塔恩斯(Debi Starnes)创立的 EMSTAR 提供了项目评估、数据分析、评估和研究培训、需求评估,以及资助计划书写作服务。该组织为政府、非营利组织、医疗保健、教育和宗教组织提供服务。

其他社区心理学家选择保持独立,将他们的实践集中在他们的优势和兴趣上,或提供与社区心理学胜任力相一致的一整套服务。汤姆·沃尔夫(Tom Wolff)研究合作系统的开发和维护。他提供专业技术和工作坊、主题演讲和定制的讲座,以及他所开发的工具和资源。苏珊·莱尔森·埃斯皮诺(Susan Ryerson Espino)的实践重点放在项目评估和能力发展的工作上。苏珊·沃尔夫(Susan Wolfe)的实践包括评估、能力建设、战略规划和指导客户如何使用他们收集来的数据以提高他们的工作绩效。

除了通过课程和其他手段开发特定的与兴趣相关的社区心理学实践胜任力,准备成为一名咨询顾问的第一步是在其他组织工作。经验也许是最好的老师之一,作为一名咨询师,有一些背景和业绩记录对建立信誉是必不可少的。拥有社区和组织的经验，尤其是政治活动的经验和不成文的规范是必要的。有导师的指导，研究生才能在当地的组织里做咨询从而获得必要的经验。此外，其他组织和社区工作提供了与导师联系、观察更多有经验的专业人士，以及发现什么在起作用和（更重要的是）什么不起作用的机会。咨询公司在正式挂牌开业之前，从业者管理项目、监管人员、指导工作、参与社区、撰写资助计划书与报告，以及获得的任何经验，都可能会导致公司是茁壮成长还是踉跄而行的差别。从业者还要培养一些实用的个人品质。经营一种生意或成为个体经营者需要一种能够接受不确定性和收入的不稳定性的品质。它还需要有一定水平的商业知识。因为法律和会计服务很费钱，如果没有足够的钱聘请法律和会计这样的专业人才，那么，能够读懂和充分理解合同中的语言、了解自营职业税、掌握各种不同的业务结构（例如，独资、有限责任公司、合作伙伴关系）以及了解每种结构的法律和财务问题都是必要的。除了能够撰写优秀的提案，有一定程度的社交悟性也是很有帮助的。建立一种实践有时需要与其他专业人员建立网络，并能够将自己推荐给组织。关于在咨询领域如何开始、获得成功并不断发展的内容，可以阅读薇奥拉（Viola）和麦克马洪（McMahon）（2010）的指导书籍。

商业、技术和创业

在私营部门发展职业生涯的社区心理学家很少，这为社区心理学职业生涯留下了一个相对未开发的但潜在富有成果的领域。能促进社会责任感的营利性企业越来越多（例如，Whole Foods，Tom's），大多数的中型企业有社区外联部门并且会提供拨款资助。在公司工作的一些社区心理学家为正在经历技术/组织变革的组织提供咨询和研究服务［例如，米切尔·弗莱彻（Mitchell Fletcher）和戴维·路伊特曼（David Roitman）都是密歇根州生态-社区心理学项目的毕业生］。

梅格·邦德（Meg Bond，2007）《职场化学：通过组织变革促进多样性》一书提供了社区心理学在职场应用的另一个例子。在这本书里，邦德阐明了社区心理学家如何为组织增加价值。她描述了一个社区心理学家团队与制造公司开展合作以增添多样性的例子。社区心理学家的角色包括研究者、顾问和培训师。他们用一种生态学的视角指导着工作，这种视角以一些原则为基础，包括多层次的分析、人-环境的适应、现象学的态度并重视相互依存。这种工作需要评估和参与、设计和提供培训、团队合作，以及制度化变革，所有这些胜任力都在本书的前几章中进行了描述。

社区心理学家也可以用他们的知识来补充创业。诸如“慈善客栈”这样的企业已经在一些城市地区涌现出来，食客们可以向一个特定的慈善机构捐出自己的一部分伙食费。尽管社区心理学的价值观似乎与产品开发和营销所需的价值观相冲突，但社区心理学家也要谋生，他们通过开发能促进和支持社区心理学使命和愿景的产品，向公众提供一个现有可用产品的替代品来维持生计。

在商业、技术和创业领域的工作需要一个技能组合和类似于那些用于咨询的个人品质。社区心理学开发的胜任力可以通过商业学校的课程、工商管理/公共管理硕士学位或创业课程培训而得以补充。

学术场所

大学、医学院和社区学院提供的职位不同于终身教职或讲师职位。许多职位是资金资助的,因此有依赖于当前资助的延续或受到新的资助。然而,也有永久性的职位,经常是与学院或大学的行政管理方面有关,如,在受资助项目和院校研究机构中的工作。这类工作常常可以通过专业网络(例如,邮件列表、在会议上张贴广告、口碑)找到,或者它们就公布在大学网站的就业栏里。

对于那些尚未决定是否想拥有教学研究型为主的职业的学生来说,待在某一特色的学术场所里具有明显的优势,特别是如果他们要继续做一些研究。因为从一个学术场所转换到其他类型的环境总是有可能的,但从一个不涉及研究的职位进入学术界就困难得多。学术场所之外的实践工作几乎没有在同行评审的期刊发表论文/申请研究经费所需的时间和支持,而在申请全职教职时,学术机构会高度重视发表论文和申请研究经费这两个活动。不过,社区心理学家还有其他的方法提高学识,如在会议上发言以及与学生合作来反映他们的工作。

对学术场所中的非教学职位有用的一些社区心理学胜任力也与研究有关,包括参与性社区研究、项目评估和资助计划书写作。其他社区心理学相关的胜任力也有助于高校的工作,包括多种技能:项目开发、实施和管理,社区领导和指导,大小团体过程,资源开发,咨询和组织发展,政策分析,社区教育和信息传播。研究项目主管或其他在受资助项目或机构研究中担任管理职位就需要有研究和分析、资源开发和向学校和资助者撰写报告的技能。培训并有成功撰写包括联邦政府、州、地方和基金会等各种资助机构的资助申请书的经历是必要的。有助于人们取得各种行政管理职位和学生服务职位的胜任力是项目管理技能、预算和财务管理技能、领导力和人事管理技能,以及对组织动态的深入了解,因为可能有一些内部的或是社区层面的政治生态要去应对。

找到作为社区心理学家的工作

为找工作做准备

应该在毕业之前就开始准备求职。不确定自己能做什么的学生们将需要做一些深入的探索。这里有一些关于如何在学校里准备求职,或从一个工作过渡到另一个工作的技巧。

1.建立你的人际网络——人际网络是寻求就业的一个关键策略。人际网络可以被定义为“形成联系、产生关系、扩大资源,并以一种互惠互利的方式把人们和想法集中在一起的过程”[(Knauth, Viola, & Cowgill, 2010);见本章的练习,可以帮助评估和加强自己的关系]。评估你的优势、劣势、需求和目标,以及识别出在你的人际网络里可能会帮助你的人。评估你现有的个人、社会和专业的熟人关系,并努力联系可能帮助你找到工作和了解这个领域状况的人。例如,思考一下你的技能组合,以及那些在你个人和专业人际网络里可能会帮到你的人,并请求他们向熟人引荐你。参加与你兴趣相关的会议,接触更多有经验的专业人士,并询问问题。如果他们跟你谈上半小时,你可以给他们买杯咖啡或茶。另一种方法是,联系你感兴趣的组织里的人,并请求在他们的工作地点安排一次会面。

2.除了在该领域内建立人际网络之外,可以去认识和结交一些其他以社区为中心的学科的学生和专业人员,他们可以提供有关未来合作或咨询机会的有用信息。在研究生学院的“社区心理学之外”建立人际网络,能够带来在寻找工作和社区实践上的合作机会,特别是当你与他人交流你是如何得到这一工作时,这是一个可以补充别人长处的额外财富。对其他你感兴趣的行业,可以学习一些基本的专业语言,并比较社区问题和过程在这些行业里是如何被概念化的。

3.识别适合你才能的职业领域或场所,你可以通过获取社区环境里的信息来做更多的深度探索。这一战略将帮助你满足潜在雇主的需求,了解更多不同的就业场所,并识别胜任力来发展所需要的专业知识。准备好一些问题,并使会话时间符合要求,除非参加面试的人另有建议。

4.获取你感兴趣领域的招聘广告,并开始解读潜在雇主正在寻找的胜任力。招聘广告可能会帮助你找到相关的实习机会或决定修读的课程,一旦你知道雇主要求的胜任力,将有助于你为感兴趣的职位做好准备。张贴在公共网站或公共出版物上的就业广告很少(例如,仔细阅读专业刊物上的广告,注册电子邮件并从相关组织获取邮件通知,了解你感兴趣的那类工作的岗位信息被张贴在哪里)。例如,有兴趣追求评估职业的社区心理学家可以订阅美国评估协会的电子邮件通知,参加年会,查阅空缺职位信息版块,以及订阅邮件列表。如果你有兴趣为联邦政府工作,所有的空缺职位信息都张贴在政府网站上(www.usajobs.gov)。你也可能了解到疾病控制和预防中心的空缺职位信息,以及你所在州和地方的卫生部门的空缺职位信息。仔细查阅各种空缺职位信息,了解这些职位所要求的技能,并记下相关机构和职位名称。

5.加入专业组织。当然,最适合社区心理学家的组织是SCRA,但加入其他组织也是有帮助的。例如,对公共卫生感兴趣的社区心理学家可以加入美国公共卫生协会。美国评估协会、社区组织与社会管理协会,以及社会问题心理学研究协会也可能是社区心理学家感兴趣的组织。学生可以利用学生评估和深入探索的机会,出席会议,及与该领域里从事你感兴趣工作的人建立人际网络。

6.加入 SCRA 实践委员会。这个团体每月有一次电话会议,要求从事不同工作的各位成员共享以实践为基础的工具、经验和所遇到的挑战,所以你可以学习,与成员联系,并询问问题。为出席 SCRA 两年一次的会议,这个团体进行合作并有许多成员参加指导性会议。

7.开始营销你的个人和专业品牌/兴趣。作为一个有抱负的社区心理学家,开始营销自己这对你来说永远不会太早,而互联网是一个非常适合做这些事情的地方,你可以通过如 Facebook、Twitter、LinkedIn、Sitepoint,以及其他社交媒体网站来做这些事情。这些网站已成为组织识别人才,创造潜在求职市场,以及填补空缺职位的一种资源。

申请并找到工作

无论申请职位是否需要一个简要的简历或履历,突出你的技能和经验都是很重要的。当你申请工作时,对你的技能和经验做个记录或详细目录是有帮助的。例如,如果你有过一次实习经验,该实习要求你学习使用不同的软件包,那么就写下软件的名称,并描述你如何使用它。追踪你的资助申请的情况,你所扮演的角色,以及它们是否被资助。追踪这些细节将是有用的,当你写求职信和简历时,需要突出与你申请的工作相关的具体经验。

来源:苏珊·麦克马洪。

图 14.1 在德保罗大学做临床—社区和社区项目的苏珊·麦克马洪和她的博士生们(Elizabeth McConnell, Chrystal Coker, Samantha Reaves, and Linda Ruiz)在反思和讨论社区心理学胜任力

潜在的雇主可能不太知道社区心理学家接受的培训包括哪些胜任力,所以需要清楚地阐明这些胜任力。求职信可以用来强调培训和经验符合雇主的需求。应该为每一个申请的职位专门定制一份简历和信件,以强调个人的申请是最符合这个特定的组织和职位的。可以将那些在你感兴趣的职位上工作的人的简历和求职信作为范例。构成基本原则的社区心理学胜任力——生态学视角、充权、社会文化和跨

文化胜任力、社会包容和合作伙伴关系、伦理反思性实践——使社区心理学家有一种独特性，并且对所述的任何职业场所来说都应该是核心发展的胜任力。

求职者应该预测到雇主可能会问“社区心理学是什么”。社区心理学家都应该进行5秒的电梯演说，并让它自然地涌现。仔细想想你的演说，并尝试讲给你的朋友们，听听他们的想法。面试准备应包括阅读有关组织和职位的信息，并准备展示你的附加价值。浏览组织的网站，回顾它的使命、财务信息，读取员工的基本信息，了解它们提供的服务或产品，以及思考你的技能和专业知识将不仅有助于你获得面试的职位，也有助于全面了解组织。如果可能的话，去了解面试你的人。

简历以及求职策略与习惯会随着时间而发展和变化。查看一下诸如领英(LinkedIn)和其他聚焦工作的网站资源来更新你的搜索技能和知识，并获取关于简历、搜索策略和面试的技巧。一些网站将提供求职和建立人际网络的机会，所以探索它们可以确定是否有相关的费用，以及所提供的岗位是否与你正在寻找的工作类型有关。

结论

对有兴趣获得并应用社区心理学知识和技能的学生而言，教育和就业机会的范围都是令人兴奋且又具有挑战性的。我们提供了本科、硕士和博士水平的学生所获得的各类胜任力以及各种工作机会的例子，但仍有许多可能性。寻求发展各种社区心理学实践胜任力的学生和新毕业生，在规划自己的未来时也要记住一些策略，包括：

- 对教育项目进行研究以决定什么项目是最适合的
- 当在探索各种可能性时要阐明兴趣和价值观
- 寻找课程、经验，以及学术和职业导师，从而在核心胜任力上获得坚实基础，但这要与你的兴趣一致
- 建立广泛的和跨专业的人际网络
- 在考虑心理学工作场所时，要去了解你所想到的环境以外的地方
- 分享信息并向他人学习

请记住，为取得积极的成果，社区心理学是一个非常适合与社区其他人和相关专业进行合作的专业。为了职业生涯的发展，我们希望同学们、新毕业生们，以及在各种环境下工作的社区心理学家们将保持他们的联系并参与到SCRA的活动中去，以鼓励和惠及后继者。提高教育机会，明确和磨炼社区心理学家所需要的胜任力，并在各种环境下做好我们的工作，这将促进我们这个领域的进步和成长，以及扩大我们所寻求的积极影响。

资源

教育项目

• SCRA 教育。SCRA 网站有关社区心理学本科生和研究生项目的专题链接。

生涯探索和人际网络

• 美国公共卫生协会国际卫生分会(American Public Health Association International Health Section;APHA)。该分会有超过 1 500 名在国际组织工作的公共卫生专业人员。

• JobFit.org 有助于职业才能与当前的职业相匹配。它由劳动力发展网络创办,并且是一个免费的自我调查工具,从而帮助人们把自己的爱好、兴趣与能力和各类职业关联起来。

• Onetonline.org 提供职业概况,包括工人特点、技能和知识的要求、经验要求、职业要求、职业的具体信息、前景和收益,以及相关的职业。

• LinkedIn.com 是一个特别有用的工具,它将某个人的胜任力和成就通知给其他专业人员,即便你是一名学生或是一名职场新人。

• Sitepoint.com 向 20 个企业相关的社交网站介绍专业人员,而且,在线搜索"专业人员网络"将提供清单页面,其中一些是相关的信息。

参考文献

Association of American Colleges and Universities. (2006). *How should colleges prepare students to succeed in today's global economy*.

Association of American Colleges and Universities. (2011). *The completion agenda: Post-secondary education leaders' perspectives on issues of/strategies for increasing completion rates*.

Austin, A. E., & McDaniels, M. (2006). Using doctoral education to prepare faculty to work within Boyer's four domains of scholarship. In J. Braxton (Ed.), Delving further into Boyer's perspective on scholarship [Special issue]. *New Directions for Institutional Research*, 129.

Bond, M. A. (2007). *Workplace chemistry: Promoting diversity through or-*

ganizational change. Hanover, NH: University Press of New England.

Braxton, J. M., Luckey, W., & Helland, P.(2002). Institutionalizing a broader view of scholarship through Boyer's four domains. *ASHE-ERIC Higher Education Report*, 29(2), i—xv.

Bringle, R. G., & Steinberg, K.(2010). Educating for informed community involvement. *American Journal of Community Psychology*, 46, 428—441.

Brody, S. M., & Wright, S. C.(2004). Expanding the self through service-learning. *Michigan Journal of Community Service Learning*, 11, 14—24.

Brown, K., Cardazone, G., Glantsman, O., Johnson — Hakim, S., & Lemke, M.(2014). Examining the guiding competencies in community psychology practice from students' perspectives. *The Community Psychologist*, 47(1), 3—9.

Brown, R.(2011). As graduate-student population grows, so does its reliance on financial aid.*Chronicle of Higher Education*.

Campus Compact. (2012). *Indiana Campus Compact annual report* 2011—2012.

Corbett, C.(2012). Applying community psychology knowledge in nonprofit settings. *The Community Psychologist*, 45(3), 10—11.

Dalton, J., & Wolfe, S.(Eds.).(2012). Education connection and the community practitioner. *The Community Psychologist*, 45(4), 7—13.

Davidson, W., Jimenez, T., Onifadee, E., & Hankins, S.(2010). Student experiences of the Adolescent Diversion Project: A community-based exemplar in the pedagogy of service-learning.*American Journal of Community Psychology*, 46(3—4), 442—458.

Dziadkowiec, O., & Jimenez, T.(2009). Educating community psychologists for community practice: A survey of graduate training programs.*The Community Psychologist*, 42(4), 10—17.

Gatlin, E., Rushenberg, J., & Hazel, K. L.(2009). What's up with graduate training? Results of the 2005 graduate program survey.*The Community Psychologist*, 42(2), 13—19.

Golde, C. M., & Dore, T. M.(2001).*At cross purposes: What the experiences of doctoral students reveal about doctoral education*. Philadelphia, PA: Pew Charitable Trusts.

Hayes-Thomas, R.(2012). The delusion of exclusion: Masters psychology as minority.*Psychologist- Manager Journal*, 15, 164—173.

Henderson, D.(2012). A Lorax metaphor: How community psychology values guide work with nonprofits. *The Community Psychologist*, 45(3), 9—10.

Jenkins, R. A.(2010). Applied roles and the future of community psychology. *American Journal of Community Psychology*, 45, 68—72.

Keys, C. B., Horner-Johnson, A., Weslock, K., Hernandez, B., & Vasiliauskas, L.(1999). Learning science for social good. *Journal of Prevention & Intervention in the Community*, 18, 141—156.

Knauth, S., Viola, J., & Cowgill, C.(2010). Finding work. In J. Viola & S. D. McMahon(Eds.), *Consulting and evaluation with nonprofit and community-based organizations* (pp. 69—87). Sudbury, MA: Jones & Bartlett.

McMahon, S. D., & Wolfe, S. M.(in press). Career opportunities in community psychology. In M. Bond, I. Serrano-García, & C. Keys(Eds). Handbook of community psychology: Volume II. Washington D.C.: American Psychological Association.

Meyers, J. C.(2011). A community psychologist in the world of philanthropy. *The Community Psychologist*, 44(3), 10—11.

Montgomery, C.(2013).*Happy city: Transforming our lives through urban design*. Toronto, ON: Doubleday Canada.

Neigher, W. D., Lounsbury, D. W., & Lee, R. E.(2010). Community psychology practice in health care.*The Community Psychologist*, 43(3), 10—12.

Neigher, W. D., & Ratcliffe, A. W.(2011). Back to the future, part III.*The Community Psychologist*, 44(1), 13—15.

Olney, C. A., Livingston, J. E., Fisch, S. I., & Talamantes, M. A.(2006). Becoming better health care providers: Outcomes of a primary care service-learning project in medical school.*Journal of Prevention & Intervention in the Community*, 32 (1—2), 133—147.

Palmer, G. L.(2012). Community psychology: A new paradigm in leading nonprofits. *The Community Psychologist*, 45(3), 8—9.

Ratcliffe, A. W.(2011). Corrected findings: Back to the future, part III.*The Community Psychologist*, 44 (2), 16—17.

Ratcliffe, A., & Neigher, W.(2010, June 29).*Introducing community psychology*. Retrieved from http://www.scra27.org/files/4513/9007/7333/Evidence_based_CP_Value_Proposition__Final_20110829. pdf

Reeb, R. N.(2010). Service-learning in community action research: Introduction to the special section. *American Journal of Community Psychology*, 46, 413—417.

Rickel, A. (2011). Engaging a foundation in community partnerships. *The Community Psychologist*, 44(3), 10.

Sanders, W. L., & Horn, S. P.(1998). Research findings from the Tennessee Value-Added Assessment System(TVAAS) database: Implications for educational evaluation and research. *Journal of Personnel Evaluation in Education*, 12(3), 247—256.

Sarkisian, G., & Jimenez, T. R.(2011). Guiding principles for education in community psychology research and action. *The Community Psychologist*, 44(4), 7—8.

Serrano-García, I., Pérez-Jiménez, D. & Rodríguez-Medina, S.(in press). Educating community psychologists in a changing world. In M. Bond, I. Serrano-García, & C. Keys(Eds). Handbook of community psychology: Volume II. Washington D.C.: American Psychological Association.

Starnes, D. M.(2004). Community psychologists-Get in the arena!! *American Journal of Community Psychology*, 33(1/2), 3—6.

Usher, J., & Meissen, G.(2011). Community psychologist as grant maker. *The Community Psychologist*, 44(3), 11—12.

Viola, J., & McMahon, S. D. (2010). *Consulting and evaluation with nonprofit and community-based organizations*. Sudbury, MA: Jones & Bartlett.

Walker, G. E., Golde, C., Jones, L., Conklin Bueschel, A., & Hutchings. P. (2008). *The formation of scholars: Rethinking doctoral education for the twenty-first century*. San Francisco, CA: Jossey-Bass.

第15章　社区心理学实践的愿景

比尔·伯克威茨，维多利亚·C. 斯科特
(Bill Berkowitz, Victoria C. Scott)

愿景

“我是如何跨越十年来到未来的？现在仍不确定。它也许是一个梦想，或者是一个幻觉，又或是我瞌睡时做的白日梦。也许还存在更特别的解释，但也许只是更简单的解释，因为我们都知道记忆可以耍花招。可是这一切看起来是如此生动和真实，就像脚上的鞋子一样真实。所以让我告诉你我看到了什么，然后你告诉我你是怎么理解的。”

* * *

当我回到阔别十年的家乡时，我注意到的第一件事是，社区一如我当年离开时的模样，房子看起来几乎相同。街道的布局也跟记忆中的一样。司机开着车，虽然车更小更安静了。孩子们穿越相同的人行道去同一所学校，并且还是那个相同的协管员。我记得她的脸，虽然她看起来老了些。但我并不很相信我的感觉。难道时间真的静止了吗？找到答案的最好方法是出去转转。

我开始穿过我的老社区，在这里我曾度过了很多美好时光。碰巧，我到的第一个地方是市政厅。我走进大厅，看见了不一样的东西。三台很大的电脑显示屏被安放在主入口旁边。其中一台上面写着：今天会发生什么？然后显示这个市镇正在发生的一长串活动，不仅显示今天的活动，也会显示未来几周的活动；也不仅显示政府的活动，还显示整个社区的活动。

还有一个单独的屏幕显示“今天需要什么？”我向下滚动，看到政府和居民需要的事项都已经被列上，并按类别和有关的时间长度分开。比如：老年中心需要义工；有居民希望有人代为照看房屋；是否有人可以将表格翻译成英语？而第三个屏幕上写着“你怎么看？”你可以在这里对当前正在审查的各种政策问题表达你的观点，或提出你自己的想法和建议。

当然，如果他们想这样做的话，也可以通过他们自己的移动设备进行同样的访问，而且我知道很多市民就是这样做的；但是在主楼看到这个信息，这是某种象征性的和包容性的事情——它设定了一个基调；它似乎体现了这个城镇的参与式价值观；而且它表达了这个社区是什么样子的，以及它想要成为什么样子。

在发送一些电子意见后，我走向市长办公室。我介绍自己数年前是这个城镇的居民，然后她热心地邀请我进来。由于她还有些时间，所以她对我讲述了一个故事：

“也许你还记得几年前我们遭遇了严重的预算危机，我们所有的本地服务不仅被削减，甚至还几乎被废除。毫无疑问，我们社区的生活质量正快速地下滑。真相就是我们的社区如我们所了解的那样处在崩溃的边缘，这是我们的警钟。”

“很明显，从传统意义上来说，我们能用的公共资源已经少得可怜。但是我们退一步想想，并问我们自己‘资源’的真正意思是什么？我们必须拓展对资源的定义。当我们这样做时，我们意识到实际上我们拥有很多的资源，要比我们曾经以为的多很多。他们被称为‘居民’。当然，我们知道居民决定了我们社区生活的质量。我们这里的多样性是一种优势。但实际上，我们并没有认真对待它。此外，我们也没有意识到它们是如何没有被充分利用的。”

“我们调查了社区，并发现大多数的居民完全没有融入这个小镇。他们不加入任何组织，也不主动提供服务，不参加活动，他们不以任何方式参与社区。所以，我们就想，假如我们可以让融入社区生活的居民人数增加两倍会怎样？如果我们恰当地去做，也许真的可以做到。”

“现在，我们开始利用一些我们之前从没听说过的知识，它就是‘社区心理学’。我们那时并不知道它会将改变我们的社区。”

作为一个社区心理学家，回到自己的家乡，这引起了我的关注。

“如果你感兴趣，我带你去大厅，给你介绍我们社区心理学部门的领导。”

我是非常乐意的。我受到了欢迎并走进新办公室。之后，我了解到以下的内容：

“我们显然需要所有团体更多地参与我们的社区生活。就如你所知道的，这也正是社区心理学家研究的内容，于是我们发动了一项运动。一旦有人搬进这个社区，我们可以从不动产和租赁代理，或是从他人的口中，知道他们的名字和一些关于他们的事情。然后当我们确定他们想得到镇上居民的私人访问时，我们会用一束鲜花和当地购买的小食品篮子来表示欢迎，我个人觉得这是件令人愉快的事情。它不寻常又令人愉快。事实证明，根据我们得到的回应，这样做是值得的。你还记得新颖性和互惠性原则吗？我们只是在简单地应用它们。”

“在我们对这些居民开始拜访一段时间后，我们与当地的邻里协会合作，他们很快接管了拜访的事情，使拜访更个性化、更有效、更便于我们的工作。邻里协会已经成为我们管理社区的合作伙伴。这就扩大了社区资源的可用性并降低了城镇的成本。”

“在我们对新居民的拜访中，我们也会告知他们一些有关这个城镇的基本信息，以及大家可以参与的活动信息。这些信息可以用多种语言获得。我们和新来的人聊天，对他们的兴趣和想法有了更多的了解。我们试着传达的基本信息是，我们所有人不只是生活在一个有着相同邮政编码的区域，而是一个真正的社区；我们都是通过一些共同目标而联系在一起的；我们为了我们的生活质量而相互依赖。”

“我们认为，作为他们的政府领导人，我们将竭尽所能地支持和满足他们的需求，因为我们是真的重视和想要提升每个人的幸福感；但是也期望他们参与社区生活并对此给予反馈，无论他们选择何种方式。”

“一段时间后，我们进行调查，询问他们的兴趣和任何愿意分享的技能——乐器弹奏、园艺、工作指导和宠物饲养。后来，我们将调查范围扩大到每一个人。然后，我们再分发联系信息并按兴趣和反馈意见为每种活动分配合适的联系人，让他们自愿联系。”

“居民对所有的这一切反应良好吗？大多数人是这样的。根据我们的研究结果，许多人对我们的外联工作是真的满意。另一个群体总体上认可这个结果。的确，有些人持怀疑态度。也有相对少数的人认为我们打扰了他们，甚至认为我们是潜在的威胁，并且完全不希望成为我们社区的一部分。我们理解和尊重不同的意见，并总是尝试在社区会议上欢迎居民开诚布公地表达想法。我们发现，持续性的对话有助于我们的社区发展和解决分歧。”

“所以，到现在为止，我们有一个社区居民的志愿者数据库，按邻里和兴趣领域进行列表。例如，如果我们想知道邻里XX有多少人有兴趣帮助老年人，有多少人对青少年体育活动感兴趣，或者有多少人为了节省开支而在家做饭，我们可以从这个数据库里很容易地找出这些信息。”

我问道：“社区心理学家直接受雇于政府并在市政厅工作，这看起来不奇怪吗？”

“不，一点都不奇怪。我们很早就指出，如果我们要度过预算危机，并去开发和利用我们社区的所有资源，那么我们所有多元化的社区部门都需要做出贡献。我们发现，社区心理学家有能力将人们聚在一起，并帮助实现这一目标。”

“因为我们政府的价值观和社区心理学的价值观大致相同。他们主张参与性；我们也是如此。他们主张要包括每一个人；从道德和实践问题来看，我们也是这么认为的。他们认为，要基于数据来决策，我们就是这么做的。他们相信，社区应该促进个人能力的展示，我们绝对赞同这一点。而且，他们认为心理幸福感和社区幸福感是有联系的，我们每一天都在实践这个信念。说实在的，没有社区从业者的工作，政府如何能够进行管理？[1]”

“简而言之，我们认为政府的工作不仅仅是管理我们拥有的资金资源并将它们投入到有效的服务工作中。它也需要识别和促进我们社区所有的其他资源——尤其是我们自己的居民——去鼓励他们充分展示，并朝向他们最需要的地方来引导这些资源。”

“所有这一切都是社区心理学看重的事情，这些工作务实有效。我想强调，我们所做的任何事情都不是强制性的，这完全出于个人自愿。没有人会强迫你，至少我们的政府人员不会。它更多的是一个期望，期望大家成为我们社区的一部分，成为一个新的文明典范。我们相信，人们想要做些有意义的工作，于是我们为他们提供做事的机会。”

“不过，如果这听起来太不切实际了，我需要告诉你，最后一件事，这种方式的管理需要花费大量的时间和精力。你必须努力工作去实现它，这是不变的。”

* * *

我必须承认，对我而言，这些是我思考管理和社区实践的新方式，但我得继续往前走了。走了一会儿，我发现自己正走向曾经就读的小学。我很高兴它还在那儿，就像其他我所见到的一样，表面似乎没有什么改变。然而并非完全如此。

当我到达那里的时候，他们确认我是做研究工作的校友后就允许我进入了。我很幸运地找到一位曾教过我的老师，很高兴得知她还记得我。正赶上她课间休息，于是我们便坐下来聊天，她说：

“事实上，我们现在教给学生的内容跟你在这里上学的那会儿是一样的。如果你现在坐在教室里，你可能会做得很好。单词还是以相同的方式拼写。阅读还是那些阅读，语法还是那些语法。不过，有一件事是不同的，就是从小学一年级开始，我们会教一些关于社区生活的内容。我们和孩子们花了很多时间在社区上，并和许多在这里生活和工作的不同人士会面，有市长、警察局长和公园负责人，还有银行出纳员、建筑工人、开比萨店的老板以及我们的一些新移民。我们访问医院、教堂和墓地。晚上，我们去高中做游戏和表演。每周至少一次，我们出去访问，或者别人进来参观。”

“我们与他们交谈。孩子们问他们在社区做些什么。通过这样的方式，孩子们学到了很多关于社区生活的内容。比如，如何开一个银行账户，如何做生意，如何种一棵树，新移民是怎样来到这里的，以及他们为什么首先想要来到这里。”

“但不只是这样，我们还做了更多事情。我们有年龄大些的孩子指导新来的孩子进入学校。并且我们将很多父母带进课堂——父母也是资源，对吧？因为我们发现许多的父母和祖父母都非常愿意会见孩子，只要我们征求过他们的意见。之前，我们从来没有这么做过。我们最受欢迎的例子之一是‘60天’，一些大人们进来，讲讲他们的故事，并回答一些问题。（你听过什么样的音乐？你参加过抗议活动吗？你吸过毒吗？）”

“所有这些社区成员都是我们课程的核心部分。为什么？因为这些互动构建了我们社区的联系，并在联系中产生了关系。这些关系改善了以后的生活。你见过我们当地的一些社区心理学家吗？——研究发现，当孩子们对社区了解越多，他们长大后就越关心他们的社区。果然，这总体上使青少年在青春期的困扰更少，破坏行为和犯罪行为也更少。如果你和你所在的社区及社区居民联系紧密了，你就更不愿意去破坏社区和破坏自己的家园。这难道不是显而易见的吗？”

"实际上,你更可能想要帮助你的社区。并且,我们实际上已经了解到了,早期的社区教育似乎使更多人像成年人一样参与社区事务,以及出现我们当中一些人现在所说的'社区意识'。那是一个很好听的术语。"

* * *

在我们说再见之前,老师建议我走几个街区到卫生诊所看看。我认为这是个好的建议,因为这是美好的一天,我想四处走走,去了解更多事情。当我这样做时,我情不自禁地注意到,街上似乎不再是一座座孤立的建筑以及我儿时的平淡又荒芜的街道景观,而是充满着意想不到的发现。

十字路口的一条道上有一个巨大的向日葵,直径也许有25英尺,画在这条街的人行道中间。它的设计不仅本身美观,后来我还了解到,在这个易出事故的位置,它也有助于减缓交通。[2]

更远处,一个木制的标杆竖在一座房子前,前面还连接着一个树脂玻璃隔间,这所房子上有一个房子待售的传单。但是里面并没有房地产的传单;相反,里面有诗集——有些是众所周知的诗,有些是某个邻居写的。路人被邀请作诗或点击他们的手机从电子数据盒里下载。他们还可以向该社区的诗歌协调员提交未来诗歌的请求或发送自己的诗。在这个社区,人们可以在去上班的路上作首诗或喝上一杯咖啡。[3]

在另一个街区,路上的大型动物雕塑非常引人注目,大多数的房子前都放置有雕塑。我被告知这些是由一位社区雕塑家用回收的金属做的,然后被喷成鲜艳的颜色。他把他的一件作品放在自己的院子里,他非常意外地发现他的邻居们也想在自己的院子里有一件作品。我从没见过住宅街上有一个10英尺高的雕塑在院子里,更不用说,这样的院子似乎有20个。但一个居民告诉我,强烈的社区意识就是通过这种共享的艺术而形成的。[4]

很明显,这种社区艺术不仅值得鼓励,而且特别是户外艺术在社区生活中发挥了重要作用。市领导已经喜欢上艺术,不仅是因为它允许个人能力的展示并繁荣了当地的经济,而且他们还认识到,艺术是社区的建设者,它把人们聚集在一起。公共艺术,尤其是户外艺术,会使社区成员走出去并相互联系。然后,当艺术品出现在户外,人们会停下来观看,在他们观看时,就会跟艺术家或一起出来观看艺术的邻居攀谈。关系就这样建立了。难怪这个城市每年都会举办一个公共艺术奖的竞赛,这是大多数社区节日的一个重要组成部分。我以前从未认为公共艺术家实际上是社区从业者,但现在我认为他们就是社区从业者。

* * *

这个卫生中心很忙,在我跟某个人交谈之前,我不得不在旁边等待。直到主管终于有了空闲,他和我聊到已经发生的卫生保健的变化。

"你可能会说我们这里主要做四件事情。其中之一是为扭伤、烧伤、玻璃碎片割伤、砍伤等诸如此类的伤害提供常规的卫生护理。我们也做预防保健，如疫苗接种和健康考试等。这是大多数人能认为的基本医疗实践。”

“但实际上做得最多的是交谈，这是第二部分工作。当有人问我们时，我们将给出建议，有时没被问起时，我们也会给出建议。我们提供大量的健康信息；但更重要的是，我们针对来访者的健康问题、担忧问题以及如果他们自己愿意公开的生活状况，会与来访者进行真正的对话。我们开始明白倾听时的移情和反思是非常重要的，而不是规定和告诉我们的病人要做什么。我们努力工作，变得具有文化胜任力。我们花了大量的时间与病人建立起良好的信任关系，所以他们可以很舒适地分享自己的信息，并为了更健康而与我们合作。”

“我们将我们的员工派到学校和工作场所，基本上去做同样的事情。对于那些不想或者不能访问我们的人，我们每天有护士或其他健康服务人员在网上或通过电话回答问题数小时，并且每周都会在线聊天。我们也会链接到播客和最好的健康信息来源。”

“然后，我们运营一个正在进行着的系列课程，如运动、儿童保健、塑身和健康饮食。我们有步行俱乐部、烹饪课、太极和瑜伽等很长的支持小组列表。很多人下班回家后在晚上与我们见面。我们有一个社区花园，这也是我们工作的一部分。有时专家会来做咨询，如助产士、私人教练和减压老师。这些活动的目的是促进整体健康，或身体、心理的健康。我们继续探索用创造性的方式来满足我们社区成员的需要，并收集数据来了解什么有益于他们的健康，以及如何有益和为什么有益健康。”

“然而，也许最重要的是，我们了解了我们的社区成员，他们也了解了我们。我们的实践是社区的实践，这是卫生保健应该有的形式。我们做卫生保健正如我认为你做社区工作一样，是通过对话、参与、建立关系、文化敏感性、胜任力提升、充权和信任而进行的。你还想怎么做呢？”

“哦，还有最后一部分。你也许会发现，我们的许多访问者也是社区护理人员。自从我们降低成本后，我们已经能对他们的工作给予一点微薄的津贴。举个例子，在圣保罗街区护士项目取得成功后，我们就是这样做的，培训其他人成为自己街区的社区卫生工作者。[5]那样，人们就可以从自己街道的一个邻居那里获得基本的卫生咨询服务。尽管对大多数人而言，到我们这儿也只是几分钟的路程，但有些人喜欢那样做，所以这种方法挺好。我们喜欢称之为无边界的社区实践。”

来源：iStockphoto.com/HeroImages

图 15.1　通过社区园艺促进个体和社区健康

"你看，我们的实践是在社区里，而对社区而言，它也是由社区进行的。我们的培训工作真是非常简单，并且之前也有其他人做过。你有听说过他们在辛辛那提是怎么做的吗？我给你讲讲：

他们把社区划分为 31 个街区。每一个街区有一个街区委员会，然后选一个街区工作者代表来服务他们。培训这个街区工作者，并给他的工作付一笔小额薪金。然后就取得了好的成果。我给你念念：

第一个工程是儿童卫生保健中心，取得显著成功。护理人员和街区工作者对 576 名婴幼儿进行了约 5388 次访问，其中 2/3 接受了全面的医疗检查……（一年之后）为了应对增加的服务需求，这个（组织）开始资助产前护理、为学龄前儿童做体检、床前护理、本地结核病例的监测、传染病预防和产后检查。在短短两年的时间里，辛辛那提社会单元组织在全国建立了一个最全面、有效、合作的公共卫生项目。（Fisher，1984）。"

"我从来没有听说过这个项目，"我说，"它是刚刚启动的吗？"

"不，"主管回答说，"它开始于 1919 年。你自己去做出自己的判断吧。"

* * *

虽然我所有的访问都很有启发性，但我仍需要在社区花点时间，因为我开始认识到我的社区现在已经与我当年离开时非常不同了。它不仅仅是艺术，走在街道上的人比我记忆中的要多。这也许是因为他们在外面有更多的事情要做，这反过来也给了他们更多的理由来享受彼此的陪伴。可以从很多小事看出差异，所以在此呈现一些片段：

……在一个街角有一个很大的木制橱柜，放着各种家用物品，这些物品由周围邻居免费提供，并且是免费取用的。这个角落现在被称为分享广场，已在城区得到广泛推广（Walljasper，2007）。

……它的一部分可能是经过深思熟虑的环境设计——庭荫树、指示牌和长椅，以便人们可以坐下来谈话。在学校公交车站有许多长椅，父母接送小孩子上下学时就可以坐下来等公交车。我看到他们在公交车站交谈，有一次我还看到一个家长带着咖啡壶和杯子出来，将咖啡分享给其他的妈妈和爸爸。

……观察到的另一个令人愉悦的情景是操场和公园都有小布告栏。这是令人惊讶的，因为你可能会认为许多人会关注他们的手机；但我发现，当信息很有吸引力时，人们也喜欢看低技术含量的公告板。它们成了一个促使人们互动的焦点。

……我还注意到它有一个不同的便签功能，有人用笔写下当地的话题并发表他的观点，离开时将笔放在公布板上以便其他人可以加入进来。其他人也真的会加入。看到这种非虚拟的社区跟帖，用如此简单又令人信服的方式，这是非常有趣的。[6]

之前我就了解到，当人们在室外时，他们经常会以意外的方式见面和交谈。而且这些意外邂逅随着时间会累积影响，有助于建立关系。我觉得某人或某团体首先需要促进这些会面，但一旦开始发生，它们将会自己发展下去。一旦街头生活开始起来，它可以自行继续。

社区里还有我从未见过的其他事物。附近的公园入口，以及附近的一些其他地方，电话亭里有免费可用的计算机终端。但我很快就了解到，这些完全用于邻里事务。

任何人都可以链接到各种不同的邻里和社区的内容信息，每种内容都有自己的栏目。有“今天发生了什么？”但这次只是为了邻里事务。有免费或待售的物品。邻居们在这里寻求和提供建议。需要某类帮助的邻居——照看小孩、照看宠物、整理花园——以及能提供这类帮助的邻居、就业渠道、失物招领。负责人开始了一个活动或另一个活动。专门的讨论串在一起。某些部分就像邻里 Craigslist（一个社区网站），但更加个性化和友好，因为用户认识许多发布者。

另外其他部分更独特：邻居们从不同角度写的博客会伴有非常生动的评论。有最近社区活动的照片和视频；谁搬进来了，谁又搬走了；改善社区生活的想法；一天的行情；一个生动的社区新闻的单页总结，每周发布 5 天。我了解到有一小群编辑志愿者在每个工作日的晚上一起收集和发布新闻。我遇到了他们其中的一个，他告诉我：

“当我们开始时，我们的哲学很简单：让我们建立联系。让我们所有人开放地沟通。让我们增强我们的小型社区，一次一条消息。一旦我们非常顺利开始这样做了，我们发现很多邻居就像不会跳过早上的刷牙一样，他们不会错过社区新闻。如果你给他们一个机会，人们就想要保持联系（Hampton & Wellman，2003；McKibben，2010）。[7]”

“你知道的，所有这些电子网络和发布工作要比听上去的简单得多。它不是非常复杂。幸运的是，在这个社区，几乎每个人都有一台或多台电脑，并且大多数人还有移动设备。一些积极的和懂技术的邻居一起周密规划这个系统。他们也向那些早已经开始这项工作的社区学习并借鉴经验。然后，他们得到来自其他社区的反馈并采用它。之后，一旦硬件配置好，我们就准备做事了。这花费了多少钱？很少或没有。这也很少需要人工维护。”

“真的，起初并不是每个人都对邻里电子技术感到兴奋，甚至有一些人比较冷漠或习惯性地远离它。但是我们坚持它，持续努力，让我们的成功成为我们的卖点，并鼓励大家如果想联系邻居就去联系。慢慢地，大多数人都这样做了。”

“我们觉得，我们证明了一个社区不只是砖头和泥浆，不仅仅是街道上房子的一个简单集合，而是一群能够真正地彼此欣赏和感谢，并喜欢生活在一起的人。我们许多人在这个过程中成为朋友，这感觉很好。它不需要什么成本。这并不难做。任何邻里或社区都可以做到。我想有些人只是不知道如何去开始而已。”

* * *

“我现在回来了，从我的访问中学到了什么？我更加确信展望未来会有利于今天的工作。在我们的专业工作里，我们经常陷入困境。谁有时间去展望未来？但是在我们的领域里，我们需要更多的社区愿景和想象。

“现在我看到什么，以及如何提升生活质量，为什么我们应该对任何事情都要接受？当我往前看时，我们不能这样做。我需要现在就行动起来；但我也需要在我的价值观和执着理想的基础上，去想象一个更充实的未来，并利用它来指导我现在的行动。”

批判性分析

这是我们对社区生活的愿景，也是社区心理学在实践中产生影响的一个例子。通过“我们的愿景”，我们强调精神而不是字面意义。提供的愿景细节不完善，可以根据社区的不同类型和组成做出修改。但它背后的精神——强调参与、包容、关系、能力建设、社区资源的充分利用（有形和无形）和社区意识——这是我们想在这里强调的。我们并不主张这种愿景的精神是独特的原创或唯一——它不是——但我们认为它特别适合我们现在的时代，适合预见未来，适合我们的学科优势。

我们相信，社区愿景是行动中的一股雄心和激励力量。然而，作为社区参与的坚定的信仰者，我们想要使之延伸到本章读者，并问一下我们的愿景如何与你自己的愿景进行比较。你对自己社区的愿景是什么？你如何实现它？

和愿景一样重要的是，本章的主要关注点是如何把愿景变为现实。不过，作为实施的前奏，我们必须先询问和回答一些适用于愿景的关键问题。然后，在本章结尾部分，为创建和实施一个社区的愿景，我们提出了一些想法。

1.这一愿景是合意的吗？它是否完好地反映了我们想为其他人建设的社区景

象——以及我们想要以自己的方式生活的个性化的社区？

2.这是一个与社区心理学，或更具体地说，这是一个与社区心理学实践相关的愿景吗？因为我们正在寻求一种愿景来指导我们职业生活，并且这也是一个我们社区心理学实践技能可以在现实中运用的愿景。

3.如果这个愿景是令人满意的并和我们的领域相关，这一愿景是可行的吗？是能够实现的吗？如果不能完全实现，至少能实现一些好的措施吗？我们最终的目标是在现实世界产生实际的惠民成果。

如果这三个问题的答案都是肯定的，或者是足够肯定的，那么我们可以将注意力转向如何在实际实践中实现我们的愿景，也或许是你的愿景。

这一愿景是合意的吗？

理想的社区生活愿景可以追溯到最早的人类历史（Manuel & Manuel，1979）。试图去总结数千年来对理想社区的描述显然超出了我们的范围。但我们可以提炼出在不同世纪和不同文化中大多数人在社区里寻求的共同主题：生理需求的满足、安全、自给自足、公平对待、个人能力和才能的展示、关心和支持与他人的关系。这些共性的确存在（Pinker，2002；Schwartz，1994）。

这些共性也与社区心理学的价值观相匹配，正如SCRA愿景、使命和目标陈述里描述的那样：例如，增强幸福感、促进社会公正、培养合作、充权、防止有害后果、机会平等、没有剥削、参与、包容和尊重所有文化[8]。这并不奇怪，因为我们的价值观是受到广泛的历史与知识遗产，以及大多数西方人和美国人所影响的。

更为相近的是，第二次世界大战之后，国内历史上的显赫力量塑造了我们的学科价值，包括但不限于社会心理学和社会科学领域的实证研究的大量出现，在战后繁荣时期再次试图减少贫困，为种族和性别平等而斗争，以及当时相信个人的缺陷主要是由于环境因素而不是生物学因素。（见第1章，可以了解更多社区心理学的历史）

在社区心理学诞生时，所有这些力量以及所有这些人类欲望的表达都在同时起着作用。它们是社区心理学的前因事件。我们是知识传统和历史愿景的继承者，通过我们的社区实践，我们现在负责实施它们，尽管现在的社会和经济环境发生了变化。

所以，我们的愿景是建立在历史和社区心理学价值观的基础上，是一种强调人人都参与社区生活的愿景，因为相信每个人都能贡献一些有价值的东西，并且当才能和资源共享时，社区会得到加强。这是一种社会正义的愿景，需要平等的资源分布。这是一种服务并融合了被剥夺权利公民的愿景，因为他们和所有的社会成员一起承担着不公平分配的后果（Wilkinson & Pickett，2009）。这是一个伴随着强烈的社区感的愿景，这本身就是一种积极的感觉，同时也与身心健康有关。

这些都是社区心理学家和普通人群所熟悉的价值元素。(Pinker，2002；Schwartz，1994；United Nations，2000)。[9]采用这些价值观并不一定会导致相同的愿景，因为我们在对理想社区的具体方面的观点仍可能是变化的。此外，如果那些愿景是可能的话，我们的解释却没有在绝对道德意义上证实我们愿景的合意性；不过，它的确显示了与过去愿景的一致性和连续性。这是一种仍有许多要素留待当今社会去实现的愿景。

但这里陈述的是愿景的另一个方面，并且是一个基本方面，并聚焦在社区层面。它依赖于这样一种信念：社区是生活中最重要的场所，并且也是能够获得最重要事物的地方，这是一个被人类历史证实的信念(Keller，2003)。

并且，它进一步假设，与我们愿景关联的社区心理学的价值观能得到最佳落实，并在社区层面上显现出来——也就是说，在一个相对较小的规模里，人们更容易参与进来，关系更容易形成，通过这些关系可以发展幸福感，可以出现多个便利渠道来展示个人胜任力，个体可以对生活环境实施更多的个人控制，以及存在强烈的相互依存感。接下来，我们详细说明这些要点。

这一愿景与社区实践有关联吗？

我们认为这一愿景与社区实践相关。对我们来说，一种愿景仅仅是合意的并关注社区生活的，这是不够的。这一愿景需要与我们作为社区心理学家和社区从业者的工作建立联系。在这种情况下，很容易描绘出两者之间的联系，因为大约10年前，随着社区实践兴趣的复兴，一种被普遍接受的社区实践被首次提出，即加强社区的能力以满足居民的需要，并且为了提升幸福感、社会公正、经济平等和自我决定，通过系统、组织/个人的改变来帮助他们实现他们的梦想(Julian，2006)。

这一基本的陈述支持了我们与实践相关的愿景。但在一个更具体的层面上，实现我们或者你自己愿景的精神需要使用我们培训和专业工作的一部分实践技能。技能包括识别社区需求和资产、计划达到共同的目标、激发社区成员聚集在一起、促进团体过程、发展文化胜任力、提供适当的激励行动、使用有说服力的技术宣传活动、运用实证数据做出决策、解决冲突、培训其他人的领导力以及评估结果。凭借我们的培训和经验，我们应该具备的从业者技能和胜任力要多于普通社区居民或典型的人类服务专业人员。

我们的愿景精神也是相关的，因为我们相信，它非常适合处理我们国家和地球未来的社会和经济情况。社会预测总是有风险的，但至少在美国，在短期内，似乎可能使用相对较少的公共资金来维持已建立起来的卫生和社会服务。社区居民生活质量的维持将更依赖于居民走到一起为自己的生活质量做出努力。

如果是这样，未来几年内的生活满意度可能会更少地依赖于物质财富，而更多地依赖于关系，包括从社区邻居那里得到的满足(McKnight & Block，2010)。在我们所描述的价值取向里，这些关系将促成更健康的个人和社区成果。这些成果将有一些额外的优势，因为它们是可用的、可获得的、可再生的，并且，大部分是免费的。

纵观人类历史，直到21世纪初，大多数人还住在乡村。尽管如此，他们经济和文化上的局限性却提供了心理和社会奖赏的补偿。虽然传统的乡村生活已经逐渐消失，但我们可以很好地运用我们的心理学知识来促进小型的、有凝聚力的、以关系为基础的、像村落一样的，以及可持续的社区环境，这可以让个人成本最小化的同时让个人利益最大化。

通过自然的适应，并且没有我们的介入，社区的这些未来前景可能会更加突出，但在社区从业者作为参与者、领导者，以及作为道德模范者提供愿景、指导方针和培训的情况下，它们将更有可能发生。这些都是高尚的语言。但是，我们的愿景真的可以实现吗？

这一愿景能实现吗？

我们相信，在此陈述的愿景的精神和物质两方面都是可行并可以实现的，这主要是因为它的某些部分已经在我们国家和世界上的多个地方得到了实现。那些正在寻找参与式的、组织严密的、以关系为中心的和高度令人满意的社区范例的人们，不需要看很远，至少他们的居民已感知到了这样的社区。

例如，有人开始汇编最佳宜居地，经常会定期地发表或更新内容。一个例子就是《财富》杂志的“美国最佳宜居地”年度汇编，宜居地根据“经济实力、就业率的增长、购买力、好学校、多样性、卫生保健、强烈的社区意识等的最佳组合”来判断（“MONEY Reveals the 2013 List”，2013）。另外，Livability.com 网站上排名“前100名最佳宜居地”部分建立在社会和公民资本评级的基础上（Livability.com，2014）。一个全球性的研究称发现了地球上最快乐的地方，它得出结论：加利福尼亚州的圣路易斯奥比斯波是“美国最幸福和最健康的城市”（Buettner，2010）。

当然有一些需注意的事项，因为这些和类似的信息来源有时是建立在有限的社区指标上的，没有被典型地整合到一个更大的整体的愿景里，以及通常需要那些与特定社区或商业利益没有关系的客观调查人员来独立确认。

但好消息是，如果我们可以在现实生活中引用一些我们愿景的正面例子，它们在适当的条件下可以发生在其他地方，我们可以帮助创建条件。更好的消息是，大部分的这些例子仍然鲜为人知，因为没有在自己的社区范围之外进行宣传。另外，一些更有希望的消息是，至少在美国，这些正面的例子会独立发生，不需要政府的推动。加强本地的社区生活仍没有在国家或州的政治议程里。如果是这样，如果有一些国家领导人在背后推动它，我们一定会看到更多积极的发展。

迄今为止，我们所引用的例子以及强大的邻里和社区建设很少是由社区心理学家发起的。更多的时候是某人或某些团体带头，其他人紧随其后，然后新的规范开始建立。但作为社区心理学从业者，我们可以在这里增加独特的价值。我们可以发现哪里存在这些例子。我们可以发现为什么它们可以存在（即背后成功的因素）。另外，我们可以促进模型实例的发展，并在别的地方提升它们。

我们和任何人一样需要进行数据的收集、分析和复制，因为那些生活在模范小区或社区的人通常不会优先考虑这些任务。他们不太可能有同样广泛的愿景、研究技能、基本的动机及时间。为自己营造一种幸福的生活是一份全职的工作。另一方面，我们作为一个团队应该有愿景、技能和兴趣；我们名义上有一些专业时间，或者可以腾出时间；并且，我们有一些专业威望附加在我们的立场上，这将有助于影响其他社区，也许还会影响决策者们。

我们的愿景是可以实现的。但是，如果我们真的想要它成为未来社区生活的一个模板，那么我们就有很多的工作要做。

愿景过程的基本步骤

我们在本章的兴趣不仅仅是为社区实践提供自己的愿景。我们也想鼓励读者为他们自己的社区创建和实现自己的愿景。这本关于社区实践的书是要在社区实践中使用的书。我们认为，上述讨论的问题适用于大多数社区的愿景。我们愿景的主要要素将产生一系列令人满意的社区成果。但我们也认识到，每个社区都是不同的，社区环境也是变化的，而且特定的愿景要素会因地制宜。

那么，如何创建和实现社区的愿景？许多来源都给出了逐步的操作细节(National Civic League, 2000)。[10]但根据我们的经验，在这里提供一些更普遍的想法，大致相当于“之前”“期间”和“之后”。

创建愿景之前:愿望的作用

如果我们认为制订实际的愿景在许多方面是创建愿景过程中最简单的部分，我们希望这不是令人惊讶的。比较难的部分通常是内部的，因为我们相信愿景创建和大多数有意的社区改变都始于愿望。一个人想要某事发生，这不是一个模糊的认知目标（如认为它是好的），而是想法背后有情感能量、有激情（“这是我们肯定需要做的事情，我要确保我们做成它”）。除非某人或某个团体对这种愿景真正感到迫切，也准备去拥护它，否则它不太可能发生。

虽然经文说“没有愿景，人们就会灭亡”(Proverbs 29:18)，事实是，即使他们的生活能够变得更好，没有愿景的人也会像日常那样生活下去，所以，人们需要在行动中设定愿景过程；而且，如果社区领导者到现在还没有开始做的话，这就为像你这样的读者提供了机会。

创建实际愿景

一旦产生足够强的愿望，下一步通常是将人们召集起来制订实际的愿景内容。这个团体通常由领导者和主要的社区利益相关者组成。该团体可能决定如何制订实际的愿景（开多少次会议，谁将领导他们），并且通常以公众集会、听证会、调查、焦点小组、打印文章、传单、线上发帖，或将这些形式结合在一起，团体可以接触到更广泛的社区和公众。一些规模较小的团体通常是负责撰写愿景初稿。起草多份草稿，再进行评论和修改，这是惯例。

不久前，本章第一作者在指导委员会工作，通过以上步骤为自己的社区形成了一个愿景。另外，我们首次聘请外部顾问来促进我们的愿景创建，并花费了25%～74.9%的公共资金来保障他的服务。创建实际的愿景用了大约一年的时间，每月开一次会，由全组和下属的委员会参加，其中包括在附近酒店通宵开会。我们的例会是密集的，并且时间还不短。最后，我们小镇的愿景称为“愿景 2020”，被我们镇政府全体人员认可。创建之后，它基本上可以保持 20 年不变。

对一个社区来说，其他的社区愿景可能是综合性规划过程或主要规划过程的一部分。这些都倾向于遵循相同的基本程序，某些愿景比其他愿景有更大的服务范围和参与性。马萨诸塞州洛厄尔市是我们的工作区之一，最近主要的规划过程不仅包括五个公共愿景会议，还包括一个 800 人的多语种的家庭电话调查，一个获取所需城市图像的摄影比赛，一个全市可持续发展周的全部事件表（该计划的重点是可持续性），以及利用电脑游戏（PlanIt 社区）从那些通常不参加社区会议的人那里获取意见。

创建愿景之后：实施和可持续性

正如前面提出的那样，愿景和行动计划内容的创建，以及可能的时间花费，也许是整个任务里最不困难的部分。我们应该知道如何收集数据，如何计划，如何在团体里工作，以及如何写作。通常情况下，最艰难的部分是将愿景转化为日常实践。一旦愿景内容被创建，会有一种想休息、感到满意、认为“我们的工作已经做完了”的自然倾向。但事实并非如此。愿景需要在现实世界中发挥作用。用更操作性的术语来说，必须有人对愿景负责，并将愿景转化成能实现的成果。

这可能会很难做，不但是因为：日常工作要求将出现，并有优先等级；一种被转化的愿景表明，现在会有人对结果负责，并因而对批评是开放的（没有愿景时就没有这样的问责）；而且也因为没有人会实际负责实施愿景——意味着产生可观察到的行动。如果没有实施，愿景一定会消失，或充其量被锁到后面房间的一个文件柜里。

第一作者所在社区的最初愿景仍然是这个小镇的官方愿景。在镇网站上可以找到实际的内容。[11] 仍然还有一个愿景 2020 委员会以及一些公平行动任务组。每年，这个委员会用邮件对所有家庭的城镇生活的某些方面进行详细的调查，通常会收到几千份的回复。这些被汇编到政府领导者和公众都可以获取到的一个年度报告里。对于为创建愿景而付出的所有努力而言，它对市民产生了可衡量的好处了吗？非常有可能，尽管这可能很难被明确地加以证实。它让城市本身变得更美好了吗？尽管这也很难证明，但它很可能就是变好了。

洛厄尔(Lowell)最近的计划被称为“可持续的洛厄尔2025”，这是一个近200页的文件，并用四种语言撰写，不仅有八个目标地区，而且每个地区有多个目标，每个目标有多个行动步骤，详细的地图，互相连接的流程图，以及一个关于计划将如何被实施的章节。[12]或许因为它实际上主要是由社区心理学家撰写的。这个计划强调社区建设，在实践中它的效果是什么？自计划被创建以来，规划办公室就有了管理上的变化。实施的日常责任并不完全清晰，对计划已经产生的影响没有后续的系统评估。但在撰写本文时就做出此判断还为时过早。

实施愿景要求提前确定许多属性以及一些附加属性。就像一开始，它需要有愿望去做，现在它被创建出来了，同样需要一个实施的承诺。它将需要领导者，这极其自然地要来自于参与最初愿景制订过程的成员；如果最初由政府带头，那么现在还是由政府来领导。

不过，更具体地说，需要有一个明确定义和书面的结构，通过它进行实施过程的责任分配，大家根据这个去执行具体的实施任务。这需要有清晰且便于沟通的程序来进行实时的愿景监督和审查，并预先制订能够定期检测的成功指标。实施也将意味着愿景会根据评估数据和其他接收到的反馈信息而进行更新，同时也要考虑到当前的发展。实施者必须能够开放地和有效地接受不好的结果并采取行动。

最后，需要有愿景及其来源于它的计划行动和社区人们进行沟通和连接的机制。社区领导者可能知道社区的愿景，但普通居民可能永远不会有所闻。对他们来说，“社区愿景”可能是陌生和不相关的，离他们的日常生活很遥远。但是如果这些影响没有渗透到他们生活的地方，如果这一愿景没有让人们感受到与一个更大社区有了更强联系，那么这一愿景就是管理者的成就而不是被管理者的成就。

换句话说，一个愿景必须融入日常的社区生活里。这如何去做？有很多方法可以做到，比如，社区状况演说、社区庆祝日、在镇邮件里带有反馈表格、公共场所张贴的进度记分卡、参与式规划和预算、在线社区论坛。

包含了所有这些方面的实施工作是不容易的，这是劳动密集的，但却是社区实践的本质。愿景过程是迷人的和有收获的，但需要有人一致而持久地工作。回报是很多的，但捷径几乎没有。

对社区实践的一些启示

如果我们相信这种愿景对社区实践的价值，并认为它大部分是可行的，实现它要做些什么呢？这是我们本章下一个也是最后一个问题。

这个问题至关重要，因为我们相信未来我们会实现它。简短的回答是，这将是一个挑战。这将需要我们作为专业人员和作为人类所能使用的全部资产。这将利用我们全人类。我们可以把所需的主要属性划分为头部和心脏，或者更确切地说，是技能和意志。

技能:知识及其应用

需要有相当大且广泛的技能来落实我们的愿景。社区心理学家不会直接去做所有的或大部分的工作。社区成员自己需要具备和利用所需的技能来实施我们的愿景。特别是，那些在一线工作的人——在政府、学校、非营利组织、卫生和人类服务部门、当地媒体以及商业部门的领导者，与神职人员、教练、基层行动者一起需要承担主要责任。

这些都是社区一线的响应者，而且他们需要知道如何制订干预方法和成功地在他们的社区创造出期望的变革，这很多时候超出了他们当前的技能水平。他们需要知道如何评定、计划、设计、找到会员、领导团体、解决冲突、宣传、评价——为了拥有所有的这些技能，我们都应该被训练为社区从业者，并且希望现在就用于我们的社区。

一些社区领导者已经拥有这些技能。他们可能比我们更精通这些技能。其他人的技能水平就可能比较差，或最低，或较弱。但如果领导者缺乏社区实践技能，就需要有人来教给他们，可能是我们自己，也可能是我们培训过的人员来教。我们的社区技能不是仅仅用于实践本身，而是帮助设计系统用以教给那些需要的人群。

所有这一切都对社区实践有多种含义。我们从强调了解一个人在社区场所工作所需的基本技能开始。

了解社区。愿景发生在社会和环境背景下，这意味着那些创建社区愿景的人必须要考虑这种背景。就如在说服的情况下，了解他的听众是必要的；在社区的情况下，必须知道一个社区的本质。“了解社区”涉及很多领域，但务实的梦想者必须是一个熟练的调查员——熟悉地理、历史、人口、经济、政治和社区的资源并会运用它们。本地文化是什么？它的信仰体系是什么？谁是利益相关者？谁是潜在的参与者？谁是你潜在的盟友和你潜在的对手？谁是决策者？他们如何做出决策？什么样的愿景目标是现实并可行的？

所有这一切都是必要的基础。你可能不会在一个低收入的城市开发一种与高收入郊区相同的愿景内容。因为资源和优势很可能非常不同。无论是哪种情况，在你开始前你需要知道得尽可能多。作为本地人是有利的，无论是或不是本地人，知情者和密友也会有所帮助。而且，你也要形成对未来会发生什么事情的认识。什么社会或环境因素可能会预示着改变——当地官员、资助模式、商业氛围、法律和法规、国家趋势？新的威胁或翘首以待的机遇是什么？

需要进一步考虑的是社区的愿景准备。如果一个社区处在危机中，或面临风险，或如果现在有必须要处理的重大问题或威胁，那么这就不是实现社区愿景的时机。或者如果一个社区刚刚摆脱困境，它可能需要歇口气。当事情回到了平稳状态，这才可能是开始一个愿景过程的更好时机。然后，在实际操作中，需要发挥其他技能和个人品质的作用。

不过，强调技能的发展也表明我们在如何培养专业人士和如何教育社区工作者方面会有所变化。

培训专业人员。我们需要为社区心理学研究生的培训制订公认的指南，以确保基本的实践技能被讲授、学习和演示。这种培训最好可以采取基本胜任力的形式和以胜任力为基础的课程。学生到毕业时应该拥有胜任力的实用技能组合，无论是在广度和深度上，还是在实证基础和社区测试上，都有充分的实地工作机会来加强技能的获得。这些学生——和专业人员——需要了解如何在实践中有效地使用这些胜任力，以及如何在他们的社区环境中实际使用它们（见第 14 章，了解更多的社区心理学研究生培训的主题）。

SCRA 委员会最近在教育项目和其他中工作中强调了统一的社区心理学胜任力的价值和需求（Dalton & Wolfe，2012）。在这篇文章中，重要的下一步将是社区心理学研究生课程中的胜任力内容被广泛地采纳并进行教学。这种采纳不需要也不应该意味着所有的培训项目都是一样的。建立在自己独特的优势和背景基础上，研究生课程可以而且应该有所变化。在每个人必须遵从的固化课程和没有培训一致性之间会有相当多的层级。

我们在这里采取一个中间立场，主张共同的一般指导原则——或“标准”——研究生项目主管可以同意和遵守它。随着这些准则的实施以及它们随着时间而发展，这应该会产生更大的社区效益，并增加实现自己愿景的可能性。我们应该多加训练，当然也可以在本科生的社区心理学课堂上提供大量的训练，对所有的大学专业而言，它可以作为研究生高等教育的前奏和诱因。

社区教育。基本社区胜任力和技能的协议也应该使对多元化的社区受众进行有效的社区培训变得更加容易。根据这些思路，我们可以朝着产生并实地测试普通技能培训课程的方向前进，并用模块化单元对不同社区环境做出调适和修改。这种课程的原型已经存在，如社区工具盒里的培训课程（http://ctb.ku.edu/en/training-curriculum），随着我们继续使用这些课程，我们可以完善和改进它们。

因为本章前面所述的原因，我们需要向各种各样的社区团体进行更多以胜任力为基础的社区技能培训。这将使我们能够利用我们的影响并使我们的影响最大化。也许不同于任何其他专业的是，我们应该知道如何在理论和实践上都这样做。幸运的是，有多个可以进行技能培训的场所。例如，相关学科的大学课程、继续教育课程、公立学校（初中和小学）的新公民教育课程、社区成人教育中心、社区团体、公民学院、以及公民培训项目。

此类培训也有丰富的模型。例如，未来的公民领导者可以申请一个集中的并有竞争性的为期一年的领导力培训项目，而这些人则要支付四位数的费用。但在一个不同的模型里，大学工作人员拥有在社区环境里（“社区大学”）为期一天的微型课程。而在另一个模型里，小团体的居民一起报名参加了一个短期的领导力课程，在课程结束时，他们会收到小额的现金奖励，用以启动一个他们选择的社区工程。这种社区培训课程是被调适过的且是精炼的，可以融入社区生活里。每一个居民都应该学习一些基本的社区技能，就像每一个居民都应该学习心肺复苏技能一样。

在线培训和教育。我们需要更多的在线培训机会。为了实现我们的愿景，在可行的情况下我们往往会优先考虑面对面的培训，但在线培训可以发挥更积极而强大的作用。现在，在线教育的影响是深远的，并且丝毫没有减弱的迹象，这是无可争辩的。但正如我们前面所述的，我们社区心理学没有充分利用其潜能（Berkowitz，2013）。

一些在线网站会教社区建设的技能，如社区工具盒（http:/ctb.ku.edu），但肯定还有很多延伸的空间。例如，我们可以创建我们自己的在线社区建设课程，通过与其他大学进行协商而提供学分。我们可以开发视频、在线研讨会和慕课等。我们可以增加有吸引力的图形，并将教学模块转换成游戏格式。[13]我们可以将我们的内容与其他相关的网站混搭在一起。我们可以极大地扩大我们在社交媒体的活动。

并且我们可以扩展我们的在线业务，超出正式的和机构的环境，对任何想学的人开放。社区建设和社区实践中的许多尚未开发的潜力存在于发达国家以外的地区，这些地区的互联网接入率也增长得最为迅速。我们学科使命和学科责任中的一个主要部分应该是，为世界任何地方的人们提供必要的社区实践技能，这样他们就可以发展并实现自己的社区愿景。

社区想法市场。我们需要一个市场来交换社区信息和想法。为实现愿景，我们需要直接和间接的培训。但技能发展涉及另一个互补的方面，它与思想和信息的交换有关。

在社区里，为加强社区生活，新的思想和技术总是不断出现，许多想法规模小、成本低、应用简单、有效、适应性强。在这些想法中，有许多可以融合到我们社区实践的愿景里。它们各自可能是不完整的且未公开的，但总的来说，它们可以让任何一个社区更接近一个包罗万象的社区生活应该是什么样的愿景。

没有互联网的时候，几乎没有任何的办法让这些想法超出他们的社区边界。现在它们就可以，并且有许多已经超出。然而，这些想法和新的社区倡议的信息仍然分散在网络空间的不同领域。我们需要做的是把它们集中到一个综合网站，这是一个一站式的场所，任何社区成员都可以从中获得他们感兴趣的特定领域所发生事件的想法和信息。令人惊讶的是，现在还不存在这样的网站。[14]

要做到这一点，并不是非常困难。我们当前的内容知识给了我们一个很好的开始。除此之外，包括基本胜任力所需的技能也已经讨论过了，比如与内容提供者建立关系的人际交往技能、宣传技能和组织能力，再加上适当的技术性技能——当然，要与愿景以及想做的愿望相结合。在提供这种类型的社区服务中，社区心理学家应该是领导者。而且，这将对社区实践做出贡献。

意志：个人品质

不管我们有多少技能，或者我们可以传授给别人多少技能，成功实现我们的愿景最终还取决于我们自身拥有的个人品质，这不是头脑的品质，而是内心的品质或者是意志品质。我们注意到，几乎所有企业的成功都首先源于欲望，源于简单但又强大的想让事情发生的意志，紧随其后的是将欲望转化并付诸行动的能量和技能。社区实践依赖于我们作为完整的人，依赖于我们的情感、道德和自我认知。或者，用一本经典书籍里的话来描述人类服务，“基本的社会制度是人类个体的心”(Dass & Gorman，1985)。

关于个人品质的真相——对我们来说，一个基本的事实——是社区心理学家(和其他人)通常不欣赏或者会低估个人品质。我们社区心理学课程基本不教这个内容。然而，其他的学科却并非总是如此。例如，值得注意的是，哈佛大学商学院教授写了一本畅销的管理书，要求企业管理者首先关注情绪和情感而不是逻辑和事实，并认为这一改变过程要从营造一种紧迫感开始。建议想要改变的读者要“忘记试图去说服他们；要点燃他们的裤子”(Kotter & Cohen，2002)。

然后，这一问题就变成了一个欲望、紧迫感和能量的问题，个人品质将来自这些方面，而且这会让我们进入这个通常不被社区心理学家和人类服务专业人员所探索的领地。这个问题至少有两类回答，并有着不同的内容和结果。

一个可能更容易并可能是真正的答案是，所需的内在品质产生于一种全面的和平衡的生活方式。“平衡”在这里是指适当注意营养、运动、睡眠、家庭、朋友、人际关系和工作。其中某些部分会附加其他的要素，如情绪或精神的基础，但所有这些要素依靠一个前提：社区成员和领导的集体品质，以及有效的社区工作，至少从长远来看，这需要有效的和健康的社区工作者。

另一个不同的答案则强调激情的作用，总的情感投入以及对所做工作的坚定承诺。用流行的话来说，就是“只许成功不许失败”“在竞技场里留下一切”或“给予你所有的110%”。激情可以有多个来源:通常来源于愤怒、甚至侮辱,并被一种不公平感所引发。但在任何情况下,深藏已久的激情、超越简单的动机是有效工作的必要条件但不是充分条件。要在这条路上把工作向前推进,可能需要一个警觉而谨慎的司机,同时也要有激情提供的易燃燃料。

关于激情有一点需要注意的是,它需要强烈地集中在一个问题上,避免被扩散到其他事物中去。但这样会出现另一个后果,就是全身心的强烈激情可能会让从业者失去平衡,导致身体健康被忽视和关系受到损害。就如形象组织者索尔·阿林斯基的评论(1971):“组织者的婚姻记录都是极其糟糕的,这几乎没有例外”,虽然没有证实社区组织和婚姻解体之间的关系,但普遍还是存在风险的。与日常工作相反,这可能是一种特色,社区实践可能实际上意味着在服务工作中消耗了太多的情感,这可能是一个必须承担的必要成本。

哪种观点是正确的呢?如果我们想要实现我们的社区实践愿景,如果意志和与它相关的个人品质是实现愿景必不可少的部分,那么我们想知道如何更好地激发、培育和维持它们。如果我们没有提供一个明确的回答,我们希望读者会原谅我们——这只是因为我们不完全确定这个答案是什么,以及是否实际存在一个适用于所有人的单一答案。这里缺乏充分的证据。但是,为了给本章一个暂时的总结和结论,我们能够建议的内容是:

展望未来……

有效的社区实践对社区和国家都是重要的,并且在未来几年会变得更加重要。来自内部和外部的社区心理学将需要更多拥有更好社区胜任力的从业者。社区实践的愿景对于激励实践发展并引导工作而言是令人期待的。本章提出的愿景精神符合社区心理学和普世价值,这适应于不同的社区环境,并且与我们预期的社会和经济的未来相匹配。

在很大程度上即便不是全部,愿景从精神和物质上也是可以实现的,因为它的某些部分已经实现。实现它需要一个特定的社区能力或技能,正如我们所描述的,同时也需要意志。意志可以以多种方式产生。它可以由父母教导,可以由教师和社区领导者进行示范,也可以在实践中进行磨砺。

如何最好地产生和动员意志?现在我们必须将它列为一个单独的问题。考虑到这个问题,我们将提出:有效的社区实践可能是什么样的,我们相信应该是什么样的,一个活动会持续一个人的一生。本章的许多读者可能还处于学生的年龄,也许是20多岁,这意味着在他们前面可能有另一个50年或以上的实践工作要做。从现在开始,他们很有可能在这50年里将不缺乏有意义的工作了。

如果你分享了我们有吸引力的事物并承诺去进行社区实践,如果你的愿景和我们的相似，我们邀请你和我们一起进行长远思考。然后，常见的问题可能会出现：一个人如何能最好地维护生产力和强度，并在以后几十年拥有适当的平衡和火热的激情？社区贡献如何能最大化？一个人如何能从成年到老年都保持最佳工作状态？读完本书后，对有着社区愿景的社区从业者而言，这些都将是值得反思并采取行动的挑战。

注释

1.一个现实生活中的例子来自马萨诸塞州萨默维尔市对公民幸福度进行的一项调查，这被称为幸福项目。根据萨默维尔市市长所说："对于市政府而言，询问人们的幸福程度可能看上去很奇怪……然而，如果不能提高公众的幸福感，政府的目的是什么呢？"

2.例如，在俄勒冈州波特兰的一条街道上的向日葵的描述，见 http://grist.org/cities/2011—12—02—coloring—inside—the—lanes—art—community。

3.在波特兰还有更多诗歌帖子，见 http://poetrybox.info。

4.在加利福尼亚州塞巴斯托波市的住宅区可以发现类似的雕塑。

5.一些基本的背景见 www.sapaseniors.org 和 www.elderberyy.org/model/asp。

6.在我的家乡马萨诸塞州阿灵顿市的一个公园进行的一个试验，这引发了许多有趣的评论。

7.许多网站为邻里提供专门设计的电子网络选项。除了在麦克吉本的文章里描述的首页论坛（www.frontpageforum.com）之外，还包括 I—邻居（www.i-neighbors.org），邻居树（www.neighbortree.com），以及隔壁（www.nextdoor.com）。同样的目标也可以通过更常见的网站而实现，如 Facebook 和 Google＋。

8.SCRA 的愿景、使命和目标陈述，见 http://www.scra27.org/who—we—are/。

9.《联合国千禧年宣言》："我们认为在 21 世纪的国际关系中，某些基本的价值观是必要的，这些包括（总结了每种价值观下更详细的描述）自由、平等、团结、宽容、尊重自然和共担责任"（第Ⅰ部分，第 6 段）。

10.关于愿景的简短的参考书目，见 www.mrsc.org/subjects/governance/com-vision.aspx。

11.了解更详细的阿灵顿愿景 2020，见 www.town.arlingon.ma.us/public_documents/ArtlingtonMA_Vision/index.

12.当前的洛厄尔硕士计划，可持续的洛厄尔 2025，见 www.lowellma.gov/dpd/Documents/Sustainable%20Lowell%202025.pdf.。

13.社区心理学相关游戏的一个有趣例子是社区组织工具包，见 http://organizinggame.org.。

14.征求公众意见的网站汇编，见 ideaconnection.com 和 www.ideaconnection.com/ideasites。

参考文献

Alinsky，S. D.(1971). *Rules for radicals*：*A pragmatic primer for realistic radicals*. New York，NY：Vintage Books.

Berkowitz，B.(Ed.).(2013). Expanding online learning in community psychology：A dialogue.*The Community Psychologist*，46(2)，16—24.

Buettner，D.(2010).*Thrive*：*Finding happiness the blue zones way*. Washington，DC：National Geographic Society.

Dalton，J.，& Wolfe，S.(2012). Competencies for community psychology practice.*The Community Psychologist*，45(4)，8—14.

Dass，R.，& Gorman，P.(1985).*How can I help Stories and reflections on service*. New York，NY：Knopf.

Fisher，R.(1984). *Let the people decide*：*Neighborhood organizing in America*. Boston，MA：Twayne.

Hampton，K. N.，& Wellman，B.(2003). Neighboring in Netville：How the Internet supports community and social capital in a wired suburb. *City and Community*，2(3)，277—311.

Julian，D.(2006). Defining community psychology practice：Meeting the needs and realizing the dreams of the community.*The Community Psychologist*，39(4)，66—69.

Keller，S.(2003).*Community*：*Pursuing the dream*，*living the reality*. Princeton，NJ：Princeton University Press.

Kotter，J. P.，& Cohen，D. S.(2002).*The heart of change*：*Real-life stories of how people change their organizations*. Boston，MA：Harvard Business School Press.

Livability.com.(2014).2014 *top* 100 *best places to live*. Retrieved from http://livability.com/top-100-best-places-to-live

Manuel，F. E.，& Manuel，F. P.(1979).*Utopian thought in the Western world*. Cambridge，MA：Belknap Press.

McKibben，B.(2010). Making good neighbors.*Yankee*，74(2)，86—89.

McKnight, J., & Block, P.(2010). *The abundant community: Awakening the power of families and neighborhoods*. San Francisco, CA: Berrett-Koehler.

MONEY reveals the 2013 list of MONEY's best places to live in America. (2013). *MONEY*. Retrieved from http://www.magazine.org/node/26485

National Civic League. (2000). *The community visioning and strategic planning handbook*. Denver, CO: Author.

Pinker, S.(2002). *The blank slate: The modern denial of human nature*. New York, NY: Viking.

Schwartz, S. H.(1994). Are there universal aspects in the structure and contents of human values? *Journal of Social Issues*, 50(4)19—45.

United Nations. (2000). *United Nations millennium declaration*. Retrieved May 8, 2014 from http://www.un.org/millennium/declaration/ares552e.htm

Walljasper, J.(2007). *The great neighborhood book: A do-it-yourself guide to placemaking*. Gabriola Island, British Columbia, Canada: New Society.

Wilkinson, R., & Pickett, K.(2009). *The spirit level: Why greater equality makes societies stronger*. New York, NY: Bloomsbury Press.

译后记

当我的恩师黄希庭教授让我翻译这本《社区心理学实践基础》的时候，我既感到非常荣幸，又感到诚惶诚恐，因为要把国外的优秀的学术著作翻译为中文并不是一件容易的事情。考虑到个人的时间和学识有限，我邀请了我的两位同事——中国科学院心理研究所毕业的王红波博士和邢小莉博士，共同来完成本书的翻译工作。

本书的内容十分丰富，包括美国社区心理学实践的历史、社区心理学实践的指导原则和胜任力、21世纪社区心理学的教育和实践生涯，以及社区心理学实践的未来展望。而且，本书还分章阐述了在社区心理学实践中的各种胜任力，如生态视角、跨文化胜任力、专业判断和伦理、参与式取向、组织和社区能力建设、社会组织、建立和增强社区合作伙伴关系、倡议和社会公平、循证干预、充权评估，以及传播和可持续性。另外，本书对这些胜任力进行了界定，对有关的知识、技能和能力进行了描述，并提供了相关的关键术语、发展胜任力的信息、胜任力的实例，以及辅助的材料和资源等。本书有助于了解社区心理学实践的原则和胜任力，如何发展与各种胜任力领域相关的知识、技能和能力，以及如何运用胜任力来预防或缓解社区和社会问题，从而提高社区心理学从业者的能力，并营造一个更有活力的、更多成员参与的强大社区。而且，本书还有助于学生进行社区心理学实践的职业选择并为之做好准备。总之，这是一本通俗易懂、结构新颖、内容全面又反映新近进展的书籍，对于我国社区心理学的理论、研究和实践都具有重要的意义和价值。

这本书能够顺利得以翻译并出版是集体合作努力的结果，张锋博士翻译了前言、第一章至第六章，王红波博士翻译了第七章至第十一章，邢小莉博士翻译了第十二章至第十五章，最后由张锋博士负责统稿。在本书的翻译过程中，要特别感谢西南大学心理学部黄希庭教授对我的信任和关爱，还要非常感谢西南师范大学出版社的任志林编辑和杨光明编辑以及其他工作人员的支持和帮助。由于译者能力有限，书中还会存在诸多不足之处，希望各位同仁和读者批评指正，以便再版时予以修订。

张锋
2017年6月
于河南大学心理学系